COLLECTION
FOLIO ESSAIS

Sous la direction de
Anne Cheng
Avec la collaboration de
Jean-Philippe de Tonnac

La pensée en Chine aujourd'hui

Contributions de Viviane ALLETON, Jean-Philippe BÉJA, Karine CHEMLA, Anne CHENG, CHU Xiaoquan, Jacques GERNET, Vincent GOOSSAERT, Elisabeth HSU, Damien MORIER-GENOUD, Joël THORAVAL, Léon VANDERMEERSCH, ZHANG Yinde, Nicolas ZUFFEREY

Gallimard

éléments d'étude
- langue (chap. 1
- religion (chap. 3

© Éditions Gallimard, 2007.

INTRODUCTION

Pour en finir avec le mythe de l'altérité

C'est un constat vérifié au quotidien qui est à l'origine de ce volume : celui d'un ensemble d'idées préconçues concernant la Chine qui prévalent encore en notre début du troisième millénaire, même — et, devrions-nous dire, surtout — parmi nos élites dites «éclairées» et qui, de fait, remontent pour la plupart à l'Europe des Lumières. Pour la raison précise qu'elles sont nées et ont été soigneusement entretenues dans un milieu choisi, ces idées portent avant tout sur la manière de penser des Chinois, qui serait nécessairement différente de la nôtre, radicalement autre — qu'elle soit, au demeurant, envisagée d'un point de vue admiratif ou dépréciatif.

Au fil des trois derniers siècles qui ont vu s'élaborer et s'imposer la modernité occidentale, s'est construite, puis figée, l'image d'une Chine dotée d'une écriture idéographique, soumise à une tradition despotique et isolée du reste du monde pendant des siècles, ce qui expliquerait son immobilisme philosophique, politique et scientifique dont l'Occident serait opportunément venu la réveiller. Prenez tous ces poncifs et vous les retrouverez à coup sûr, sous des formes différentes et à des degrés divers de sophistication, dans bien des publications à succès. Ajoutons que ces dernières ne manquent pas d'exercer en retour une influence considérable sur la façon dont les élites chinoises envisagent leur propre culture, soit dans l'autodénigrement ou au contraire, depuis peu, dans une autocélébration confortée par un nationalisme de plus en plus triomphant.

Il nous a donc paru opportun d'offrir aux lecteurs curieux un premier point sur ce que représente aujourd'hui la pensée en Chine sous tous ses aspects. Il ne s'agit pas de faire œuvre d'érudition, pas plus que de verser dans la vulgarisation journalistique, mais d'avoir pour souci premier et constant de fournir, autant que faire se peut, une information précise, critique et contextualisée.

Pourquoi la pensée chinoise ? Nous avons là par excellence un objet essentialisé, souvent appréhendé hors de l'espace et du temps, nimbé dans l'aura exotique de la « Chine éternelle ». Le processus de réduction de réalités complexes à une essence, à un objet intellectuel commode à manipuler et à monnayer, a été fort bien décrit par Edward Said qui l'explique, dans *L'Orientalisme*, par le rejet de ce qui n'est pas soi dans une altérité radicale. Le réflexe du « nous et les autres[1]* », précise Said, est d'autant plus difficile à combattre qu'il nous est d'une nécessité quasi vitale pour fonder notre identité, ou tout simplement pour exister : « L'identité humaine est non seulement ni naturelle ni stable, mais résulte d'une construction intellectuelle, quand elle n'est pas inventée de toutes pièces. [...] En tant que système de pensée,

---

* Les notes sont en fin de volume, p. 392 *sq.*

l'orientalisme aborde une réalité humaine hétérogène, dynamique et complexe à partir d'un point de vue essentialiste dépourvu de sens critique ; ceci présuppose une réalité orientale permanente et une essence occidentale non moins permanente, qui contemple l'Orient de loin, et pour ainsi dire de haut[2]. »

Certes, la Chine, si souvent présentée aujourd'hui comme une entité lisse, consensuelle, esthétique et esthétisante, semble sans rapport aucun avec l'objet oriental dont parle Said, volontiers perçu comme fanatique et congénitalement dressé contre toutes les valeurs les plus chères à l'Occident : il y aurait donc d'un côté un «Orient» violent, assimilé par certains à un empire du mal, et de l'autre un «Extrême-Orient» où tout n'est qu'ordre et beauté, luxe, calme et prospérité. Or, ces deux représentations opposées relèvent pourtant d'un même type d'invention, voire de fiction idéologique. Il y aurait même lieu de se demander si ceux qui trouvent leur compte à véhiculer une telle image de la Chine ne viseraient pas moins à parler d'une quelconque réalité chinoise qu'à exploiter une certaine lassitude occidentale, comme l'a fait la vogue orientaliste à l'époque coloniale.

À l'heure où les thèses de Huntington sur le «choc des civilisations» trouvent un écho dans l'actualité géopolitique et médiatique, il nous paraît urgent d'en finir, non seulement avec l'orientalisme, mais plus fondamentalement encore avec le binarisme, cette tendance à construire la réalité en oppositions dichotomiques (Orient/Occident, Chine/Grèce, etc.) d'autant plus séduisante et satisfaisante qu'elle flatte une propension naturelle à la symétrie comme au retour narcissique sur soi-même. Comme l'observe Said, « l'une des grandes avancées de la théorie moderne en matière de culture est d'avoir réalisé — ce qui est presque universellement reconnu — que les cultures sont hybrides et hétérogènes, et que [...] les cultures et les civilisations sont si reliées entre elles et si interdépendantes qu'elles défient toute description unitaire ou simplement délimitée de leur individualité[3] ». Fort de la même constatation, l'anthropologue Jack Goody appelle à un changement radical de nos habitudes de pensée : « La recherche se heurte toujours au "binarisme" qui hante toutes les "visions du monde" [...]. Or il me semble qu'il y a peu, très peu de contextes dans lesquels ce type de division est réellement utile, et que l'on fait souvent l'expérience de situations où les individus, les groupes, les sociétés entières glissent d'une catégorie dans une autre[4]. »

Dans un essai publié en 1848 et intitulé *De l'origine du langage*, Ernest Renan, champion de la rationalité positiviste du XIXe siècle français, oppose la « race indo-européenne », qu'il qualifie de « race philosophique » et dont les langues « semblent créées pour l'abstraction et la métaphysique », à la race et à la langue chinoises dont il donne la description suivante :

... la langue chinoise, avec sa structure inorganique et incomplète, n'est-elle pas l'image de la sécheresse d'esprit et de cœur qui caractérise la race chinoise ? Suffisante pour les besoins de la vie, pour la technique des arts manuels, pour une littérature légère de petit aloi, pour une philosophie qui n'est que l'expression souvent fine, mais jamais élevée, du bon sens pratique, la langue chinoise excluait toute philosophie, toute science, toute religion, dans le sens où nous entendons ces mots[5].

Certes, de tels propos nous paraissent aujourd'hui marqués du sceau d'une mentalité coloniale mais aussi, de manière plus large, d'une ignorance caricaturale. Ignorance qui persiste cependant largement en notre début du XXIe siècle, malgré les progrès indéniables de la discipline sinologique depuis un siècle, et qui continue d'engendrer les mêmes préjugés. N'entendons-nous pas seriner à longueur de journée que les Chinois sont avant tout pragmatiques et que seules comptent pour eux l'efficacité, les finalités pratiques, au détriment de l'abstraction et du détachement propres à l'esprit philosophique et scientifique ? En affirmant que la langue chinoise, dont il n'avait de toute évidence aucune connaissance, excluait « toute philosophie, toute science, toute religion » au sens occidental de ces termes, Renan définissait le programme de notre volume qui s'est donné pour but de démythifier les principales voies par lesquelles le public occidental d'aujourd'hui accède à la culture chinoise : écriture, politique, confucianisme, philosophie, médecine, religions...

Ce sont ces mythes à la vie d'autant plus dure qu'ils rencontrent un grand succès médiatique que nous avons voulu démonter, non pas dans un discours unitaire aux ressorts bien huilés, mais à travers la pluralité et la diversité de nos points de vue méthodologiques et disciplinaires : sinologie, histoire intellectuelle, histoire des sciences, anthropologie, linguistique, etc. Il s'agit ainsi de montrer qu'il n'existe justement pas de pensée chinoise unique et de se rendre à l'évidence que la Chine ne s'est pas arrêtée de penser après l'Antiquité, ni même avec l'introduction de la modernité occidentale[6]. Beaucoup de nos contemporains vivent encore avec l'idée que les Chinois n'ont jamais connu de débats, ni dans l'Antiquité ni aujourd'hui, du fait de leur soumission séculaire à un régime autocratique. Les nombreuses références à de grandes figures de la tradition chinoise, ainsi que les témoignages d'intellectuels chinois contemporains dans le présent volume en sont le démenti le plus vigoureux qui soit.

Notre travail se veut un témoignage de ce que sont les études chinoises contemporaines sous deux aspects indissociables et complémentaires : la réflexion de sinologues sur l'évolution des idées en Chine, et celle d'intellectuels chinois sur leur propre tradition. De toute évidence, il eût été vain de prétendre à une quelconque exhaustivité. Plutôt qu'un panorama de type encyclopédique, nous proposons une série de coups de sonde dans la pensée en Chine restituée et réhabilitée en tant que réalité vivante et perpétuellement mouvante, en acte ici et maintenant, inscrite dans un temps historique et un espace anthropologique.

Les articles de ce volume s'organisent en trois grands volets : le premier concerne le rapport entretenu par les intellectuels chinois d'hier et d'aujourd'hui avec leur propre tradition dans une dynamique endogène bien antérieure à toute intervention extérieure. Rapport cependant mis en question et à rude épreuve par l'irruption de la modernité qui s'est traduite notamment par l'invention de catégories nouvelles empruntées au savoir occidental du XIXe siècle : le deuxième volet en examine quelques-unes qui font encore problème aujourd'hui — philosophie, religion, médecine dite traditionnelle. Dans le troisième volet sont abordés les mythes les plus tenaces qui concernent l'écriture et la langue, ainsi que la question sensible qui leur est associée, à savoir celle de l'identité historique chinoise, qu'elle soit culturelle ou nationale.

En ouverture, Jacques Gernet, auteur d'un livre récent sur Wang Fuzhi, l'un des esprits les plus puissants et féconds de la Chine du XVIIe siècle, montre le caractère éminemment moderne de sa pensée, notamment dans ses conceptions sur la vie des sociétés humaines qui en font un précurseur des théories contemporaines en biologie et en sociologie. Léon Vandermeersch retrace, pour sa part, l'origine et l'évolution du genre historiographique en Chine, en s'interrogeant sur la philosophie qui le sous-tend et en proposant un état de la situation contemporaine. Nicolas Zufferey montre comment le confucianisme, dans toute son adaptabilité démontrée à travers deux millénaires et demi d'histoire, a été réapproprié par la modernité chinoise, et comment il se trouve instrumentalisé dans le discours dominant des dirigeants politiques actuels, dont l'autoritarisme trouve des échos inattendus dans la littérature populaire des romans de cape et d'épée. En tant qu'anthropologue doublé d'un fin connaisseur du domaine philosophique tant européen que chinois, Joël Thoraval s'interroge sur un développement récent des débats intellectuels en Chine : le retour en force d'une certaine forme du pragmatisme américain dont la première manifestation, incarnée principalement par John Dewey, date des années 1920. Occulté par les années de guerre, puis par le maoïsme, le pragmatisme revient à l'honneur, non seulement du fait d'une volonté de rapprochement transpacifique entre les héritiers spirituels américains de Dewey et le renouveau «post-confucéen» à l'œuvre en Chine et en Corée, mais aussi dans l'évolution réflexive de certains intellectuels chinois en vue comme Li Zehou. Formé à l'analyse marxiste, ce dernier en est venu, après la Révolution culturelle, à repenser la tradition culturelle chinoise depuis ses origines à partir d'une relecture à la fois de la raison pratique de Kant et de la raison pragmatique de Rorty. Enfin, Jean-Philippe Béja, depuis beau temps observateur critique des mœurs politiques de la Chine populaire, étudie à travers le cas de l'écrivain Liu Xiaobo (né en 1955) l'évolution des rapports que les intellectuels chinois contemporains entretiennent avec le pouvoir. Liu adopte pour sa part une attitude radicalement engagée, à l'opposé du rôle de conseiller du prince traditionnellement assigné à l'intellectuel et assorti d'inévitables compromis. En première ligne dans le mouvement démocratique de 1989 et malgré le harcèlement policier dont il fait l'objet depuis, il continue à incarner un idéal (somme toute assez confucéen) d'exemplarité morale et à croire en la capacité de la société à transformer un pouvoir « post-totalitaire ».

Le passage de la tradition à la modernité — voire à une post-modernité — envisagé dans la première partie n'a pu se produire qu'au prix de l'invention en Chine de catégories nouvelles ayant pour finalité l'appropriation de domaines du savoir moderne à la base de la puissance occidentale. Anne Cheng examine à ce titre l'invention de la catégorie « philosophie » en Chine par le truchement du Japon au tout début du XXe siècle, puis celle du genre des « histoires de la philosophie chinoise » qui se sont multipliées à la suite des travaux fondateurs de Hu Shi et de Feng Youlan dans les années 1920-1930 et qui continuent à alimenter de nombreuses polémiques dans la Chine d'aujourd'hui. Vincent Goossaert s'intéresse pour sa part à l'invention du concept de religion au sens occidental moderne du terme dans la Chine de la fin du XIXe et du début du XXe siècle, laquelle n'a pas manqué de donner lieu en la matière à des politiques plus ou moins dirigistes et répressives, mais aussi à des phénomènes de réinvention des religions autochtones et même d'invention de nouvelles religions. C'est également un processus de réinvention qu'analyse Elisabeth Hsu à travers l'émergence plus récente de la «médecine chinoise traditionnelle», concomitante avec l'instauration de la République populaire de Chine à partir de 1949 et suivie de phénomènes connexes comme l'engouement, désormais largement répandu dans les pays occidentaux, pour la pharmacopée dite traditionnelle et les pratiques corporelles regroupées sous l'appellation générique de *qigong*.

La troisième partie s'attaque à quelques éléments prétendument constitutifs d'une identité chinoise irréductible, perçue ailleurs sur le mode de l'altérité radicale. Avec sa clarté et sa vigueur coutumières, Viviane Alleton démonte méthodiquement les mythes qui ont proliféré à plaisir (en Europe, surtout à partir des Lumières, mais aussi en Chine) autour de l'écriture chinoise et qui sont encore aujourd'hui efficacement entretenus par la fascination qu'elle continue d'exercer. Viviane Alleton propose un rappel salutaire sur les structures élémentaires de cette écriture qui, tout en étant différente des systèmes alphabétiques, n'en constitue pas pour autant un «ovni»: elle ne demande pas de dispositions physiologiques ou psychologiques particulières pour son apprentissage ou son déchiffrement, et les spéculations sur ses origines prétendument religieuses, voire magiques, restent sujettes à controverse. Un autre linguiste, Chu Xiaoquan, étudie pour sa part en quoi l'écriture chinoise, abstraction faite de tous les fantasmes d'altérité dont elle a fait l'objet, a constitué un facteur de continuité dans l'espace et dans le temps, jusqu'à cristalliser en elle une certaine représentation de l'identité culturelle chinoise. Chu Xiaoquan montre ensuite comment cette dernière s'est trouvée ébranlée par l'urgence de la modernisation à partir de la seconde moitié du XIXe siècle, et comment les spécificités de l'écriture chinoise ont été rendues responsables de l'arriération de la Chine, non seulement par les observateurs étrangers, mais aussi et surtout par les intellectuels chinois eux-mêmes. Après avoir failli succomber aux coups de boutoir conjugués de la modernisation et des révolutions successives du XXe siècle, l'écriture chinoise se trouve à présent, par un renversement pour le moins spectaculaire, érigée en pilier central de l'identité d'une nation qui a recouvré sa fierté et compte bien prendre sa revanche dans le nouveau monde globalisé. C'est encore la question de l'identité que l'on retrouve au cœur du propos résolument contemporain de Zhang Yinde qui s'attache à l'émergence de la « sinité » dans les débats des années 1990. Ce nationalisme culturel d'un nouveau type, alimenté par les théories post-modernes, post-coloniales et post-orientalistes, campé dans une posture « nativiste » et conforté par la montée en puissance économique de la Chine, se déclare à la recherche d'une « alternative chinoise » au sein de la nouvelle donne de la mondialisation. Certains intellectuels contemporains, tel Wang Hui, poussent leur réflexion au-delà de ce positionnement quelque peu caricatural en s'efforçant de lui donner un ancrage historique, notamment en réintégrant dans une modernité proprement chinoise l'expérience maoïste, porteuse selon eux d'une possible «troisième voie chinoise». Toutefois, comme le montre Zhang Yinde, il leur est bien difficile de ne pas retomber dans une forme de relativisme culturaliste. Si la sinité est déjà un concept problématique, que dire de l'identité taiwanaise? Damien Morier-Genoud présente les débats dans les milieux intellectuels de cette île qui, après bien des changements de mains, s'est trouvée «colonisée» par les nationalistes du Guomindang chassés du continent en 1949. Les intellectuels taiwanais doivent circonscrire une identité propre qui, tout en étant bien obligée d'assumer ses origines culturelles chinoises, tienne compte de ses spécificités insulaires. Damien Morier-Genoud montre comment une nouvelle conception de l'historiographie taiwanaise, ainsi que l'assimilation des sciences sociales occidentales, permettent de repenser le rapport à une «sinité» de plus en plus envahissante afin de préserver un espace et une existence politiques distincts.

L'épilogue de notre volume nous ramène à notre propos de départ, à savoir le mythe de l'altérité radicale d'une Chine essentialisée, encore si largement entretenu aujourd'hui. En partant de l'analyse serrée d'un texte que Marcel Granet, dont l'autorité reste considérable, écrivit en 1920 pour montrer aux Chinois combien leur langue écrite constituait un obstacle à la modernité scientifique, Karine Chemla s'attaque à l'une des idées reçues les plus tenaces: la Chine prémoderne n'a pas réussi à accéder à la science, se cantonnant à des savoirs pratiques, utilitaires, sans jamais pouvoir se hisser au niveau de la généralité et de l'abstraction (dont Granet impute l'absence en

Chine aux structures mêmes de la langue et de l'écriture). En prenant l'exemple de textes mathématiques de la Chine ancienne, Karine Chemla nous représente que, non seulement des jugements comme ceux de Granet procèdent d'une conception étroite, positiviste et jamais explicitée, de « la science », mais qu'une étude circonstanciée et historicisée de ces textes rend possibles de nouvelles interprétations des pratiques mathématiques en général. Ce qu'il fallait démontrer...

ANNE CHENG

PREMIÈRE PARTIE

DYNAMIQUES
DE LA MODERNITÉ

CHAPITRE I

Modernité de Wang Fuzhi
(1619-1692)

Oubliant volontiers que l'histoire de notre civilisation nous a façonnés, nous nous croyons naturellement aptes à juger de modes de pensée différents des nôtres. Mais, n'y trouvant pas ce qui nous est familier, nous les estimons le plus souvent sans grand intérêt. Pour la Chine, cette conclusion s'accompagne de deux erreurs communes qui renforcent cette impression : l'une est de croire qu'il existerait « une pensée chinoise » intemporelle ; l'autre, qui en est inséparable, est d'attribuer à l'histoire de la Chine[1] un immobilisme incompatible avec les profondes mutations qu'elle a connues. Comme Anne Cheng l'a montré magistralement, il y a en Chine *une histoire* de cette pensée[2], c'est-à-dire un développement complexe de courants divers et parfois opposés, accompagné ou suivi de réactions et de reprises dans de nouveaux contextes de traditions plus anciennes. Comme dans notre Occident, les conceptions de l'homme et du monde s'y sont modifiées sous l'effet des changements sociaux, religieux et politiques, mais aussi des influences étrangères. Il en est ainsi de la longue période où le bouddhisme a été dominant, entre le IVe et le VIIIe siècle de notre ère, ou de celle qui suivit la grande mutation sociale et économique du XIe. Si un monde sépare le premier État centralisé, celui des Qin (221-209 avant notre ère), limité à la Chine du Nord et au bassin du Yangzi, de l'immense conglomérat de provinces chinoises, de protectorats et de colonies que fut l'Empire mandchou aux XVIIIe et XIXe siècles, un monde sépare aussi les idées et les conceptions de ces deux époques.

Wang Fuzhi (prononcer Wang Fou-tche), le plus éminent penseur de son époque, a laissé une œuvre difficile et volumineuse [3] dont j'ai tenté récemment une analyse [4]. De même que nos philosophes ne peuvent ignorer Platon, Aristote, saint Augustin ou Descartes, aucun penseur chinois n'ignorait les *Entretiens* de Confucius (551-479), Mencius et Zhuangzi aux environs de 300 avant notre ère, ou Zhu Xi (1120-1200). Wang Fuzhi s'appuie sur une vaste et diverse tradition intellectuelle et n'ignore rien des Classiques [5] et des très nombreux penseurs qui se sont succédé depuis le XIe siècle de notre ère. Enfin, il a des prédécesseurs dont le plus important est Zhang Zai (Tchang Tsai, 1020-1078) qu'il considérait comme son maître et qu'il dépasse par l'ampleur de son œuvre et de sa vision. Bien que sa personnalité exceptionnelle le mette à part de tous les autres, il se situe donc dans le prolongement de la grande tradition dite « néoconfucéenne [6] ».

Intimement mêlé depuis sa jeunesse aux événements de son époque, l'une des plus tragiques de l'histoire de la Chine, il a été profondément marqué par l'écroulement de la dynastie des Ming et l'installation en Chine des Mandchous, ayant participé lui-même aux cercles politiques de son temps, à la résistance à l'occupant et assisté aux luttes de factions à la cour des Ming du Sud. Ces expériences lui ont inspiré une haine tenace des lâches, avides de pouvoir et de richesse, prêts à collaborer avec l'occupant, et l'ont conduit à se poser une question qui dominera toute son œuvre : pourquoi la dynastie nationale s'est-elle effondrée et pourquoi d'anciens chasseurs et éleveurs nomades de la Mandchourie méridionale ont-ils pu s'installer en Chine à partir de 1644 ? C'est pour trouver une réponse à cette question qu'il s'est interrogé sur toute la tradition classique et sur l'histoire de la Chine entre le Ve siècle avant notre ère et la fin des Song en 1279. Or, cette réponse est en rapport étroit avec sa philosophie. En effet, Wang Fuzhi juge responsables de la corruption, du laisser-aller et du fatalisme qui s'étaient emparés d'une grande partie des élites les courants de pensée qui étaient en vogue au XVIe siècle et dans sa jeunesse, et qui vantaient le rejet de toute entrave et le détachement de ce monde : bouddhisme extrémiste du *chan*[7], taoïsme prétendument libérateur, confusion entre les «trois enseignements[8]» et jusqu'à la tradition lettrée dominante depuis le XIIe siècle qui affirmait l'existence d'un principe d'ordre indépendant de toute réalité sensible. Rationaliste convaincu, il s'attaque sans relâche à ces courants de pensée et rejette toute conception mystique détachée de l'univers dont nous sommes inséparables.

On pourrait dire, pour simplifier, que les discussions et controverses sur ces différentes formes d'absolu constituent l'une des deux orientations et la mieux représentée de la philosophie chinoise.

«Des lettrés, écrivait un auteur[9] plus d'un siècle avant Wang Fuzhi, disent que toutes les choses corporelles sont soumises à décrépitude à l'exception du *li* (principe d'ordre immanent) qui, seul, est incorruptible. Voilà qui ressemble fort à des propos de fous. Comment, disent-ils, le *li*, qui n'a ni corps ni substance, pourrait-il être sujet à corruption ? Mais si on examine la chose en se fondant sur les faits », on reconnaîtra que... « le principe d'ordre n'acquiert son adéquation qu'en fonction des époques... Ne faut-il pas en conclure que ce principe est lui aussi sujet à corruption et décrépitude [10] ? ».

L'autre orientation, tout aussi ancienne, a repris vigueur chez Zhang Zai, dont l'hostilité aux influences mystiques du bouddhisme et du taoïsme était plus vive que chez les autres penseurs de son époque. C'est chez lui que Wang Fuzhi a trouvé son inspiration principale et ses arguments contre les courants de pensée qu'il accusait d'être à l'origine du déclin et de l'asservissement de la Chine.

On dira sans doute que ce philosophe n'en est pas un, car sa démarche et ses conceptions n'entrent pas dans le cadre de ce que nous appelons philosophie. Il pousse, en effet, jusqu'à ses ultimes conséquences une tendance, souvent implicite dans l'histoire de la pensée chinoise, à tenir le langage pour artificiel. Création humaine, il est pour lui non seulement impuissant à rendre compte de la réalité du monde, mais y introduit des distinctions qui lui sont étrangères. Pis encore, à ses yeux, le langage incite à hypostasier des notions ultimes qui ne sont en fin de compte que des mots : *dao* des auteurs taoïstes de la fin de l'Antiquité (Zhuangzi et Laozi), absolu indéterminé du bouddhisme, principe d'ordre (*li*) extérieur au monde sensible de la tradition lettrée dominante [11].

Les Grecs avaient fait de la discussion argumentée et de l'absence de toute contradiction le moyen de toute recherche des choses vraies, stables et identiques à elles-mêmes — et, distinguant définitivement le sensible de l'intelligible, ils avaient du même coup rejeté la nature comme le domaine de l'incertain, du fluctuant et de l'à-peu-près. Or, dans la mesure où elle récuse le langage et n'admet d'autre fondement que la nature et le sensible, la pensée de Wang Fuzhi est précisément à l'inverse de ce qui est demeuré, pour nous, constitutif de toute philosophie. Mais, dans ce retournement de tout ce qui nous est familier, Wang nous révèle qu'une pensée qui traite des réalités sensibles et de cette nature imprécise et fluctuante n'est pas aussi vaine que les Grecs l'avaient estimé. Elle est féconde et mérite à bon droit le nom de philosophie car, s'il est vrai que nous ne pouvons penser que par l'intermédiaire du langage, il n'en reste pas moins que les mots nous cachent la réalité du monde. Pour me faire comprendre, j'userai ici d'un rapprochement, celui de la révolution qui s'est produite chez nous en peinture il y a plus d'un siècle : l'identification inconsciente que nous faisons des objets nous cache la vérité des formes et des couleurs. Mais il faut mettre ici en garde contre une conclusion hâtive : les Chinois eurent recours au langage avec autant de talent que nous et Wang Fuzhi en use avec une logique irréfutable : il n'en refuse pas moins avec force toutes les distinctions fondées sur le langage et considère que, *du point de vue philosophique*, il est capital de séparer attentivement la nature de l'artifice humain.

Pour que les choses soient claires, rappelons combien les enseignements des premiers missionnaires chrétiens étaient à l'opposé de tels principes. Quand Matteo Ricci, fondateur de la première mission jésuite

de Chine, entra en relation aux environs de 1600
avec les Chinois les plus cultivés, il voulut, pour les
tirer de leurs erreurs et les convaincre des vérités chrétiennes, leur apprendre à raisonner comme il faut. Et
il fit appel pour cela à tout l'attirail de la scolastique
médiévale, opposant dans son grand ouvrage en
chinois de 1609, *Le Vrai Sens du Maître du Ciel*, des
réalités inconciliables et exclusives l'une de l'autre,
qu'il résume dans un «arbre de Porphyre[12]» : animé
et inanimé, sensible et insensible, corporel et incorporel[13], organique et inorganique, mobile et immobile,
doué et dépourvu de raison... Il leur apprit aussi les
quatre causes d'Aristote, les trois types d'âmes (végétative, sensitive et raisonnable), les trois formes d'inclusion de l'inférieur par le supérieur (pour les corps,
du plus petit par le plus grand ; pour les natures, des
âmes végétative et sensitive par l'âme raisonnable de
l'homme ; l'inclusion enfin par Dieu de sa création) ;
les sept formes d'identité ; ce qui a commencement et
fin (les êtres vivants), ce qui a commencement et n'a
pas de fin (l'âme humaine), ce qui n'a ni commencement ni fin (Dieu), l'opposition substantielle de l'âme
et du corps, la distinction capitale de la substance et
de l'accident...

«Considérons, dit-il, le terme "cheval blanc" [...].
Le cheval est la substance ("ce qui est établi par soi-même") et le blanc est l'accident ("ce qui s'appuie
sur autre chose"). Même s'il n'y avait pas de blanc,
il y aurait quand même un cheval, tandis que s'il n'y
avait pas de cheval, il ne pourrait y avoir de blanc.»
Or, dans ces démonstrations qu'il pensait décisives,
Ricci ignore deux faits qui expliquent pourquoi ses
lecteurs les ont jugées incompréhensibles. L'un est
que la distinction entre la substance et l'accident,

élémentaire pour un Européen de son époque parce qu'elle reproduisait celle du substantif et de l'adjectif, n'avait aucun sens dans une langue où tout mot pouvait avoir, suivant sa place dans la phrase et son contexte, toutes les fonctions possibles : nominale, verbale (active, passive, causative ou putative), adjective ou adverbiale[14]. L'autre, que le raisonnement par exclusions et distinctions radicales auquel Ricci fait appel était inconnu des Chinois. Le chinois, en vertu de sa constitution, ne peut avoir de préfixes privatifs; il privilégie au contraire dans ses raisonnements, comme dans sa prose et sa poésie, les termes qui s'accordent, s'opposent sans s'exclure ou comportent du plus ou du moins, tels que grand et petit, subtil et grossier, vide et plein... D'où l'impression, chez les premiers critiques des jésuites, de «toutes sortes de coupures et séparations» et «d'innombrables raisonnements incompréhensibles»[15]. Pour les Chinois, qui ignoraient l'opposition catégorique de l'esprit et de la matière[16], l'homme ne différait pas substantiellement de l'animal, bien qu'il lui fût supérieur, étant seulement composé d'énergies plus raffinées qui le rendaient apte à un apprentissage continu tout au long de son existence.

Si opposés qu'ils soient à la scolastique médiévale, encore enseignée dans les écoles au XVIIe siècle, les débuts de la science moderne à partir de Galilée eurent un fondement théologique, lui aussi profondément étranger à la pensée chinoise : celui de lois éternelles dictées à la nature par un Dieu unique et créateur.

Deux modes de pensée apparaissent donc à l'origine des difficultés de compréhension entre Chinois et missionnaires : l'un, qui est fondé sur le discours et a l'avantage de la clarté, procède par antinomies ; l'autre ne connaît que des modifications continues qui sont le propre des choses sensibles ou de ces couples indissociables dont abonde le vocabulaire chinois... Voilà pourquoi nous ne trouvons pas en Chine de *systèmes philosophiques*, car tout système philosophique à notre sens implique des classifications et des oppositions absolues. Vérités démontrées par l'affrontement de thèses antithétiques et distinctions radicales ne pouvaient être au contraire pour Wang Fuzhi que des produits artificiels du langage : les divisions que l'homme introduit dans le monde ne sont que des noms qui n'ont de sens que pour lui. « Il n'y a dans le ciel ni degrés solaires ni stations lunaires... Les noms ont été établis par les hommes et ne sont pas des créations de la nature [17]. » « Y aurait-il sous le ciel, écrit-il aussi, des choses qui s'opposeraient absolument en étant radicalement séparées ? Qu'on cherche dans le Ciel et la Terre, qu'on cherche dans les êtres innombrables […] qu'on cherche dans son esprit, on ne pourra […] rien affirmer de tel de façon certaine [18]. » « Dira-t-on que dans la vie d'un homme le jeune et le vieux sont deux êtres différents ? De l'enfance à la vieillesse, c'est une transformation graduelle, sans limite tranchée. Pourrait-on dire qu'un jour on a fini d'être jeune et qu'on a commencé d'être vieux [19] ? »

Dans une nature où n'existent que des continuités sans rupture, les opposés et même les contraires se complètent et ne font qu'un. Cette notion de complémentarité, courante dans la pensée chinoise, est fondamentale chez Wang Fuzhi : vide et plein, mouvement et repos, assemblage et dissociation, etc., ne peuvent être séparés, car le vide est plein d'énergies ;

ce que nous croyons au repos est toujours inclus dans un mouvement qui l'emporte ; les combinaisons par association des deux énergies élémentaires créatrices de tout ce qui est accessible à nos sens sont condamnées à se dissocier tôt ou tard pour faire retour à l'invisible. Rien au monde n'échappe à ces allées et venues entre visible et invisible qui impliquent l'existence d'une masse d'énergie universelle qui ne connaît ni diminution ni accroissement[20]. « Si on envisage ce qui fait advenir le neuf, écrit Wang, la mort est la grande créatrice de la vie[21]. »

De même qu'il rejette toute opposition catégorique qui ne relèverait que du langage, il refuse toute valeur à des raisonnements fondés sur l'opposition du oui et du non. Il nous semble aller de soi, explique-t-il, que l'état normal de l'homme est d'être bien portant, mais si son état normal était d'être malade il nous serait impossible de dire qu'il est tombé malade ou relève de maladie[22]. Affirmation et négation ne sont donc affaire que de convention.

L'antinomie qui nous est familière entre l'être et le néant n'est pas chinoise : les mots chinois que certains interprètes ont traduits à tort par ces deux termes évoquent au contraire un couple indissociable formé par un indifférencié qui échappe à nos perceptions et un différencié qui est celui du monde sensible[23].

Rejetant les distinctions introduites par l'homme dans le monde, Wang nie du même coup qu'il puisse y avoir un absolu antérieur à tout ce que nous font connaître nos sens : « Si l'on abandonne [le domaine des choses sensibles], écrit-il, et qu'on cherche des réalités qui auraient existé avant les objets, qui seraient suprasensibles, éternelles, comprendraient en elles les changements innombrables de l'univers, embrasseraient le Ciel et la Terre, le monde des hommes et celui des autres êtres, on ne pourrait leur donner de nom. À plus forte raison ne pourraient-elles avoir aucune réalité. La vue troublée par ces choses (qui sont au-delà de ce qui est objectif et ne peuvent être nommées), Laozi dit : "Le *dao* est dans le vide." Mais le vide est le vide du monde objectif (et ne peut donc en être séparé). Le bouddhisme dit : "Le *dao* est dans le calme absolu." Mais le calme absolu est le calme du monde objectif. Beaux parleurs aux discours vicieux qui sont en fait incapables de quitter le monde des objets et prennent pour enseigne "l'au-delà du sensible" afin de se rendre sublimes! Qui croient-ils tromper[24]? »

Wang Fuzhi affirme, parce qu'elles sont dans la nature, l'irrégularité et la transformation continue de toutes choses, due à l'activité incessante des énergies qui les composent[25]. Rien ne s'y oppose de façon absolue, rien non plus n'y est parfaitement régulier. Noms et nombres sont impuissants à en rendre compte. Dans leur réalité même, les choses nous sont insaisissables. « Il y a dans le monde, écrit-il, des choses auxquelles nous pouvons parvenir par la réflexion, d'autres que nous pouvons connaître par l'étude : ce sont des notions et des principes. Mais les choses et les êtres eux-mêmes échappent à nos réflexions et à notre étude. Noms et nombres sont limités, tandis que, dans leur réalité, êtres et choses se distinguent à l'infini, et si nous voulions aller jusqu'au bout de ces distinctions […] nous ne pourrions jamais y parvenir. Les feuilles d'un grand arbre se comptent par myriades, et parmi elles nous n'en trouverons pas une qui soit exactement semblable à une autre. Comment des noms pourraient-ils les limiter ? Les changements sont infinis : si nous passons en revue les événements d'un jour et d'une nuit, rien ne sera semblable à ceux qui se sont produits auparavant. Beau temps et pluie, voilà à quoi se réduisent les mots dont nous disposons pour le temps qu'il fait. Mais nous ne trouverons jamais un temps qui ne présente pas la moindre différence avec un autre. Comment des nombres pourraient-ils marquer toutes ces différences[26] ? »

« Entre Ciel et Terre, il n'est rien qui soit parfaitement régulier. Il n'y a que les choses faites par l'homme qui soient de ce genre. Des cercles qu'on peut tracer au compas, des rectangles qu'on peut tracer à l'équerre relèvent de l'artifice humain ; il n'y a jamais eu rien de tel dans les êtres créés par la nature[27]. » Aussi Wang Fuzhi distingue-t-il l'usage immédiat que l'homme fait de ses facultés — celles de ses yeux pour voir, de ses oreilles pour entendre, de son esprit pour penser — et tous les cas où il recourt à un outil ou un instrument : ce sont autant d'intermédiaires qui s'interposent dans sa relation directe et spontanée avec le monde.

Mais, bien que les choses et les êtres nous soient insaisissables dans leur réalité même, le monde est fait aussi de constantes. Ordre et hasard y coexistent, et c'est à cette combinaison de principes qui nous semblent contradictoires qu'obéissent tous les phénomènes de la nature. Bien que chaque jour diffère des autres dans toutes ses particularités, le cycle annuel des saisons est chose assurée. Bien que pas un homme ne soit rigoureusement identique à un autre, ils sont tous faits sur le même modèle. Le changement de la jeunesse à la vieillesse est inéluctable, mais la vie peut être longue ou brève, vigueur ou faiblesse n'ont rien de fixe et, dans le passage de la croissance au déclin, il arrive que, dans la pleine vitalité de la jeunesse, survienne un affaiblissement soudain, ou qu'après l'entrée dans la décrépitude il se produise un renouveau de vigueur. Cependant, en dépit de ces irrégularités, après une croissance et un déclin progressifs, la vie s'oriente toujours vers la décrépitude et la mort [28].

Cette coexistence de l'ordre et du hasard s'explique par le fait qu'il existe un principe spontané d'organisation (*li*), inhérent aux énergies *yin* et *yang*, qui assure la formation des êtres vivants avec une étonnante régularité et par la combinaison plus ou moins hasardeuse des deux énergies *yin* et *yang* au moment de leur formation. Au contraire de la tradition dominante depuis le XIIe siècle qui voyait dans le *li* un principe d'ordre idéal antérieur à ces énergies, Wang conçoit ce principe, invisible aussi longtemps qu'il ne s'est pas manifesté au grand jour dans les êtres une fois formés, comme un pouvoir général d'organisation. Et il fournit la preuve éclatante de son existence dans les « organisations ramifiées » et les « dessins réguliers » caractéristiques de tous les êtres vivants [29].

Pour donner une idée de l'activité secrète, complexe et incessante qui aboutit à leur formation, Wang Fuzhi recourt aux termes de « répartition et dosage », « fusion, nouage, écoulement, arrêt [30] » qui semblent évoquer la biologie contemporaine. Partout où parvient l'énergie du vivant, elle est parcourue par ce pouvoir créateur d'organisation, à la différence des substances mortes d'une flûte, objet fabriqué par l'homme, où c'est le vide et le souffle [31] du flûtiste qui assurent son fonctionnement, ses parties pleines n'étant que concrétion dont les énergies du vivant se sont retirées[32]. Si la plupart des choses nous semblent stables, cette stabilité n'est qu'apparente : elle tient à ce que, dans les substances qui les constituent, les énergies se renouvellent constamment. Ce renouvellement est indispensable à leur maintien, car ce qui ne se renouvelle pas dépérit et meurt. Il est donc une condition nécessaire de la vie. De même, si nous voyons, entendons, pensons, c'est grâce à l'activité invisible et continue de nos énergies sensorielles. « Il n'y a pas d'objet constant, dit Wang, mais mode de fonctionnement constant[33]. »

La distinction substantielle de l'esprit et de la matière à laquelle nous avons accordé tant d'importance ne se retrouve pas en Chine. Il n'y existe même pas de mots qui correspondraient véritablement à ce que nous entendons par ces termes. Y sont opposés au contraire le subtil et le grossier. L'esprit y serait seulement la forme la plus fine et la plus déliée de l'énergie universelle. De là, ce retournement surprenant qui fait des corps comme une sorte de dépôt ou de lie de cet esprit : « Les corps et les qualités sensibles des êtres et des choses innombrables de l'univers ne sont que la lie de l'esprit[34] », écrivait Zhang Zai.

Aussi bien, quand ils voulurent tirer au clair ce qu'ils appelaient « la religion » des Chinois, les Européens du XVIIe siècle se trouvèrent-ils bien embarrassés, car ce qui leur semblait aller de soi — à savoir la distinction de l'esprit agissant et de la matière brute, de l'âme et du corps, du Créateur et de sa création — était inconnu de ceux qu'ils cherchaient à convertir. Certains jésuites, tel Niccolò Longobardo, successeur de Matteo Ricci à sa mort en 1610, affirmèrent que leur philosophie secrète était un « matérialisme pur », et ils nièrent que les Chinois aient jamais connu « rien qui eût rapport avec les notions de Dieu, d'anges et d'âme raisonnable[35] ». Voulant expliquer ce qu'ils entendaient par leur notion de *li* (principe d'ordre universel ou pouvoir spontané d'organisation[36]), Longobardo concluait que « cette Li n'est autre chose que notre matière première ». À l'inverse, annotant, plume à la main, le *Traité sur quelques points de la religion des Chinois* de Longobardo, Leibniz nia que le *li* puisse être la matière première : « Je ne vois pas, écrit-il, comment il soit possible que les Chinois puissent, de la matière première telle que les philosophes l'enseignent dans leurs écoles, qui est une chose purement passive, sans règle et sans forme, tirer l'origine de la règle et des formes. » Et il ajoute que « l'on doit surtout considérer leur Li ou règle qui est le premier acteur et la raison des autres choses et que je crois répondre à notre divinité[37] ».

Victimes de la vulgate « marxiste-léniniste » qui leur était imposée, les interprètes chinois, empruntant aux Occidentaux leurs notions et leur vocabulaire, ont qualifié Wang Fuzhi jusque vers 1990 de « matérialiste ». Mais Wang n'a jamais imaginé un immatériel qui serait une superstructure du matériel. Tout au contraire, il tient pour inséparables, de même que le signe et le sens, le concret et l'abstrait, le sensible et le suprasensible, le corporel et l'incorporel. Il refuse de « lâcher la nasse, le poisson une fois pris », comme le fit Wang Bi (226-249), façon de dire que seul compte ce qui est au-delà du sensible et qu'il peut en être séparé[38]. À ses yeux, c'est le lien entre ces opposés qui est fécond, en lui que réside ce qu'il y a de plus subtil au monde. Il ne peut pas plus y avoir de corps sans perception et sans esprit que d'esprit sans corps. Si le mort ne voit ni n'entend, c'est parce que « son corps a perdu ce qui assurait son fonctionnement [...] et son esprit, ce sur quoi il prenait appui [39] ».

La musique ne pourrait exister s'il n'y avait pas, en même temps que des instruments, des échelles de tons et des mesures : « Dans cet art qu'est la musique, une fois que ce qu'il y a en elle de plus subtil a pénétré [40] dans les instruments, tout ce qui est mesure, nombre, tons et noms relève du mode de l'incorporel. Il en est ainsi des intervalles et des positions, de tout ce qui procède des six notes fondamentales. Qui est parvenu à comprendre cela a compris plus qu'à moitié le principe de la constitution de l'univers [41]. »

C'est par commodité de langage, explique Wang, qu'on s'est servi des termes de corporel et d'incorporel, mais il n'y a jamais eu de séparation entre l'un et l'autre. « Et, comme il n'y a entre eux aucune frontière, il est clair que le mode de fonctionnement de l'univers (*dao*) et les objets concrets n'ont pas de fondement différent [42]. »

Wang Fuzhi n'est d'ailleurs pas plus sensualiste qu'il n'est matérialiste à notre sens, car il n'existe pas à ses yeux de rapport adéquat entre l'image que nous avons de l'univers et ce qu'il est dans sa réalité. Ce que nous en connaissons n'est, explique-t-il, qu'un monde humain, particulier à notre espèce, puisque les animaux ont les leurs, différents du nôtre [43]. Nous n'en percevons en outre obscurément qu'une infime partie : « La capacité de notre esprit atteint ses limites dans l'infini, la puissance de notre ouïe et de notre vue atteint les siennes dans l'infime [44]. » Toute la face cachée des choses nous échappe. De ce que l'espace où il nous semble qu'il n'y a rien est rempli d'énergie, il conclut que l'invisible et l'inaudible doivent être faits des mêmes éléments que ce que nous voyons et entendons[45].

Mais il y a plus. Les phénomènes que nous ne pouvons voir parce qu'ils se produisent au niveau d'énergies infinitésimales ont un comportement aberrant par rapport à ceux que nos sens nous permettent d'appréhender :

> « L'homme distingue les quatre points cardinaux afin de se repérer par rapport à ce qu'il a devant ou derrière lui ; il se conforme à la distinction du passé et du présent, du commencement et de la fin pour donner un ordre à ce qu'il voit et à ce qu'il entend [...]. Mais, du point de vue du principe d'organisation spontanée (*li*) et des énergies invisibles[46], il n'est pas vrai qu'il y ait un avant et un après. Dans l'absence de toute orientation temporelle ou spatiale du chaos dans lequel le principe d'organisation dirige les énergies, le commencement est aussi la fin, le créé est aussi l'origine du créé, ce qui est au repos est aussi ce qui circule, ce qui se sépare est aussi ce qui s'unit. Il n'est rien qui ne commence, rien qui ne soit achevé[47]. »

Nos perceptions sont pourtant seules à nous relier à un univers dont nous faisons partie intégrante, seules à nous permettre d'affirmer qu'il n'est pas pure illusion comme le prétendent les bouddhistes. Si particulière qu'elle soit à notre espèce, l'image que nous avons du monde est en effet cohérente : « Les choses existent quand elles sont en rapport entre elles ; elles ne peuvent exister dans le cas inverse [...] L'érable ne porte pas de branches de saule ; le châtaignier ne produit pas de jujubes [...] Toutes les choses du monde s'appuient les unes sur les autres, et c'est sur cette relation que nous pouvons nous fonder. Voilà qui ne peut nous tromper et ne fait pas le moindre doute[48].» Cette cohérence permet l'action humaine et réduit à néant la thèse bouddhique d'après laquelle le monde n'est que fantasme.

Ne voyant dans le langage qu'artifice, Wang vise à découvrir dans la nature des *modes de fonctionnement* qui aient une application générale. Il est en cela en accord avec une tradition qu'on retrouve dans les mathématiques chinoises[49]. À la différence des mathématiques euclidiennes fondées sur des déductions à partir d'axiomes, elles tirent parti de l'existence d'ensembles de situations isomorphes, justiciables par là même du même type de manipulations numériques. «Cette caractéristique étonnante, écrit un historien des mathématiques chinoises, n'est pas sans rappeler celle qui prévaut maintenant en mathématiques, mais qu'il a été si difficile de conquérir : le formalisme rend possibles d'impensables mises en rapport d'objets visiblement sans lien entre eux[50].» L'idée que des phénomènes entièrement différents puissent se fonder sur des mécanismes communs est aujourd'hui couramment admise non seulement dans les sciences exactes, mais dans les domaines les plus divers.

Ainsi, ce qui intéresse Wang dans l'histoire, ce ne sont pas ses événements eux-mêmes, mais ses *mécanismes*, le rapport entre les institutions, les mœurs, l'économie et le destin des sociétés, les transformations inéluctables des mentalités et des institutions ou, en sens inverse, la résistance que les habitudes collectives opposent aux changements, les effets possibles de l'action des hommes, le rôle des impondérables. L'histoire est pour lui chose sérieuse, non pas un récit conçu pour la distraction du lecteur : réfléchir sur les données de l'histoire, domaine où la transformation universelle apparaît avec le plus d'évidence, est une façon de philosopher[51].

Au lieu de faire appel au discours, Wang Fuzhi a eu recours, à la suite de Zhang Zai, à un système de signes graphiques dont il a tiré une grande part de ses conceptions. Il s'agit du livre des *Mutations*, antique ouvrage de divination, connu aussi sous le nom de *Yijing*[52]. Si l'on identifie le rationnel à la logique du discours — principes d'identité, de non-contradiction et de tiers exclu —, un ouvrage de divination lui est par définition étranger, puisqu'il fait une place décisive au hasard. Mais les *Mutations* relèvent en fait d'une autre rationalité : celle des grands nombres dont traite la statistique, domaine où l'on retrouve la coexistence déjà mentionnée du constant et de l'aléatoire. Ses 64 hexagrammes, produits de multiples tirages au sort qui visaient à éliminer toute influence extérieure au pur hasard[53], étaient conçus comme autant de modes de fonctionnement généraux, valables dans tous les domaines, y compris celui de la conduite humaine. « Le *Yi* [c'est le nom des *Mutations*], dit Wang, s'est incorporé cela [cette combinaison de l'ordre et du hasard] et en a fait le mode de fonctionnement de l'univers (le *dao*)[54]. »

Les *Mutations* étaient constituées à partir de deux signes qui correspondent à une des oppositions les plus générales de la nature, le féminin et le masculin, et à ses homologues : repli et expansion, intérieur et extérieur, obscurité et clarté, repos et mouvement[55]... Ces signes symbolisaient les deux énergies invisibles constitutives de l'univers, qualifiées de *yin* et de *yang*. Le système était formé, à partir de la base, des

4 combinaisons possibles de lignes *yin* et *yang*, puis, par adjonction d'une nouvelle ligne, de 8 trigrammes, et enfin des 64 hexagrammes que formaient toutes les superpositions possibles de ces trigrammes, chacune de ces combinaisons, par 2, 3 et 6, et chacune de leurs lignes étant signifiantes [56].

Outre la notion de mutation par l'échange d'une ou deux lignes entre deux hexagrammes issus l'un de l'autre, les *Mutations* fournissaient celles de négatif, invisible mais toujours présent, et de renversement soudain de situation [57]. Comme il n'existe rien au monde qui ne comporte identité et différence, contraction et expansion, fin et commencement, elles permettaient de concevoir l'univers comme un vaste système d'analogies et d'oppositions complémentaires, toutes les choses du monde étant le produit des combinaisons des deux énergies *yin* et *yang* [58].

Mais le monde est fait de visible et d'invisible : « L'invisible est ce qui s'amasse en secret, et le visible n'en est que la face extérieure [59]. » Le dessin qui représente l'enchaînement des deux énergies *yin* et *yang* à l'intérieur d'un cercle est bien connu [60]. Nous y voyons un symbole immobile, mais il se meut et sa rotation a pour effet de transformer le positif en négatif, le visible en invisible, le *yin* en *yang* et inversement, ces opposés étant présents et indissociables dans ce symbole, et se transformant l'un dans l'autre instantanément au moment de leur inversion. On n'est pas ici en présence de contraires qui s'excluraient l'un l'autre comme dans une logique de l'identité et de la non-contradiction [61].

« C'est parce qu'elles sont deux, dit Zhang Zai, qu'il y a transformation. » La sexualité — représentée par ces deux symboles — est à l'origine de la diversité des individus[62]. Isolé, un *yin* ou un *yang* reste stérile. De même, ce pourquoi il y a mutation dans les hexagrammes est qu'ils sont composés de deux trigrammes qui possèdent chacun un centre, celui du sommet à la ligne 5 et celui de la base à la ligne 2 : « Ce qui n'a qu'un seul centre ne connaît pas de mutation. Ce qui en possède deux est apte à muter[63]. » « C'est parce qu'il existe un seul fondement constitutif qu'il y a fonctionnement entre des paires d'opposés, dit aussi Wang. Il en est comme de l'eau qui n'a qu'une substance unique, mais qui peut se transformer en glace quand il fait froid et en eau bouillante si on la chauffe. C'est grâce à cette différence entre ses deux aspects qu'on peut savoir ce qu'est la substance constitutive permanente de l'eau[64]. » « Fondu, le métal devient liquide, l'eau en gelant devient dure : l'ensemble unique dureté et souplesse ne connaît pas de limite tranchée[65]. » Apparemment distincts, sous différentes formes, ces éléments ne font qu'un.

La vie est organisation. « Si, dans la vie d'un arbre, le tronc, les branches, les feuilles, les fleurs, forment par leur union un ensemble organisé, dit Wang Fuzhi, c'est parce qu'ils croissent en liaison les uns avec les autres. Si, dans la fabrication d'une charrette, les rayons, le moyeu, les brancards, l'essieu ont une efficacité, c'est parce que le travail de ces pièces est en rapport avec celui de tous les autres. Dans le cas de l'arbre, si tronc, branches, feuillage et fleurs ne croissaient pas ensemble en liaison les uns avec les autres, il y aurait rupture dans la constitution de l'arbre. Dans la fabrication d'une charrette, si les différentes parties n'étaient pas en rapport les unes avec les autres, il manquerait quelque chose et la charrette serait inutilisable[66]. » De la présence ou de l'absence d'une organisation qui intéresse l'ensemble d'un être vivant ou d'une collectivité résulte l'ordre ou le désordre[67].

Les institutions de tout genre, les mœurs, les habitudes collectives, les idées dominantes forment un ensemble qui est le résultat de l'adaptation qui s'est produite de ces éléments entre eux au cours d'une longue évolution. Ils constituent des systèmes qui se modifient de façon plus ou moins progressive[68]. « Si, de cent institutions, on en enlève une, écrit Wang, toutes les autres en seront affectées ; si, de ces cent, on n'en conserve qu'une, comment cette institution isolée pourrait-elle fonctionner (au milieu de cent autres qui lui seraient étrangères) ? » C'est aussi ce qui fait qu'on ne peut maintenir en vie des institutions déjà moribondes.

La cohésion des éléments qui contribuent à l'ordre d'une société explique pourquoi on ne peut pas plus gouverner le monde d'aujourd'hui avec les institutions de jadis qu'on ne pourra gouverner celui de demain avec les institutions d'aujourd'hui. Comme le monde ne cesse de changer, il est vain de croire qu'on puisse adapter des procédés qui avaient réussi dans un passé avec lequel ils étaient en accord mais qui ne le sont plus avec le présent[69]. Les lois ne sont ni bonnes ni mauvaises en elles-mêmes. Elles ne valent qu'en fonction de leur relation avec l'ensemble des autres institutions ainsi qu'avec les mœurs et les usages d'une époque. « Quand de mauvaises lois sont établies et que la population s'y est accoutumée depuis longtemps, on ne peut rien faire de mieux que de s'y conformer : en réduisant ce qu'elles ont de mauvais et en y ajoutant pour les améliorer, le monde sera en paix[70]. » Toute réforme brutale risque de troubler inutilement un ordre qui fonctionne tant bien que mal, car les habitudes et les mœurs ont plus de force que les lois.

Les habitudes forment l'homme et les collectivités humaines. Elles expliquent les grandes différences qui séparent aussi bien les individus que les sociétés. Façonné dès son enfance par les influences de son entourage, de son éducation, de ses occupations, l'homme ne cesse de se transformer au cours de la vie. Il n'y a donc pas de nature humaine fixée *ne varietur*. Comme Durkheim, Wang Fuzhi estime que l'homme est soumis à la pression qu'exerce sur lui la société sans même qu'il la ressente [71].

Et comme l'homme est un produit de la société dans laquelle il vit, Wang imagine une très longue préhistoire où, en l'absence de toute culture, «les hommes ne purent rien faire connaître de ce qui s'était passé avant eux, ni rien transmettre aux générations postérieures. Quand aucune règle n'existe [...] l'homme n'est alors qu'une bête qui se tient debout, émet un ronflement quand elle a faim et jette ses restes de nourriture une fois rassasiée». Mais ce qui, selon Wang, vaut pour le plus lointain passé vaut aussi pour l'avenir. Il viendra un jour, estime Wang, où la civilisation aura disparu. «Alors, dit-il, les hommes reviendront tous à l'état de bêtes dans lequel ils étaient dans les temps les plus lointains. Quand ils en seront là, culture et écriture n'ayant plus cours, les connaissances ne laissant plus de témoignages, quand bien même il y aurait des yeux et des oreilles pour voir et pour entendre pendant les milliards d'années, rien ne permettra de garder des témoignages de ces époques. Ce ne sera plus que le chaos [72]. »

De même que sensible et suprasensible ne peuvent être séparés, selon Wang, les désirs fondamentaux de l'homme et la morale sont indissociables. Propres à tous les êtres, ces désirs sont une manifestation de l'ordre universel : « Le plaisir que les êtres éprouvent à se nourrir et la joie des relations amoureuses sont, dit Wang, les ressorts de l'action créatrice du Ciel et de la Terre[73]. » Et, comme le proclame une formule du *Grand Commentaire* des *Mutations* qu'il cite souvent : « La grande vertu du Ciel et de la Terre s'appelle vie. » « Il est des gens placides et facilement satisfaits, dit-il. Mais qui est trop aisément homme de bien ne peut être par là même homme de bien [...] car s'accommoder aisément, c'est avoir le cœur mince. Je crains que ceux qui sont faibles en désirs soient aussi faibles dans [la compréhension de] l'ordre de l'univers, que ceux qui sont faibles à accepter personnellement le monde le soient aussi à en assumer les charges[74]... » La morale ne consiste donc pas à refouler systématiquement les désirs, ce qui serait d'ailleurs impossible, mais à les reconnaître chez les autres hommes et à développer en soi le sens de la réciprocité, chose qui implique inévitablement une modération des désirs, car des biens limités ne peuvent être confisqués au profit de quelques-uns : « Pour que les hommes aient l'impression d'avoir en suffisance et de posséder en abondance, dit Wang, rien, ni l'immensité de l'univers ni la richesse des monts et des mers, ne pourra satisfaire leurs désirs, car il n'y a aucun niveau fixé une fois pour toutes à l'impression que l'on a de trop ou pas assez[75]. »

Quand Wang s'attaque aux courants de pensée qui étaient en vogue au XVIe siècle et dans sa jeunesse, il le fait en raison de sa conception de l'univers, de la société et du devoir social des élites. Bouddhisme et taoïsme nous incitent à nous détacher d'un monde dont nous faisons partie intégrante. Haïssant la mort, le taoïsme cherche à l'esquiver, et le bouddhisme, haïssant la vie, cherche à sortir de ce monde qu'il considère comme une succession ininterrompue de douleurs, de renaissances et de morts [76]. « Taoïstes et bouddhistes considèrent notre nature [77] comme une lointaine lueur isolée et absolue [78] qui demeure dans l'indéterminé et hors de tout ce qui existe. Ils ne savent pas que, dans leurs rapports, l'esprit et les énergies, les énergies et le corps s'interpénètrent pour ne constituer qu'un tout, que le vide est le réceptacle du plein [le vide étant plein d'une énergie universelle], et n'est que ce que notre ouïe et notre vue ne peuvent atteindre [79]. »

« "Mon grand malheur, dit Laozi, vient de ce que j'ai un corps", et Zhuangzi : "Il faut faire que notre corps soit pareil à du bois sec et notre cœur, pareil à de la cendre morte." "La vue de la beauté, la recherche de la musique sont des vices de la conduite humaine", dit le bouddhisme, et il traite les cinq sens et le mental en ennemis, les appelant "les six brigands" ; il montre sa haine à leur égard en les considérant comme impurs ; il insulte le corps en le traitant de "sac de peau puant" […] Bouddhisme et taoïsme ne peuvent être guéris de leur folie ni éveillés de leur sottise [80]. »

Rejetant l'idée bouddhiste de l'existence d'une illumination qui, grâce à des exercices de concentration corporelle et mentale, se révélerait isolément, séparée de très loin du monde sensible et des devoirs humains, rejetant aussi les conceptions taoïstes de son temps qui en sont proches, Wang condamne l'ascétisme qu'il considère non seulement vain et destructeur, mais immoral. Il est pour lui une forme d'aspiration à la mort :

> « Qui méprise son corps, méprise nécessairement les sentiments ; qui méprise les sentiments, méprise la vie ; qui méprise la vie, méprise humanité et devoirs ; qui méprise humanité et devoirs s'exclut nécessairement de la vie ; qui s'exclut de la vie considère nécessairement ce qui n'est pas comme véritable et la vie comme irréelle. Alors prospèrent les thèses vicieuses des deux sectes, bouddhiste et taoïste[81]. »

Une longue tradition nous a convaincu qu'il ne pouvait y avoir de philosophie qu'à partir du langage : elle est pour nous discours raisonné, ou réflexion sur le langage. L'analyse d'un penseur qui appartient à un univers qui fut longtemps sans contacts avec le nôtre montre qu'une réflexion qui, chez Wang, n'a pour objet que la nature et qui l'oppose à toutes les formes de l'artifice humain peut orienter la pensée sur d'autres voies inattendues. On a pu en voir, en un trop court résumé, l'extraordinaire richesse.

Il s'agissait ici de modes de pensée, de cadres mentaux, et non de science. Et pourtant, il y a, dans la façon dont Wang Fuzhi aborde des problèmes qui relèvent de la philosophie, des analogies avec la problématique qu'on trouve dans les sciences contemporaines. Peut-être est-ce parce que ces sciences se sont libérées d'une longue tradition substantialiste et mécaniste qui, ignorant les systèmes de symboles, ne faisait appel qu'au langage. Comme Wang, elles jugent naturelle la coexistence de l'ordre et du hasard, admettent que des phénomènes de natures très différentes puissent se fonder sur des mécanismes identiques, que le comportement des énergies au niveau infinitésimal soit aberrant par rapport à celui de nos perceptions; elles identifient matière et énergie, se fondent, comme c'est le cas en biologie, sur des combinaisons dans lesquelles place et moment sont décisifs. Cependant, on ne saurait oublier que Wang ne peut être isolé ni d'un ensemble de traditions qui diffèrent des nôtres, ni de son époque et des circonstances de sa vie, ni de sa place dans la longue et diverse histoire de la pensée chinoise. Avec sa vigueur et sa puissance intellectuelles, il reste une personnalité d'exception.

JACQUES GERNET

CHAPITRE II

La conception chinoise de l'histoire

ORIGINE ET DÉVELOPPEMENT DU GENRE CHINOIS DE L'HISTOIRE

L'ouvrage qui fonde en Chine la science historique est une compilation achevée par Sima Qian en 91 avant notre ère, portant en chinois le nom de *Shiji*. *Ji* a le sens de *mémoire* et, comme *shi* a pris ultérieurement le sens d'*histoire*, Chavannes, traducteur des 47 premiers chapitres de l'ouvrage, a rendu ce nom en français par celui de *Mémoires historiques*. En fait, le mot *shi* est alors le nom de la fonction qu'exerce Sima Qian, celle de *secrétaire-astronome*, qui lui a donné accès à toutes les archives d'État. L'ouvrage doit donc se comprendre comme une compilation d'archives, à laquelle, il est vrai, le génie de l'auteur et les vastes enquêtes auxquelles celui-ci s'est livré ont donné la forme d'une magistrale synthèse de toute l'histoire de la Chine jusqu'à son époque. Mais le concept même d'*études historiques* (*shixue*) n'émerge que peu à peu au cours d'une plus longue évolution de la fonction de *secrétaire-astronome,* qui devient celle de *chancelier des études historiques* (*shixue jijiu*) en 319.

Origine divinatoire des annales

Que l'histoire se confonde, à l'origine, avec le secrétariat des archives, soit. Mais pourquoi le lien de ce secrétariat avec l'astronomie ? Parce que, dans la Chine archaïque, l'astronomie est originellement liée à la divination, et que l'écriture, sans laquelle il ne saurait y avoir d'archives, a été inventée d'abord pour enregistrer les actes divinatoires. La première forme de l'écriture idéographique chinoise est, en effet, celle qui apparaît, vers la fin du XIIIe siècle avant notre ère : ce sont des épigraphes gravées sur des omoplates de bovidés ou des écailles de tortues utilisées en pyroscapulomancie, la technique de divination de l'époque, annotant les fissures d'os produites par cette technique et déchiffrées par les devins comme signes auspicieux. On désigne aujourd'hui ces épigraphes du nom d'*inscriptions oraculaires*. Ce sont ces inscriptions qui ont constitué les premières archives de l'État chinois. C'est que, puisque rien n'était alors entrepris par l'État sans divination préalable, les inscriptions oraculaires étaient par elles-mêmes les témoignages écrits de tout ce qui pouvait avoir été décidé par les pouvoirs publics, et que ces témoignages étaient systématiquement conservés. Pour les quelque deux siècles qu'a continué de durer la dynastie des Shang (établie vers 1600 avant notre ère et renversée vers 1050) après l'invention de l'écriture, plus d'une centaine de milliers d'inscriptions oraculaires ont été découvertes, très fragmentaires pour la plupart, mais dont il reste un bon nombre plus ou moins complètes et datées.

Leurs recueils sont en quelque sorte le prototype des annales[1].

Sacralité des annales

Au cours de la dynastie suivante, celle des Zhou (d'environ 1050 à 256 avant notre ère), sont produites des annales proprement dites, mais toujours rédigées par les devins, devenus cumulativement scribes-secrétaires. Cependant, composées dans une langue idéographique d'abord propre à la divination, ces annales prennent la valeur charismatique d'un texte oraculaire. Elles sont en quelque sorte la Bible de la royauté Zhou, et on ne saurait s'étonner que Confucius (551-479 avant notre ère), dans sa conviction d'être mandaté par le Ciel pour restaurer cette royauté déclinante, se soit donné pour tâche de réviser les annales. Bible, les annales le sont ; mais pas au sens d'écriture révélée : au sens d'*écriture révélatrice*[2]. De même que le devin-scapulomancien produit sur l'écaille de tortue des signes auspicieux qui révèlent la nature des faits sur lesquels porte la divination, de même le devin-scribe produit dans les annales une notation idéographique qui révèle la nature des faits sur lesquels porte l'enregistrement. Cette notation est considérée comme dotée d'un pouvoir de révélation parce qu'elle est investie de la sacralité que toute la tradition chinoise reconnaît au caractère d'écriture, *wen*, à partir de sa filiation divinatoire, que renforce ici la discipline formelle du *juste nom* (*zhengming*), que l'Annaliste respecte plus même que sa vie[3].

Historiographie et historiologie

Mais le texte des annales colle à chaque événement au jour le jour. Pour découvrir sa signification historique il faut en faire une projection diachronique explicative. Alors qu'en Occident les plus anciennes annales ont d'emblée une dimension diachronique parce qu'elles ont la forme du récit, enchaînant les événements les uns aux autres, les anciennes annales chinoises, qui ont pour prototypes des collections de pièces oraculaires, forment des séries discrètes de repères événementiels datés mais non enchaînés : le sens des choses reste à expliquer. De là vient qu'en Chine la construction historique s'est toujours effectuée en deux moments distincts : celui de l'historiographie, qui note seulement les événements, et celui de l'historiologie, qui les explique. On peut y voir un écho de la distinction, dans la procédure divinatoire chinoise, entre la production des signes oraculaires, qui se dit *bu* (*faire se fissurer* la pièce divinatoire), et l'interprétation de ces signes, qui se dit *zhen* (*augurer*). C'est aux deux niveaux que Confucius est intervenu : en réécrivant les annales (dites des *Printemps et Automnes*) dans le sens de la *rectification des noms*, et en en expliquant la signification par des commentaires dont sont issues les trois *traditions* (*zhuan*) canoniques de commentaires de ces annales.

Contrôle de l'historiographie

L'ouvrage de Sima Qian, lequel avoue s'être inspiré de la démarche de Confucius, s'est immédiatement imposé comme modèle de l'historiologie chinoise. Du Iᵉʳ au IVᵉ siècle il a été imité par des compilateurs cumulant les fonctions d'historiographe et d'historiologue sous la surveillance d'un organisme de contrôle éditorial installé dans la Bibliothèque de l'Est du Palais impérial (le *Zhuzuo dongyuan*). Mais sous les Sui un décret impérial de 593 interdit les compilations historiographiques privées, et par la suite les Tang instituèrent un bureau de l'historiographie à partir duquel, jusqu'à la fin de l'ancien régime chinois, a été strictement contrôlée, sinon l'historiologie, du moins sa source historiographique officielle, selon les règles suivantes :

1º les activités personnelles de l'empereur et ses actes de gouvernement sont relevés chaque jour sur deux mains courantes, dont les recensions sont combinées ensuite dans un livre-journal ;

2º seulement après la mort de l'empereur ces trois registres peuvent faire l'objet d'une compilation, constituant ce qui est appelé *Annales véridiques* (de son règne) ;

3º tous ces documents sont archivés, mais interdits d'accès. Ce n'est qu'après la fin de la dynastie que, sous la dynastie suivante, peut être compilée l'*histoire officielle* de la dynastie passée, sur la base de ces archives.

En somme, ce système revenait au rétablissement de la rigoureuse formalisation de l'historiographie en vigueur à l'époque de Confucius, mais en convertissant les implications magico-oraculaires des anciennes procédures en règles bureaucratico-policières. Par exemple quand, après la chute de la dynastie des Ming en 1644, un mécène nommé Zhuang Tinglong eut la malencontreuse idée de faire compiler l'histoire des Ming par un groupe d'érudits à sa solde, non seulement l'édition de la compilation en 1660 fut supprimée par autodafé, mais plus de soixante-dix personnes mêlées de près ou de loin à l'entreprise furent exécutées sur ordre du nouveau pouvoir impérial, lequel jugeait qu'il était irrespectueusement traité dans l'ouvrage [4].

Multiplication des ouvrages historiques

L'historiologie ne s'en est pas moins développée au fur et à mesure que le tissu factuel de l'histoire s'élargissait au fil des siècles. Sous les Song, un fonctionnaire du bureau de l'historiographie, Sima Guang (1019-1086), rédige un nouveau genre d'annales globales, récapitulant toutes les données rapportées dans les annales des précédentes dynasties après les avoir passées au crible de la critique et les avoir enrichies des connaissances nouvelles. Un siècle après lui, Yuan Shu (1131-1205) compose un recueil de suites narratives consacrées chacune à un enchaînement bien déterminé d'épisodes historiques — une série de campagnes militaires, une forme particulière d'intrigues de cour par exemple — dont sont relevés tous les tenants et aboutissants (les *racines et frondaisons* [*benmo*]). Un lettré érudit, Zheng Qiao (1104-1162), a l'idée d'une histoire encyclopédique recensant les étapes de développement de toutes les branches de la civilisation. Ces ouvrages ont donné lieu, au cours des dynasties suivantes, à des prolongements et à des répliques plus ou moins démarquées de ces modèles par des variantes diverses.

La littérature historiographique prolifère elle aussi :

les annales nationales se doublent de monographies locales des provinces, des préfectures, des cantons, rédigées sous la responsabilité des magistrats locaux et révisées en principe tous les dix ans. En définitive, les productions cumulées d'ouvrages de toutes sortes ressortissant à l'histoire finissent par former une masse considérable. Pour la période de 589 à 1911, cette masse a fait l'objet d'un décompte aboutissant au chiffre de 137 162 volumes chinois (*benzi*)[5].

LA PHILOSOPHIE CHINOISE
DE L'HISTOIRE

Comment cette genèse si particulière à la Chine de l'historiographie-historiologie a-t-elle façonné la conception chinoise de l'histoire ?

Histoire par tranches conjoncturelles

Tout d'abord, revenons sur le fait que l'origine de la production historique chinoise dans l'archivistique des Yin et des Zhou éloigne radicalement celle-ci du genre du récit qui, en Occident, a donné son nom à l'histoire. Dans son principe, cette production était fabriquée, on l'a vu, à partir de la main courante administrative des enregistrements de tous les actes et événements notables aux yeux du pouvoir survenus au fil des jours. C'était là tout le contraire d'un récit suivi : le tronçonnage brut du flux global du cours des choses, découpé en tranches par le système de division du temps en saisons, mois, jours et heures. Le résultat de ce tronçonnage, bien nommé recueil des *Printemps et Automnes*, faisait essentiellement ressortir, au lieu de l'enchaînement des faits dans la durée, la couleur générale événementielle de larges tranches de temps, riches de détails anecdotiques sans autre rapport entre eux que leur contemporanéité.

La grande invention historiologique de Sima Qian fut de reconstituer, à travers les tranches historiographiques globales successives, des séquences singulières de faits et gestes appelées *relations remarquables* (*lie zhuan*). Chacune de ces relations a naturellement pris la forme du récit, le plus souvent d'un récit biographique, mais parfois aussi narration des vicissitudes de l'existence d'un peuple, exposition de l'évolution d'une catégorie sociale, description de types d'individus d'une certaine sorte, bref recomposition séquentielle de tout ce qui, trié dans la masse des notations au jour le jour, pouvait faire l'objet d'un historique singulier. Peut-on dire pour autant que, dès lors, l'historiologie chinoise rejoignait la conception occidentale de l'histoire-récit ? Pas vraiment. Les *relations remarquables* sont en effet rassemblées en un faisceau de séries parallèles et non pas refondues en un seul cours suivi des choses. La spéculation a donc continué à penser l'histoire non comme un enchaînement de causes et d'effets mais comme une suite de mutations de configurations d'ensemble dont les relations particulières permettent simplement de mieux voir les détails. La science divinatoire déduisait depuis longtemps la prévision des événements à venir des configurations de tendances conjoncturelles mises en lumière, pour ainsi dire expérimentalement, par la scapulomancie (sous forme, on l'a vu, de diagrammes produits de façon aléatoire sur des écailles de tortue) et par l'achilléomancie (sous forme d'hexagrammes tirés au sort par manipulations de tiges d'achillée). Renversant l'exercice spéculatif du devin-historiographe, le devin-historiologue (fonction de Sima Qian) s'efforce de retrouver rétrospectivement dans le passé les configurations de tendances par lesquelles s'expliquent les mutations qui ont conduit aux situations à expliquer.

Cosmologisation de l'histoire

Pour l'historien chinois, la science du passé, opérant par simple renversement de la science de l'avenir, est comme celle-ci cosmologique. Les lois de l'histoire sont les lois mêmes de la nature. C'est ce qu'exprime la fameuse formule, dont est crédité un contemporain de Sima Qian, Dong Zhongshu (179-104 avant notre ère), mais dont le principe remonte au moins aussi loin que les *Printemps et Automnes* : « le Ciel et l'homme ne font qu'un » (*tian ren heyi*), qui signifie que l'humain est entièrement homogène au cosmique. De tous les êtres existants l'homme est même celui dans la constitution duquel se retrouve le plus fidèlement celle du cosmos, « avec les trois cent soixante articulations (de son squelette) correspondant au nombre céleste (des jours qui sont les articulations de l'année), avec son corps de chair et d'os correspondant à la consistance de la terre, avec la lucidité et la finesse de ses yeux et de ses oreilles dans le haut de son corps correspondant à l'image du soleil et de la lune (du ciel), avec ses veines et ses orifices corporels correspondant à l'image des fleuves et des vallées (de la terre), avec ses émotions de tristesse, de joie, de plaisir et de colère de même nature que le souffle et l'esprit (du cosmos)[6]».

Observons que la spéculation procède ici à l'inverse de l'anthropomorphisme : ce n'est pas le Ciel qui est représenté à l'image de l'homme, c'est l'homme qui est représenté à l'image du Ciel et de la Terre. Ainsi est catégoriquement reconnue la connaturalité de l'homme et du cosmos, qui fonde l'interprétation cosmologique de l'histoire selon laquelle les mouvements de la société humaine ne sont qu'un aspect des mouvements cosmiques du Ciel et de la Terre. En 510 avant notre ère, l'annaliste Mo, du pays de Lu, explique comment les postérités respectives des souverains des trois époques de Shun (le dernier des empereurs mythiques, auquel succède la royauté héréditaire), des Xia (dont la dynastie préhistorique est renversée vers le XVIIIe siècle avant notre ère) et des Shang (dont la dynastie protohistorique est renversée par les Zhou au milieu du XIe siècle avant notre ère) sont retombées dans la masse des gens du commun sans plus aucune dignité particulière, en citant ce vers du 9e chant de la IVe partie du *Livre des odes* : « Les hautes falaises deviennent vallées, les vallées profondes deviennent collines[7]. » Autrement dit, les changements dynastiques sont de même nature que les grandes mutations géologiques.

*Historicisation des mouvements cosmiques
politico-sociaux par leur moralisation*

Cette cosmologisation des mouvements politico-sociaux entraîne-t-elle leur déshistoricisation ? Nullement, car si les mouvements de la société sont commandés par les lois cosmiques, les hommes peuvent désobéir à la loi du Ciel, contrevenir à ces lois cosmiques. Celles-ci n'en sont pas moins irréfragables, d'où il résulte qu'aux méfaits des hommes qui dérèglent les mécanismes de la nature répondent, à travers les dérèglements mêmes, des réactions cosmiques qui rétablissent la marche des choses. Le principe de la connaturalité de l'homme et du Ciel se complète ici par un corollaire posant la réactivité réciproque des hommes et du Ciel : « le Ciel et les hommes sont en résonance » (*Tianren ganying*). En commentaire du 31e hexagramme, l'hexagramme *xian*, synonyme du mot *gan* signifiant ici précisément *résonance*, le *Yijing* note que « le Ciel et la Terre sont en résonance » et que par là « les dix mille êtres vivent en se transformant ». Cependant, alors que les êtres du monde physique, du monde végétal, du monde animal vivent et se transforment seulement physiquement, biologiquement et instinctivement, les hommes vivent et se transforment surtout moralement. Or, tandis que les lois physiques, biologiques, instinctives ne prêtent à aucune déviance, la loi morale, elle, qui s'observe par la soumission aux rites, peut être bafouée par la barbarie ou la vulgarité qui ignorent les rites ; en conséquence de quoi, quand la société manque d'un bon gouvernement pour y mettre bon ordre, les hommes dévient de la voie droite. Dans ces conditions, en résonance avec la loi du Ciel, le gouvernement bien conduit fait régner la prospérité, mais le mauvais gouvernement provoque toutes sortes de réactions des mécanismes cosmiques, sous forme de calamités dont les anomalies, correspondant au désordre de la société, se signalent par des météores extraordinaires. L'ode dont nous avons vu plus haut la citation par l'annaliste Mo avait été composée pour stigmatiser l'incurie du gouvernement du roi You et de ses ministres[8]. Elle est connue sous le titre de *Conjonction du 10ᵉ mois*, parce qu'elle évoque le météore catastrophique d'une éclipse de Soleil qui s'est produite au jour *xinmao* (le 28ᵉ du cycle sexagésimal) d'une conjonction du Soleil et de la Lune au 10ᵉ mois, au cours du règne (de 781 à 770 avant notre ère) de ce roi funeste. De nos jours, il a pu être établi astronomiquement par les savants japonais Shinjô Shinzô et Hirayama Tsunogu qu'une éclipse de Soleil s'était effectivement produite en Chine du Nord le 30 novembre 776 avant notre ère. D'autre part, le *Zhouyu* (1ʳᵉ partie) rapporte qu'il y eut un tremblement de terre dans la deuxième année du règne du roi You, ce qui justifie de prendre au pied de la lettre, et non pas métaphoriquement, le vers sur les « falaises devenant vallées et vallées devenant collines ». Voilà comment la nature a fait écho aux désordres notoires du règne du roi You, dont l'épilogue politique fut la chute aux mains des Barbares de la première capitale des rois Zhou, nommée Hao, très à l'ouest, et la mutation historique de cette royauté en royauté des Zhou orientaux, établis plus à l'est, dans la nouvelle capitale de Luoyang.

Ainsi les mouvements cosmiques sont les signes des atteintes portées par les hommes, et en particulier par le pouvoir politique qui les conduit, à la loi du Ciel. Mais « le Ciel ne parle pas[9] », et c'est à l'historiologie de dégager le sens des choses. Ce sens est fondamentalement moral. L'historiologie chinoise est aussi moralisante que les discours chrétiens sur l'histoire. Mais le providentialisme lui est totalement étranger : ce n'est pas par rapport à un dessein transcendant que lui apparaît le sens des événements, mais comme l'expression du jeu, immanent au cosmos, des forces combinées du *yin* et du *yang* et de leurs modalités de toutes sortes dans l'ordre physique, dans l'ordre biologique, dans l'ordre psychique. Est étranger aussi à cette historiologie ce que nous appelons la justice immanente, que nous entendons comme une espèce de sanction des mauvaises conduites par la seule mécanique des causes et des effets. De fait, la pensée chinoise ne regarde nullement comme mécanique le jeu des forces cosmiques. Elle investit ces forces d'une polarité morale, induite par la loi du Ciel, qui implique une forme de transcendance du bien dans l'immanence même du dynamisme de la nature. Cette polarisation s'exprime par l'identification des cinq principes de la moralité — le sens de l'humanité, le sens du devoir, le sens des rites, le sens de la raison et le sens de la loyauté — aux cinq agents cosmiques primordiaux — le bois, le feu, le métal, l'eau et la terre [10]. Cette idéologie éthico-cosmique, qui confère une valeur morale à l'action des forces de la nature, donne à l'historiologie chinoise orthodoxe son style très particulier, son *écriture* (*shufa* : l'expression est la même que celle qui s'applique à la calligraphie). L'écriture confucianiste de l'histoire est à la fois moralisante et très rigoureuse, dans l'observance de règles strictes de vocabulaire dérivées de la discipline du juste nom répondant au principe de la *maximisation sémantique par la microprécision du langage* (*weiyan dayi*). La terminologie à employer dans l'exposé des faits historiques est strictement imposée, l'emploi de tel terme ou tel autre étant commandé par un souci moins de précision factuelle que de juste coloration morale de ce qui est rapporté. Typique de cette écriture de l'histoire est la somme des *Schèmes et détails du miroir général* [de l'histoire pour aider à la bonne gouvernance] (*Tongjian gangmu*), compilée sous l'impulsion de Zhu Xi à la fin du XIIe siècle et qui, ultérieurement prolongée de plusieurs suppléments, est restée le manuel officiel des études historiques en Chine jusqu'à la fin de l'ancien régime. Sa traduction française assez libre par le jésuite Joseph de Mailla, publiée en treize volumes de 1777 à 1785, a été la base des connaissances de l'histoire de la Chine en Occident jusqu'au XXe siècle.

Cycles cosmiques des changements du mandat céleste et tradition légitime du pouvoir

La vision cosmologico-éthique de l'histoire exclut l'idée de progrès. Projetant la marche des choses sur les grands cycles de la nature, elle la structure en retours saisonniers et dans des phases successives d'influence dominante de chacun des cinq agents cosmiques primordiaux. À partir des Han, la spéculation a théorisé la légitimité des dynasties par la congruence de leur avènement avec un changement de phase correspondant à la vertu de la nouvelle dynastie, le passage d'une phase à une autre, c'est-à-dire de l'influence dominante d'un des cinq agents cosmiques à un autre et donc d'une des cinq vertus à une autre, étant entraîné par la perte du *mandat céleste* de la dynastie renversée et son octroi à la nouvelle dynastie fondée.

Remarquons en passant que le terme de *changement de mandat* (*geming*), que les auteurs classiques emploient pour désigner ces mutations dynastiques, a servi, à partir de la fin du XIXe siècle, à traduire l'idée occidentale de *révolution*, étrangère à la pensée politique chinoise.

La question de la nature et du sens de chacun des changements de mandat intervenus au cours de l'histoire, parce qu'elle débouche sur celle de la *tradition légitime* (*zhengtong*) du pouvoir impérial d'une dynastie à l'autre (alors que dans l'histoire occidentale, c'est d'un règne à l'autre de la même dynastie que la question est posée), a été centrale dans l'historiologie chinoise. Le premier problème rencontré sur cette question a été, sous les Han, celui de la nature du cycle des cinq agents propre aux mutations dynastiques.

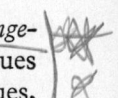

La succession cyclique de la prédominance de chacun des cinq agents cosmiques a été théorisée de deux manières : soit en spéculant sur l'idée que les cinq éléments cosmiques se génèrent l'un l'autre dans un ordre dit des *engendrements mutuels* (*xiangsheng*), soit en spéculant sur l'idée que les cinq éléments cosmiques prennent chacun la place d'un autre par victoire de celui qui prend la relève sur celui qu'il remplace dans un ordre qui est dit des *victoires mutuelles* (*xiangke*). Selon l'ordre des engendrements mutuels, le bois engendre le feu, qui engendre la terre (formée par les cendres de la combustion), qui engendre le métal (dans les mines), qui engendre l'eau (en se liquéfiant), qui engendre le bois (qui pousse en étant arrosé). Dans l'ordre des victoires mutuelles, l'eau triomphe du feu, qui triomphe du métal (en le liquéfiant), qui triomphe du bois (en le coupant), qui triomphe de la terre (en poussant sur elle), qui triomphe de l'eau (en l'endiguant).

Liu Xiang (77-6 avant notre ère) considérait que la suite des dynasties était commandée par le cycle des victoires mutuelles, la vertu du bois des Xia ayant été dominée par la vertu du métal des Shang, puis celle-ci dominée par la vertu du feu des Zhou, puis celle-ci dominée par la vertu de l'eau des Qin, puis celle-ci dominée par la vertu de la terre des Han. Mais son fils Liu Xin (? -23 de notre ère) considéra que c'était le cycle des engendrements qu'il fallait prendre en compte, ce qui l'a conduit à reconnaître aux Xia la vertu du métal, aux Shang celle de l'eau, aux Zhou celle du bois et aux Han celle du feu. En outre, pour Liu Xin, les Qin, dont le fondateur Qin Shihuang était à l'époque voué aux gémonies pour avoir proscrit le confucianisme, ne pouvaient avoir de place parmi les dynasties légitimes. Dans sa théorie, la dynastie légitimement engendrée par la vertu du bois des Zhou est donc devenue celle des Han, considérée comme dynamisée par la vertu du feu et non plus de la terre. Quant à la dynastie des Qin, dynamisée par la vertu de l'eau mais traitée comme illégitime, Liu Xin imagina d'expliquer sa courte intrusion dans le cycle des agents cosmiques à l'instar de l'intervention d'un embolisme dans le calendrier : facteur à la fois irrégulier et répondant à une nécessité normative assurant le retour de l'ordre établi après un dérangement passager.

Mais le problème s'est compliqué de plus en plus, à mesure que l'histoire de la Chine s'embrouillait par la division du pays à certaines périodes — comme celle des Trois Royaumes au IIIe siècle, celle des

Dynasties du Nord et du Sud du IVe au VIe siècle, ou celle des Cinq Dynasties au Xe siècle —, et par le passage du pouvoir souverain aux mains de dynasties étrangères à plusieurs reprises — comme après la conquête de la terre chinoise par les Tabgatch (Wei du Nord) en 386, par les Jürchen (Jin) en 1115, par les Mongols (Yuan) en 1206, ou par les Mandchous (Qing) en 1644. Ces complications vont entraîner l'effacement de la référence au cycle des cinq agents dans les discussions sur la légitimité ou l'illégitimité des dynasties. Mais les polémiques n'en feront que rebondir de plus belle, surtout au sujet des dynasties barbares. Zhu Xi, par exemple, reproche à Sima Guang de faire passer à l'époque des Trois Royaumes la tradition légitime par le royaume de Wei (220-265), alors qu'il estime, lui, qu'elle passe par le royaume de Shu (221-263), héritier du nom dynastique des Han. Exceptionnelle est, au XVIIIe siècle, la position d'un Wang Fuzhi, opposant à la question une fin pure et simple de non-recevoir en raison de son point de départ dans les spéculations douteuses sur les cycles des cinq agents cosmiques. Finalement, c'est seulement avec la réception des idées occidentales qu'a pu être complètement abandonnée, en Chine, la cosmologisation de l'histoire, profondément ancrée dans la représentation chinoise de la temporalité.

La conception chinoise du temps

Sur quelle conception du temps s'articule donc le sens chinois de l'histoire ?

En Chine, écrit Granet, « aucun philosophe n'a

songé à concevoir le Temps sous l'aspect d'une durée monotone constituée par la succession, selon un mouvement uniforme, de moments qualitativement semblables. [...] Tous préférèrent voir dans le Temps un ensemble d'*ères*, de *saisons* et d'*époques*[11] ».

Cette représentation, que l'éminent sinologue dénie à la mentalité chinoise, est celle qui conduit à ce que l'on peut appeler la conception métronomique du temps, sur laquelle est en particulier fondée toute construction de calendrier, ce dont les astronomes chinois se sont toujours montrés si férus. Contrairement à ce que pense Granet — qui, il est vrai, ne connaissait pas les inscriptions oraculaires —, une parfaite représentation du temps métronomique est amplement attestée déjà dans ces inscriptions sous la forme de la graphie primitive du mot *décade* (*xun*), figurant une spirale sur laquelle une marque dimensionne un intervalle déterminé (de dix jours). Seule différence, dans la pensée chinoise la durée est représentée comme courant sur une spirale alors que, dans la pensée traditionnelle occidentale, elle court sur une droite, ce qui renvoie à l'idée chinoise d'un temps se développant cycliquement. Cependant, ce n'est pas à partir de cette représentation que la notion de temps a été conceptualisée par la pensée chinoise, mais à partir des changements de saison qui scandent le déroulement de l'année. Granet a bien vu qu'en chinois le mot *shi*, qui signifie temps, a primitivement le sens de *saison*. Mais Granet se méprend quand il avance que ce mot n'a qu'une signification concrète, où les penseurs chinois auraient été incapables de « loger un concept abstrait ». Bien au contraire, à partir du sens premier de *saison*, figuré dans la graphie ancienne du mot *shi* par la composition de deux pictogrammes représentant *la marche du soleil*, le mot *shi* a pris abstraitement le sens de *moment*, dans son acception chinoise de conjoncture évolutive formée par le cours des choses là où on le considère. Dans ce sens, le mot est parfaitement abstrait. Il s'est lexicalisé en marqueur formel des propositions temporelles signifiant : *le moment où...*

Il est vrai que cette conceptualisation du temps comme *moment* procède d'un point de vue opposé à celui de la pensée occidentale, qui, partant du temps métronomique, fait de la *durée* l'essence du temps, et du moment simplement un court espace de temps considéré sur le parcours de la durée. Dans la pensée chinoise, inversement, c'est le concept de moment qui est au cœur de la représentation de la temporalité, et celui de la durée qui en dérive, considérée comme un *intervalle entre deux moments* (*shijian*). Or le temps qui dure est un temps statique, tandis que le temps qui se forme en moments est un temps dynamique. D'où vient que si, dans la perspective occidentale de la temporalité, la causalité historique fonctionne par addition d'une dynamique spécifique de causes et d'effets à la durée pure et simple d'un temps statique, dans la perspective chinoise de la temporalité, la causalité historique se confond avec le dynamisme du temps lui-même, qui n'est autre que le dynamisme cosmique du *Dao*. Cette conception de la dynamique des mutations du cours des choses commandée par le *Dao* est fondée sur l'identification de ce qui est *moment*, au plan de la temporalité, et de ce qui est *propension*, au plan des choses elles-mêmes.

Qu'est-ce que la *propension des choses* dans la pensée chinoise ? C'est, comme le développe excellemment François Jullien dans l'ouvrage qu'il a consacré à ce sujet[12], la tendance inéluctable des *dix mille êtres* à évoluer, à partir de quelque conjoncture que ce soit, dans le sens qu'induit la configuration conjoncturale suivant les lois éthico-cosmiques du Ciel et de la Terre. Le concept chinois de *propension* se dit *shi*, d'un mot qui est un quasi-homophone du nom du *moment*, dont il ne se distingue que par le ton. Aussi transcrirai-je ici *shi4* (*shi* au 4e ton) pour *propension*, et *shi2* (*shi* au 2e ton) pour *moment*.

L'identification du *moment* et de la *propension* se dégage de la correspondance réciproque de deux catégories qui tiennent une place capitale dans la spéculation chinoise, les catégories *ti* et *yong*, que l'on peut interpréter comme celle de la *structuralité* (au plan du *Dao* supravisible) et celle de la *fonctionnalité* (au plan des réalités visibles). Spéculant sur cette correspondance, le *Guliang zhuan*[13] énonce le constat suivant : « Ce qui est essentiel au plan du *Dao* (c'est-à-dire au plan de la structuralité), c'est *le moment shi2*, dont la mise en œuvre (au plan des réalités) est le fait de la *propension shi4*. » Voyons dans quel contexte intervient ce constat.

Au 11e mois de l'année 638 avant notre ère, l'armée de Chu prend indûment passage par le pays de Song pour aller porter secours à Zheng. Song, bien plus faible que Chu, aurait mieux fait de tolérer l'intrusion, qui ne le visait pas. Mais le seigneur de Song, fort de son bon droit, se met en tête d'opposer à Chu ses propres troupes. Il attend Chu sur une rivière frontalière. À la traversée de la rivière, les troupes de Chu se désorganisent. Ce serait le moment de les attaquer, mais le seigneur de Song s'y refuse, pour bien montrer son esprit chevaleresque (« respectueux des rites »), et attend que les troupes de Chu aient achevé leur traversée et se soient réorganisées pour les attaquer. Il est bien sûr battu à plate couture, et lui-même mortellement blessé. Moralité : le seigneur de Song est un homme d'une vertu bornée, faisant ostentation d'esprit chevaleresque hors de propos, ce qui n'a rien à voir avec le *Dao*. Avoir le sens du *Dao*, c'est reconnaître toujours et partout les potentialités de la conjoncture (le *shi2*) pour agir selon la propension des choses (le *shi4*). C'est ce que, dans la Chine antique, on enseignait dans « la grande école » : savoir « faire jouer comme il faut les potentialités, c'est-à-dire avoir *le sens du moment shi[2]* [14] ».

L'efficacité, au sens trivial de la réussite des entreprises comme au sens sublime de la sainteté dans l'accord fusionnel avec le *Dao*, procède, pour la sagesse chinoise, non pas du calcul des moyens en vue de la poursuite de fins, mais de l'art de se couler, par une conduite appropriée, dans le sens de *la propension des choses*. L'histoire chinoise est le miroir des conduites qui ont été adoptées à chaque *moment* historique du cours des choses, et que l'historien évalue pour l'édification de la postérité à partir du constat, *a posteriori*, de l'adéquation ou non de la conduite choisie au tournant du devenir, à ce que ce *moment* recelait de *propension* au succès ou à l'échec. L'historien chinois dégage la relation par la propension qui va du moment où germe l'événement jusqu'à l'événement abouti, en la considérant « en aval [...] dans le sens d'un déroulement du processus impliqué — et non point par remontée exploratoire dans la série des phénomènes, comme enchaînement de la causalité [15] ». Il prend appui sur la théorisation de la dynamique de la temporalité tendue par la propension des choses que formalise le *Livre des mutations* ou *Yijing*.

Telles sont les conceptions fondamentales qui commandent toute la production historienne chinoise. Elles n'ont jamais été remises en cause avant la réception des idées occidentales à la fin de l'ancien régime. Non que la critique historique n'ait pas existé en Chine. Au contraire, elle y a toujours été servie par de grands esprits, et fait d'ailleurs l'objet de l'une des six rubriques de la classe bibliographique des ouvrages d'histoire dans la grande *Collection complète en quatre recueils* (*Siku quanshu*) compilée pendant l'ère Qianlong (1736-1795), qui rassemble tous les ouvrages conservés depuis l'Antiquité et existant encore alors. Mais elle s'est exercée moins sur la philosophie historiologique que sur l'outillage historiographique de l'historiologie : critique de la véridicité des annales officielles (Liu Zhiji, 661-721), méthodologie de leur exploitation (Sima Guang, 1019-1086), élargissement de leur champ documentaire à toutes les ressources extra-annalistiques (Zhang Xuecheng, 1738-1801), pour ne citer que les plus grands représentants de cette critique. Quant aux fondements de l'historiologie, ils ont été plutôt reconsolidés par approfondissement théorique que renversés par ceux qui, comme Wang Fuzhi (1619-1692)[16], tenaient pour plus ou moins aberrantes les spéculations cosmologiques des anciens auteurs. Il faudra le raz-de-marée des idées occidentales pour que soit emportée la philosophie chinoise de l'histoire, en même temps que la distinction traditionnelle de l'historiographie et de l'historiologie. Notons cependant que c'est encore sur le modèle et suivant la méthodologie des ouvrages traditionnels compilés à partir de cette distinction qu'est rédigé le *Manuscrit brut de l'histoire des Qing*, publié en 529 volumes après la chute de l'ancien régime, en 1927. Cette somme considérable est tenue pour la 26ᵉ des *histoires officielles*, les vingt-cinq précédentes étant les histoires dynastiques élaborées officiellement sous l'égide de l'ancien pouvoir impérial, à commencer par le *Shiji*.

LES DÉVELOPPEMENTS DE L'HISTOIRE DANS LA CHINE CONTEMPORAINE

Influence japonaise

Le premier ouvrage d'histoire chinois de conception occidentale est publié en 1907 par la première maison d'édition chinoise dotée d'un équipement moderne, le *Commercial Press*, fondé à Shanghai dix ans plus tôt. Il s'agit d'un manuel scolaire d'histoire générale de la Chine, dont l'auteur, Xia Zengyou (1863-1924), avait été le condisciple de Liang Qichao dans le groupe des étudiants de Kang Youwei. Mais ce n'est assurément pas le réformisme extravagant de celui-ci qui avait pu conduire à la révision de la conception chinoise traditionnelle de l'histoire. En fait, c'est d'ouvrages japonais d'histoire de l'Extrême-Orient que ce manuel porte la marque, ceux de Naka Michiyo (1851-1908) et de Kuwabara Jitsuzô (1870-1980)[17].

Le Mouvement du 4 Mai

L'éclosion d'une histoire rénovée de la Chine qui soit proprement chinoise est l'un des effets de cette première révolution culturelle que représente le Mouvement du 4 Mai 1919. Préparée par la réflexion théorique de Liang Qichao (1873-1929), elle est initiée par Hu Shi (1891-1962), avant que son disciple Gu Jiegang (1893-1981) lui donne une impulsion décisive en éditant, de 1926 à 1941, les sept volumes collectifs des *Discussions sur l'histoire de la Chine ancienne*. L'application à tout le corpus traditionnel de la littérature chinoise préimpériale des méthodes de la critique historique occidentale y est radicalisée jusqu'à une hypercritique remettant en cause l'authenticité de la plupart des textes anciens et révisant vers le bas la plupart des datations que ceux-ci véhiculent — ce que vont continuellement démentir les découvertes archéologiques, qui ne cesseront de se multiplier par la suite en attestant au contraire la surprenante véracité des textes anciens. En mars 1928 est fondée l'institution phare de la nouvelle histoire chinoise, l'Institut des recherches philologiques et historiques, rattaché peu après à l'Academia Sinica créée trois mois plus tard, qui va désormais dominer en Chine toute la recherche académique.

L'école marxiste chinoise

En opposition déclarée à cet académisme, le marxisme est introduit dans les études historiques chinoises par Guo Moruo (1892-1978), qui en applique les principes dans ses *Recherches sur la société chinoise ancienne*, publiées en 1930. Il devient exclusif de toute autre forme de pensée sur le continent à partir de 1949. Sont bientôt créés, en 1951 comme organe de contrôle idéologique des recherches historiques, une branche de l'Académie des sciences sociales (relevant de l'Académie des sciences, fondée en 1950), l'Institut d'histoire moderne, élargi en Institut d'histoire en 1954, et comme organe de diffusion du matérialisme historique, en 1954 également, la revue des *Recherches historiques*, éditée par l'Institut. La masse des travaux effectués sous cette égide a produit essentiellement ce que les thuriféraires du régime ont appelé «les cinq fleurs d'or» (d'entre les «cent fleurs» épanouies dans les «cent écoles»), à savoir, 1° la périodisation de l'histoire de la Chine, 2° la caractérisation du mode de propriété de la terre dans la Chine féodale, 3° la recension de plus de deux mille épisodes de révoltes paysannes de 221 avant notre ère à 1911, 4° l'identification de germes de capitalisme apparus sous l'ancien régime, 5° l'élucidation du processus de formation de l'unité nationale Han[18]. Chacun de ces thèmes a suscité beaucoup de polémiques. Pour ne prendre que l'exemple de celui de la périodisation, sur ce sujet se sont opposés, parmi bien d'autres, Guo Moruo, situant en Chine le passage de l'esclavagisme à la féodalité à l'époque des Royaumes combattants (476-221 avant notre ère), Fan Wenlan, le situant sous les Zhou occidentaux (XIe siècle à 781 avant notre ère), Li Yanong le situant à l'époque des *Printemps et Automnes* (722-481 avant notre ère), Jin Jingfang, le situant au moment de l'unification du pays sous les Qin (221 avant notre ère), Hou Wailu, le situant sous les Han occidentaux (206 avant notre ère à 6 de notre ère), Zhou Gucheng, le situant sous les Han orientaux (25-220 de notre ère). Ces polémiques sont assurément engoncées dans le formalisme de la scolastique marxiste ; mais il est indéniable que, sous le vernis de ce formalisme, de remarquables recherches factuelles ont été menées à bien, appuyées sur des découvertes archéologiques comme la Chine n'en avait jamais connu.

Les courants non marxistes

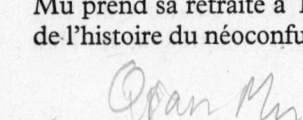

À la suite du transfert à Taipei du gouvernement irrédentiste du Guomindang, l'Academia Sinica a été refondée le 1ᵉʳ novembre 1949 et rattachée directement à la présidence de la République. Sa branche des recherches philologiques et historiques a continué, à Taiwan, d'orienter les études d'histoire dans le sens occidentalisant qu'elles avaient pris sous l'influence de Hu Shi. Entre-temps, le mouvement du nouveau confucianisme a cependant donné naissance à un courant d'études historiques bien plus réservé à l'égard de l'occidentalisation, avec le grand historien Qian Mu (1895-1991). Celui-ci, profondément anticommuniste, quitte en 1949 le continent pour Hong-Kong. Dans la colonie anglaise, il participe très activement à la fondation du New Asia College, dont il assure la présidence tant que le collège demeure une libre institution privée, c'est-à-dire jusqu'à son intégration à la nouvelle Université chinoise de Hong-Kong en 1961. Deux ans plus tard, Qian Mu prend sa retraite à Taipei. Avant tout spécialiste de l'histoire du néoconfucianisme moderne, cet esprit indépendant a voulu réhabiliter la culture lettrée chinoise, vilipendée aussi bien par les non-marxistes que par les marxistes. Son meilleur élève, Yu Yingshi (né en 1930), brillant professeur à Harvard, Yale, Michigan et Princeton, tout en gardant ses distances d'avec le nouveau confucianisme, s'est attaché également à défendre les valeurs de la culture chinoise, notamment en s'inscrivant en faux contre la thèse de Max Weber sur l'incompatibilité du confucianisme et de l'esprit capitaliste.

Le fantastique développement de l'économie chinoise, en ce début de XXIe siècle, donne-t-il raison au critique de la thèse weberienne ? Que penser d'une Chine soi-disant communiste manipulant sans vergogne les mécanismes les plus brutaux du capitalisme ? L'histoire devrait donner des clés d'interprétation. Mais le présent recouvre ici le passé de tant de paradoxes, de contradictions, d'ambiguïtés, qu'aucune lumière historienne ne perce l'opacité de l'avenir vers lequel la société chinoise est portée par un essor passant par le pire de la mondialisation, dans une conscience démocratique anesthésiée, débarrassée sans doute de toute pesanteur idéologique marxiste, mais sans autre idéal perceptible que celui du vieux slogan anticonfucianiste de la richesse et de la puissance matérielles.

LÉON VANDERMEERSCH

Bibliographie

BEASLEY W. G. et PULLEYBLANK E. G. (éd.), *Historians of China and Japan*, London New York Toronto, Oxford University Press, 1961.

HAN Yu-Shan, *Elements of Chinese Historiography*, Hollywood, W. M. Haley, 1955.

LESLIE Donald, MACKERAS Colin, et WANG Gongwu (éd.), *Essays on the Sources for Chinese History*, Canberra, Australian National University Press, 1973.

CHAPITRE III

De Confucius au romancier Jin Yong

Au début du XXe siècle, la Chine paraissait très en retard sur l'Occident, et mal armée pour relever les défis de la modernisation. Pour expliquer ces difficultés, les intellectuels réformateurs du Mouvement du 4 Mai (1919) incriminèrent notamment le confucianisme, garant et symbole des institutions et des mentalités anciennes. Ils jugèrent ce courant de pensée incompatible avec la science et la démocratie, et l'une des tâches les plus urgentes était dès lors de « renverser la boutique de Confucius ».

Avec le recul, ce diagnostic paraît sévère. Fondamentalement, un système de pensée ne saurait rendre compte de tous les maux d'une société ; d'autres facteurs, économiques, démographiques, politiques, jouent un rôle au moins aussi important. Poser une équivalence entre le confucianisme et le système « féodal » dans son ensemble, depuis les fondements du régime impérial jusque dans les cultes les plus populaires, en passant par les pieds bandés ou les difficultés du chinois classique, paraît abusif. Le rejet du confucianisme a été injuste sur d'autres points : ce courant de pensée a montré durant toute son histoire tant de capacités d'adaptation qu'il n'y a pas lieu de ne voir en lui qu'un simple conservatisme.

QU'ENTEND-ON PAR
« CONFUCIANISME » ?

Avant de revenir sur ces questions, rappelons que la notion même de « confucianisme » est problématique. La caractérisation du penseur contemporain Tu Wei-ming, selon lequel « le confucianisme, terme occidental qui n'a pas d'équivalent en chinois, est une vision du monde, une éthique sociale, une idéologie politique, une tradition lettrée, et une façon de vivre[1] », montre bien que le « confucianisme » recouvre une réalité insaisissable ; elle nous rappelle que cet « -isme » est une création occidentale[2]. Le lien même entre confucianisme et Confucius (551-479 av. J.-C.) est mal établi[3]. Pour les tenants de la critique de textes « en écriture ancienne » (*guwen*), au XIXᵉ siècle, les idées « confucianistes » nous viennent du début des Zhou occidentaux (XIᵉ s. - 771 av. J.-C.), soit cinq siècles avant Confucius ; cette idée paraît corroborée par Confucius lui-même, qui assure « adhérer pleinement aux Zhou » et n'avoir « rien inventé »[4]. À l'inverse, pour d'autres interprètes, par exemple le sinologue Jacques Gernet, « il n'y aurait eu de confucianisme en Chine qu'à partir du XIᵉ siècle[5] » de notre ère, soit 1 500 ans après la mort du Maître...

L'extraordinaire diversité d'idées que l'on range sous l'étiquette de « confucianisme » ne facilite pas la définition de celui-ci. Certaines des conceptions d'auteurs communément considérés comme confucianistes sont même parfaitement contradictoires ; nous mentionnerons ici deux exemples, particulièrement importants dans les débats sur la compatibilité du confucianisme avec la modernité ou la démocratie.

Pour Mencius (380?-289?), le premier grand disciple de Confucius, « le peuple est le plus précieux ; viennent après les autels de la patrie ; le souverain passe en dernier[6] ». Un corollaire est que la rébellion est légitime si le prince manque à ses devoirs : il n'est dès lors plus qu'un bandit et doit être traité comme tel[7]. À l'inverse, un autre grand confucianiste, le penseur Dong Zhongshu (IIe siècle av. J.-C.) — ou du moins l'œuvre qui lui est attribuée, refuse toute limitation du droit du souverain : « Ce qui fait que le prince règne, c'est sa puissance [...] ; celle-ci n'est pas divisible [...]. S'il la partage, il perd les commandes, s'il perd les commandes, il ne sera plus respecté[8]. » Dong Zhongshu fait du prince une figure inaccessible : « Pour gouverner l'État, [il] doit être à la fois tout-puissant et divin ; tout-puissant, afin de pouvoir imposer sa politique ; divin, afin que les gens acceptent d'être éduqués par lui[9]. » On ne pourrait diverger plus de l'esprit de Confucius ou de Mencius.

Autre exemple de la diversité des idées « confucianistes » : l'attitude face à la religion. Confucius « ne traitait ni des prodiges, ni de la violence, ni du désordre, ni des esprits[10] » et, à un disciple qui l'interrogeait sur les esprits et la mort, il répondit : « Vous ne savez pas encore servir les hommes, comment voudriez-vous servir les esprits ? [...] Vous ne comprenez pas encore la vie, comment voudriez-vous comprendre la mort[11] ? » Même si une conscience religieuse n'est pas à exclure chez lui, c'est surtout la réserve qui frappe. Xunzi (env. 298-238 av. J.-C.), le grand confucianiste de l'époque préimpériale après Mencius, se montre plus radical, en ne voyant dans les cultes aucune efficacité autre que sociale ou rituelle : « Là où l'homme accompli voit la culture rituelle, le peuple voit le surnaturel. Or il est faste de respecter la culture ancestrale et néfaste de voir partout l'intervention des esprits [12]. » Cette position, qualifiée de matérialiste ou d'athée par les historiens marxistes, ne saurait être plus éloignée de tentatives, à l'époque moderne, de transformer le confucianisme en religion ; nous en verrons un exemple ci-dessous. Sous le toit du confucianisme cohabitent donc des sceptiques et des zélateurs religieux, ce qui est possible parce que, même si le religieux a joué un rôle important dans l'histoire du confucianisme, il n'est pas une dimension *déterminante* de celui-ci.

On touche au point central : au-delà de ces idées diverses, quel est le dénominateur commun à tous les confucianismes ? Peut-être est-il possible de ramener ce plus petit dénominateur à un idéal, celui d'harmonie (*he*) : harmonie entre le Ciel et le souverain, symbolisée par le mandat céleste légitimant le gouvernement de ce dernier ; harmonie entre le prince et ses sujets ; harmonie au sein de la famille, grâce notamment aux rites, qui expriment les liens et les loyautés entre les membres de la communauté ; et harmonie avec soi-même, grâce au perfectionnement moral et à l'étude qui permettent à chacun de trouver sa place dans l'ordre naturel et l'ordre social. Cette harmonie présuppose la pratique du *ren* (« bienveillance », « humanité ») et de la piété filiale (*xiao*), qui implique des devoirs vis-à-vis des ancêtres et de ses parents [13].

L'harmonie implique des hiérarchies dans les rôles sociaux, mais aussi dans les devoirs. La «bienveillance» possède une dimension affective naturellement inégalitaire : on n'aime pas de la même manière ses parents, son clan ou de simples inconnus. À ce titre, on peut dire que le confucianisme est l'héritier de cette morale naturelle, de proximité, que l'on trouve dans la plupart des sociétés traditionnelles et qui préexiste aux grands systèmes universels : il s'agit d'une éthique de «rétribution» (*bao*), selon laquelle on *rend* par un comportement adapté ce qui nous a été donné. Dans ce modèle, on doit énormément aux parents, d'où l'importance de la piété filiale ; on doit presque autant au chef ou au prince, garants de la survie de la collectivité ; on est moins redevable à ceux qui ne font pas partie du clan. Confucius lui-même, et c'est peut-être sa grande contribution au courant de pensée qui porte son nom, transcende les limites de cette morale de proximité (une dimension de la sainteté, c'est d'étendre le *ren* à tous les hommes[14]), mais il n'en reste pas moins que par cet aspect le confucianisme se distingue nettement du christianisme ou du bouddhisme, ou encore, pour en rester à la Chine préimpériale, du courant légiste (*fajia*), qui insiste au contraire sur la nécessité de lois qui s'appliquent de manière égale à tous.

LES CAPACITÉS D'ADAPTATION
DU CONFUCIANISME

Au-delà de ces conceptions qui se retrouvent chez tous les confucianistes, on constate beaucoup de souplesse et une grande variété de positions, selon les auteurs et les époques. Ce qui frappe l'observateur moderne, c'est que, contrairement au jugement des intellectuels du 4 Mai, le confucianisme a fait preuve d'une adaptation tout à fait remarquable, et ce tout au long de l'histoire chinoise. Ne serait-ce qu'en raison des importants changements sociaux et autres que la Chine a connus, il aurait d'ailleurs été difficile au confucianisme de demeurer aussi influent durant plus de deux millénaires sans une grande souplesse. Décrire le confucianisme comme un conservatisme est donc soit une injustice, soit un malentendu[15]. Certains réformateurs du début du XXᵉ siècle le reconnurent d'ailleurs, par exemple Yi Baisha (1886-1921), l'un des premiers à dénoncer le confucianisme, mais qui sut reconnaître l'esprit de réforme de Confucius[16]; le jugement a de quoi frapper, venant d'un tel iconoclaste.

Une première réforme est, en effet, à mettre au crédit de Confucius lui-même qui, malgré ses serments de fidélité à la tradition, ne se contenta pas de transmettre ce qu'il avait reçu des anciens : les idées de Confucius représentent bien plus que de simples ajustements à la doctrine. Particulièrement révélatrice pour notre propos est l'adaptabilité dont le Maître fait montre dans les *Entretiens*, notamment à des fins pédagogiques, donnant à la même question des réponses différentes selon ses interlocuteurs. Ainsi la piété filiale est-elle décrite dans un passage comme le fait de ne jamais inquiéter ses parents, alors qu'en d'autres occasions elle est présentée en termes d'obéissance ou de respect[17]; P. Ryckmans parle de «pédagogie flexible[18]» pour caractériser ce trait de l'enseignement de Confucius.

La dynastie Han (206 av. J.-C.-220 apr. J.-C.) fut un autre moment durant lequel le confucianisme montra ses capacités d'adaptation. Les confucianistes de l'époque surent prendre en compte la réalité d'un Empire unifié : le confucianisme devint une idéologie politique dont l'une des fonctions principales était la légitimation de la dynastie. Ce confucianisme peut paraître éloigné des idéaux de Confucius, mais il est celui qui marquera le plus durablement l'État impérial. Durant la dynastie Song (960-1279), le confucianisme passe par une nouvelle mue, connue sous le nom de «néoconfucianisme» en Occident : même si les penseurs néoconfucianistes présentent leur philosophie comme un retour au confucianisme «originel», ils doivent presque autant au taoïsme et surtout au bouddhisme qu'à Confucius.

Dès le milieu du XIXᵉ siècle, nombre de lettrés influents comprirent la nécessité d'adaptations pour répondre aux défis de la modernité et de l'Occident. La célèbre formule *zhongxue wei ti, xixue wei yong*, «le savoir chinois pour substance, les sciences occidentales pour pratique», résume bien l'esprit de l'époque : le «savoir chinois» dont il est question ici correspond pour l'essentiel au modèle moralo-politique confucéen. La chute de l'Empire en 1911 fut présentée par les historiens marxistes comme la sanction de l'Histoire face à un régime incapable de s'adapter, mais en réalité l'évolution des mentalités, entre la guerre de l'Opium (1839-1842) et le début du XXe siècle, avait été remarquable, et ce dans un cadre qui pour l'essentiel demeurait « confucianiste ». Et si la révolution de 1911 sonna le glas de l'espoir d'un compromis durable entre tradition chinoise et modernité occidentale, elle ne marqua pas la fin du confucianisme et de la volonté d'adapter celui-ci aux exigences de la modernité.

Un cas spectaculaire, particulièrement révélateur de la souplesse du confucianisme, fut la promotion par le célèbre réformateur Kang Youwei (1858-1927) et son disciple Chen Huanzhang (1881-1933) du confucianisme en une religion qui selon eux possédait tous les attributs des grandes religions occidentales[19] : selon eux, au plan spirituel, la religion confucianiste connaît une transcendance, avec un Ciel anthropomorphe, la survie de l'âme après la mort, et une rétribution pour les péchés ; au plan historique, le confucianisme a eu sa grande figure fondatrice (Confucius), un processus de propagation, ainsi que des lignées de transmission ; les 17 disciples de Confucius sont présentés d'une façon qui rappelle les 12 apôtres de Jésus. Au plan institutionnel, la religion confucianiste possède ses églises, à savoir les temples où l'on révère Confucius... Si cette lecture du confucianisme est problématique à de multiples égards, elle ne contredit pas le noyau d'idées présentées ci-dessus comme essentielles à ce courant de pensée. Ce qui est intéressant pour notre propos, c'est que, si pour l'Européen du XXIe siècle religion et modernité n'entretiennent pas forcément de relation nécessaire, à la fin du XIXe siècle, nombre de lettrès chinois sont frappés par l'importance de la religion en Europe, et imaginent un lien entre celle-ci et la supériorité de l'Occident. On aurait donc tort de voir dans la « religion confucianiste » décrite ci-dessus l'expression d'un conservatisme : il s'agit bien plutôt d'une tentative d'adapter le confucianisme à la modernité, voire d'une initiative visant à contribuer à la modernisation de la Chine.

Quant au confucianisme contemporain, il est essentiellement adaptation, puisqu'il se pose comme une réaction consciente et explicite aux défis de l'Occident : ainsi un interprète récent définit-il les « nouveaux confucianistes contemporains » (*dangdai xin rujia*) comme « tous les intellectuels vivant à l'époque contemporaine et s'inspirant des sages anciens, prenant consciemment pour ligne directrice les principes confucianistes, et capables, grâce à l'absorption, la digestion et l'assimilation de la culture occidentale, voire de toutes les cultures humaines, de produire une nouvelle forme de confucianisme[20] ».

Confucianisme et modernité

Les facultés d'adaptation du confucianisme suffisent-elles à le rendre compatible avec la modernité ? Commençons par rappeler que le concept de « modernité » est en lui-même problématique : on l'associe invariablement à l'Occident, mais la Chine impériale, avec son système administratif et légal, ses techniques de sélection et d'évaluation des fonctionnaires, ses débats économiques, ses grands marchands et son artisanat industriel, ses classes moyennes urbaines, ses grandes inventions et sa diffusion du savoir, a été pendant des siècles la plus moderne des sociétés «prémodernes»: en un mot, la Chine a connu une forme de modernité spontanée avant la modernité importée de l'Occident[21]. L'histoire chinoise montre au moins que le confucianisme n'est pas incompatible avec une certaine forme de modernité.

Certains aspects du confucianisme, comme l'accent mis sur la loyauté ou l'ordre, l'importance attachée à l'étude ou à l'écrit, paraissent favorables à toute entreprise de modernisation. Des interprètes ont même tenté d'expliquer le développement du Japon et d'autres pays extrême-orientaux comme résultant en partie du confucianisme (ou de systèmes de pensée proches de celui-ci, comme la morale des Tokugawa durant la période Edo au Japon). La notion de «capitalisme confucéen» a été invoquée: selon cette théorie très weberienne (même si Max Weber se faisait une idée beaucoup moins favorable du confucianisme), le succès des sociétés asiatiques s'expliquerait par le confucianisme de la même manière que celui de l'Europe s'expliquait par le protestantisme[22]. Cette hypothèse tranche de manière presque suspecte avec la méfiance des réformateurs chinois du début du XXe siècle à l'égard du confucianisme: comment expliquer qu'un courant de pensée qui paraissait aussi évidemment incompatible avec la modernité ait pu devenir en quelques décennies l'explication, voire la condition de la modernité dans les pays extrême-orientaux?

Des segments entiers des sociétés extrême-orientales sont aujourd'hui aussi modernes que les sociétés occidentales, et la question de la compatibilité du confucianisme avec la modernité est devenue largement théorique. Certes, il manque toujours aux Chinois quelques-uns des droits politiques ou des protections sociales considérés en Occident comme des attributs de la modernité. Contre cette objection, certains invoquent la possibilité de formes non occidentales de modernité : la Chine et quelques autres pays d'Extrême-Orient, avec leurs «valeurs asiatiques», représenteraient un type alternatif au modèle global de la modernité, modèle que quelques intellectuels se plaisent même à qualifier de «post-moderne».

VALEURS ASIATIQUES, CONFUCIANISME ET DÉMOCRATIE

Depuis une vingtaine d'années, le débat sur le confucianisme et la modernité se fait souvent sous l'angle de ces «valeurs asiatiques» qui ont été en vogue dans les années 1990 en Chine et continuent d'alimenter le discours idéologique et politique, notamment dans les discussions sur les droits de l'homme[23]. Il existe une importante littérature sur le sujet, et nous ne reviendrons pas sur les débats quant à la pertinence même de la catégorie de «valeurs asiatiques[24]». Celles-ci ne nous intéresseront qu'en tant que discours, et parce que ce discours entretient des liens étroits avec le confucianisme.

Les valeurs asiatiques sont présentées à la fois comme un modèle d'explication pour la réussite économique des pays de l'Extrême-Orient et comme la justification d'un certain autoritarisme dans ces pays. Dans les deux domaines, on peut faire des rapprochements avec le confucianisme, à tel point que certains posent une équivalence entre «valeurs asiatiques» et «valeurs confucéennes»[25]. Ainsi, la réussite des entreprises en Extrême-Orient s'expliquerait par l'organisation familiale de l'entreprise, avec des relations fondées sur la piété filiale, la loyauté, le respect des hiérarchies et des aînés, ainsi que par le souci de l'harmonie et l'habitude de régler les difficultés par la négociation plutôt que par le conflit. En réalité, tous ces traits présentés comme «asiatiques» ou «confucianistes» se retrouvent, éventuellement sous d'autres formes, dans les entreprises occidentales, et ce discours a des fonctions plus idéologiques qu'explicatives.

C'est dans le domaine politique que la fonction idéologique du discours sur les valeurs asiatiques apparaît le mieux. Rappelons-le, ce discours trouve surtout des avocats parmi des dirigeants qui cherchent à légitimer un certain autoritarisme, en prétextant des différences culturelles entre la Chine et l'Occident[26]. L'usage du concept paradoxal d'*illiberal democracy*[27] (c'est-à-dire d'une «démocratie» dans laquelle les droits civils et politiques ne sont pas garantis) ne doit pas masquer le fait que les valeurs asiatiques sont en réalité une légitimation de la dictature; elles remettent en cause l'universalité des droits de l'homme, présentés par quelques idéologues du parti communiste chinois comme l'une des armes des États-Unis pour influencer et éventuellement renverser les régimes qui leur résistent[28].

On doit constater une certaine proximité entre les «valeurs asiatiques» et certaines valeurs associées au confucianisme; cela n'est pas un hasard, puisque nombre des avocats de celles-là les rapprochent explicitement de celui-ci. Proximité ne signifie pas identité : pour ne prendre qu'un exemple, la remise en question du *one-man, one-vote*[29] ne trouve guère de fondement dans la pensée chinoise ancienne. Cette réserve étant faite, la « vision du monde hiérarchique[30] » souvent mise en avant par les tenants des valeurs asiatiques découle assez naturellement du confucianisme (ou, plus simplement, des réalités sociales d'une société traditionnelle) : la priorité de la famille sur l'individu, le primat de l'ordre social sur les libertés individuelles, le respect des aînés et des hiérarchies, trouvent effectivement des fondements théoriques dans ce courant de pensée.

À travers le discours sur les valeurs asiatiques, on touche au problème essentiel, qui est moins la compatibilité du confucianisme avec la modernité que la compatibilité de ce courant de pensée avec la démocratie, et ce quelles que soient ses capacités d'adaptation. Schématiquement, on peut identifier trois attitudes sur le sujet.

Selon une position moyenne, fréquente chez les sinologues, le confucianisme n'est pas essentiellement favorable à la démocratie, mais il n'est pas non plus opposé à celle-ci. Le confucianisme n'a pas conceptualisé la démocratie ou la notion de « droits[31] » ; il a contribué à une vision hiérarchique de l'État et de la société. En même temps, le confucianisme bien compris pose des limites nettes à l'arbitraire politique ; et quelques-unes des valeurs chères à Confucius ou à ses successeurs ne sont peut-être pas éloignées de certaines des idées qui fondent la démocratie[32].

Certains confucianistes contemporains, souvent actifs en Occident ou à Hong-Kong, sont beaucoup plus positifs[33] : pour eux, non seulement le confucianisme est compatible avec la démocratie, mais plusieurs valeurs centrales de ce courant de pensée lui sont favorables. C'est bien sûr le cas de la conception selon laquelle « le peuple est la racine » (*min ben*), et qu'il peut renverser le souverain si celui-ci manque à ses devoirs ; c'est également le cas de l'idée qui veut que le prince doive écouter les conseils et réprimandes de ses subordonnés. Beaucoup soulignent le caractère universel et égalitaire de vertus comme la bienveillance (*ren*) ou la « tolérance » (*shu*), équivalents chinois de la « règle d'or » chrétienne [34]. Certains voient dans ces conceptions des équivalents prémodernes de l'égalité, de la sanction des urnes, du pluralisme politique, ou de la liberté d'expression ; pour quelques auteurs, Confucius serait même essentiellement un « dissident » politique [35].

À l'inverse, selon une troisième attitude, confucianisme et démocratie seraient radicalement incompatibles. Le principal trait incriminé est la pression du groupe sur l'individu et le respect dû à l'autorité, notamment dans la piété filiale, qui s'opposent à des exigences centrales de la démocratie comme l'égalité, la liberté du choix et l'autonomie individuelle. Cette attitude critique était celle des réformateurs du début du XXe siècle ; on la retrouve chez certains dissidents aujourd'hui, notamment aux États-Unis, qui s'inquiètent de voir le confucianisme utilisé pour justifier l'autoritarisme.

Notons au passage, et cela est révélateur du statut ambigu du confucianisme par rapport à la modernisation politique de la Chine, que sur chacune des deux dernières attitudes se retrouvent des positions politiques opposées : dissidents occidentalisés et marxistes « conservateurs » s'accordent dans leur rejet du confucianisme ; à l'inverse, les avocats du néo-autoritarisme rejoignent certains confucianistes démocrates dans leur souci de réhabiliter le confucianisme.

Sur une question aussi idéologiquement chargée que celle des rapports entre confucianisme et politique, aucune conclusion définitive ne paraît possible. Pour notre propos, nous soulignerons cependant une certaine filiation entre confucianisme et valeurs asiatiques, et remarquerons qu'en Chine populaire la réhabilitation partielle de ce courant de pensée coïncide avec l'émergence de discours autoritaires.

LES VALEURS CONFUCIANISTES ET LA LITTÉRATURE D'ARTS MARTIAUX

Il est instructif de faire ici un détour du côté de la littérature d'arts martiaux (*wuxia xiaoshuo*), si populaire dans le monde chinois, notamment au travers des romans de l'un des meilleurs représentants du genre, Jin Yong, plus connu en Occident sous le nom de Louis Cha.

La réhabilitation de ce genre sur le continent chinois au début des années 1980 s'explique en grande partie par le relâchement de la censure après la mort de Mao Zedong, mais il n'est pas moins intéressant de constater que ce retour correspond d'une part à une forte réaffirmation des traditions «nationales» (cf. la fièvre culturelle du milieu de la décennie), et d'autre part au développement de théories néo-autoritaires dont le discours sur les valeurs asiatiques sera l'avatar le plus connu. On n'accusera certainement pas les auteurs de romans d'arts martiaux, qui obéissent simplement aux canons du genre, de cautionner la dictature. Mais en vérité les intentions des romanciers importent peu : ce qui nous intéresse ici, c'est que nombre des modèles et valeurs récurrents dans cette littérature recoupent ceux du confucianisme et proposent une vision de la société qui convient par certains aspects à un régime autoritaire.

La littérature d'arts martiaux, que l'on peut rapprocher de nos romans de cape et d'épée, a connu un important renouveau à Hong-Kong à partir du milieu des années 1950. Cette dernière phase dans l'histoire du genre, appelée parfois « nouveau roman d'arts martiaux » (*xin wuxia xiaoshuo*), a donné quelques bons auteurs, dont précisément Jin Yong. La plus grande partie de l'œuvre de ce dernier n'est pas traduite en langues occidentales [36], et cette constatation vaut pour la littérature d'arts martiaux dans son ensemble ; mais le public européen n'est pas ignorant de l'atmosphère et des codes du genre, grâce au cinéma de Hong-Kong et à des films récents comme *Tigre et Dragon* (2000) ou *Le Secret des poignards volants* (2004), qui ont rencontré un succès certain en Occident.

Jin Yong est l'un des monstres sacrés de la littérature chinoise du XXe siècle ; en 2003, un grand sondage l'a promu deuxième « grande idole culturelle chinoise du XXe siècle », précédé par l'unique Lu Xun (1881-1936), le père de la littérature chinoise moderne [37]. À première vue, l'association est étrange. Personne ne remet en cause le statut de Lu Xun : parangon de l'auteur sérieux et engagé, il incarne l'esprit de la littérature moderne et révolutionnaire, et toute histoire de celle-ci commence par lui. Mais que dire de Jin Yong, qui s'est illustré dans un genre de pur divertissement longtemps méprisé par l'orthodoxie marxiste pour ses relents de « féodalisme » et son ancrage dans les anciennes traditions chinoises ? Les traductions, études et textes sur Lu Xun se comptent par milliers, alors que Jin Yong commence à peine à se faire un nom hors de Chine. Et pourtant, Jin Yong occupe une place à part dans la littérature chinoise du XXe siècle, ne serait-ce que parce qu'il est probablement l'auteur le plus lu en langue chinoise[38]. Mais l'importance de Jin Yong n'est pas que quantitative : si la littérature d'arts martiaux est souvent médiocre, et si Jin Yong n'évite pas toujours la facilité et la répétition, dans ses meilleures pages il fascine par la richesse de ses intrigues, la fécondité de son imagination, et son style créatif et élégant, mâtiné de formes classiques.

Le rapprochement entre Lu Xun et Jin Yong est intéressant en ce qu'ils incarnent deux directions diamétralement opposées prises par la littérature chinoise au XXe siècle. Lu Xun symbolise la tendance occidentalisante, moderniste, et la rupture avec la tradition. Au contraire, la littérature d'arts martiaux peut se comprendre comme la continuation de la littérature chinoise traditionnelle, plus précisément du roman en langue vernaculaire : Jin Yong est l'héritier du roman *Au bord de l'eau* (*Shuihuzhuan*) si magnifiquement traduit en français par Jacques Dars dans la Pléiade. Au risque de simplifier, on peut dire que Lu Xun et Jin Yong représentent respectivement la modernité et la tradition, la révolution et la continuité, et, peut-être, l'anticonfucianisme et le confucianisme. Toujours de manière sommaire, ils incarnent également deux extrêmes dans le discours politique en Chine au XXe siècle : l'hésitation entre révolution (avec rejet du passé) et nation (avec valorisation du passé). La première attitude est dominante durant le maoïsme et jusqu'au début des années 1980 ; la seconde semble l'emporter depuis une vingtaine d'années, et dans ce cadre la réhabilitation d'un genre aussi « chinois » que le roman d'arts martiaux n'est peut-être pas tout à fait innocente[39].

Certains jugeront étonnant de rapprocher les romans d'arts martiaux du confucianisme ; si les origines du genre ne sont pas claires, on le fait plutôt remonter aux codes d'honneur des penseurs moïstes, ou aux « chevaliers » (*xia*) de l'époque préimpériale que plusieurs sources opposent radicalement aux lettrés « confucianistes ». Un vent de liberté souffle par ailleurs dans la littérature d'arts martiaux, dont une bonne partie des histoires se déroulent loin des villes et de leurs contraintes, d'où des rapprochements possibles avec le taoïsme. Reconnaissons également que ces romans mettent en scène des personnages dont les idéaux divergent à certains égards de ceux du confucianisme ; sans oublier que le genre se rattache à une littérature populaire que l'on contraste volontiers avec la grande littérature « lettrée » rédigée en langue classique.

Les lettrés sont d'ailleurs assez volontiers égratignés dans les romans d'arts martiaux. Chez Jin Yong, plusieurs héros sont incultes ; c'est le cas de Linghu Chong dans *Xiao'ao jianghu* (*Gai et fier hors-la-loi*), ou de Shi Potian dans *Xia ke xing* (*La Ballade des chevaliers*). Ce dernier est un cas extrême, puisqu'il ne sait tout simplement pas lire — mais, et c'est révélateur, cette lacune est présentée comme un atout. Dans le chapitre 30, particulièrement réussi, on voit Shi Potian essayer de comprendre des techniques de combat dissimulées dans le poème *Xia ke xing* du célèbre poète Li Bai (701-762) et dans des commentaires de ce poème, gravés sur les parois de 24 cavernes. Les meilleurs spécialistes d'arts martiaux, mais aussi des « lettrés au ventre plein de poèmes et de livres [40] », ont tenté, parfois depuis plusieurs dizaines d'années, de percer le secret des inscriptions, mais en vain ; leurs chicanes sur l'interprétation du texte rappellent celles de pédants qui se disputent à coups de citations. Le jeune Shi Potian y parvient, lui, du premier coup : incapable de lire les caractères, il y voit des dessins d'épées ou d'insectes qui s'agitent et produisent par réaction dans son corps des effets libérateurs d'énergie (*qi*) ; en quelques semaines, il parcourt toutes les cavernes et progresse immensément dans la maîtrise des souffles. La charge contre les lettrés est consciente, et Jin Yong met dans la bouche des deux vieillards qui ont consacré plus de la moitié de leur vie aux inscriptions sans en percer le sens la question suivante : « Peut-être les anciens maîtres d'arts martiaux [qui ont gravé ces textes] ont-ils imaginé un tel piège parce qu'ils n'aimaient pas les lettrés [41] ? »

On ne niera donc pas les dimensions non confucianistes des romans d'arts martiaux. En même temps, bien des codes du genre s'accordent parfaitement avec la moralité confucianiste [42]. La piété filiale, notamment, y est une vertu incontournable. Si à peu près toutes les vilenies sont éventuellement excusables, les personnages ne sauraient manquer aux devoirs de celle-ci ; et notamment, la vengeance (*bao*) contre les meurtriers des parents est une obligation sacrée : une bonne partie de la littérature d'arts martiaux peut se comprendre comme une variation sur le thème de la vengeance, souvent exercée contre les meurtriers du père ou ceux du maître (c'est-à-dire du père spirituel). De ce point de vue, les romans d'arts martiaux s'accordent parfaitement avec les énoncés des anciens textes confucianistes selon lesquels « on ne saurait vivre sous le même ciel que l'ennemi de son père », et « un fils qui ne venge pas la mort de son père n'est pas un fils »[43].

Mais la piété filiale n'apparaît pas que sous l'aspect du devoir de vengeance. Nombre de romans d'arts martiaux sont marqués par une véritable obsession du père, bien des héros étant des orphelins dont toutes les aventures ne tendent qu'à une seule fin — trouver leurs parents. Cela vaut pour plusieurs personnages de Jin Yong, et notamment pour le jeune Shi Potian dans *Xia ke xing*, mais cela est un trait récurrent du genre. Ainsi, dans la récente série télévisée de Hong-Kong *Huan ying shen zhen* (*Ombres mystérieuses et Aiguilles magiques*) réalisée par Ju Jueliang, les 40 épisodes de quarante-cinq minutes tournent autour de la quête des parents et de l'obéissance qu'on leur doit. Deux des héros sont orphelins ; ils n'apprendront qu'au dernier épisode le secret de leurs origines. Un troisième croit d'abord que son père n'est pas son géniteur, avant d'apprendre qu'il est le fruit d'un viol commis par cet homme ; une partie de l'intrigue découle de la piété filiale qui lui commande d'obéir à ce père ignoble, et de son désespoir parce que sa mère biologique refuse de le reconnaître : il va jusqu'à tuer son aimable épouse pour protéger son père, pourtant monstrueux, ce que personne ne paraît lui reprocher véritablement. Une autre héroïne passe son temps à se languir de son père qu'elle croit décédé. Un bébé est recueilli par hasard par son jeune père qui ne sait pas que l'enfant est de lui... La série est longue, médiocre, et parfois ridicule, mais elle est révélatrice de la place du père et de la piété filiale dans la société chinoise.

Une autre valeur fondamentale des romans d'arts martiaux, c'est la fidélité (*zhong*) qui est due à ses maîtres ou aux autres disciples; en vérité, cette fidélité n'est qu'une variante de la piété filiale, le maître jouant souvent le rôle de père symbolique — ses disciples sont d'ailleurs souvent des orphelins. Le maître d'arts martiaux a sur ses disciples un pouvoir absolu; il a le droit de vie et de mort sur eux, notamment lorsqu'ils enfreignent ses ordres. Dans le roman *Xiao'ao jianghu*, le héros transgresse une règle et devient dès lors un ennemi mortel de son maître — qui est en même temps son père adoptif. En vérité, on sent moins dans les romans de Jin Yong le parfum de la liberté que la pression de l'autorité : les écoles d'arts martiaux sont organisées de manière rigide et hiérarchique; les disciples sont rangés selon un ordre de préséance, et tous obéissent aveuglément au maître. Vis-à-vis des autres écoles, s'il est de bon ton de faire montre d'un certain sens de l'honneur, en réalité tous les coups sont permis : on retrouve ici cette dimension naturelle du *ren* selon laquelle les devoirs décroissent à mesure que l'on s'éloigne du noyau familial. Les personnages méprisent volontiers le pouvoir civil et ceux qui se compromettent avec lui, mais en fait les écoles d'arts martiaux reproduisent l'organisation et les hiérarchies de la société «confucianiste». Les femmes paraissent jouir d'une grande liberté, voire d'une certaine égalité avec leurs comparses masculins, mais en définitive le seul destin qui leur est promis est le mariage et la soumission au mari ; les femmes qui échappent à ce destin sont presque invariablement présentées comme des monstres, parfois (et c'est à nouveau révélateur) sous la forme de dévoreuses d'enfants, comme dans *She diao yingxiong zhuan* (*La Légende du héros chasseur d'aigles*) ou *Tianlong babu* (*Demi-dieux et Semi-démons*).

Pour être juste, dans les romans de Jin Yong, le message n'est pas toujours aussi passéiste. Plusieurs héros tranchent par leur esprit d'indépendance et le goût de la liberté. L'autoritarisme est parfois égratigné, notamment dans *Xiao'ao jianghu*, écrit pendant la Révolution culturelle, et qu'on peut lire comme une satire de l'obsession du pouvoir et du culte de la personnalité. Et Jin Yong dénonce les effets pervers de la vengeance ; toujours dans *Xiao'ao jianghu*, le jeune Lin Pingzhi, qui sacrifie son épouse pour satisfaire sa soif de vengeance, apparaît sous un jour monstrueux. Malgré ces importantes réserves, les valeurs et les rôles qui sont décrits dans ce type de littérature sont souvent en accord avec la vision autoritaire et hiérarchique du clan et de la société que l'on retrouve dans le confucianisme ou le discours sur les valeurs asiatiques.

La littérature d'arts martiaux est un genre de divertissement qui obéit à des codes dont les auteurs peuvent difficilement s'abstraire ; on ne reprochera pas plus à Jin Yong de respecter ces codes qu'à un Alexandre Dumas de ne pas prôner la démocratie dans *Les Trois Mousquetaires*. Il ne s'agit pas ici d'incriminer la littérature d'arts martiaux, mais simplement de constater que la résurrection de ce genre sur le continent coïncide avec la montée en puissance de discours néo-autoritaires et nationalistes. Depuis quelques années, Jin Yong se voit même accorder un statut officiel en République populaire de Chine, non seulement dans les universités, mais également comme personnage public, reçu par les plus hauts dirigeants de l'État (Deng Xiaoping en 1981; Jiang Zemin en 1993). Il serait simpliste de tenir que la réhabilitation des romans d'arts martiaux correspond à une volonté délibérée de promouvoir à bon compte valeurs nationales et autoritaires parmi l'immense lectorat de ce type de littérature; mais on doit se demander si ces romans ne contribuent pas à imposer un modèle, confucianiste par certains aspects importants, de l'ordre et des hiérarchies. On notera aussi que les romans d'arts martiaux, qui proposent une vision romantique du passé chinois, contribuent à la fierté nationale, et donc peut-être à la montée du nationalisme; la fidélité au clan ou à l'autorité, si importante dans cette littérature, renvoie aussi à l'allégeance que l'on doit à la patrie.

CONCLUSION

Pour en revenir au confucianisme, le problème est qu'il trouve ses racines dans une vision relativement «primitive» de l'homme et de la société. Même si Confucius lui-même propose une morale exigeante, qui par certains aspects prend en compte l'universel et qu'on ne saurait confondre avec les récupérations simplistes de certains aujourd'hui en Chine populaire, il n'en reste pas moins que le confucianisme conserve une dimension clanique, voire tribale — ou *naturelle*, pour dire les choses de manière moins négative. Le *ren*, la préférence pour les proches, le culte des ancêtres et le respect des anciens, la préséance du groupe sur l'individu, la loyauté vis-à-vis de la famille, le devoir de vengeance — ces valeurs paraissent plus *naturelles* que l'amour universel ou l'affirmation de l'égalité entre tous.

Le confucianisme a le mérite de nous rappeler à quel point nombre de conceptions qui nous paraissent aller de soi sont en réalité des produits de la civilisation, et qu'ils sont donc, en un sens, artificiels. C'est là à la fois la force et la faiblesse de ce courant de pensée. La force, parce que le confucianisme part de ce que l'homme est, et non pas de ce qu'il devrait être : un remarquable exemple est le penseur Mencius, qui trouve les germes de la vertu dans cette bienveillance innée qui nous conduit à éprouver spontanément de la pitié pour un enfant menacé de mort ; Mencius fonde la morale dans le concret du cœur humain, et non pas de façon abstraite en recourant à des normes transcendantes. Mais ce peut aussi être une faiblesse, parce que le confucianisme n'est peut-être pas tout à fait adapté à la démocratie ou à d'autres systèmes politiques modernes qui présupposent une certaine abstraction, manifeste dans l'idée de lois universelles et égales pour tous.

Notamment sous l'influence du légisme, la Chine ancienne a tenté d'imposer de telles lois. Mais la société est demeurée largement confucianiste ; des débats comme ceux sur la légalité de la vengeance (par exemple au IIᵉ siècle de notre ère) ou du suicide des veuves sous les Qing (1644-1911) peuvent se lire comme le reflet d'une opposition entre une morale *naturelle* de proximité, privilégiant les devoirs spontanés à l'égard du clan, et les exigences d'un État prémoderne pour lequel la loi doit s'appliquer à tous de la même manière et ne saurait être laissée à l'arbitraire de l'affection ou des sentiments individuels. Les difficultés de l'État chinois, aujourd'hui, à imposer un système légal moderne, la permanence de réseaux, de la corruption, du népotisme, s'expliquent peut-être, au moins partiellement, par la résistance de valeurs confucianistes, ou proches du confucianisme, dans la société chinoise.

NICOLAS ZUFFEREY

Bibliographie

ALBERTINI MASON Babetta von, *The Case for Liberal Democracy in China : Basic Human Rights, Confucianism and the Asian Values Debate*, Zurich, Schulthess, 2004.

BARY Wm Théodore de, *Asian Values and Human Rights, A Confucian Communitarian Perspective*, Cambridge, Harvard University Press, 1998.

BELL Daniel A., «Democracy in Confucian Societies : The Challenge of Justification», in D.A. Bell et al. (éd.), *Towards Illiberal Democracy in Pacific Asia*, Londres, Macmillan Press, 1995.

BELL Daniel A. et HAHM Chaibong (éd.), *Confucianism for the Modern World*, Cambridge, Cambridge University Press, 2003.

BERTHRONG John, *Transformations of the Confucian Way*, Boulder, Westview Press, 1998.

CABESTAN Jean-Pierre, «L'Impossible Avènement d'un État de droit en Chine populaire : est-ce la faute aux valeurs asiatiques, au communisme ou au retard économique ?», in Thierry Marrès et Paul Servais (éd.), *Droits humains et Valeurs asiatiques. Un dialogue possible?*, Bruyant, Louvain-la-Neuve, 2002.

CHAN Joseph, «A Confucian Perspective on Human Rights for Contemporary China», in Joanne R. Bauer et Daniel A. Bell, *The East Asian Challenge for Human Rights*, Cambridge, Cambridge University Press, 1999.

CHENG Anne, *Histoire de la pensée chinoise*, Paris, Le Seuil, 1997.

—, «"Confucianisme", "post-modernisme" et "valeurs asiatiques"», in *Qu'est-ce que la culture?*, dirigé par Yves Michaud, «Université de tous les savoirs», vol. 6, Éditions Odile Jacob, 2001.

CHING Julia, *Confucianism and Christianity – A Comparative Study*, Tokyo, Kodansha, 1977.

DAVIS Michael C. (éd.), *Human Rights and Chinese Values : Legal, Philosophical, and Political Perspectives*, Oxford, Oxford University Press, 1995.

DAVIS Michael C., «Chinese Perspectives on Human Rights», in Michael C. Davis (éd.), *Human Rights and Chinese Values, op. cit.*

DU Gangjian et SONG Gang, «Relating Human Rights to Chinese Culture», in Michael C. Davis (éd.), *Human Rights and Chinese Values, op. cit.*

FOOT Rosemary, *Rights beyond Borders : The Global Community and the Struggle over Human Rights in China*, Oxford, Oxford University Press, 2000.

GENG Yun Zhi, «L'Héritage du confucianisme et la modernisation chinoise», in Yuzô Mizoguchi et Léon Vandermeersch (éd.), *Confucianisme et Sociétés asiatiques*, Paris, L'Harmattan, 1991.

GERNET Jacques, «À propos des influences de la tradition confucéenne sur la société chinoise», in Yuzô Mizoguchi et Léon Vandermeersch (éd.), *Confucianisme et Sociétés asiatiques, op. cit.*

HAMM John Christopher, *Paper Swordsmen : Jin Yong and the Modern Chinese Martial Arts Novel*, Honolulu, University of Hawaii Press, 2005.

HOOD Steven J., «The Myth of Asian-Style Democracy», in *Asian Survey*, vol. 38, n° 9, p. 853-856, 1998.

JENSEN Lionel M., *Manufacturing Confucianism : Chinese Traditions and Universal Civilization*, Durham, Duke University Press, 1997.

JIN Yong, *La Légende du héros chasseur d'aigles* (trad. Wang Jiann-Yuh), Paris, Éditions You-Feng, 2004, 2 vol.

KAMENAROVIC Ivan (trad.), *Xunzi (Siun Tseu)*, Paris, Éditions du Cerf, 1987.

KIM Dae Jung, «Pacific Myths. Kim Dae Jung on Asian Values that Never Were — A Response to Lee Kuan Yew : Is Culture Destiny? The Myth of Asia's Anti-Democratic Values», in *Foreign Affairs*, novembre-décembre 1994.

LEE Kuan Yew, «Culture Is Destiny — A Conversation with Lee Kuan Yew», in *Foreign Affairs*, mars-avril 1994.

LÉVY André (trad.), *Mencius*, Paris, Éditions You-Feng, 2003.

MARRÈS Thierry et SERVAIS Paul, *Droits humains et valeurs asiatiques : un dialogue possible ?*, Louvain, Bruylant-Academia, 2002.

MENDES Errol P. et TRAEHOLT Anne-Marie, *Human Rights : Chinese and Canadian Perspectives*, Ottawa, University of Ottawa, The Human Rights Research and Education Centre, 1997.

MIZOGUCHI Yuzô, «Confucianisme et sociétés asiatiques», in Yuzô Mizoguchi et Léon Vandermeersch (éd.), *Confucianisme et Sociétés asiatiques, op. cit.*

NG Margaret, «Are Rights Culture-Bound?», in Michael C. Davis (éd.), *Human Rights and Chinese Values : Legal, Philosophical and Political Perspectives, op. cit.*

RUHLMANN Robert, «Traditional Heroes in Chinese Popular Fiction», in Arthur F. Wright (éd.), *The Confucian Persuasion*, Stanford, Stanford University Press, 1960.

RYCKMANS Pierre (trad.), *Les Entretiens de Confucius*, Paris, Gallimard, 1987.

TU Wei-ming, «Confucius and Confucianism», in Walter H. Slote and George A. De Vos (éd.), *Confucianism and the Family*, Albany, State University of New York Press, 1998.

WEATHERLEY Robert, *The Discourse of Human Rights in China : Historical and Ideological Perspectives*, Londres, Macmillan Press, 1999.

WELCH Claude E. et LEARY Virginia A. (éd.), *Asian Perspectives on Human Rights*, Boulder, San Francisco, Oxford, Westview Press, 1990.

YAN Binggang, *Dangdai xin ruxue yinlun*, Beijing, Beijing tushuguan chubanshe, 1998.

YAO Souchou, *Confucian Capitalism : Discourse, Practice and the Myth of Chinese Enterprise*, New York, Routledge Curzon, 2002.

ZUFFEREY Nicolas, *To the Origins of Confucianism : The Ru in pre-Qin Times and during the Early Han Dynasty*, Berne, Peter Lang, 2003.

—, «Outlaws and Vengeance in Martial Arts Novels : Modern Law and Popular Values in Contemporary China», in *Chinese Cross Currents*, vol. 2, n° 1, p. 128-151, 2005.

CHAPITRE IV

La tentation pragmatiste dans la Chine contemporaine

« *If you want to understand Confucius, read John Dewey. And if you want to understand John Dewey, read Confucius.* » Cette réflexion d'Alfred North Whitehead, émise lors de sa période américaine, peut susciter la surprise : quoi de commun entre l'ancien sage chinois et le philosophe moderne du pragmatisme[1] ?

L'espace ouvert par ces propos énigmatiques a cependant été exploré depuis près d'un siècle par des intellectuels chinois modernes soucieux de redonner sens à leurs traditions de pensée. Revenir sur ces échanges permet de s'interroger sur l'importance du rôle joué par la pensée américaine dans la modernité intellectuelle de la Chine et sur le statut nouveau qui se trouve assigné aux traditions philosophiques européennes dans un espace parfois présenté aujourd'hui comme essentiellement « transpacifique ».

Il est bon de partir de la situation la plus récente : l'appel à une sorte d'alliance entre le néopragmatisme développé aux États-Unis et un nouveau confucianisme émergeant aujourd'hui en Chine. Pour mettre cette « tentation pragmatiste » en perspective, il faudra revenir aux origines de la rencontre : la visite de John

Dewey en Chine, à l'époque du Mouvement du 4 Mai 1919, et ses effets sur le monde intellectuel chinois. Et pour illustrer les devenirs inattendus de cette interaction sino-américaine, on reviendra à une entreprise contemporaine, celle du philosophe Li Zehou. Ce dernier, en effet, se réclame aujourd'hui, dans une Chine post-communiste, à la fois d'un certain pragmatisme et d'une relecture moderne de l'héritage confucéen.

À l'arrière-fond de cette rétrospective se profilera la question suivante : comment comprendre que des philosophes modernes se soient réclamés, les uns d'une « raison pratique », les autres d'une « raison pragmatique » pour repenser le sens du confucianisme? Quels sont les rapports entre les partisans d'une « métaphysique morale » inspirée par Kant (Mou Zongsan) et ceux d'une conception plus large et plus sociale du confucianisme, posant non l'éthique mais l'esthétique comme « philosophie première » (Li Zehou) ?

UNE NOUVELLE ALLIANCE?

Les travaux du sinologue Roger Ames et du philosophe David Hall sont de ceux qui ont contribué à populariser les ressources offertes par le pragmatisme américain pour une approche comparatiste entre philosophies chinoise et occidentale mais aussi pour un dialogue intellectuel renouvelé entre Chine et États-Unis[2].

L'intérêt de cette entreprise n'est pas seulement intellectuel, il est aussi politique. Il s'agit non seulement de promouvoir une certaine perspective philosophique mais d'œuvrer au rapprochement de deux traditions de pensée perçues comme particulièrement représentatives de traditions nationales distinctes. Ce n'est plus «l'Occident» qui est mis en avant mais une expérience spécifiquement américaine. Celle-ci est présentée à la fois dans sa proximité supposée avec la tradition culturelle chinoise et dans sa contribution à la remise en question d'une hégémonie philosophique européenne.

Le monde intellectuel chinois aura été à deux reprises mis en rapport avec le pragmatisme américain. Au début du siècle dernier, il reçoit les échos du premier pragmatisme, apparu aux lendemains du traumatisme de la guerre de Sécession, avec Holmes, Peirce ou James, en réaction contre l'idéalisme alors dominant[3] : les étudiants de John Dewey, le cadet de cette première génération, sauront propager cette pensée nouvelle. Il faut attendre plus d'un demi-siècle pour que le renouveau de la philosophie pragmatiste atteigne de nouveau la Chine, grâce notamment aux visites de Richard Rorty à partir des années 1980. Les raisons de cette interruption ne sont pas seulement chinoises (guerre civile, fermeture de l'ère maoïste) mais aussi américaines. L'isolement de la Chine est contemporain d'un déclin du pragmatisme aux États-Unis. Les départements de philosophie sont dominés dans l'après-guerre par une philosophie d'inspiration scientifique, introduite par des penseurs émigrés et que symbolise le nom de Rudolf Carnap. La réouverture de la Chine coïncide en revanche, aux États-Unis, avec une renaissance de l'inspiration pragmatiste, issue d'une entreprise d'autocritique de la philosophie analytique par des penseurs comme

Donald Davidson ou Hilary Putnam. La «philosophie post-analytique» qui émerge dans les années 1980 et 1990 peut choisir de s'allier avec un «postmodernisme» d'inspiration franco-allemande ; elle peut aussi choisir de se réclamer d'un retour aux sources de la pensée américaine, d'Emerson à Dewey. Le néo-pragmatisme défendu par Ames et Hall participe de ce dernier courant[4].

Dans un texte qui a valeur de manifeste sur «Confucianisme et pragmatisme», les deux auteurs présentent ces deux traditions de pensée comme partageant une même situation de marginalisation, sous les effets d'un dogmatisme rationaliste d'origine européenne[5]. À l'échec d'un John Dewey, victime du logicisme propre au courant analytique, répondrait l'échec du confucianisme dans la Chine moderne, sous les effets de certitudes métaphysiques pouvant s'alimenter aussi bien aux sources du libéralisme qu'à celles du marxisme. La notion même de «modernité» est essentiellement une création de l'Europe. En dépit des apparences, la singularité de l'expérience américaine qui s'exprime dans le pragmatisme est étrangère à cette hybris rationaliste : «le pragmatisme américain est profondément en conflit avec les motivations des sociétés occidentales modernes pour autant qu'elles sont dominées par la démocratie fondée sur des droits, par le capitalisme de la libre entreprise et par les technologies matérielles». Dans cette mesure, il est «aussi distinct de la société occidentale moderne que le confucianisme lui-même[6]».

La conjoncture actuelle ouvre donc un espace d'interactions où peuvent dialoguer des interprétations confucéennes et pragmatistes sur les devenirs possibles de la démocratie, sous l'égide d'une conception d'ensemble empruntée à John Dewey. Les auteurs mettent notamment en valeur deux caractères communs propres à ces deux cultures politiques.

À l'opposé d'une conception héritée des Lumières faisant de l'individu porteur de droits innés le fondement de l'ordre social, le pragmatisme défend une conception communautariste de la démocratie qui peut entrer en résonance avec la vision confucéenne. Pour Dewey, la démocratie n'est pas d'abord une institution politique, mais avant tout un *ethos*, une culture partagée qui est «l'idée même de vie en communauté». Dans cette expérience vécue, l'éducation joue un rôle primordial et ne s'adresse pas prioritairement à la raison théorique : «l'émotion et l'imagination sont plus importantes pour donner forme au sentiment public et à l'opinion que l'information et la raison». Ames et Hall peuvent ainsi rapprocher de la tradition politique chinoise fondée sur le ritualisme cette insistance pragmatiste sur la vie communautaire et sur l'éducation de la sensibilité. Le ritualisme doit permettre la formation continue, autant esthétique que morale, des individus au sein des réseaux de relations dont ils font partie. Ce n'est qu'aux yeux d'un individualisme dogmatique que la notion de «démocratie confucéenne» est une contradiction dans les termes : sa réalisation serait au contraire porteuse d'enseignement pour les sociétés occidentales. En particulier, «il se pourrait bien que ce soit l'influence de la Chine qui ait pour effet de rapprocher les États-Unis et les autres démocraties de l'Atlantique Nord de la vision démocratique de Dewey[7]».

En second lieu, contre ce qui est perçu comme un faux universalisme des Lumières européennes, pragmatisme et confucianisme revendiquent leur enracinement dans une expérience historique et culturelle spécifique. Ils récusent la possibilité d'un point de vue supra-historique, d'une attitude de surplomb qui permettrait de disposer d'un critère d'évaluation universel et éternel, à même de fonder une théorie définitive de ce qui est vrai ou de ce qui est juste pour tout homme. Une conception «fondationnaliste» des droits de l'homme (fondée sur l'idée dogmatique d'une raison universelle) leur paraît l'expression d'un provincialisme et d'un impérialisme européen qui ne reconnaît pas sa propre contingence. En conséquence, Ames et Hall reprennent à leur compte, sans lui être nécessairement fidèles, l'idée d'un «ethnocentrisme bénin» (*benign ethnocentrism*) défendue par Richard Rorty, et qui pourrait caractériser également un pragmatisme et un confucianisme modernes.

L'ethnocentrisme au sens de Rorty n'est pas l'expression d'un sentiment de supériorité mais au contraire la reconnaissance modeste du caractère situé de toute conception du monde : ce n'est qu'un point de départ qui rend possible un élargissement indéfini de notre perspective originelle. «La réponse ethnocentrique signifie simplement que nous devons travailler avec nos propres lumières. Les croyances suggérées par une autre culture doivent être testées en essayant de les tisser avec les croyances que nous possédons déjà. D'un autre côté, nous pouvons toujours élargir le champ de ce que nous percevons comme "nous" (par opposition aux autres) en considérant d'autres peuples ou cultures comme des membres de la même communauté de recherche que la nôtre. Ce que nous ne pouvons faire, c'est nous élever au-dessus de toute communauté humaine, réelle ou possible[8].»

La tentation pragmatiste   109

Il existe une similarité formelle entre une telle approche et le contextualisme exprimé par exemple par la *Grande Étude*, partant de la transformation morale de soi pour étendre (*tui*) cette attitude de sagesse à des contextes toujours plus larges, de la famille à la société et à l'univers. La perspective pragmatique d'Ames et de Hall semble inviter non à la reconnaissance théorique d'universaux mais à un travail patient de « tissage » entre deux traditions de pensée dont l'enracinement historique n'est pas contradictoire avec des prétentions à la validité de nature plus générale[9].

La question qui se pose est néanmoins la suivante : de quel pragmatisme et de quel confucianisme s'agit-il ? Il n'est pas douteux que nos deux auteurs interprètent la tradition pragmatiste dans un sens conservateur, en insistant sur une autre similarité avec le confucianisme : la valeur particulière attribuée à « l'habitude, la coutume et la tradition[10] ». S'il est vrai que l'on trouve chez Dewey, en raison de son « principe de continuité », le rejet de toute rupture révolutionnaire, on y trouve aussi l'idée d'une réforme permanente, guidée par une espérance que Rorty ne fait que radicaliser sous le nom d'« espoir social » (*social hope*). Il existe une dimension utopique chez certains pragmatistes qui met en question toute idée reçue de conformisme adaptatif[11].

Quant au « nouveau confucianisme » avec lequel une alliance est recherchée, il est défini avant tout comme « un retour aux préoccupations morales et esthétiques plus simple du confucianisme classique[12] ». Se trouve ainsi exclu le « néoconfucianisme contemporain » qui est pourtant un courant philosophique majeur de la Chine du XXe siècle. Il présente, en effet, aux yeux des néopragmatistes le double défaut de vouloir développer l'inspiration de la réforme confucéenne des Song et des Ming, imprégnée de conceptions d'origine bouddhique, et de se référer le plus souvent aux systèmes métaphysiques européens, et en particulier allemands. Dans ce rapprochement immédiat de préoccupations modernes et d'une pensée chinoise de l'Antiquité (dont Roger Ames est un éminent spécialiste), c'est l'extrême complexité de l'histoire intellectuelle de la Chine qui se trouve mise entre parenthèses.

En somme, le risque d'une telle dés-historicisation tant de la Chine que des États-Unis (les « Pères fondateurs » n'étant rien moins que pragmatistes) pourrait être d'encourager, chez des esprits moins subtils, la confection parallèle de deux catéchismes ne rendant guère justice au pluralisme des points de vue existant dans les deux traditions nationales.

UNE RENCONTRE PARADOXALE

L'intérêt d'un retour aux origines de cette rencontre entre la Chine et le pragmatisme, autour de 1920, est de montrer à quel point sa signification initiale peut être différente de ses prolongements contemporains.

Le paradoxe de cette situation peut être énoncé en termes simples. Là où, dans le cadre de l'actuelle globalisation, le pragmatisme peut offrir un terrain commun pour une rencontre entre des formes de conservatisme culturel mettant l'accent sur la spécificité des traditions, il a d'abord été reçu au début du siècle dernier comme un universalisme : pour un Hu Shi, disciple de Dewey, il est avant tout une méthodologie universellement applicable, indépendamment de la variété des contextes culturels. D'autre part, alors que la pensée pragmatiste sert aujourd'hui d'outil pour une remise en valeur du confucianisme, elle a d'abord fonctionné comme arme théorique au service d'un mouvement qui se voulait radicalement anticonfucéen. Il n'est pas inutile de revenir sur les conditions de ce paradoxe.

À bien des égards, la visite de John Dewey en Chine, remarquable par sa longueur et son intensité, est un extraordinaire événement philosophique. Arrivé en Chine en avril 1919, Dewey y reste plus de deux ans, parcourant pas moins de treize provinces, et donnant plus d'une centaine de conférences, dans une atmosphère souvent enthousiaste[13]. De plus, son séjour en Chine coïncide avec le lancement du Mouvement du 4 Mai 1919, provoqué par une réaction anti-japonaise à l'encontre du traité de Versailles mais se transformant rapidement en une entreprise radicale de critique de la culture traditionnelle. Invité en Chine par des disciples comme Hu Shi, un des principaux animateurs de ce mouvement, Dewey n'est pas seulement un témoin, il est aussi un acteur, fût-ce à son corps défendant.

Sa sympathie à l'égard de la Chine ne fait pas de doute. Arrivé à Shanghai après un séjour au Japon, où il s'est senti étranger à l'esprit d'une société hiérarchisée et autoritaire et où ses conférences n'ont guère suscité l'intérêt de philosophes formés à l'école allemande, il rencontre en Chine un climat plus favorable à ses idées. Ses premières impressions laissent apparaître deux supériorités de la Chine. Là où le Japon s'est adonné à une occidentalisation forcenée sans pour autant mettre en cause ses valeurs les plus conservatrices, la Chine « a fait évoluer, elle n'a pas emprunté, sa civilisation : son problème est celui d'une transformation, d'un remodelage provenant de l'intérieur d'elle-même[14] ». Cette autotransformation organique et endogène est plus proche des conceptions pragmatistes. D'autre part, en lieu et place de l'autoritarisme japonais, la société chinoise est pénétrée d'un esprit d'accommodement et d'ouverture que Dewey n'hésite pas à qualifier de « démocratique ». Mais ces « habitudes de vie et de pensée » ne se rencontrent qu'au niveau local, celui du voisinage ou du village. La Chine possède un esprit démocratique sans institutions démocratiques : « bien qu'elle soit moralement et intellectuellement une démocratie de type paternaliste, elle manque des organes spécifiques par lesquels seulement une démocratie peut se maintenir, à l'intérieur comme sur le plan international[15] ». Il est intéressant que cette idée d'un développement inachevé d'une inspiration traditionnellement démocratique de la Chine soit partagée par la plupart des penseurs *confucéens* modernes, depuis au moins Liang Shuming ou Qian Mu[16]. Bien que Dewey soit souvent dépendant des interprétations de ses jeunes disciples, il est capable de points de vue qui ne rejoignent pas toujours l'inspiration individualiste du 4 Mai, adonné à la dénonciation du « féodalisme » qui entacherait les relations de parenté ou les rapports sociaux quotidiens.

On connaît mieux aujourd'hui le contenu et le contexte des innombrables conférences prononcées par Dewey au cours de son périple[17]. Elles abordent les sujets les plus divers, de l'histoire de la philosophie occidentale à des questions de politique ou d'éducation. On y trouve par exemple des interventions sur « Science et Démocratie », qui devient le mot d'ordre du mouvement de 1919. Le lettré Cai Yuanpei, une fois président de l'université de Pékin, prononce une allocution à l'occasion de son soixantième anniversaire, dont la date coïncide avec celui de Confucius. Il ébauche un parallèle entre le philosophe américain, « représentant de la nouvelle civilisation occidentale », et le sage de l'Antiquité, « représentant de la vieille civilisation chinoise ». Il esquisse la possibilité de convergence, notamment dans l'éducation... Mais, contrairement aux traditionalistes, il considère que le rapprochement souhaitable des deux cultures ne peut se faire que sur l'assimilation préalable de « l'esprit scientifique occidental ». L'exemple d'une telle entreprise, ajoute-t-il, est fourni par l'ancien étudiant de Dewey qu'est Hu Shi [18].

Il est donc temps de s'interroger sur le rôle joué par ce dernier dans une telle conjoncture. Quelle interprétation Hu Shi a-t-il donnée de la pensée de son maître ? Et, d'une manière générale, est-il représentatif d'une sorte de pragmatisme chinois ?

Issu d'une vieille famille de lettrés de Huizhou (Anhui), Hu Shi fait partie des premiers étudiants chinois envoyés aux États-Unis où il séjourne de 1910 à 1917. Sa thèse de doctorat soutenue avec Dewey à Columbia sur les origines de la logique en Chine témoigne d'une influence discrète mais profonde du pragmatisme. Ce qu'il appelle logique n'est pas la logique formelle mais la *logic of inquiry* de Dewey, centrée sur la résolution de problèmes concrets. Son but est de contribuer à « l'introduction en Chine des méthodes philosophiques et scientifiques développées en Occident». Mais, pour réussir cette transplantation, il faut d'abord découvrir un terrain favorable au sein même de la tradition chinoise. Il s'agit, fidèle au principe pragmatiste de continuité, d'identifier dans l'héritage intellectuel une partie favorable (*a congenial stock*) qui puisse servir à une «liaison organique» des systèmes de pensée chinois et occidentaux. Ce terrain fécond ne peut être trouvé dans le confucianisme, «mort depuis longtemps», mais dans des courants de pensée non orthodoxes, comme la tradition moïste, que l'on peut arracher à un relatif oubli[19].

En 1917, Hu Shi écrit dans la revue *Nouvelle jeunesse* un long article sur «L'Expérimentalisme» qui témoigne de l'esprit de cette époque charnière[20]. On y trouve un exposé clair et précis de la pensée pragmatiste chez Peirce, chez James (dont l'esprit religieux ne l'attire guère) et surtout chez Dewey. Il insiste sur les origines scientifiques de cette pensée et sur le rôle de l'évolutionnisme darwinien : le pragmatisme, perçu comme l'expression philosophique du darwinisme, vient ainsi s'inscrire dans une histoire plus longue, celle de la réception enthousiaste de Darwin, qui commence à la fin de l'Empire[21]. Hu Shi expose avec acuité ce qu'il nomme la «révolution philosophique» de Dewey : le fait de cesser de traiter l'expérience dans une perspective exclusivement épistémologique et de considérer à l'inverse le moment de la connaissance comme une simple étape dans une interaction plus vaste entre «l'intelligence créatrice», qui est aussi collective, et son environnement humain et non humain[22].

Mais ces exposés très techniques sont parfois

entrecoupés d'appels presque juvéniles à remettre en cause sans ménagement l'ensemble de la tradition chinoise. « Ce que nous appelons la vérité n'est qu'un outil fabriqué par l'homme. C'est quelque chose de la même nature que ce papier, que ce morceau de craie [...]. Parce que dans le passé une conception a montré son efficacité, les hommes l'ont appelée vérité [...]. Si demain, en raison de changements, cette conception n'était plus utilisable, elle ne serait plus une vérité et nous devrions chercher une autre vérité pour la remplacer. Ainsi en va-t-il des Trois liens et des Cinq relations sociales [du confucianisme institutionnel]. Le lien entre prince et sujet a disparu et les liens entre père et fils ou entre mari et femme ne peuvent plus être établis comme autrefois. Certains conservateurs s'en chagrinent. Mais qu'y a-t-il à regretter ? Si ton habit est déchiré, changes-en ! Si ta craie est usée, prends-en une autre ! Si tel principe n'est plus valable, troque-le contre un nouveau ! Cela devrait aller de soi, qu'y a-t-il à regretter[23] ? »

Ces échos d'une période particulièrement agitée ne sont pourtant guère représentatifs de l'esprit de modération qui caractérise Hu Shi, tant dans son travail de savant que dans sa brève carrière diplomatique. Si le pragmatisme désigne autant une attitude ou un habitus qu'une théorie ou une doctrine, Hu Shi est bien à sa manière un pragmatiste, à une époque hantée par la radicalité nationaliste ou révolutionnaire. Dans un article célèbre, il oppose les « problèmes », objets d'étude et de solutions concrètes, aux différents « -ismes », c'est-à-dire aux diverses théories occidentales successivement à la mode. « Nous n'étudions pas le niveau de vie des tireurs de pousse, mais nous discourons sur le socialisme [...]. Nous nous faisons plaisir en prétendant "parler de solutions fondamentales". En fait ce ne sont que des rêves trompeurs, c'est la preuve de la banqueroute de l'intelligentsia chinoise, c'est une sentence de mort portée contre la réforme de la société chinoise [24] ! »

N'étant nullement philosophe, Hu Shi n'a pas éprouvé le besoin d'élaborer une doctrine pragmatiste. Il s'est plutôt approprié l'esprit de Dewey, qui convenait à son propre caractère, pour en faire une attitude ou une méthode à validité générale devant les problèmes de la société comme devant les questions d'érudition qui devaient occuper la plus grande partie de sa vie. On a pu néanmoins remarquer la prégnance, malgré ses attaques contre le conservatisme «confucéen», de notions et de valeurs léguées par une première éducation au sein d'une famille et d'un milieu marqués par les traditions lettrées. S'occupant avant tout de littérature et des humanités, il a pu sous-estimer les conditions objectives de l'expérimentation scientifique telle que Dewey la concevait et mettre d'abord l'accent sur les qualités subjectives du chercheur. Cette valorisation de la formation du caractère serait comme le signe d'attitudes restées «néoconfucéennes» chez Hu Shi [25]. Remarquons cependant qu'il peut être fait un usage instrumental et pédagogique de ces notions anciennes et soulignons par ailleurs que l'éducation de la personnalité morale et celle de la capacité de connaître sont également associées dans la perspective propre à Dewey.

Il reste une caractéristique de la pensée de Hu Shi qui le différencie de beaucoup d'autres intellectuels chinois formés en Europe. Pour lui, l'Occident semble être spontanément identifié à l'Amérique, lieu de sa formation universitaire mais aussi de résidences fréquentes à la fin de sa vie, après sa charge d'ambassadeur à Washington. Il manifeste un optimisme sur la culture occidentale que ne partagent pas toujours certains penseurs chinois confrontés à l'expérience européenne, après le désastre de la Première Guerre mondiale. Dans son esprit, le particularisme américain revêt une dimension universelle. Le pragmatisme est une méthode, appropriable par tous, il n'est pas l'expression d'une expérience historique singulière qu'il faudrait réinterpréter, depuis les conditions d'un autre univers, culturel ou national, tout aussi particulier.

UN CONFUCIANISME POST-COMMUNISTE ?

L'installation du régime communiste en Chine s'accompagne d'une violente dénonciation de l'influence de Dewey et du pragmatisme en général, qui culmine dans la campagne politique de masse déclenchée contre Hu Shi en 1954-1955[26]. Ce travail d'éradication systématique contribue à expliquer l'absence du pragmatisme dans le paysage intellectuel chinois au lendemain de la Révolution culturelle.

Les années 1990 voient, en revanche, une situation nouvelle qui rend possibles des retrouvailles avec l'inspiration pragmatiste, mais dans un esprit particulier que peut illustrer l'expérience du philosophe Li Zehou. Son itinéraire intellectuel est suffisamment singulier pour associer les noms de Marx et de Kant, de Dewey et de Confucius[27].

Originaire du Hunan, Li Zehou a la chance, après une expérience d'instituteur, d'être accepté à l'université de Pékin au lendemain de la prise du pouvoir par les communistes. Spécialiste de l'histoire de la pensée chinoise moderne, il est envoyé dans un camp de rééducation pendant la Révolution culturelle, où il trouve néanmoins l'occasion d'achever sa formation en solitaire. De manière significative, il médite une traduction anglaise de la première critique de Kant, qu'il a eu la prudence de dissimuler sous la couverture des *Œuvres choisies* de Mao Zedong... Lorsque la vie universitaire reprend après 1978, il est en mesure de publier rapidement plusieurs écrits qui feront date, dont une étude sur Kant intitulée *Critique de la philosophie critique*[28]. Pour ces nouvelles générations d'étudiants, il est un premier maître que son franc-parler rend particulièrement populaire. Son apport peut être résumé en trois points : une redécouverte de la subjectivité, à travers la lecture de Kant, une relecture de l'histoire intellectuelle qui tente de rompre avec les clichés officiels, et une réflexion sur l'art et sur la beauté (sujet tabou sous le maoïsme) qui sera à l'origine d'une «manie esthétique» (*meixuere*). À partir des années 1990, en revanche, Li Zehou n'est plus au centre de la scène intellectuelle, en raison d'un exil volontaire aux États-Unis et de l'arrivée d'une génération nouvelle de jeunes universitaires formés à l'étranger : ceux-ci n'éprouvent plus le besoin de faire appel à un médiateur et peuvent s'affronter par eux-mêmes au savoir occidental comme aux développements modernes de la pensée chinoise à l'étranger. On constate cependant un regain d'intérêt aujourd'hui pour Li Zehou qui, entre-temps, aura ajouté à ses références théoriques aussi bien le pragmatisme que le confucianisme.

C'est l'approfondissement d'une relecture de la tradition culturelle chinoise qui constitue l'horizon à partir duquel la « tentation pragmatiste » pourra à nouveau exercer ses effets. Il convient donc de s'interroger d'abord sur la nature du « confucianisme post-communiste » qui s'élabore aujourd'hui, avant d'évaluer le sens de ce retour en Chine de John Dewey.

Il est frappant que la tentative de redonner sens à la tradition confucéenne ait d'abord pris la forme d'une réflexion sur la plus haute antiquité. Qui sont ces clercs (*ru, shi*), ces porteurs de la culture aux origines de la civilisation chinoise ? Quel est le sens de leur message ? Li Zehou se trouve ainsi formellement dans la position de lettrés radicaux à la fin de l'Empire puis d'intellectuels réformistes sous la République qui, pour comprendre leur rôle nouveau et le destin moderne de la culture chinoise, ont éprouvé le besoin de procéder à une enquête philologique ou archéologique permettant d'éclairer la nature de ces personnages traditionnellement appelés « lettrés » (*ru*) et constituant une école « confucéenne » (*rujia*). Dans son écrit sur « L'Origine des *ru* », le grand lettré révolutionnaire Zhang Taiyan (1869-1935), exilé au Japon en raison de son opposition au gouvernement impérial, opère déjà une sorte de décentrement essentiel. Opposé à la tentative de Kang Youwei de transformer le confucianisme en religion d'État, il effectue une relativisation historique de Confucius, que rend notamment possible la découverte d'un nationalisme moderne fondé sur un concept de nation proche de celui de race, permettant la critique de l'universalisme culturaliste de la tradition chinoise. Le résultat de son enquête historique est d'établir l'existence de clercs appelés *ru* bien avant l'époque de Confucius auquel ils sont traditionnellement associés. Il est aussi d'insister sur les fonctions subalternes de ces personnages : ce sont de petits spécialistes religieux, des magiciens, «capables de danser et de proférer des invocations pour provoquer la pluie[29]».

En 1934, Hu Shi lui-même, dans son «Explication sur les *ru*», prolongera la réflexion de Zhang Taiyan, en faisant de ces clercs des spécialistes de rituels de la dynastie des Shang, devenus de petits magiciens depuis leur soumission à la dynastie (ou l'ethnie) des Zhou. Dans ce récit imaginatif, Confucius reprend une certaine importance, puisqu'il est celui qui rend possible un statut nouveau de ces spécialistes, non plus magiciens marginalisés mais responsables de l'éducation canonique de tout l'Empire. Toutefois la perspective de Hu Shi est objectivante et historique : Confucius a perdu sa position centrale et le confucianisme toute signification privilégiée[30].

En somme, c'est une relecture critique des plus lointaines origines qui permet un dépassement de la tradition[31]. Au travers de ces enquêtes sur les *ru*, tout se passe comme s'il avait fallu pouvoir penser une culture chinoise *pré*-confucéenne pour pouvoir se penser soi-même, de quelque manière, comme *post*-confucéen...

Pour Li Zehou, qui prend à son tour le relais de ces interprétations rétrospectives, la culture chinoise est avant tout le résultat d'un «chamanisme rationalisé». On trouve donc bien la magie aux origines de la tradition qui se dit aujourd'hui «confucéenne». Mais le chamanisme lègue à la Chine des traits particuliers. Il y a d'abord une indivision du politique et du religieux, le roi étant lui-même le grand chamane. Cet esprit chamanique n'est pas préoccupé de questions transcendantes mais d'objectifs matériels (la prospérité, la puissance) et son attitude vis-à-vis du monde est résolument active : les rites permettent déjà une manipulation de l'ordre cosmique. Ce qu'on présente comme des valeurs confucéennes n'est que la rationalisation de ces attitudes chamaniques : ainsi, la « vertu » du sage provient des pouvoirs du chamane. La culture chinoise s'est constituée comme un univers unifié où le rationnel et l'émotif, le théorique et l'utilitaire, le divin et l'humain sont des aspects « d'un même monde » : « une telle perspective, fondée à la fois sur l'émotion et la raison et enracinée dans un univers humain, intra-mondain, c'est ce que j'ai désigné sous le nom de raison pragmatique (*shiyong lixing*) et de culture du contentement[32] ».

La conséquence de cette approche historique et anthropologique du confucianisme est de s'opposer à une interprétation étroitement philosophique de cette tradition. Où faut-il aujourd'hui chercher le confucianisme ? Pas dans les théories des élites, répond Li Zehou, mais avant tout dans le peuple. Là se trouvent ce qu'il nomme les « structures profondes du confucianisme ». Il ne s'agit pas seulement d'une doctrine que l'on peut consciemment énoncer. Il s'agit avant tout d'un ensemble d'attitudes et de dispositions à l'action qui ont imprégné en profondeur la population au cours de l'histoire, pour devenir « la partie essentielle de la structure psychologico-culturelle du peuple Han ». Pour comprendre le confucianisme, il ne faut pas s'arrêter à ses élaborations explicites par les intellectuels, il faut avant tout prendre en compte la dimension inconsciente, quotidienne, populaire de cet enseignement [33].

Le « confucianisme » qui constitue l'arrière-fond de l'intérêt de Li Zehou pour l'approche pragmatiste est donc le produit d'une perspective diachronique, qu'exprime sa reconstruction historique de la tradition. Mais il est aussi l'effet d'une perspective synchronique : l'opposition délibérée à un mouvement philosophique contemporain, représenté par des penseurs confucéens s'étant exilés hors du Continent après 1949.

Depuis le milieu des années 1980, grâce notamment aux conférences de Tu Wei-ming (Du Weiming), professeur à Harvard, le courant du « néoconfucianisme contemporain » a repris racine sur le Continent. Il a pour principale caractéristique de reformuler l'idéal de la « sagesse intérieure » des penseurs Song et Ming par un usage systématique de philosophèmes occidentaux, notamment allemands [34]. Ses promoteurs le présentent volontiers comme la reconquête d'un continent désertifié par l'idéologie maoïste et théâtre de l'humiliation publique de penseurs confucéens ayant choisi de rester sur place, tels Feng Youlan ou Liang Shuming. Mais ce récit triomphaliste suscite à la fin des années 1990 un contre-récit, où s'exprime un point de vue continental original.

Dans un numéro de la revue *Yuandao*, Chen Ming, jeune penseur radical se réclamant du confucianisme, et très lié à Li Zehou, appelle à la création d'un « nouveau confucianisme continental ». C'est grâce aux écrits de philosophes comme Mou Zongsan ou Tang Junyi, écrit-il, que sa génération a pu réapprendre la valeur de la tradition. Mais il énonce en termes très nets son opposition à l'inspiration de ce courant : « la culture n'est pas un savoir relevant de la pure connaissance, elle est une intelligence permettant de résoudre les problèmes de la vie ; sa légitimité n'est pas à trouver dans sa cohérence logique mais avant tout dans son efficacité dans la pratique [...]. C'est par cette efficacité pratique qu'une pensée peut être dite "éclairée", car le sage ajuste son enseignement aux nécessités de l'époque et prend comme fondement les intérêts du peuple [35] ».

Cet appel à un confucianisme avant tout populaire, social et parfois politique se veut un dépassement de la métaphysique développée par les confucéens de l'outre-mer. On devine qu'il constitue comme un horizon d'attente susceptible de faire bon accueil à une conception pragmatiste de la philosophie...

On peut analyser l'opposition entre ces deux attitudes en termes empruntés à l'anthropologie : en termes d'ethnicité et de filiation. L'ethnicité désigne la dynamique par laquelle des communautés (ou ceux qui prétendent les représenter) remodèlent consciemment leurs différences identitaires, au sein d'un même monde Han [36]. L'opposition du « Continent » et de « l'outre-mer » se met en place au moment de la réouverture de la Chine et de son exposition aux influences extérieures de Hong-Kong et de Taiwan [37]. Ce que veut faire reconnaître le courant continental auquel appartient Li Zehou, c'est une expérience historique particulière, trop ignorée des Chinois de l'extérieur : l'épisode maoïste n'a pas été cette parenthèse que ces derniers imaginent, non sans condescendance. Il a aussi produit une conscience, un habitus, voire une identité particulière. Le nouveau confucianisme, s'il est possible, doit pouvoir se développer au sein d'une société post-communiste.

Quant à la filiation, elle est de nature intellectuelle et désigne ici le choix rétrospectif, dans ces deux mouvements, d'ancêtres définissant une identité propre. À chaque courant sa lignée. À chaque courant sa périodisation de l'histoire du confucianisme. À la «théorie des trois époques» de Mou Zongsan va ainsi s'opposer la «théorie des quatre époques» de Li Zehou.

L'idée d'une «troisième époque» du confucianisme a été popularisée par Tu Wei-ming. La première époque est celle de l'Antiquité, l'âge des premiers sages, avant tout Confucius et Mencius; la deuxième époque est celle du renouveau du confucianisme, en réponse aux défis de la pensée bouddhiste, sous les dynasties Song et Ming; enfin, la troisième époque est la période contemporaine où un nouveau confucianisme doit se redéfinir en référence à la modernité d'origine occidentale [38].

Li Zehou s'oppose à cette périodisation qui met exclusivement l'accent sur l'enseignement de «sagesse intérieure» (*neisheng*) au détriment de la doctrine confucéenne relative à la politique et à la société (*waiwang*). En conséquence, il ajoute comme deuxième période la dynastie des Han, époque de grande synthèse de la pensée chinoise et d'une institutionnalisation durable de la tradition politique chinoise. Quant aux penseurs des Song et des Ming, ils sont regroupés dans une troisième époque extrêmement longue qui inclut jusqu'aux «néoconfucéens» du XXe siècle (comme Mou Zongsan) : près d'un millénaire de pensée partagerait ainsi un même égarement métaphysique, éloigné des enseignements sociaux originels... La quatrième époque désigne naturellement la situation présente, que Li Zehou qualifie de post-moderne. Un aspect de cette conjoncture nouvelle mérite d'être souligné : la place privilégiée accordée par Li Zehou aux canons des origines.

> Contrairement à ce qu'affirme la « théorie des trois époques », qui considère la philosophie des Song et des Ming comme le cœur du confucianisme, il convient, pour percevoir les spécificités de la tradition confucéenne, d'opérer un retour aux textes classiques de l'époque pré-impériale. Car, comme je l'ai souvent indiqué, la différence de la Chine par rapport à l'Occident s'enracine dans sa tradition chamanique antique, dans la rationalisation directe du chamanisme originel[39].

Cette traversée rétrospective de l'histoire culturelle chinoise dans le but de retrouver les fondements d'un confucianisme débarrassé de sa métaphysique constitue ainsi un deuxième horizon d'attente pour l'accueil éventuel d'une perspective pragmatiste. Il est cependant trop tôt pour affirmer que l'alliance entre nouveau confucianisme et néopragmatisme, que Roger Ames et David Hall appelaient de leurs souhaits, a quelque chance de se matérialiser de manière significative.

ENTRE RAISON PRATIQUE
ET RAISON PRAGMATIQUE

Si le pragmatisme se présente volontiers comme le produit d'une expérience spécifiquement américaine, il n'est malgré tout intelligible que si l'on prend en compte ses racines européennes. Cette filiation est parfois plus complexe que l'image qu'en donnent les trois grands penseurs de ce mouvement, d'ailleurs fort différents dans le choix des auteurs qu'ils reconnaissent comme leur source première d'inspiration : Kant pour Peirce, les empiristes anglais pour James, Hegel pour Dewey. Mais le nom même qu'ils ont donné à leur mouvement traduit un rapport essentiel au kantisme.

Dewey rappelle le rôle inaugural joué par l'interprétation de Peirce : « le terme "pragmatique", contrairement à l'opinion de ceux qui regardent le pragmatisme comme une conception exclusivement américaine, a été suggéré à Peirce par l'étude de Kant. Dans la *Métaphysique des mœurs*, Kant a établi une distinction entre pragmatique et pratique. Ce dernier terme s'applique aux lois morales que Kant regarde comme étant *a priori*, tandis que le premier s'applique aux règles de l'art et de la technique qui sont fondées sur l'expérience et peuvent être appliquées dans l'expérience [40] ». Cette généalogie simplifiée [41] ne doit pas dissimuler qu'il s'agit toujours de jouer Kant contre Kant : il ne s'agit plus de s'en tenir au pragmatique tel que Kant le définit, mais d'étendre aux divers régimes de l'action, la moralité comprise, une même attitude expérimentale et pragmatiste [42].

Il reste qu'il est commode de confronter deux grandes approches de l'héritage confucéen durant le dernier demi-siècle. La première met l'accent sur la dimension « pratique » et reconstruit en conséquence le confucianisme comme une « métaphysique morale » (Mou Zongsan) ; la seconde met l'accent sur la dimension « pragmatique » et place au centre de cet enseignement non plus la moralité mais quelque chose que Kant appelait le « bien-être » (*Wohlfahrt*), notion qui se rapproche davantage du « contentement » (*legan*) qu'un Li Zehou met au fondement de la culture chinoise.

Si Mou Zongsan peut appuyer sa relecture du confucianisme sur une réinterprétation de Kant, c'est qu'il identifie le « principe d'ordre » (*li*) qui préside au comportement du sage à la « raison pratique » de la philosophie critique. Le commandement du Ciel (ou de la nature) qui s'exprime dans l'attitude d'humanité (*ren*) est aussi « inconditionnel » que l'impératif kantien. La raison qui la guide est bien une « raison pratique morale [43] ». De plus, Mou Zongsan, contre l'orthodoxie représentée par « l'école du principe » (*lixue*) de Zhu Xi, trouve dans l'école rivale du « cœur-esprit » (*xinxue*) l'inspiration authentique du message confucéen. Selon cette école, le « principe d'ordre » n'est pas à découvrir par une exploration extérieure, il est déjà présent dans notre esprit. Cette intériorité du commandement moral est donc pensée sur le modèle de la notion kantienne d'autonomie de la volonté, contre d'autres interprétations possibles du confucianisme qui en resteraient à une morale hétéronome [44]. Ainsi, une telle interprétation philosophique de la pensée confucéenne peut se présenter comme essentiellement « pratique », au sens kantien du terme, même si elle prétend fonder ou compléter Kant : en effet, elle utilise aussi l'adjectif « pratique » dans une autre acception, pour désigner les exercices d'autotransformation, tant physiques que moraux, permettant d'atteindre un état mental ultime (*jingjie*) appelé sagesse. Ce complément chinois prétend donner à l'analytique kantienne de la moralité à la fois son origine vécue et les conditions de sa réalisation effective dans la pratique de sagesse [45].

Dans un ouvrage récent qui se présente comme une synthèse de sa pensée, Li Zehou prend délibérément une direction opposée, au nom de la « raison pragmatique ». Le sens de sa démarche peut être perçu en examinant successivement sa relation à Dewey et à Kant.

Dewey est avant tout interprété dans une perspective matérialiste d'origine marxiste. Au début des années 1980, explique Li Zehou, seul le climat idéologique de l'époque l'empêchait d'expliciter le rapport de complémentarité existant entre Marx et Dewey. Dans la reconstruction qu'il entreprend des notions essentielles de la tradition chinoise, produit de la rationalisation progressive d'une culture d'esprit « chamanique », il trouve un appui dans la conception naturaliste de la logique chez Dewey. La logique ne doit pas être comprise comme un pur jeu de signes, produit d'un esprit théorétique. Elle est le résultat d'une pratique sociale. Les liaisons établies par la logique comme enquête (*inquiry*) sont le fruit d'opérations effectuées par l'homme dans son environnement concret. « Le mot opération, écrit Dewey, doit être compris aussi littéralement que possible. Il y a des opérations comme la recherche d'une pièce de monnaie égarée ou la mesure d'un champ, et il y a des opérations comme la rédaction d'un bilan financier[46]. » Pour Li Zehou, des notions chinoises complémentaires comme le yin et le yang, mais aussi le principe et la situation (*li*, *shi*) ou la règle et l'expédient (*jing*, *quan*) ne devraient pas être d'abord ordonnés selon un système structural, mais être rapportés aux diverses opérations (divinatoires, rituelles, stratégiques...) qui leur donnent origine et signification[47].

Li Zehou se sépare cependant de Dewey sur un point essentiel. S'il partage son intention de désubstantialiser la raison, il refuse de réduire la créativité culturelle au seul effet d'opérations visant à rétablir un équilibre ou à résoudre un problème. Ce que Dewey sous-estime, c'est l'importance de «l'accumulation historique» et de la «sédimentation culturelle». On ne peut en rester à l'opérationnalisme. L'évolution historique conduit à doter l'humanité d'une constitution psychique «quasi transcendantale» qui transforme l'espèce humaine et donne une forme durable à cette «nature humanisée» qu'est la culture. Comment interpréter cette réticence de Li Zehou devant l'instrumentalisme de Dewey? «Il s'agit, écrit-il, de faire revivre Dewey et de suppléer à ses manques en le reliant à Marx et à une culture chinoise réformée[48].» De toute évidence, deux facteurs entrent ici en jeu. Il y a d'abord la croyance persistante en l'existence de lois «objectives» dans l'histoire. Cette conviction doit probablement beaucoup à une vulgate hégéliano-marxiste dispensée dans les universités à l'époque du maoïsme. Mais il y a aussi la nécessité de tenir compte du fait que le résultat de la «sédimentation» historique n'est pas la culture en général mais une culture spécifique : la culture chinoise, dont on prétend restituer la signification originelle. Tout se passe comme si la dimension universaliste du message pragmatiste se trouvait relativisée et s'il fallait retrouver, au-delà de celui-ci et dans une perspective très différente de celle d'un Hu Shi, la légitimité d'une orientation culturelle spécifique...

Lors d'une table ronde aux États-Unis en 1993, Li Zehou indique à Lin Yü-sheng, qui l'interroge sur sa notion de «raison pragmatique», son point de divergence avec Dewey : tout tourne autour de l'existence d'un « principe objectif ». Il le désigne comme « voie du Ciel » (*tiandao*) : ce principe est à la fois naturel (comme la succession des saisons qu'évoque Confucius) et « supranaturel » (comme la désapprobation morale que Confucius attribue à l'occasion au Ciel). « L'appel » ou le sens d'une « mission » que transmet ce message s'est trouvé incorporé dans la tradition culturelle de la Chine[49]. On peut penser que, pour Li Zehou, son caractère « objectif » ne tient pas seulement à sa valeur propre mais aussi au fait qu'il se soit transformé en « structure profonde » dans l'existence du peuple chinois.

Le rapport à Kant se trouve dès lors repensé, dans une perspective qui n'est plus seulement celle de la redécouverte de la subjectivité morale, au début des années 1980. Il est replacé dans le cadre d'une anthropologie historique beaucoup plus vaste. Les facultés de l'esprit humain ne sont plus, comme chez Kant, analysées par la pure réflexion transcendantale. Elles sont considérées comme le résultat d'un long processus objectif d'hominisation de l'homme et de sédimentation de la culture. Les trois « constitutions structurelles » de l'esprit humain, régissant la connaissance, la volonté et le goût esthétique, sont le produit de la pratique historique. Cette pratique donne lieu, à un certain moment, à une stabilisation relative s'exprimant dans une « structure psycho-culturelle » de l'humanité. Li Zehou ne craint pas de donner le nom de « psychologie transcendantale » à l'aboutissement de cette théorie génétique de l'hominisation et de l'acculturation, se réclamant d'un Dewey corrigé par Marx. Il est clair, cependant, que le point de vue réflexif de l'approche kantienne, ainsi ontologisé et historicisé, se trouve détourné de sa signification originaire.

Li Zehou, ce faisant, est conscient de s'inscrire dans un processus séculaire de réinterprétation de Kant : « Au XIXe siècle, certains chercheurs ont souligné que le cœur ou la substance de la philosophie de Kant était la psychologie, mais après que l'anti-psychologisme et l'anti-historicisme sont devenus au XXe siècle un courant dominant, cette spécificité de la pensée kantienne a été perdue. L'ontologie historique [nom que Li Zehou donne quelquefois à sa théorie] entend restaurer cette "psychologie transcendantale"[50]. » D'une certaine manière, Li prend ici le relais d'un « tournant psychologiste » effectué par la pensée américaine de la fin du XIXe siècle : les plus grands pragmatistes, de James à Dewey, ne se mettaient-ils pas à l'école de la « psychologie expérimentale » allemande des Wundt et des Fechner ? Il n'est pas surprenant que cette psychologisation de la philosophie criticiste, qui remplace la question de la validité de nos représentations (*quid juris ?*) par celles de leur origine et de leur structure factuelle (*quid facti ?*), s'accompagne chez Li Zehou d'un renversement dans l'interprétation du système kantien : ce ne sont plus les trois Critiques qui sont mises au fondement mais l'*Anthropologie*, répondant à la fameuse question kantienne, « Qu'est-ce que l'homme ? ».

« La philosophie de Kant, écrit Li Zehou, n'est pas la psychologie mais, depuis la philosophie, elle fait surgir la question du fondement psychique de l'existence humaine, qui la différencie du monde animal. C'est la raison pour laquelle Kant s'achemine vers sa dernière question sur "ce qu'est l'homme", car à la question de l'origine de ce fondement psychologique c'est une anthropologie qui doit donner la réponse[51]. » C'est donc dorénavant le dernier grand ouvrage de Kant, *Anthropologie du point de vue pragmatique*, qui devrait donner la clé de l'ensemble de l'entreprise kantienne. Cette anthropologie est dite par Kant « pragmatique » parce que, à la différence de l'anthropologie « physiologique », elle ne s'occupe pas de « ce que la nature fait de l'homme », mais de « ce que l'homme, libre de ses actes, fait ou peut et doit faire de lui-même ». Cette anthropologie, comme « connaissance du monde (*Weltkenntnis*) », considère l'homme non comme un être naturel mais comme « citoyen du monde[52] ». C'est à la fois une nouvelle discipline théorique, ancêtre de notre anthropologie culturelle, et une formation nécessaire pour vivre dans une société civilisée[53]. L'adjectif « pragmatique » signifie en effet ici qu'une telle connaissance ne s'adresse pas seulement aux savants mais à l'homme du monde : « Une prétention à la connaissance est pragmatique si elle est capable d'être d'un usage général dans la société[54]. » Mais là où Kant accordait à cette discipline une place relativement subordonnée sur le plan théorique, la « tentation pragmatiste » consiste donc à faire de ce savoir empirique le fondement de la réflexion critique. Li Zehou s'inscrit ainsi à sa manière dans un débat philosophique et historiographique qui est loin d'être clos.

En jouant délibérément le pragmatique contre le pratique, Li Zehou propose nécessairement une vision très particulière de l'inspiration confucéenne. Ce qui se trouve au fondement de la culture chinoise, ce n'est pas la raison ou le commandement moral, c'est avant tout la sensibilité, ou plus exactement l'émotion (*qinggan*). Cette dimension sensuelle et émotionnelle pénètre l'ensemble de l'univers théorique et pratique, des soucis les plus quotidiens aux aspirations les plus religieuses. Les documents archéologiques découverts récemment à Guodian confirment l'accent mis par Confucius et Mencius sur la notion de *qing*, tout à la fois sensualité, émotion, sensibilité, sentiment esthétique ou religieux. L'histoire du confucianisme peut de cette façon être relue comme un grand récit où s'affrontent l'exaltation du sentiment et les tentatives répétées visant à le nier ou le réprimer. Li Zehou retrace ainsi l'histoire des cycles successifs de pensée ascétique et moralisatrice contraires à l'esprit du confucianisme des origines. Ce que montre ce raccourci historique, conclut-il, « c'est qu'après le confucianisme classique, le *qing*, l'émotion, n'a plus trouvé sa place dans la philosophie chinoise [55] ».

En conséquence, le renouveau du confucianisme ne peut se faire que sur ce fondement sensible. Le futur confucianisme ne sera pas métaphysique mais concret, il ne sera pas élitiste mais social. Il ne s'organisera pas autour de concepts ou de normes abstraites mais autour de la culture du sentiment. En d'autres termes, la « philosophie première » ne sera plus l'éthique mais l'esthétique, comme voie d'accès privilégiée à l'expérience humaine, du contentement le plus sensuel jusqu'au sentiment du beau et du divin [56].

Les deux vagues de pragmatisme en Chine se seront ainsi produites dans un contexte très différent, la première fois dans une atmosphère de rejet sans nuances de l'héritage confucéen, la deuxième fois au contraire sur fond d'une réhabilitation aujourd'hui impressionnante du rôle du confucianisme et des « études nationales» (*guoxue*). La complexité des transformations actuelles invite malgré tout à relativiser le sens de ces appellations, le «pragmatisme» comme le «confucianisme» étant tout aussi peu univoques.

D'abord parce que le choix du «pragmatique» contre le «pratique» constitue avant tout l'élection d'un vocabulaire commode pour donner corps à une multiplicité d'auto-interprétations de la tradition qui ne sont pas toujours aussi incompatibles que les paradigmes philosophiques dont elles se réclament. Il entre dans ces choix une volonté polémique au sein du monde académique chinois mais aussi une demande de reconnaissance dans le cadre plus vaste de la communauté intellectuelle internationale. On pourrait montrer qu'il existe bien une dimension éthique dans la pensée de Li Zehou, et la «métaphysique morale» de Mou Zongsan laisse aussi sa place à la valeur de contentement esthétique qui accompagne l'état de sagesse [57].

Ensuite, ces influences intellectuelles d'origine américaine s'exercent dans un contexte «post-moderne» aujourd'hui planétaire, dans le pluralisme duquel se reconnaissent aussi bien un Li Zehou qu'un Richard Rorty. Le nationalisme culturel n'est pas la seule issue possible de ces confrontations très riches entre pensées américaine et chinoise. Il est clair qu'à l'écart des diverses acceptions vulgarisées du «pragmatisme», il y a place pour des confrontations philosophiques et intellectuelles plus ambitieuses, prenant en compte tant l'apport pragmatiste que la nouvelle pensée chinoise, et où les Européens devraient apporter leurs perspectives particulières.

JOËL THORAVAL

CHAPITRE V

Liu Xiaobo : le retour de la morale

« Jusque dans les années 1980, lorsque j'ai commencé à écrire et que je me croyais très libre, j'étais en fait encore prisonnier du système de pensée maoïste, comme la plupart de mes compatriotes. C'est le 4 juin [1989] et la mort des martyrs qui m'ont ouvert les yeux, et maintenant, chaque fois que j'ouvre la bouche, je me demande si je suis digne d'eux[1]. » Quinze ans après cet événement, le jeune critique littéraire qui s'était fait connaître en 1986 par ses attaques contre les chefs de file de la « littérature de cicatrices » a mûri[2]. Né le 28 décembre 1955 à Changchun, province du Jilin, dans l'ancienne Mandchourie, Liu Xiaobo a suivi l'itinéraire classique des membres de sa génération. Il suit ses parents dans leur exil à la campagne en Mongolie de 1969 à 1973. À dix-neuf ans, il est envoyé dans une commune populaire de sa province natale du Jilin où il se consacre aux travaux agricoles pendant deux ans, avant d'être affecté comme ouvrier dans une compagnie de construction de la capitale provinciale Changchun. En 1977, lorsque les examens d'entrée à l'université sont rétablis, il est admis au département de chinois de l'université du Jilin. Diplômé en

136   *La pensée en Chine aujourd'hui*

1982, il entre à l'université de Pékin où il obtient sa maîtrise en 1984. Cette année-là, il est nommé enseignant au département de chinois de l'École normale supérieure de Pékin, et obtient son doctorat de littérature en 1988.

Comme bon nombre des intellectuels qui ont marqué l'histoire contemporaine de ce pays, Liu Xiaobo a donc commencé sa carrière dans la littérature. N'oublions pas que c'est en se battant pour l'instauration d'une « nouvelle culture » que les penseurs du Mouvement du 4 Mai qui ont introduit le communisme et le libéralisme étaient arrivés sur la scène en 1919. En Chine, la littérature occupe une place à part et, au lendemain de la mort de Mao Zedong, surtout après la répression des dissidents du « Mur de la démocratie » de 1979, c'est dans les romans et les poèmes que se sont exprimées les critiques à l'égard du système. Romans traitant de la prison, du séjour des jeunes instruits à la campagne, des Écoles des cadres du 7 mai où nombre d'enseignants ont dû travailler pour se rééduquer. C'est ce genre littéraire que l'on a qualifié de « littérature de cicatrices[3] ». En 1986 cependant, Liu le critique, accusant les écrivains d'avoir écrit des odes à la gloire des membres de leur caste, ces intellectuels qui, pourtant, ne se sont pas toujours si bien comportés pendant ces années. Il stigmatise la timidité des auteurs des années 1980, et plus généralement leur incapacité à échapper au rôle de conseiller du prince que leur assigne la tradition. Ces idées provoquent un terrible scandale parmi les écrivains d'âge mûr qui estiment avoir fait preuve d'un grand courage en dénonçant les excès du maoïsme. De fait, se situant dans la lignée directe des iconoclastes du « 4 Mai », Liu Xiaobo s'attaque violemment à la tradition chinoise, et enjoint à l'intelligentsia de rompre le cordon avec le pouvoir (en l'occurrence, le Parti) pour devenir véritablement moderne. En se posant en pourfendeur de la tradition à un moment où bien des philosophes en Chine et surtout hors de Chine, vantent les bienfaits du confucianisme, Liu Xiaobo montre déjà qu'il n'hésite pas à aller à contre-courant. Pour lui, il est indispensable de défendre l'autonomie de la littérature qui ne doit être soumise à aucune cause. Dans son esprit, l'essence même de l'intellectuel est son esprit critique, et il ne doit pas craindre de risquer sa liberté, voire sa vie, pour défendre la possibilité de l'exercer. Liu ne se contente pas de dénoncer les écrivains conservateurs, défenseurs du réalisme socialiste et du romantisme révolutionnaire officiels, il attaque également ceux qui utilisent la littérature pour faire avancer les réformes. Pour lui, un auteur doit avant tout dire la vérité, sans se préoccuper de ses effets politiques, et se refuser à pratiquer l'autocensure. Or, à partir des années 1980 l'intelligentsia chinoise, qui vient tout juste de se relever des persécutions qui l'ont frappée pendant la Révolution culturelle, cherche à retrouver une identité. Et c'est le modèle du conseiller du prince qui s'impose naturellement.

Les écrivains les plus audacieux cherchent à pousser les réformateurs à approfondir la libéralisation du régime, mais pour cela, ils acceptent de taire certains aspects de la réalité. L'un des représentants les plus connus de ce courant est le journaliste et écrivain Liu Binyan (aucun lien de parenté avec Liu Xiaobo) qui vient de s'éteindre aux États-Unis. Celui-ci s'est taillé une réputation de justicier en analysant méticuleusement une affaire de corruption qui a ébranlé la Chine en 1979[4]. Loué pour son courage, ce correspondant spécial du *Quotidien du peuple* est toutefois bien conscient de la lutte qui oppose les réformateurs radicaux regroupés derrière le secrétaire général du Parti, Hu Yaobang, aux conservateurs au sein de l'appareil. Aussi fait-il bien attention dans le choix de ses sujets, de se limiter à ceux qui sont acceptables par les réformateurs. Il est notamment attentif à la nécessité de toujours décrire dans ses articles un personnage positif qui appartient au Parti.

Liu Xiaobo dénonce cette posture. Pour lui, c'est en étant véritablement autonome par rapport aux forces politiques que l'intellectuel pourra contribuer à la création d'un espace public indépendant. Il n'accepte pas les justifications tactiques de la plupart des écrivains de la génération précédente. Pourtant, il n'appartient pas au groupe des dissidents qui se sont exprimés sur les Murs de la démocratie en 1979. Il est à ce titre très original, puisque c'est au milieu des années 1980 qu'il a commencé à s'exprimer en public. Liu n'est alors pas un militant politique, c'est avant tout un intellectuel indépendant qui ne se sent lié par aucune loyauté envers un quelconque protecteur, et qui n'hésite pas à critiquer ceux qui sont considérés comme des contestataires ou des démocrates.

Pourtant, lorsqu'il sera confronté à un mouvement social, à la différence de nombre de ses homologues, notre critique littéraire n'hésitera pas à s'engager corps et âme. En août 1988, il part enseigner en Norvège et aux États-Unis. Et en avril 1989, c'est alors qu'il donne des cours à l'université Columbia de New York, qu'il est surpris par le mouvement démocratique qui éclate au lendemain de la mort de Hu

Yaobang. Sans s'inquiéter des conséquences que cette décision aura sur son avenir professionnel, il décide de rentrer en Chine pour participer au mouvement pour la démocratie. C'est le seul intellectuel connu qui décide d'abandonner la sécurité de l'Occident pour mettre ses idées en pratique.

Dès son retour, il s'exprime au sein du mouvement par des dazibaos dans lesquels il réitère ses critiques contre la tradition, n'hésitant pas à faire des reproches aux dirigeants du mouvement. Lorsque ceux-ci demandent que le Parti revoie son jugement sur leur mouvement qu'il a qualifié de contre-révolutionnaire dans un éditorial du *Quotidien du peuple* daté du 26 avril, Liu leur reproche cette attitude. Il lui semble indécent de demander au pouvoir de juger de la nature d'un événement. C'est ainsi qu'il reproche aux étudiants de demander la réhabilitation de leur action : « Pourquoi nos concitoyens éprouvent-ils tant de gratitude envers la réhabilitation ? Envoyer un juste en enfer est un privilège exorbitant, le réhabiliter l'est tout autant [...]. Nous ne faisons pas la grève de la faim pour obtenir que le gouvernement nous réhabilite, mais pour éliminer à jamais de la vie politique chinoise la "réhabilitation"[5]. »

Au fur et à mesure qu'il s'implique dans le mouvement, Liu Xiaobo devient cependant plus réaliste. Il demande aux intellectuels chinois de faire comme lui, de s'engager, de ne pas se contenter de parler. Il estime, en effet, que le devoir d'un intellectuel ne consiste pas uniquement à analyser le déroulement des événements à partir d'une position confortable à l'étranger, ou de fournir des grilles d'analyse aux dirigeants réformateurs. Lorsqu'un mouvement social se produit, il ne faut pas hésiter à se jeter dans l'action, quitte pour cela à prendre des risques. Ainsi, le 2 juin 1989, à la veille de l'intervention militaire, il déclenche une grève de la faim avec trois autres camarades, Zhou Duo, du centre de recherche de la compagnie Stone, Hou Dejian, le chanteur pop taiwanais qui a « choisi la liberté » en se rendant à Pékin au début des années 1980, et Gao Xin, un enseignant de l'École normale supérieure de Pékin. Dans le manifeste qu'ils publient à cette occasion, on voit s'esquisser les idées que Liu Xiaobo défendra au cours de la décennie suivante. Il affirme qu'il faut que les intellectuels chinois « passent à l'action pour s'opposer au contrôle militaire, pour réclamer la naissance d'une nouvelle culture politique, pour racheter leur faute d'avoir été veules pendant si longtemps. La nation chinoise est arriérée et nous en sommes tous responsables [6] ».

Conservant la tête froide au cœur de la tourmente, Liu le radical n'hésite pas à critiquer le style antidémocratique des étudiants autant que celui du gouvernement qui refuse d'écouter le peuple. « L'erreur essentielle des étudiants, c'est de n'avoir pas bien su s'organiser et d'avoir ainsi laissé se développer des pratiques antidémocratiques dans un mouvement de lutte pour la démocratie [7] [...]. Les erreurs se sont manifestées pour l'essentiel dans les luttes intestines auxquelles ils se sont livrés au sein de leurs organisations [...]. Certes, l'objectif de leur mouvement était la démocratie, mais leurs méthodes et procédés pour y arriver n'étaient pas démocratiques [...]. Ils n'ont pas fait preuve d'un bon esprit de coopération et leur sectarisme les a entraînés à se neutraliser les uns les autres [8] [...]. Nous estimons cependant, dans l'ensemble, que les plus graves fautes sont du côté du gouvernement [qui] a ignoré les droits fondamentaux du peuple garantis par la Constitution[9]. » Il affirme la nécessité, tant pour le Parti que pour le peuple, d'apprendre à pratiquer la démocratie. « La politique démocratique est une politique sans ennemis et sans esprit de haine, une politique de consultations, de discussions, de décisions prises par le vote, fondée sur le respect, la tolérance et le respect mutuel[10]. » Dans ce manifeste de la grève de la faim, Liu exprime sa conception de la démocratie : « Tous les citoyens doivent avoir confiance en eux et savoir que leurs droits politiques sont les mêmes que ceux du Premier ministre [...]. Une participation volontaire à la vie politique de la société et un partage conscient des responsabilités s'imposent comme les devoirs sacrés de tout citoyen. Les Chinois doivent comprendre qu'en démocratie on est avant tout un citoyen et seulement ensuite un étudiant, un professeur, un ouvrier, un cadre ou un soldat[11]. » Il conclut par un plaidoyer en faveur de la non-violence : « Nous n'avons pas d'ennemis ! Ne laissons pas la haine et la violence empoisonner notre sagesse et la démocratisation de la Chine ! Nous avons tous besoin de procéder à un examen de conscience[12] ! » Notre auteur n'hésite pas à prendre des risques puisque, dans la nuit du 3 au 4 juin, il s'interpose entre les soldats et les étudiants, et cherche avec ses trois compagnons à convaincre ces derniers d'évacuer la Place et à négocier avec les soldats les conditions de l'évacuation.

Après son arrestation et sa libération intervenue après la rédaction d'une autocritique, Liu va opérer une introspection et se rapprocher de plus en plus de la position de Vaclav Havel. Il décide à partir des années 1990, que le meilleur moyen de lutter contre un pouvoir qu'il qualifie de « post-totalitaire » consiste à « vivre dans la vérité », quelles que soient les conséquences d'une telle attitude. Alors que la plupart des intellectuels chinois modernistes, à l'instar, dans une certaine mesure, de Liu lui-même avant le 4 juin, critiquent le moralisme traditionnel des héritiers des lettrés et affirment qu'il faut avant tout s'efforcer d'atteindre un haut niveau de compétence académique pour garantir son autonomie, il réaffirme l'importance de la morale : « Maintenir la ligne minimale consistant à se comporter sincèrement en homme dans la vie quotidienne n'exige pas tellement de courage, de noblesse, de conscience ni de sagesse ; une telle attitude ne suppose pas nécessairement que l'on paie le prix personnel élevé de la prison, de la grève de la faim [...] elle requiert uniquement que l'on s'abstienne de mentir dans ses discours publics ; et quand on est confronté à la tactique de la carotte et du bâton, que l'on ne recoure pas au mensonge comme stratégie de survie[13]. » Si tous les citoyens se mettent à dire la vérité, ce sera « une menace mortelle pour un système fondé sur le mensonge[14] ». Liu affirme, contre la plupart des politologues chinois favorables à la démocratie, que celle-ci n'est pas une simple affaire de défense des intérêts des diverses couches sociales. Il insiste sur l'aspect moral du mouvement du printemps 1989 : « Ce n'est qu'à cause de cette vaste mobilisation fondée sur la morale que le mouvement pour la démocratie de 1989 est devenu le mouvement populaire visant à transformer la Chine qui a fait naître le plus d'espoir[15]. » À la différence de nombre d'intellectuels libéraux qui estiment que le mouvement populaire du 4 juin était une catastrophe car il a fermé pour longtemps les possibilités de démocratiser le régime, Liu réaffirme son importance : « D'une part, il a profondément ébranlé la légitimité politique du système communiste chinois — le voyage dans le Sud de Deng en 1992 qui a lancé la deuxième réforme de l'économie avait clairement pour but de réparer les considérables dommages causés à la légitimité du système et à son prestige personnel par le massacre du 4 juin — ; d'autre part, à un coût excessivement élevé, il a inauguré l'ère où les citoyens ont pris conscience de leurs droits ; or une fois que cette conscience a été réveillée, la naissance d'un mouvement populaire de défense des droits civiques est inévitable [16]. »

Il est clair que sa participation active au mouvement l'a convaincu que, malgré tous ses défauts, l'action des simples citoyens reste le principal facteur de la démocratisation. Au moment où des philosophes émigrés comme Li Zehou et Liu Zaifu affirment qu'il faut dire « adieu à la révolution [17] » si l'on veut que le régime évolue, Liu Xiaobo réaffirme l'importance de l'action des masses, qu'il qualifie de plus en plus souvent de *minjian* (la société) par opposition à *guanfang* (le pouvoir).

Après sa sortie de prison en 1991, renouant avec le radicalisme verbal qui l'avait fait connaître dans les années 1980, il n'hésite pas à dénoncer le comportement de la majorité de l'intelligentsia. Il adopte une attitude fort critique à l'égard des « élites » qui, en Chine, pendant les années 1980, se présentaient comme seules capables de mener le peuple sur la voie de la démocratie : « L'essentiel des élites s'est vite transformé en défenseur de la position officielle de "priorité à la stabilité" et de "priorité à l'économie" [18] ». Liu développe encore sa critique : « Maintenant, il est bien difficile d'imaginer que cette couche sociale qui a profité du pouvoir et dépend de lui — qu'il s'agisse des entrepreneurs privés ou des élites culturelles — risque sa position pour des raisons morales. Or, sans la participation spontanée des élites, il est presque impossible de lancer un mouvement populaire de réforme de bas en haut[19]. » Cette critique est fondée sur une attitude morale, et il dénonce la « philosophie du porc[20] ». « En Chine, l'intérêt a remplacé la loi et la conscience. » Tous n'ont à la bouche que l'importance que revêt, dans un État moderne, la défense des intérêts : « Cependant, l'apparition dans les élites chinoises de l'hédonisme qui place l'économie au-dessus de tout n'est pas le produit naturel de difficultés d'existence, mais le résultat de la soumission à la terreur institutionnalisée, le résultat d'une réflexion critique sur les années 1980[21]. » Bien des intellectuels libéraux ont pris l'habitude de dénoncer les prises de position morales des penseurs des années 1980, affirmant qu'elles montrent que ceux-ci ne s'étaient en rien émancipés de la position traditionnelle de l'intellectuel. Pour eux, l'intellectuel moderne doit se concentrer sur sa spécialité, et ne pas se sentir investi d'une mission au nom de la morale car une telle position n'est nullement moderne. Liu Xiaobo s'insurge : « En Chine, pratiquement tout le monde a le courage de défier sans vergogne la morale. Tandis que rares sont ceux qui ont le courage moral de défier la réalité sans vergogne[22]. » Pour lui, l'intellectuel a une mission, un devoir vis-à-vis de la société, même s'il est bien considéré aujourd'hui de dire que c'est une attitude antimoderne. Il n'est pas prêt à adopter le prétendu langage de la modernité ni à s'aligner sur les intellectuels «libéraux», qui vantent la «liberté négative[23]» et dénoncent le mouvement pour la démocratie de 1989 comme un exemple de combat pour l'instauration de la «liberté positive». À ces intellectuels qui dénoncent le radicalisme et se présentent comme des conservateurs culturels, Liu rappelle qu'«ils ont complètement négligé le fait que dans l'Occident qui a une tradition de libéralisme et dans la Chine qui ne l'a jamais connu, il y a une différence de sens dans le concept de conservatisme[24].» Pour lui, il est totalement incongru d'expliquer l'échec du mouvement par le fait qu'il a mis en avant le concept français de liberté positive. Pour notre auteur, cette analyse n'est qu'un cache-sexe pour ceux qui craignent de s'opposer de front à la tyrannie.

Depuis le milieu des années 1990 bien sûr, les intellectuels chinois ne se privent pas de critiquer le pouvoir avec véhémence, en privé. Mais ils savent jusqu'où ne pas aller trop loin : quand le Parti exerce une forte pression sur eux, ils reculent, au besoin, ils se taisent. Ils savent que tant qu'ils n'organisent pas de protestation collective, qu'ils ne prennent pas la défense des paysans privés du droit à la parole, ils ne risquent pas grand-chose. Cette prudence choque Liu qui rappelle que partout où règne la liberté, y compris dans la Grande-Bretagne chère au cœur des libéraux qui la préfèrent au radicalisme français, il a fallu que des hommes se battent et risquent leur vie pour la conquérir. Il faut donc parfois se préoccuper d'autre chose que de ses intérêts matériels et prendre des risques plutôt que de dénoncer ceux qui le font[25].

Face à cette critique sans concession des élites, y compris de ceux qui aiment à se qualifier d'«intellectuels libres», Liu fait l'éloge des simples citoyens, une attitude fort rare dans l'intelligentsia chinoise : « La grandeur du mouvement pour la démocratie de 1989 vient de ce qu'il a révélé la bonté, le courage, le sens de la justice et l'esprit de sacrifice de la majorité silencieuse [26]. »

L'évolution politique et sociale de la Chine depuis le début du XXIe siècle renforce sa confiance dans les couches inférieures de la société. Tandis que la plupart des intellectuels cherchent par tous les moyens à entrer en contact avec les dirigeants du pays pour les convaincre de s'orienter vers la démocratisation, Liu Xiaobo est de plus en plus convaincu que c'est la pression de la société qui permettra de transformer le régime. Il est de plus en plus convaincu, et il l'écrit, que les réformes n'ont été rendues possibles que par la pression exercée par la société sur le pouvoir, et non pas simplement par la prise de conscience des élites de la nécessité de refonder leur légitimité. « La plupart des réformes sont le résultat de l'accumulation de la pression de la société, et pour empêcher la crise provoquée par les tares morales du système et par le processus de réforme demeuré incomplet, les dirigeants sont forcés d'apporter des ajustements à leur idéologie et de mettre en œuvre des réformes partielles du système. Par exemple, à propos des droits de l'homme, d'un côté les autorités ont adopté des politiques plutôt modérées comme dans les cas de Liu Di, Du Daobin [27], Sun Dawu [28] et du *Nanfang dushi bao* [29] ; d'un autre côté, elles ont effectué des réformes partielles du régime comme la suppression des centres d'hébergement et de rapatriement, l'inclusion des droits de l'homme dans la constitution et la réforme du système de pétition des lettres et visites. Ces deux mesures montrent l'efficacité de la pression de la société [30]. »

Malgré le harcèlement dont il est lui-même victime de la part du pouvoir qui lance des policiers à ses trousses et ne manque pas une occasion de l'empêcher de sortir de chez lui, Liu ne cesse d'affirmer que le totalitarisme recule. « Dans certains endroits comme l'Anhui, le Hubei et le Jiangxi, des paysans ont créé des "comités autonomes", des "congrès paysans" et autres organisations autonomes qui ne se contentent pas de défendre leurs droits, mais demandent des procès publics et l'exécution des cadres des cantons qui se livrent à la violence sur leurs administrés. » Liu remarque que les citoyens sont de plus en plus conscients de leurs droits, et que cela constitue une menace pour la stabilité tant invoquée par le Parti : « Tant que la soif de justice de la société n'est pas satisfaite, tant que les revendications des masses pour leurs droits et la participation politique se heurtent à une répression d'acier — plus la répression est dure, plus la revendication est forte — des explosions risqueront de plus en plus de se produire. Si les choses continuent ainsi, n'importe quel événement pourra fournir un prétexte ; l'enthousiasme pour la participation politique et la soif de justice, qui ont été réprimées depuis le 4 juin, pourrait se transformer en explosion violente. » Liu Xiaobo serait-il devenu un révolutionnaire de type maoïste ?

Cette analyse pourrait laisser croire que son auteur est tenté par le populisme. Il n'en est rien. Liu évite cet écueil, soulignant que la loi de la majorité, en l'absence d'une tradition de liberté, peut aboutir au totalitarisme. Il rappelle ainsi que Hitler a été élu par la majorité des Allemands. C'est l'observation de la soumission des élites intellectuelles et économiques au pouvoir autoritaire et l'hypocrisie de leurs justifications qui le conduisent à opposer la veulerie des uns au courage des autres. Il oppose la détermination de l'opposante birmane Aung San Suu Kyi à la pusillanimité des intellectuels chinois : « Quand les membres célèbres des élites refusent, au moment le plus dangereux, de se lever pour défendre leur morale et leur conscience, qu'ils refusent de payer le prix individuel, les masses n'ont pas le devoir de mettre leur espoir en eux, de les soutenir[31]. » En outre, le manque de courage des élites est aggravé par un manque d'idées nouvelles dans le mouvement d'opposition. Le travail d'occultation de la mémoire par le PC y est pour beaucoup. « Le parti communiste chinois, en recourant à la répression violente, au travail idéologique et en achetant les élites est parvenu à détourner et à laver la mémoire de la nation[32]. » Le succès de cette politique a été tel qu'il a fallu attendre les années 1990 pour redécouvrir les textes des opposants des années précédentes. Tout faire pour stimuler la réappropriation de l'histoire par le peuple, rendre à la morale sa place centrale au cœur de la pensée, « vivre dans la vérité », telles sont les leçons universelles que nous délivre Liu Xiaobo.

L'une des caractéristiques de cet intellectuel est que sa manière de vivre s'accorde avec ses idées. À la différence d'un grand nombre de penseurs engagés des années 1980 dont certains sont partis à l'étranger et d'autres travaillent dans les universités, il a été arrêté au lendemain du 4 juin et a passé vingt mois en détention sans jugement. Après sa libération suite à une autocritique, il a été renvoyé de son emploi à l'université et son *hukou*[33] a été transféré à Dalian, où résidaient ses parents. Il a toutefois décidé de s'installer dans la capitale. À partir de ce moment, il s'est trouvé dans une situation tout à fait particulière, sans précédent dans l'histoire de la République populaire : n'appartenant à aucune *danwei*[34] (ce qui au début des années 1990 est une situation exceptionnelle pour un résident urbain), privé de son *hukou*, Liu prend le risque de vivre de sa plume. Étant donné ses antécédents, aucune maison d'édition du Continent n'accepte de publier ses textes. Or, il refuse d'écrire sous pseudonyme.

Comment survivre dans ces conditions ? Comme certains des penseurs des années 1980 qui disposaient toutefois d'une position officielle, il se met à écrire des articles sur la situation politique qu'il publie dans les revues de Hong-Kong. Le plus étonnant est que les autorités ne l'en empêchent pas. Il participe aux activités du mouvement démocratique avec les activistes libérés. Sa situation de marginalité assumée, le fait qu'il n'ait pas la possibilité de travailler à l'université le poussent dans un cercle non officiel et c'est ainsi qu'il devient peu à peu l'un des principaux animateurs de la dissidence. Mettant en résonance sa pratique avec ses idées, il ne touche pas un sou de l'État qu'il dénonce, et devient matériellement un « intellectuel libre » (*ziyou zhishifenzi*). Ainsi, il se distingue autant par son itinéraire personnel que par l'originalité de ses idées. En 1993, il enseigne pendant trois mois aux États-Unis et en Australie, mais refuse de rester à l'étranger et rentre en Chine pour se consacrer au mouvement démocratique. Il lance un grand nombre de pétitions avec d'autres intellectuels, pétitions qui sont adressées aux autorités et rendues publiques par la presse étrangère et par les médias de Hong-Kong. Il appelle notamment à la réhabilitation du mouvement pour la démocratie de 1989, s'élève contre les violations des droits de l'homme, et prend fait et cause pour Ding Zilin et le mouvement des mères de Tian'anmen qui exigent du gouvernement qu'il reconnaisse qu'il a commis un massacre en 1989. En 1996, il signe avec le vétéran cantonais de la dissidence Wang Xizhe une pétition appelant à une nouvelle alliance entre le parti communiste et le Guomindang. Tandis que Wang part clandestinement pour les USA, Liu est arrêté et condamné sans procès à trois ans de rééducation par le travail. Lorsqu'on lui demande pourquoi il a signé une telle lettre, Liu répond : « Je ne croyais pas véritablement à son utilité. En effet, je ne suis pas du tout sûr qu'une telle coopération soit envisageable ou même souhaitable. Mais, j'ai beaucoup de respect pour Wang Xizhe, qui est l'un des grands anciens du mouvement pour la démocratie[35]. Aussi ai-je pensé qu'il fallait le soutenir[36]. » Cette manière de se comporter (*zuo ren*) est assez typique de Liu Xiaobo. Quelles que soient les conséquences, il agit en fonction de ses principes.

Ainsi, à sa libération en 1999, il reprend ses activités dissidentes. Il lance des pétitions pour exiger que le gouvernement présente ses excuses pour la répression du mouvement de 1989 et dénonce régulièrement les violations des droits de l'homme. Il joue un rôle important dans la mobilisation des milieux intellectuels sur les questions concernant les libertés publiques. En décembre 2004, il participe au lancement d'une pétition pour défendre les droits des mineurs, dans laquelle les signataires protestent contre les conditions de travail déplorables de ces ouvriers et demandent qu'on leur accorde le droit de fonder des syndicats libres[37].

Liu Xiaobo est sans aucun doute l'un des premiers intellectuels à avoir compris l'importance de l'Internet. Même s'il est interdit de publication sur le Continent, ses articles circulent sur la Toile, par courrier électronique. Conscient que ce moyen de communication est particulièrement adapté à la résistance contre un régime qu'il qualifie de « post-totalitaire », il l'utilise pour tisser des liens avec la plupart des dissidents en Chine comme à l'étranger. Tant que le Parti interdira la formation d'organisations autonomes, les relations informelles que permet l'Internet joueront un rôle important dans l'opposition en Chine. La Toile permet de mobiliser l'opinion éclairée représentée par ceux qui refusent de se soumettre aux exigences du pouvoir. En février 2004, Liu organise une pétition pour protester contre l'arrestation de Du Daobin, un internaute qui a critiqué le secrétaire général du Parti, Jiang Zemin, sur la Toile. C'est la première fois depuis 1989 qu'une telle action réunit à la fois des intellectuels dissidents comme Liu et des professeurs, des chercheurs qui travaillent dans des universités et des centres de recherche officiels. La pétition pour la libération de Du Daobin rassemble environ 300 signataires qui réclament du pouvoir qu'il respecte sa propre légalité [38]. Le fait que des intellectuels ayant pignon sur rue acceptent d'accoler leur nom à ceux de dissidents notoires constitue un grand pas pour faire sortir la dissidence de son isolement. Depuis, ce genre de phénomène s'est reproduit, ce qui permet aux dissidents de jouer un rôle d'aiguillon de l'intelligentsia.

Liu Xiaobo a, dès le début, écrit pour faire connaître le Mouvement de défense des droits civiques (*weiquan yundong*) qui voit des avocats, des journalistes et des universitaires aider des paysans ou des ouvriers victimes d'abus à attaquer les décisions injustes devant les tribunaux. Il a écrit de nombreux articles pour faire l'éloge des intellectuels qui commencent à comprendre à quel point il est important d'aider les simples citoyens à défendre leurs droits. Ces événements montrent que certains membres de l'intelligentsia sont capables de résister à la « philosophie du porc ».

Liu Xiaobo n'agit qu'au grand jour : il estime qu'il ne fait que mettre en œuvre les droits que la constitution de la République populaire accorde aux citoyens. Souvent suivi par la police secrète, il est confiné chez lui chaque année autour du 4 juin, que les autorités considèrent comme une « période sensible ». Cela ne l'empêche pas de continuer à dire ce qu'il pense, à vivre comme il veut et à rencontrer qui il veut.

Il participe à des organisations, et c'est ainsi que, depuis novembre 2003, il est président du Pen-Club chinois indépendant (*duli zhongwen zuojia bihui*), qui réunit 140 écrivains opposants en Chine et à l'étranger. Les réunions de ce groupe ont lieu le plus souvent sur Internet, ce qui montre que notre auteur sait utiliser toutes les possibilités fournies par la Toile pour construire un cyberespace public international. Mais il ne rechigne pas non plus à organiser des réunions moins virtuelles. Ainsi, en octobre 2004, le Pen-Club a organisé une réunion dans la banlieue de Pékin pour remettre un prix à l'écrivaine Zhang Yihe, fille du ministre de la République populaire Zhang Bojun, condamné comme droitier en 1957, pour son livre *Le passé n'est pas comme la fumée*, une dénonciation sans concession du mouvement antidroitier. Les intellectuels libéraux et dissidents les plus connus y ont participé.

Si les autorités ont laissé se dérouler cette réunion, donnant l'impression qu'elles reconnaissaient implicitement cette association reconnue par l'UNESCO, elles n'en ont pas moins réagi assez violemment par la suite. Comme lors du déclenchement de la Révolution culturelle, c'est un journal de Shanghai, en l'occurrence le *Jiefang ribao* (Libération), qui a donné le coup d'envoi d'une campagne de dénonciation avec un article intitulé, dans la plus pure tradition maoïste : « Regarder la réalité à travers les apparences : l'analyse du discours sur les "intellectuels publics". » Cet article montre que les autorités s'inquiètent du fait que des intellectuels appartenant à des organismes officiels qui ont l'habitude de s'exprimer sur des sujets de société, qui se considèrent comme des « intellectuels publics » se rapprochent de dissidents comme Liu Xiaobo. Le ton est clair : « Évoquer le concept d'"intellectuel public" revient en fait à semer la discorde dans les rapports entre les intellectuels et le Parti, entre ceux-ci et les larges masses populaires [39]. »

Cet article, comme aux plus beaux temps de la Révolution culturelle, a été repris quelques jours plus tard par le *Quotidien du peuple* [40], montrant qu'il s'agissait bien de la position de la direction centrale sur ce sujet. Et, le 13 décembre de la même année, Liu Xiaobo, Yu Jie, un autre intellectuel libre qui n'appartient à aucune *danwei* et est membre du comité directeur du Pen-Club indépendant, Zhang Zuhua, organisateur de la réunion d'octobre, sont arrêtés et emmenés au commissariat. Leurs ordinateurs sont confisqués, ils passent la nuit dans les locaux de la

Sécurité publique et Yu doit signer tous les articles qu'il a publiés sur le net. Tout le monde est relâché au bout de douze heures, mais Liu Xiaobo est victime d'une surveillance rapprochée pendant les deux semaines qui suivent. Plus d'un an après les faits, son ordinateur ne lui a toujours pas été rendu.

Bien sûr, une telle mesure apparaît dérisoire par rapport à la manière dont les dissidents étaient traités du temps de Mao Zedong, et même pendant les années 1980. Cependant, il s'agit de faire comprendre aux citoyens que toute prise de position publique peut provoquer de sérieux ennuis. On peut, en effet, les accuser souvent de dévoiler des secrets d'État, de trahir la patrie. Comme le disait Liu Xiaobo dans une lettre ouverte pour dénoncer la condamnation du journaliste Shi Tao : «À la fin, un écrivain peut même ne pas savoir quels secrets (ou mensonges) il n'est pas autorisé à connaître. Ou bien il a intériorisé une sorte d'autocensure et ne s'autorisera pas à écrire en dehors de paramètres étroits. Certains écrivains en Chine affirment qu'aujourd'hui ils peuvent écrire sur tout ce qu'ils veulent. Oui, presque. Ils peuvent écrire sur le sexe, l'inceste, la violence, les défauts humains, mais ils n'abordent rien qui concerne des informations potentiellement "sensibles"[41].» Liu, lui, n'a pas intériorisé la censure. Bien qu'il soit très souvent harcelé par la police, il continue d'écrire à sa guise, de rencontrer qui bon lui semble, en somme de «vivre dans la vérité».

Liu est sans aucun doute le plus connu des dissidents chinois et un certain nombre de jeunes intellectuels suivent sa voie. Il jouit d'une grande estime dans des cercles qui vont bien au-delà de la dissidence. Les nouveaux activistes, de nombreux professeurs d'université, les étudiants qui, dans les grandes villes, réfléchissent à un autre avenir politique pour la Chine ont un grand respect pour cet homme qui ose accorder ses actions à ses discours.

JEAN-PHILIPPE BÉJA

DEUXIÈME PARTIE

L'INVENTION DES CATÉGORIES MODERNES : PHILOSOPHIE, RELIGION, MÉDECINE

CHAPITRE VI

Les tribulations
de la «philosophie chinoise» en Chine

Tout a commencé par un questionnement qui a surgi à l'issue de la publication d'une *Histoire de la pensée chinoise* qui m'a occupée pendant une dizaine d'années[1]. Alors qu'il s'agissait très simplement au départ de diffuser auprès du grand public européen le contenu d'une expérience d'enseignement sur la tradition textuelle chinoise, c'est-à-dire de remédier aux lacunes (considérables, il faut bien le dire) de la culture générale de l'honnête homme contemporain concernant une civilisation non occidentale, j'en suis rapidement arrivée à me demander si je n'étais pas en train de proposer le récit d'une tradition inventée, dans le sillage de toutes les «histoires de la pensée (ou de la philosophie) chinoise» qui ont émaillé le XXᵉ siècle. S'est donc imposée la nécessité de retracer dans une perspective critique la généalogie de cette «tradition d'invention de la tradition»: comment la Chine a-t-elle testé diverses réponses à une modernité qu'elle a commencé par subir beaucoup plus qu'elle ne l'a choisie et qui s'est présentée à elle comme un défi à relever à tout prix, sous peine de ne pouvoir assurer sa propre survie?

Aujourd'hui encore, l'association du mot «philosophie » et de l'adjectif « chinoise » ne manque pas de susciter un embarras plus ou moins explicite, mais bel et bien présent, lequel a une histoire qui fut européenne avant d'être chinoise. Alors que pour les « philosophes » des Lumières des XVIIe-XVIIIe siècles, enthousiasmés par les témoignages des missionnaires jésuites, il ne fait aucun doute que Confucius est un des leurs, et même que la Chine est une nation philosophique par excellence, la donne commence à changer à partir du XIXe siècle. Dans une Europe en pleine expansion coloniale apparaissent de manière concomitante, d'une part, la philosophie comme discipline professionnelle et institutionnalisée dans le cadre universitaire et, de l'autre, la sinologie comme science dévolue à un savoir spécialisé sur la Chine désormais exclue de « la » philosophie. On peut se demander comment on a pu passer en quelques décennies de l'engouement caractéristique d'un Leibniz ou d'un Voltaire pour la « philosophie de la Chine » à un rejet de cette même Chine hors du champ philosophique par ceux qui étaient devenus entre-temps des professeurs, c'est-à-dire des professionnels de la philosophie, Kant et Hegel en tête. Alors qu'il s'agissait pour les philosophes des Lumières de voir dans la Chine une alliée ou une preuve vivante dans leur combat contre l'emprise de la religion, le nouveau genre des « histoires de la philosophie » qui prolifèrent en Allemagne et en France à l'orée du XIXe siècle tend au contraire à délimiter le territoire de la philosophie comme proprement européen en rejetant dans un dehors non philosophique tout ce qui ne relève pas de l'héritage grec et chrétien, au nom d'une définition nouvelle de la philosophie caractérisée comme science et non plus comme réflexion morale [2].

C'est à l'idée hégélienne qu'«il n'y a pas de philosophie chinoise» (au demeurant encore vivace dans l'*establishment* philosophique européen, notamment en France) qu'a cherché à répondre la modernité chinoise. Entre les guerres de l'Opium des années 1860 et la Révolution culturelle des années 1960 s'est écoulé un siècle jalonné d'événements plus traumatisants les uns que les autres : 1895 (défaite cuisante des troupes impériales chinoises face au Japon) ; 1898 (les «Cent Jours» au cours desquels fut tentée la première réforme des institutions impériales qui aboutit à un lamentable fiasco) ; 1911 (effondrement définitif de la dynastie mandchoue et, avec elle, du régime impérial qui aura duré deux millénaires, suivi de l'instauration de la République en 1912) ; 1919 (Mouvement iconoclaste du 4 Mai) ; 1949 (instauration de la République populaire de Chine, après plus d'une décennie de conflits armés : guerre de résistance à l'occupation japonaise, guerre civile entre nationalistes et communistes). Dans nos références à ce «siècle des révolutions», que nous pourrions tout aussi bien appeler le siècle des tentatives de modernité, il nous faudra garder à l'esprit un faisceau de facteurs qui passent, entre autres, par l'influence des idées occidentales mais aussi par les efforts pour mobiliser les ressources traditionnelles, la mutation du lettré traditionnel en intellectuel moderne, l'instauration de nouvelles structures éducationnelles comme les universités sur le modèle occidental, sans oublier le rôle de la médiation japonaise. Nous serons, en effet, amenés à insister sur le rôle complexe joué pendant cette période par le Japon, à la fois modèle et repoussoir pour la Chine, perçu tantôt comme puissance colonisatrice à l'instar de l'Occident, tantôt comme allié contre lui [3].

L'INVENTION
DE LA « PHILOSOPHIE CHINOISE »
À L'ÈRE MODERNE

L'introduction de la « philosophie » en Chine se joue en un laps de temps très court dans la toute première décennie du XXe siècle, à la suite d'une phase préparatoire au Japon. Pour traduire ce concept occidental, le binôme *tetsu-gaku* (correspondant à deux caractères chinois qui signifient « étude de la sagesse ») est utilisé pour la première fois en japonais en 1874 par Nishi Amane (1829-1897), personnage important de la réforme de Meiji qui assigne sa vocation à la « philosophie » dans des termes fortement influencés par le positivisme d'Auguste Comte. Ce mot se retrouve pour la première fois transposé en chinois (*zhexue*) dans un compte rendu sur le Japon publié en 1897 par Huang Zunxian (1848-1905) où se trouve décrite l'organisation de l'université impériale de Tokyo, fondée en 1877 dans l'esprit de Meiji et composée de trois grandes facultés : droit, physique, et enfin littérature dont dépend un département de « philosophie ». Autant dire que cette catégorie est introduite au Japon d'une part comme l'une des spécialités (au même titre que les sciences et la technologie) du savoir spécifique à l'Occident qu'il s'agit de s'approprier pour ne pas tomber sous sa domination, et d'autre part sous la forme d'une discipline d'enseignement universitaire, c'est-à-dire d'une activité professionnelle nouvelle s'inscrivant dans un cadre institutionnel nouveau. Elle atteint ensuite le public chinois à travers des traductions d'ouvrages en japonais qui sont souvent eux-mêmes des traductions ou condensés d'ouvrages occidentaux.

En 1903, Cai Yuanpei (1868-1940), futur recteur de la prestigieuse université de Pékin, publie *Les Grandes Lignes de la philosophie* qui reprend en traduction chinoise des notes prises en japonais lors de cours dispensés en anglais par un professeur allemand à l'université de Tokyo (!). Les cours portent sur les concepts fondamentaux, les grands courants, méthodologies et systèmes (au premier rang desquels ceux de Kant et de Hegel) de la philosophie européenne. En 1906, le même Cai traduit les *Conférences sur la démonologie* publiées en 1895 par Inoue Enryô (1858-1919), premier diplômé du département de philosophie de l'université impériale de Tokyo et fondateur de l'Institut de philosophie dont l'objectif est en réalité de promouvoir l'étude du bouddhisme et de tenter une synthèse pour le moins surprenante des pensées du Bouddha, de Confucius, de Socrate et de Kant.

Parallèlement aux traductions du japonais en chinois, la philosophie fait son apparition en Chine par le truchement d'articles de journaux, notamment ceux que Liang Qichao (1873-1929) consacre à la philosophie présocratique ou à la pensée de Kant dans son journal *Le Nouveau Citoyen* qu'il édite à Tokyo-Yokohama entre 1902 et 1907 lors de son exil au Japon à la suite de l'échec du mouvement réformiste de 1898. L'article de 1903, intitulé «La pensée de Kant, le plus grand philosophe moderne », est en fait le résumé d'un chapitre que l'intellectuel japonais Nakae Chômin consacre au philosophe allemand dans un ouvrage de 1886 qui est lui-même la traduction d'un chapitre de l'*Histoire de la philosophie* publiée en 1875 par Alfred Fouillée, maître de conférences à l'École normale supérieure de la rue d'Ulm et représentant de l'institution philosophique française à la Victor Cousin... Dans le sillage de Inoue, Liang qualifie la pensée de Kant de « quasi bouddhiste », soulignant la capacité de faire pièce à l'outillage conceptuel occidental inhérente au bouddhisme : équipé qu'il est d'une épistémologie, d'une logique, des concepts d'objectivité et de subjectivité et de sources textuelles rédigées à l'origine dans des langues indo-européennes comme le sanscrit, il représente, avec l'hindouisme, la seule tradition « orientale » à jouir du label philosophique. Liang peut ainsi montrer que, grâce au bouddhisme, la Chine dispose d'un fonds spéculatif que les Européens nomment pour leur part « philosophie ». Le grand érudit Wang Guowei (1877-1927), contemporain de Liang et lecteur lui aussi de philosophes allemands, préconise pour sa part, dans ses *Clarifications philosophiques* (*Zhexue bianhuo*) publiées également en 1903, « la compréhension en profondeur de la philosophie occidentale dans le but de réorganiser notre philosophie chinoise ».

Non content de donner une existence institutionnelle à la « philosophie », le Japon enchaîne avec la « philosophie chinoise ». Selon Léon Vandermeersch, « l'application à la tradition chinoise de la catégorie occidentale de philosophie doit remonter à l'enseignement de Nakamura Masano (1832-1891), nommé professeur à l'université de Tokyo en 1881, sa chaire portant l'intitulé de "Sino-japonais et philosophie chinoise"[4]». En 1903, la section des études chinoises classiques (*Kangaku*) de l'université de Tokyo est subdivisée en «philosophie chinoise» et «littérature chinoise» et dès la première décennie du XXe siècle paraissent une série d'histoires de la philosophie chinoise, toutes publiées sous le titre *Shina tetsugaku shi*[5]. La toute première, due à Endo Ryukichi (1874-1946), paraît à Tokyo en 1900. Elle propose une périodisation tripartite, inspirée des histoires de la philosophie occidentale : la «philosophie antique», depuis les origines dans la Chine archaïque jusqu'à l'instauration de l'empire au IIIe siècle avant l'ère chrétienne ; puis vient la «philosophie médiévale», des Han (IIIe siècle) jusqu'aux Tang (IXe siècle) ; et enfin la «philosophie des temps modernes» des dynasties Song (Xe-XIIIe siècles), Yuan (dynastie mongole) et Ming (à partir du XIVe siècle) jusqu'au philosophe Wang Yangming (1472-1529) dont la pensée exerça une influence considérable au Japon. Tout en restant fidèle aux divisions classiques des études canoniques (*jingxue, keigaku* en japonais), Endo n'hésite pas à faire usage de catégories empruntées au savoir occidental («métaphysique», «éthique», «théorie politique») et traduites par des néologismes japonais. Cette première histoire de la philosophie chinoise est suivie par une série d'autres dont la plus détaillée et la plus connue demeure sans doute celle de Takase Takejirô, parue à Tokyo en 1910. Dans sa préface, l'auteur rappelle que son ouvrage couvre quatre mille ans d'histoire qui représentent la source de la «pensée orientale» (*Tôyô shisô*), reprenant ainsi à son compte l'idée que c'est désormais le Japon qui se retrouve au cœur d'un «espace oriental» autrefois animé par la

Chine. Une telle conception, qui devait se renforcer avec la montée en puissance du militarisme nippon au cours de la première moitié du XXᵉ siècle, ne doit pas faire oublier que les intellectuels japonais furent les premiers à reconnaître à la Chine une philosophie dont on peut faire l'histoire. Fait d'autant plus remarquable qu'ils firent un autre choix concernant leur propre tradition à laquelle ils commencèrent par dénier la qualification philosophique. Pour beaucoup d'entre eux, il n'existe de «philosophie japonaise» qu'à partir de l'ère moderne. En 1901, Nakae Chômin, déjà mentionné plus haut pour sa présentation de la philosophie kantienne et traducteur du *Contrat social* de Rousseau, affirme sans ambages que «de l'Antiquité à nos jours, le Japon n'a jamais eu de philosophie». Peu avant sa mort, dans une sorte de testament spirituel intitulé *Ichinen yuhan* (Un an et demi), il s'inquiète de ce que le Japon «ne possède pas de philosophie» et «manque de réflexion sur son avenir».

HU SHI ET SON *PRÉCIS D'HISTOIRE DE LA PHILOSOPHIE CHINOISE*

(1918)

En Chine, il faudra attendre 1916 pour que paraisse à Shanghai la première *Histoire de la philosophie chinoise* en chinois (*Zhongguo zhexue shi*) par Xie Wuliang, suivie de près et bientôt éclipsée par le premier volume du *Précis d'histoire de la philosophie chinoise* (*Zhongguo zhexueshi da gang*) de Hu Shi, paru également à Shanghai en 1918. Hu Shi (1891-1962) est une figure de proue de la modernité chinoise : aux côtés notamment de Cai Yuanpei, déjà mentionné plus haut, et de Chen Duxiu (1880-1942), cofondateur du parti communiste chinois, il devait incarner la nouvelle image de l'intellectuel à l'occidentale, loin de celle du lettré traditionnel, et devenir un chef de file du mouvement du 4 Mai 1919 et du courant de la Nouvelle Culture[6]. Né dans le Anhui où il reçoit une éducation traditionnelle avant 1905, date de l'abolition des examens mandarinaux, Hu poursuit sa scolarité dans des écoles de type occidental à Shanghai où il a la révélation d'une «nouvelle vision du monde» à travers les écrits émancipateurs de Liang Qichao. En 1911, alors que le régime impérial mandchou succombe définitivement pour laisser place à la première république de l'histoire chinoise, il part comme boursier à Cornell, puis à Columbia où il achève en 1917 une thèse doctorale sous la direction du philosophe pragmatiste américain John Dewey. Ce dernier devait, tout comme Bertrand Russell, se rendre en Chine tout de suite après la Première Guerre mondiale et être témoin du mouvement du 4 Mai, avant de revenir à Columbia superviser, comme on le verra plus loin, le travail d'un autre doctorant chinois d'exception, Feng Youlan. Dewey fit beaucoup pour transformer la perception chinoise de la philosophie comme «science» spécifiquement occidentale en une catégorie beaucoup plus universelle. Après l'influence exercée par la philosophie allemande, à travers la médiation japonaise, sur les tout premiers «passeurs» comme Liang Qichao ou Wang Guowei, ce contact entre deux des boursiers chinois les plus prometteurs des années 1920-1930 avec le pragmatisme américain joua un rôle fondateur dans la constitution d'un courant important de la modernité intellectuelle chinoise qui connaît une spectaculaire résurgence aujourd'hui[7].

Dans l'introduction à sa thèse, rédigée en anglais sous le titre *The Development of the Logical Method in Ancient China*[8], Hu Shi se montre éminemment conscient d'entreprendre une tâche inédite et révolutionnaire qui consiste à tourner résolument le dos à deux mille ans d'exégèse canonique pour écrire la toute première histoire de la philosophie chinoise selon une « méthode logique » inspirée de la logique expérimentale de Dewey. Il s'agit d'abord de remettre le confucianisme à sa juste place historique, en rappelant qu'il n'était dans l'Antiquité qu'un courant de pensée parmi d'autres tout aussi susceptibles que lui, voire davantage, d'être porteurs de « méthodes logiques » au sens scientifique. C'est dans la réhabilitation des anciennes écoles de pensée rivales de celle de Confucius que Hu voit, non seulement la possibilité d'une histoire de la philosophie chinoise, mais aussi son avenir dans la nouvelle donne mondiale. Contrairement au « mouvement réactionnaire en faveur de l'instauration constitutionnelle du confucianisme soit comme religion nationale soit comme système national d'éducation morale[9] », Hu se donne pour mission d'apporter une réponse à la question suivante : « Comment pouvons-nous assimiler au mieux la civilisation moderne de façon à la rendre compatible, convergente et continue avec la nôtre ? » On entend ici un écho des propos de son maître Dewey pour qui, contrairement au Japon qui a cherché à surimposer à ses valeurs traditionnelles une occidentalisation à outrance, la Chine « a fait évoluer, elle n'a pas emprunté, sa civilisation : son problème est celui d'une transformation, d'un remodelage provenant de l'intérieur d'elle-même [10] ».

À son retour en Chine en 1917, Hu est nommé au département de philosophie (chinoise et occidentale) de l'université de Pékin établie de fraîche date. C'est son premier recteur, Cai Yuanpei, qui préface le volet inaugural du *Précis d'histoire de la philosophie chinoise*, rédigé en un an et consacré aux penseurs de l'Antiquité chinoise [11]. Cai souligne d'emblée que Hu est à même d'opérer une véritable percée méthodologique dans un projet d'une radicale nouveauté, étant l'un des rares savants de son époque à être formé à la fois dans l'érudition traditionnelle pour être en mesure d'utiliser de manière critique les textes antiques, et dans la discipline nouvelle de la philosophie occidentale pour bénéficier de son approche méthodologique systématique qui manque dans les sources anciennes, souvent fragmentaires et dépourvues de cohérence [12].

Dans son chapitre introductif, Hu commence par donner une définition très large de la philosophie : « Une discipline qui étudie tous les problèmes cruciaux de l'existence humaine en partant des données fondamentales et en recherchant des solutions fondamentales. » Elle se divise en six grands domaines : cosmologie, logique et épistémologie, éthique, philosophie de l'éducation, philosophie politique, philosophie de la religion. En tant que savoir, elle a une histoire qui est censée poursuivre trois objectifs : dégager le fil conducteur de l'évolution des idées, en rechercher les causes et en donner une évaluation objective et critique. De fait, les préoccupations de Hu sont avant tout celles d'un historien des idées et le distinguent de son successeur en la matière, Feng Youlan, qui prendra un parti résolument philosophique. Suit une présentation de l'histoire de la philosophie mondiale dans laquelle les destinées de la philosophie chinoise s'entrecroisent avec celle de ses homologues européenne et indienne en un schéma quelque peu simplificateur, tout tendu qu'il est vers un horizon universaliste :

> La philosophie mondiale peut dans ses grandes lignes être divisée en deux branches, l'orientale et l'occidentale. La branche orientale est constituée par l'Inde et la Chine ; l'occidentale par la Grèce et la Judée. À l'origine, on peut considérer que ces quatre traditions se sont développées indépendamment l'une de l'autre, mais après les Han (−206 à +221), la tradition judaïque est venue s'agréger à celle de la Grèce pour former la philosophie médiévale européenne, pendant que la tradition indienne venait s'agréger à celle de la Chine pour former la philosophie médiévale chinoise. À l'époque moderne, l'influence indienne a diminué tandis que le confucianisme connaissait un nouvel essor, donnant ainsi naissance à la philosophie chinoise des temps modernes qui a évolué depuis les Song, les Yuan, les Ming et les Qing jusqu'à aujourd'hui. Quant à la pensée européenne, elle s'est progressivement détachée du judaïsme pour donner naissance à la philosophie européenne moderne. Désormais, ces deux branches de la philosophie sont entrées en contact et s'influencent mutuellement. Qui sait si, dans cinquante ou cent ans, cela ne pourrait pas donner lieu à une philosophie mondiale ?

FENG YOULAN ET SON *HISTOIRE DE LA PHILOSOPHIE CHINOISE*
(1931-1934)

En 1923, six ans après Hu Shi, Feng Youlan (1895-1990), lui aussi formé sous la direction de Dewey à Columbia, soutient à son tour une thèse intitulée *A Comparative Study of Life Ideals*[13] qui part du présupposé que « nous avons bien des systèmes de philosophie différents, bien des critères de valeur différents et, par conséquent, bien des types d'histoire différents », alors que Hu Shi explique l'écart scientifique entre la Chine et l'Occident par un retard chinois sur la voie unique de la modernité comprise comme exclusivement occidentale. Mais le *magnum opus* de Feng Youlan reste sans doute sa monumentale *Histoire de la philosophie chinoise* (*Zhongguo zhexue shi*)[14], parue à Shanghai en 1931 et 1934 en deux volumes qui correspondent respectivement à la période des « maîtres » de l'Antiquité (de Confucius au – VIe siècle jusqu'à l'ère impériale) et à celle des « études canoniques » depuis les Han (– IIe siècle) jusqu'à la fin des Qing (début XXe siècle). L'absence d'un troisième volet que l'on aurait pu attendre sur la « philosophie moderne » est justifiée en ces termes par Feng dans l'introduction au second volume :

> Jusqu'à très récemment, et de quelque point de vue que ce soit, la Chine se trouve encore à l'époque médiévale. Si, dans bien des domaines, elle n'arrive pas au niveau de l'Occident, c'est sans doute qu'il manque un âge moderne dans l'histoire chinoise, la philosophie ne constituant qu'un

cas particulier. Ce qui passe maintenant pour des différences entre cultures orientale et occidentale ne représente souvent que des différences entre cultures médiévale et moderne.

Dès les premières phrases de sa préface au premier volume, datée de 1919, Feng se démarque par rapport à ses prédécesseurs : « Je ne suis pas un historien, aussi cette histoire de la philosophie met-elle l'accent sur l'aspect philosophique. » Il y a là sans doute une allusion à Hu Shi qui, de fait, semble avoir bénéficié d'une formation en philosophie occidentale moins solide et moins approfondie que son cadet. Passant outre la multiplicité des définitions qui en ont été données au cours des siècles, Feng part du principe que la « philosophie » est un mot d'origine occidentale qu'il envisag d'abord, non tant comme méthode à la manière de Hu — car « il n'y a pas de philosophie qui ne réponde pas aux exigences de la science, qui ne soit pas un discours systématique suivant les règles de la logique » —, mais comme contenu. Il distingue ainsi une théorie du monde (ontologie, cosmologie), une théorie de la vie (psychologie, éthique, philosophie politique et sociale) et une théorie de la connaissance (épistémologie, logique)[15]. Mais à la différence de Hu, il laisse de côté la philosophie de la religion, de la théorie politique et de l'éducation, ce qui dénote sans doute une moindre influence du pragmatiste Dewey par rapport à celle des « néoréalistes » de Columbia et Harvard comme Perry, Montague ou Pitkin.

Du point de vue du contenu, ce que l'Occident appelle « philosophie » peut très bien, selon Feng, être rapproché de ce que la Chine appelle « étude de l'insondable» (*xuanxue*) aux IIIe-IVe siècles, «étude de la Voie» (*daoxue*) sous les Song et les Ming ou «étude du principe moral» (*yili zhi xue*) sous les Qing.

> L'étude de la Voie du Ciel correspond à peu près à la cosmologie dans la philosophie occidentale, l'étude de la nature humaine à la philosophie de la vie. Quant à l'étude de la méthodologie que l'on trouve dans la philosophie occidentale, elle a fait l'objet de discussions dès l'époque des «maîtres» de l'Antiquité, mais elle est tombée en désuétude après les Song. D'un certain point de vue, on peut considérer que «l'étude des principes» qui s'en est suivie possède sa propre méthodologie, celle qu'on appelle «méthode pour pratiquer l'étude». Mais il s'agit d'une méthode qui vise, non pas à la recherche de la connaissance, mais à la culture morale de soi ; non à la quête de la vérité, mais à celle du bien[16].

On pourrait donc concevoir une «histoire du principe moral» en Chine, mais aussi — pourquoi pas ? — en Occident. Cependant, Feng opte d'entrée de jeu pour l'acception occidentale de la philosophie, justifiée par sa prédominance de fait à l'époque où il écrit, tout en lui conservant son universalité comme modèle applicable en tout temps et en tout lieu[17]. Dans une telle perspective, il s'agira donc, pour qui veut écrire une histoire de la philosophie chinoise, de «sélectionner et exposer ce qui, parmi les diverses traditions intellectuelles développées au cours de l'histoire chinoise, pourrait être appelé "philosophie" au sens occidental de ce mot». Et Feng de poursuivre en substance : chaque philosophie est un tout qui a son unité organique et constitue un système. Dans la philosophie chinoise, comme chez Socrate et Platon, les systèmes sont bien là, mais ils n'ont pas été formalisés en tant que tels. À ceux qui reprochent à la philosophie chinoise son manque de systématicité, Feng répond en distinguant deux types de systèmes :

> ... un type de système formel et un type de système réel qui n'ont pas nécessairement de lien entre eux. La philosophie des penseurs chinois peut manquer de système formel, mais dire qu'elle manque de système réel reviendrait à dire qu'elle n'existe pas, que la Chine n'a pas de philosophie. [...]. Une philosophie, pour être appelée philosophie, doit avoir une systématicité réelle. Quand on parle de la nature systématique de la philosophie, c'est de cette systématicité réelle qu'il s'agit. Or, bien que la philosophie chinoise soit, du point de vue formel, moins systématique que la philosophie occidentale, elle l'est tout autant du point de vue réel. Ainsi, composer l'histoire d'une philosophie dépourvue de système formel consistera à rechercher le système réel qui la sous-tend[18].

À la suite des travaux fondateurs de Hu Shi et de Feng Youlan, on assiste à la production en flux continu d'histoires de la philosophie chinoise qui constituent désormais un genre et qui, après 1949, se différencient surtout en fonction des appartenances idéologiques de leurs auteurs. Cependant, que ce soit en République populaire ou en dehors, on note un retour en force de la philosophie allemande, dont on a vu la prédominance dans les débuts de la philosophie en Chine mais qui s'est trouvée quelque peu éclipsée par l'influence anglo-saxonne dans les années 1920-1930. Pour ne citer que quelques exemples, la philosophie marxiste se fait lourdement sentir dans l'*Histoire générale de la pensée chinoise* dirigée par Hou Wailu, suivie de l'*Histoire de la philosophie chinoise* dirigée par Ren Jiyu, publiées respectivement en 1959 et 1979 par les Éditions du Peuple à Pékin. Ces manuels, qui jouissent d'un monopole idéologique exclusif pendant les décennies 1950-1980, appliquent de façon mécanique et non critique la périodisation entre la «société esclavagiste» et la «société féodale», la distinction entre philosophies «idéalistes» et «matérialistes», ainsi que les «plans à tiroir» ordonnés selon des catégories occidentales : cosmologie, épistémologie, éthique, etc. À noter que Feng Youlan lui-même publie une nouvelle mouture marxisante de sa propre *Histoire de la philosophie chinoise* aux mêmes Éditions du Peuple entre 1982 et 1992[19].

Pendant ce temps paraît à Taipei en 1982 la *Nouvelle Histoire de la philosophie chinoise* en trois volumes de Lao Sze-kwang (Lao Siguang) qui, formé à la philosophie kantienne, se montre très critique de Hu et de Feng et prétend renouveler le genre en tenant compte des dernières avancées philosophiques occidentales. Plus largement, à Taiwan et à Hong-Kong, des intellectuels qui affichent leur hostilité au communisme se réclament d'un renouveau confucéen déjà représenté au début du XXe siècle par Xiong Shili (1885-1968) ou Liang Shuming (1893-1988). Au premier rang de ces «nouveaux confucéens contemporains», comme ils en viennent rapidement à être désignés, figurent des universitaires de renom comme Xu Fuguan (1903-1982), Tang Junyi (1909-1978) et Mou Zongsan (1909-1995)[20]. Ce dernier, initialement formé à l'école du logicisme de Russell, du premier Wittgenstein et de Whitehead, appuie sa philosophie essentiellement sur celle de Kant dont il s'attache héroïquement à traduire en chinois (mais à partir de l'anglais) les trois *Critiques*. C'est ainsi que, fort de sa lecture du système kantien et de son projet de construire une «métaphysique morale» confucéenne (par distinction avec la «métaphysique de la morale» kantienne), il prend la liberté de réorganiser les grands courants de pensée de la Chine impériale en bousculant, si besoin est, la répartition traditionnelle.

LA QUESTION DE L'«HISTOIRE DE LA PHILOSOPHIE CHINOISE» DANS LA CHINE D'AUJOURD'HUI

Maintenant que l'ère maoïste est révolue et que cette guerre de positions idéologiques n'a plus lieu d'être, on voit réapparaître depuis une vingtaine d'années des débats sur les rapports entre modernité occidentale et tradition chinoise, mais selon une donne radicalement nouvelle. Dans une Chine désireuse de se réapproprier sa souveraineté et son identité, la quête de reconnaissance qui avait caractérisé les premières tentatives de modernité depuis le début du XXe siècle a laissé place à une plus grande assurance, voire à une attitude décomplexée par rapport à l'Occident, chez des intellectuels qui récusent désormais les réponses purement réactives au profit d'une revendication plus ou moins agressive de la modernité de la tradition elle-même, poussant parfois jusqu'à une critique de la modernité occidentale. Là encore, l'actuelle résurgence des discussions sur la catégorie «philososophie» constitue un symptôme particulièrement révélateur de ce changement d'attitude. Il nous a paru intéressant, à cet égard, de sonder la génération qui, étant née dans les années 1950, peu après l'instauration de la République populaire, a connu au moment de sa formation intellectuelle la période traumatisante du maoïsme et de la Révolution culturelle, puis celle de l'ouverture depuis les années 1980 où de nombreux universitaires en vue sont invités à l'étranger, en tout premier lieu aux États-Unis. Nous examinerons les cas de trois d'entre eux qui se sont plus particulièrement intéressés, à partir de points de vue assez divergents, à la question de l'histoire de la philosophie chinoise.

Né en 1952, Chen Lai est actuellement professeur au département de philosophie de l'université de Pékin. Dans un article publié dans la *Revue philosophique* de Taiwan en 2000[21], il dresse un inventaire et un bilan des effets produits par l'introduction de la «philosophie» en Chine depuis un siècle, qui aboutissent au constat de son installation désormais irréversible dans le tissu des institutions académiques chinoises, processus qui a contraint les intellectuels à repenser leur propre tradition de fond en comble, pour le meilleur et pour le pire, sans toutefois mener une réflexion théorique et méthodologique approfondie. Chen brosse ensuite un tableau de la situation actuelle, au tournant du XXIe siècle, alors que la Chine populaire est sortie de sa période de glaciation marxiste, insistant sur la nécessité d'une nouvelle «distribution du travail» entre «histoire de la philosophie» et «histoire des idées», appelée notamment par la mutation des institutions universitaires où elles sont pratiquées : depuis les années 1980, au Japon comme aux États-Unis, du fait qu'elle est étudiée dans des départements d'études orientales ou d'histoire et non de philosophie, l'histoire de la philosophie chinoise s'est rapprochée des sciences sociales et des *cultural studies* en devenant de l'histoire intellectuelle rattachée à son contexte social, sans pouvoir se maintenir comme histoire de la réflexion philosophique.

Chen appelle à une clarification des tâches entre (dans un ordre de spécialisation croissante) « histoire de la culture », « histoire de l'érudition classique », « histoire intellectuelle » et « histoire de la philosophie ». Certes, reconnaît-il, il faut promouvoir l'étude des nombreux aspects de la culture chinoise comme les religions, les sciences, la numérologie, les coutumes populaires, etc. Mais, s'empresse-t-il d'ajouter :

> Cela n'a pas lieu de se faire au prix d'un élargissement de la définition de la « philosophie chinoise » au point de la sacrifier comme discipline. On peut très bien faire de la recherche sur la philosophie chinoise tout en étudiant d'autres aspects de la culture chinoise sans pour autant avoir à renoncer au concept de « philosophie chinoise ». Certes, les recherches sur la pensée philosophique se doivent de tenir compte des relations entre pensée et société, mais elles n'ont pas besoin d'en faire leur tâche principale. En vertu d'une bonne répartition des tâches, celle-ci peut être dévolue à d'autres départements spécialisés ou faire l'objet de programmes de recherches conjoints. Ce n'est pas parce qu'il y a un besoin urgent de développer les études sur de multiples aspects de la culture chinoise qu'il faut cesser d'étudier la philosophie chinoise à travers ses concepts, ses problématiques, ses idées et ses systèmes [22].

Face à Chen Lai, Ge Zhaoguang, né en 1950, professeur à l'université Qinghua de Pékin, a choisi délibérément d'écrire une «histoire de la pensée (et non de la philosophie) chinoise [23] ». Dans l'introduction au premier volume, il constate que le genre des «histoires de la philosophie chinoise» a connu beaucoup plus de succès que celle des idées ou de la pensée, et l'explique par trois raisons principales : la commodité qu'offrait à une Chine en pleine transition le format déjà constitué en Occident des «histoires de la philosophie», le prestige et le défi représentés aux yeux des intellectuels chinois par le terme occidental de «philosophie» dans la première moitié du XXe siècle, et enfin la nécessité de répondre aux besoins pédagogiques des départements de philosophie créés dans le nouveau cadre des universités. C'est ainsi que certains intellectuels chinois se sont employés à utiliser des notions, une terminologie et une logique occidentales pour rendre compte de l'évolution des idées en Chine; d'autres se sont évertués à identifier dans cette dernière des éléments comparables à la philosophie occidentale pour prouver que la Chine possède elle aussi ce type de discours; d'autres enfin ont produit des matériaux pour l'enseignement de la philosophie au niveau universitaire.

Après un bref inventaire des «histoires de la philosophie chinoise» parues en Chine continentale depuis le début du XXe siècle jusque dans les années 1980, Ge fait état d'un sentiment de malaise et d'insatisfaction à l'égard de ce qu'il considère comme une application forcée du genre «histoire de la philosophie» à la matière intellectuelle chinoise, laquelle revient, selon lui, à «se couper les pieds pour les faire rentrer dans les chaussures». Il admet que parler d'histoire de la pensée (en anglais, *history of thought* ou *intellectual history*) ne résout pas le problème et s'expose au risque d'une trop grande généralité, la comparant à une tribu nomade qui, à force de vaguer d'un territoire à l'autre (histoire politique, économique, sociale, religieuse, culturelle, etc.), éprouve toutes les peines du monde à délimiter le sien propre [24]. Cependant, la notion de pensée permet d'inclure des approches disciplinaires qui se complètent mutuellement (historiographie, anthropologie, archéologie, etc.) et qui prennent en compte des aspects de la vie des idées non limités aux purs concepts, d'où le sous-titre de son *Histoire* : « Le monde du savoir, de la pensée et des croyances en Chine. » Ge conclut son plaidoyer pour la reconnaissance de la spécificité de la tradition chinoise en revendiquant la possibilité d'écrire une histoire intellectuelle de la Chine qui n'ait pas besoin d'emprunter le jargon et le mode narratif des histoires de la philosophie sur le modèle occidental.

La même insatisfaction se retrouve chez Zheng Jiadong, né en 1956, chercheur à l'Académie des sciences sociales de Chine à Pékin, qui s'est d'abord distingué par ses travaux sur le nouveau confucianisme contemporain envisagé dans un éclairage critique, mais qui a été plus récemment l'un des principaux animateurs d'un vaste débat sur la « légitimité » de la « philosophie chinoise », gagnant les milieux académiques et les périodiques chinois et suscitant plus d'une centaine d'articles. Zheng lui-même expose son point de vue dans un texte [25] qui, selon son propre résumé, aborde principalement deux questions :

> La philosophie chinoise, en tant qu'elle constitue aujourd'hui une discipline instituée et un système de connaissances, dérive d'une interaction avec la culture occidentale.

Pour être plus précis, elle est le résultat de l'introduction du système conceptuel de la philosophie occidentale en vue d'interpréter la pensée chinoise. Cela est naturellement problématique. Peut-on encore parler d'une philosophie proprement chinoise à partir du moment où l'importation de concepts et de méthodes produit toutes sortes de discours et de démonstrations sans grand rapport avec la tradition classique ? En d'autres termes, si l'on estime qu'il n'existe nullement, dans l'histoire chinoise, de philosophie, alors, ce que l'on appelle aujourd'hui « philosophie chinoise » n'est que le produit d'emprunts à l'Europe ou aux États-Unis, emprunts qui visent à expliciter des textes historiques en réalité non philosophiques. Sur cette base, il n'est d'histoire de la philosophie chinoise que moderne : la « philosophie chinoise » s'apparente alors à la « philosophie en Chine ».

La seconde question est liée à la précédente : est-il légitime d'utiliser la forme particulière d'une « histoire de la philosophie » (avec toutes ses règles et hypothèses) pour exposer une tradition de pensée proprement chinoise et tout son arrière-plan historique ? N'est-ce pas là un geste forcé [26] ?

Selon Zheng, les discussions actuelles tendent à revoir toutes celles qui ont porté sur la philosophie chinoise depuis son invention il y a un siècle et marquent, en même temps que la reconquête par la Chine de sa propre tradition intellectuelle, son accession dans le débat désormais mondialisé sur le destin de la philosophie. Zheng observe que le parti pris fondateur des intellectuels « modernistes » du début du XXᵉ siècle comme Hu Shi a été d'établir une équation pure et simple entre « modernisation » et « occidentalisation ». Le fait que « le discours sur la modernité chinoise a commencé avec l'écriture d'une histoire de la philosophie » a placé la mutation de la tradition intellectuelle chinoise sur des rails institutionnels dont elle n'est plus sortie. Or, maintenant que la donne (notamment la configuration de la société chinoise et la place de la Chine dans le monde) a changé, il s'agit de se demander comment elle peut en sortir :

> Pour le monde académique en Chine continentale, il est plus réaliste de préférer la « réforme » à la « révolution », c'est-à-dire de réécrire une histoire de la philosophie plutôt que de rejeter en bloc son existence. [...] D'après ce que nous venons d'évoquer, le concept de « philosophie », pour les pays et peuples orientaux, semble nécessairement enfermé dans un paradigme « Chine / Occident » ou « Orient / Occident ». Si, dans un esprit réformiste, on postule qu'il est possible de « réécrire une histoire de la philosophie », il faut alors au moins faire face à deux problèmes. Le premier est celui de notre compréhension de la philosophie même. Les histoires de la philosophie de Feng Youlan ou de Hu Shi révèlent les difficultés rencontrées par des intellectuels chinois en matière de compréhension de la philosophie occidentale. [...] Le second problème est celui de la relation entre « philosophie chinoise » et « études canoniques » (*jingxue*). De façon similaire, les histoires de la philosophie de Hu et de Feng ont pour présupposé la négation et l'abandon de la tradition canonique et du système dans lequel elle prend son sens. [...] Cette « philosophie chinoise », soucieuse donc de rompre avec la tradition des classiques, ne peut pour l'essentiel que se positionner en dehors de la culture chinoise. Un autre problème se présente alors : les recherches sur la « philosophie chinoise » ont d'ores et déjà commencé à se déployer dans une multiplicité et une diversité de configurations. Dans cet « après Feng Youlan » (ou « après Mou Zongsan »), aucun modèle ne peut plus prétendre à une hégémonie complète, à devenir *la* norme. Ceci a pour corollaire que toute nouvelle écriture d'une

« histoire de la philosophie chinoise » est désormais un cas particulier[27].

Alors qu'en mars 2004 s'est tenue à l'Université du peuple à Pékin un colloque sur « La réécriture de l'histoire de la philosophie chinoise et une nouvelle définition du statut académique de la philosophie chinoise », on mesure le chemin parcouru depuis le début du XXe siècle qui, héritant des positions adoptées par l'institution philosophique européenne du siècle précédent, a vu s'introduire en Chine par l'intermédiaire du Japon une conception exclusivement occidentale de la « philosophie ». La nécessité impérieuse de se l'approprier dans une politique de la reconnaissance a dès lors trouvé sa forme dans l'invention de la « philosophie chinoise » et la production d'« histoires de la philosophie chinoise » dont on se demande en premier lieu si ce doit être de l'histoire ou de la philosophie. Maintenant que la philosophie en Chine, après avoir vécu en circuit fermé sur le Continent pendant plusieurs décennies, cherche à multiplier les échanges avec le monde occidental et qu'elle entend bien faire valoir la spécificité de sa propre tradition intellectuelle naguère si décriée, elle voit revenir la question de la possibilité d'écrire l'« histoire de la philosophie chinoise », mais dans des termes inversés par rapport à la donne initiale et résumés par Wang Bo, un autre professeur du département de philosophie de l'université de Pékin : « Nous sommes confrontés au dilemme suivant : que préférons-nous ? que notre objet d'étude soit "chinois" ou qu'il soit "philosophique"[28] ? » D'un embarras à l'autre, la revendication d'un label « philosophique » reconnu par l'Occident a conduit, de manière éminemment paradoxale et ironique, à en reproduire et en imiter les outils et les méthodes, au point qu'on finit par se demander ce qu'il y reste de chinois.

Tout se complique encore davantage quand on considère que cette tradition inventée largement en fonction de l'ordre du jour occidental est dorénavant appropriée en retour en Occident où le grand public aspire à autre chose que ce qu'ont apporté jusqu'ici les religions monothéistes constituées, et où les philosophes cherchant à sortir de la métaphysique découvrent avec délectation ce qui leur est présenté comme une «pensée de l'immanence». Depuis plus d'un demi-siècle, la question de la «philosophie chinoise» n'est plus seulement la préoccupation des intellectuels chinois, elle est devenue aussi l'affaire (au demeurant fort rentable) d'Occidentaux qui pensent trouver dans cette tradition une façon «autre» de faire de la philosophie. Nous avons là en vérité une belle rencontre au sommet entre le désir occidental d'altérité et le désir chinois d'identité...

ANNE CHENG

CHAPITRE VII

L'invention des « religions »
en Chine moderne

La modernité — comprise à la fois comme processus de globalisation économique et politique, et comme idéologie de progrès — s'est caractérisée en Chine comme en d'autres pays par l'imposition de nouvelles catégories (religion, philosophie, science, art...) d'origine occidentale et la réorganisation des savoirs et des pratiques en fonction de ces catégories. L'inadaptation de ces catégories à la réalité chinoise a provoqué des tensions, parfois créatives, parfois destructrices. Je voudrais esquisser ici ces tensions dans le cas de la religion. Cette notion importée en Chine au tournant du XXe siècle a été utilisée par les leaders politiques comme religieux pour créer de nouvelles formes de pratique et d'organisation et pour remodeler le paysage religieux. Ce processus peut être décrit comme l'invention des « religions » chinoises, dont je tente de dégager les lignes de force sur l'ensemble du XXe siècle, en insistant sur les phases initiales (les années 1900 à 1930) et sur les développements contemporains.

LA SITUATION RELIGIEUSE
EN CHINE À LA VEILLE DE 1900

L'avènement de la modernité, y compris dans sa dimension religieuse, survient en Chine de façon brutale au tournant du XXe siècle dans un contexte où les pratiques religieuses jouent un rôle important dans le fonctionnement de la société. L'organisation religieuse de la Chine à cette époque forme un système cohérent, que l'on peut, pour les besoins de la description et de l'analyse, appeler la « religion chinoise[1] ». Elle comprend l'ensemble des formes de pratique religieuse individuelle (techniques de salut, telles que la méditation, l'ascèse, la dévotion ou les œuvres de mérite ; techniques du corps, dont les arts martiaux ; accès à la connaissance et à la révélation par la transe et l'écriture inspirée) et collective (cultes aux saints locaux, aux ancêtres, rites funéraires) qui s'inscrivent dans le cadre de la cosmologie chinoise. Elle intègre la religion sacrificielle antique, le confucianisme qui la continue, le taoïsme et le bouddhisme, ainsi que les mouvements sectaires de formation plus tardive. La forme majoritaire est la communauté de culte, possédant un temple consacré à un saint local : une telle communauté n'est ni confucianiste, ni bouddhique, ni taoïste, mais entretient des rapports avec les trois. La religion chinoise existe sans avoir de nom propre, parce qu'elle n'a pas de structure ecclésiale qui encadrerait les laïcs, ni d'autorité dogmatique globale. Elle rassemble l'ensemble des formes de la vie religieuse en Chine, à l'exception de certaines religions d'origine étrangère qui, parce qu'elles revendiquent une adhésion exclusive et un monopole de la vérité, n'ont pu s'y intégrer : les trois monothéismes (islam, judaïsme, christianisme).

Les trois formes institutionnalisées de la religion chinoise sont le confucianisme, le bouddhisme et le taoïsme. Elles se définissent précisément par quatre éléments : un clergé (des spécialistes religieux ordonnés et formés), une liturgie, un canon (qui en délimite l'orthodoxie) et des centres de formation — monastères, académies (*shuyuan*) — où l'on conserve le canon et où le clergé est formé (notamment à la liturgie) et ordonné. C'est seulement dans ces centres de formation que l'on trouve du confucianisme, du bouddhisme et du taoïsme *stricto sensu*. Par conséquent, ne se déclarent « confucianistes », « taoïstes » ou « bouddhistes » que le clergé et un nombre limité de laïcs qui s'identifient étroitement à ces trois religions et en adoptent les règles de vie. Les trois religions ne doivent pas se confondre mais sont considérées comme également valables : elles coexistent et collaborent, et partagent quelques valeurs communes. Pour la grande majorité des Chinois, l'adhésion religieuse se fait non à ces trois religions, mais à des communautés de culte, auxquelles on adhère de façon obligatoire (communautés territoriales, lignagères et corporations de métier) ou volontaire (associations pieuses ou groupes sectaires, dont la variété est immense). Ces différentes communautés font généralement appel aux services des trois clergés et font un large usage des ressources symboliques, textuelles et théologiques des trois religions. La participation à différentes communautés religieuses est considérée comme positive en ce qu'elle favorise la piété et la moralité.

Cette organisation religieuse est en équilibre dynamique et très loin de constituer une tradition immuable. Des forces internes, notamment un fondamentalisme confucianiste et un anticléricalisme largement répandu, l'ont travaillée dans le sens de réformes[2], tandis que des mouvements utopistes, tels que les Taiping, l'ont remise en cause de manière radicale. C'est cependant l'intervention extérieure de la modernité occidentale qui va jouer le rôle principal dans la réinvention du religieux en Chine.

LE CONCEPT DE « RELIGION »

L'adhésion des individus non à une religion ou une confession unique mais à diverses communautés de culte au sein d'un système religieux pluraliste est évidemment en contradiction avec les notions de « religion » en usage dans l'Occident moderne avant la découverte par les sociologues, depuis quelques décennies, de la modernité religieuse[3]. Il est bien connu qu'il n'existe pas en chinois, pas plus que dans de nombreuses autres langues, d'équivalent précis du concept occidental moderne de « religion ». En Chine, un néologisme, *zongjiao*, fut adopté du japonais pour traduire la « religion » comprise comme système structuré de croyances et de pratiques séparé de la société et organisant les fidèles en Église[4]. Il s'imposa rapidement dans l'usage à partir de 1901 et a gardé, depuis, ce sens maintenant dépassé dans les sciences sociales des religions en Occident. Plusieurs historiens des idées ont retracé la manière dont cette notion a été traduite, interprétée et discutée par les intellectuels chinois[5].

En adoptant le concept de « religion », dont le modèle était le christianisme, et la notion complémentaire de « superstition » (*mixin*), les intellectuels chinois ont introduit dans le paysage religieux une coupure radicale et inédite[6]. Sauf pour quelques penseurs minoritaires avant l'avènement du communisme[7], la « religion » était considérée comme acceptable, alors que la « superstition » devait être condamnée. Cette dichotomie est fort différente de celle, traditionnelle, qui avait dicté la politique religieuse des dynasties successives jusqu'à la fin des Qing (1644-1911), et qui opposait les cultes et communautés reconnus par l'État et orthodoxes, aux autres jugées hétérodoxes. La « religion » fut comprise comme désignant une entité jouant un rôle positif dans la construction d'un État-nation et contribuant à cimenter l'unité spirituelle et les valeurs morales d'un peuple. En conséquence, et par imitation des constitutions japonaises et occidentales, les différentes constitutions chinoises (promulguées depuis l'avènement de la République en 1912 jusqu'à nos jours) reconnaissent la liberté de croyance (mais non d'organisation) religieuse. Cependant, cette liberté religieuse s'accompagne de conditions limitatives, notamment d'une restriction aux seules authentiques « religions », séparées de la « superstition » que la République de Chine, notamment avec le régime nationaliste du Guomindang à partir de 1927, et la République populaire de Chine, s'engagent à combattre et à supprimer.

La notion de «religion» qui est importée en Chine dès le début du XXe siècle porte donc une profonde empreinte chrétienne, notamment protestante, avec un fort accent mis sur les textes et la réflexion individuelle au détriment de la liturgie, ainsi que sur l'engagement social (éthique, œuvres). Dès juin 1912, et de façon continue par la suite, l'État chinois moderne publie des textes où il affirme son intention de réformer les religions existantes suivant ce modèle. Des processus semblables se sont déroulés dans bien d'autres pays, en contexte colonial ou post-colonial, où les traditions religieuses locales ont été invitées ou forcées à se conformer à ce modèle religieux.

«RELIGION» ET POLITIQUE RELIGIEUSE

Le tournant moderne dans la politique religieuse de l'État chinois peut être daté de 1898, au moment où le premier mais éphémère gouvernement de réforme décrète la confiscation de la quasi-totalité des temples du pays pour les transformer en écoles[8]. Cette décision marquait la fin de la reconnaissance par l'État impérial de l'organisation religieuse de la société locale au nom de la cosmologie et de la théologie classiques. Elle fut rapidement révoquée, mais l'idée fit son chemin. Dès les années 1903-1905, des mouvements anti-superstitions commencent à dénoncer les pratiques religieuses des populations et à organiser la destruction de temples ou de statues et l'interdiction des fêtes. Encore assez limité lors des dernières années de l'Empire, ce mouvement, animé par les nouvelles élites politiques souvent éduquées à l'étranger ou dans des écoles et universités chrétiennes, acquiert le soutien de la République de Chine déclarée début 1912.

Une liste de cinq religions reconnues (toutes des « religions mondiales »), et donc couvertes par la liberté religieuse, fut assez rapidement définie sous la République et reste la même aujourd'hui : catholicisme, protestantisme, islam, bouddhisme et taoïsme. Plusieurs groupes sectaires furent reconnus entre 1912 et 1949, et à nouveau à Taiwan depuis les années 1980, mais ils restent tous proscrits en République populaire. Des confucianistes réformateurs tentèrent d'élaborer, dès 1898 et encore jusque dans les années 1910, une « religion nationale » (*guojiao*) sur des fondements confucianistes réinventés sur le modèle chrétien[9]. Ces tentatives échouèrent et les intellectuels confucianistes (dont un bon nombre se convertirent au christianisme) s'orientèrent progressivement vers une redéfinition de leur tradition en termes non religieux.

Même si les cinq grandes « religions » reconnues eurent à subir tout au long du XXe siècle des accès de violence, des contraintes et des destructions, elles purent aussi se défendre publiquement, s'organiser en associations nationales hiérarchisées pour négocier avec les pouvoirs publics et récupérer, après la fin de la Révolution culturelle, leurs principaux centres de formation. En revanche, aucune organisation légitime du point de vue de l'État ne put voir le jour pour défendre les centaines de milliers de temples locaux et associations de cultes. Cela était logique puisque ces cultes locaux étaient les lieux d'ancrage des structures traditionnelles, largement autonomes, de la société locale, que l'État moderne a voulu supprimer pour en capter les ressources matérielles et symboliques.

Les législateurs et les fonctionnaires, dès 1912 et encore aujourd'hui, doivent donc s'atteler à une tâche complexe : démêler la « religion » de la « superstition » — ou, depuis 1999, des « sectes » (catégorie également malléable et qui a remplacé la « superstition » comme l'« autre » démoniaque de la bonne religion[10]). Cette entreprise est ardue dans la mesure où ces notions ne correspondent à aucune catégorie proprement chinoise, mais cruciale puisqu'elle dicte concrètement la politique religieuse sur le terrain, les autorisations ou interdictions de fêtes et rituels, la protection ou la destruction des temples. Les scientifiques sont parfois convoqués par le pouvoir pour aider à ce travail, et encore aujourd'hui cela fait partie des attributions des chercheurs en sciences des religions en République populaire.

Un sommet dans la récupération du discours scientifique par la politique religieuse de l'État est atteint avec les « Règles déterminant le maintien ou la destruction des temples » de novembre 1928. Ce long texte, qui se présente comme une étude scientifique des formes de la vie religieuse, donne des critères et des listes d'exemples pour les deux catégories, « à maintenir » et « à détruire »[11]. Les vraies « religions » (bouddhisme et taoïsme épurés, notamment) et les temples consacrés aux héros de la civilisation chinoise, dont Confucius, sont à maintenir ; le reste doit être détruit. Cette distinction se révéla impossible à mettre en œuvre sur le terrain, notamment dans le cas du taoïsme, indissolublement lié aux cultes locaux. Mais depuis, le discours public et les publications des chercheurs et des taoïstes, même les plus érudites en apparence, tournent autour de cette question brûlante : dessiner une ligne de partage, toujours mouvante suivant les contextes politiques, entre un « taoïsme authentique » et les « superstitions »[12].

Si l'élimination des superstitions est restée officiellement l'un des objectifs de l'État chinois moderne depuis un siècle, le zèle mis dans l'application de cette politique a connu des hauts (les années 1927-1932, 1958-1961 et 1964-1978) et des bas, comme actuellement où les destructions de temples et interdictions de fêtes sont occasionnelles plutôt que systématiques, même si, à toutes époques, les différences d'un lieu à l'autre sont très importantes. Sur le long terme, la conséquence la plus importante de ce processus d'épuration visant à séparer les cinq « religions » reconnues des « superstitions » est que les communautés de cultes aux saints locaux dans leur grande majorité furent privées de toute protection légale, et leurs temples confisqués pour être transformés en écoles, postes de police, garnisons ou entrepôts.

Un autre effet de la politique religieuse menée depuis un siècle par les régimes successifs est l'introduction et l'usage d'une nouvelle notion, celle de « fidèle » (*xintu*). Le recours à la « foi » (*xinyang*, encore un néologisme) comme critère d'appartenance a accompagné l'adoption du concept de « religion » mais elle aussi s'adapte fort mal au contexte religieux chinois. Les statistiques que les régimes républicain, puis communiste, tentent de collecter visent à estimer le nombre de croyants et de fidèles, mais les chiffres collectés et publiés concernent essentiellement les membres des associations des cinq « religions » reconnues. Dans le cas du bouddhisme et du taoïsme, les associations recrutent très peu en dehors des clergés, si bien que les chiffres de « fidèles » ne représentent en réalité qu'une fraction des populations participant aux activités des institutions bouddhistes et taoïstes. Les chiffres officiels donnés aujourd'hui par la Chine populaire d'un peu plus de cent millions de croyants, sur une population estimée à plus d'un milliard trois cent millions d'hommes, servent surtout à montrer que les « religions » sont minoritaires en Chine — notons au passage que les statistiques mondiales sur les religions restent sans valeur tant que le cas chinois n'aura pas été sérieusement pris en compte[13].

En résumé, la politique religieuse de l'État tant nationaliste que communiste consiste d'une part à réduire le champ légitime du « religieux » au moyen de notions exogènes à la réalité chinoise, puis de contrôler les « religions » ainsi reconnues. Les observateurs occidentaux sont généralement sensibles au second aspect (le contrôle), mais moins au premier (la délimitation du religieux)[14]. Cependant, l'attention du monde scientifique a permis de contribuer à la revalorisation des traditions non institutionnelles, comme les cultes locaux, les opéras rituels, la géomancie, etc. La vie religieuse des temples, redécouverte par les observateurs à partir des années 1960 (à Taiwan, Hong-Kong et dans la diaspora, puis en Chine même depuis les années 1980), est aujourd'hui bien étudiée. On assiste à une certaine réhabilitation des cultes locaux, sous la dénomination « religion populaire » ou *minjian xinyang* (littéralement « croyances populaires »), qui est même devenue en 2005 une catégorie officielle des activités religieuses reconnues par le gouvernement de Pékin.

Ce à quoi l'on assiste est certainement une ébauche de récupération de la religion dans le nationalisme chinois. Alors que pendant un siècle, ce nationalisme avait évacué toute dimension religieuse de l'identité chinoise que l'on voulait exalter, l'épuisement des utopies politiques mène sans doute à une revalorisation de l'héritage religieux. Là encore, le cas chinois n'est pas sans présenter des parallèles ailleurs en Asie. Ainsi, en Corée, la tradition dite chamanique a été combattue comme « superstition » tant par l'État colonial japonais que par l'État sud-coréen modernisateur après 1945 ; or récemment, le discours a changé pour faire du chamanisme un « trésor national » et l'emblème de la tradition culturelle nationale.

Pendant ce temps, l'opposition entre « religion » et « superstition » a été intériorisée par les populations qui sont en bonne partie restées fidèles à l'organisation traditionnelle de la société locale, et qui n'ont donc pas adhéré aux mouvements salvateurs universalistes ou aux structures créées par les associations nationales bouddhiques ou taoïstes. Comme on l'observe partout dans le monde, les populations soumises à un discours hégémonique dévalorisant leur culture (dite « populaire ») conservent cette dernière tout en adoptant à son endroit le discours qui la discrédite. On entend donc aujourd'hui sur le terrain des vieilles dames participant à un pèlerinage ou à la fête d'un saint local dire : « *wo bu xin zongjiao, wo xin mixin* » (je ne crois pas en une religion, je crois à la superstition). « Superstition » est ici devenu le nom de la religion chinoise dans la variété de ses expressions locales, et « religion » le terme utilisé pour en désigner les formes officielles.

LA RÉINVENTION DES « RELIGIONS »

À partir de 1912, dans un nouveau contexte où une « religion », pour être protégée par la loi, devait se conformer à un modèle occidental, les traditions religieuses chinoises, notamment le bouddhisme et le taoïsme, ont dû se réinventer et se présenter comme des institutions autonomes et sans rapport avec les cultes locaux structurant la société villageoise. Ces deux religions, en particulier, durent fonder des associations nationales capables de les représenter auprès de l'État : c'était la première fois qu'elles s'organisaient de manière hiérarchisée [15]. Une telle réinvention n'était pas chose aisée.

Il n'existait avant 1911 aucune sorte d'organisation des taoïstes, des bouddhistes, des confucianistes et des musulmans coordonnant les religieux au niveau national. Aussi l'apparition dès le printemps 1912 et de façon continue jusqu'en 1949 d'associations religieuses nationales correspond-elle à l'avènement d'un modèle inédit d'organisation. Après 1949, ce modèle connut en Chine populaire une nouvelle évolution, une unique association par religion étant mise en place, directement contrôlée et financée par l'État (et excluant une partie non négligeable des groupes et pratiquants qui se trouvèrent dès lors dans la clandestinité) ; les associations religieuses nationales sont à Taiwan et dans le reste du monde chinois plus indépendantes, mais néanmoins proches du pouvoir.

Au-delà de leurs différences bien réelles, les diverses associations religieuses existantes depuis un siècle partagent une réelle ressemblance formelle dans le vocabulaire, le mode d'organisation et les ambitions. Les fondateurs des diverses associations envisagent sur le papier (ces projets se traduisent assez rarement dans la réalité) une vaste organisation bureaucratique avec des bureaux de la propagande, de la doctrine, de la recherche, des missions et de la discipline interne. L'organisation des sociétés missionnaires chrétiennes a été l'une des sources d'inspiration de ce modèle nouveau. Les outils les plus efficaces des sociétés missionnaires, notamment la presse confessionnelle[16], sont adoptés par toutes les associations religieuses nationales, et de fait des journaux bouddhistes, musulmans, confucianistes et, plus tardivement, taoïstes virent le jour. D'autres transpositions du modèle chrétien sont plus frappantes encore : des organisations missionnaires sont mises en place, les bouddhistes et les confucianistes rêvant de convertir l'Occident. De même, des institutions caritatives (hôpitaux, secours aux victimes) voient le jour, inspirées des œuvres chrétiennes.

Par ailleurs, les différentes associations religieuses développent depuis un siècle toute une rhétorique de l'unification. Or l'une des motivations derrière le changement de politique religieuse en Chine entre 1898 et 1928 est le besoin, perçu par les élites politiques, d'unir le peuple derrière un projet et une idéologie uniques plutôt que de laisser ses forces se disperser en d'innombrables communautés autonomes, d'où la lutte contre les cultes locaux. De ce point de vue, l'État et son projet nationaliste deviennent des alliés pour les leaders religieux attachés à unifier leur religion en gommant l'autonomie des temples, des communautés et des traditions locales. Toutes les associations prévoient aussi une discipline interne, ce qui reflète sans doute la frustration de dirigeants religieux incapables de contrôler leurs coreligionnaires et voyant dans l'association nationale le moyen d'accéder à ce rêve.

L'un des problèmes les plus aigus rencontrés par les diverses associations religieuses nationales dans leur réinvention sur le modèle chrétien est celui de la définition de la communauté religieuse. Si une telle définition ne pose pas trop de problème dans le cas de l'islam, du catholicisme ou du protestantisme, elle est en revanche beaucoup plus délicate dans celui des « trois religions », à savoir le bouddhisme, le taoïsme et le confucianisme. Ce problème n'est au demeurant toujours pas vraiment résolu un siècle plus tard, puisque dans un système religieux pluraliste où ne se déclarent « bouddhiste », « taoïste » ou « confucianiste » que les clergés et un petit nombre de laïcs engagés, mais où presque tout le monde reconnaît la validité et fait appel aux services des trois traditions, la définition d'une communauté laïque, même si elle est aisée en théorie (un « bouddhiste », par exemple, se définit par le recours aux trois refuges), reste floue en pratique. Si certains leaders taoïstes, bouddhistes ou confucianistes ont rêvé d'instaurer un service du dimanche auquel assisteraient tous les « croyants », de tels plans sont restés lettre morte. Les associations envisagent la création d'une communauté religieuse unifiée, sans trop bien savoir comment procéder. La notion d'une communauté nationale bouddhique ou taoïste était difficile à inventer *ex nihilo*, et on peut sans doute mettre en contraste leur relatif échec avec la situation de l'Association musulmane qui dès les années 1930 parvint à mobiliser, au travers de ses médias, un grand nombre de militants notamment pour protester contre des affronts, des insultes ou des menaces[17].

Les leaders des associations nationales qui ont tenu un discours de réinvention et de modernisation sont aujourd'hui acclamés dans les milieux confessionnels et académiques dans la mesure où ils ont largement contribué à la survie et à la transmission de leur religion dans un contexte politiquement hostile. Il faut cependant envisager le prix d'une telle évolution. Des bouddhistes, notamment Taixu (1890-1947) et ses disciples[18] et, quoique de façon plus discrète et nuancée, des taoïstes comme Chen Yingning (1880-1969)[19], ont cherché à mettre leur religion en accord avec la science et le nationalisme, à la tourner vers l'action en ce monde et à rejeter la « superstition ». Chez eux, la modernisation s'accompagne d'une critique et de l'abandon de tout un pan des pratiques par lesquelles les clergés aidaient la population (notamment guérisons et exorcismes, rituels funéraires) et participaient à la vie religieuse et culturelle des familles et des villages. Cependant, cette évolution est loin de s'être totalement imposée dans les faits. Là où ils le peuvent, bouddhistes et taoïstes retrouvent aujourd'hui leur place au sein de la société villageoise et de ses cultes[20].

En effet, une bonne partie de l'historiographie des religions chinoises modernes (que ce soit le taoïsme, le bouddhisme, l'islam ou le christianisme) s'est construite autour de l'histoire de cette institutionnalisation. Une telle histoire politique, accompagnée de la biographie des leaders des associations, est bien entendu nécessaire et passionnante, mais elle ne saurait faire l'économie des présupposés sur lesquels toute cette institutionnalisation s'est construite, et en particulier le discours, promu par les diverses associations, du « renouveau » permis par l'unification et la modernisation de la religion. Ainsi, les discours visant à présenter le bouddhisme, le taoïsme, le confucianisme ou l'islam de la fin de l'Empire comme « en déclin », « désorganisé » ou « faible », que l'on trouve jusque dans la littérature savante d'aujourd'hui, demanderaient à être critiqués. Il faudrait aussi examiner, en plus de ce que l'institutionnalisation au travers des associations nationales a permis de construire, ce qu'elle a contribué, plus ou moins activement, à essayer de détruire, à commencer par la variété des formes locales et des interactions avec la société villageoise et des demandes de la population. Une telle entreprise permettrait sans doute d'expliquer les difficultés rencontrées par les associations de 1912 jusqu'à nos jours, sous forme de refus d'adhésion, de débats pour déterminer qui peut adhérer ou encore de rivalités entre associations concurrentes.

On a beaucoup parlé, dans divers pays d'Asie, de la « protestantisation » du bouddhisme, qui, pour s'adapter à la modernité, rejette les rituels pour insister sur l'étude des textes et la démarche spirituelle, philosophique et morale de l'individu, et invente une organisation du laïcat[21]. Le fait que les discours modernistes, avec des références explicites à l'émulation provoquée par la présence chrétienne et en particulier protestante, domine le discours intellectuel bouddhique et taoïste aujourd'hui en Chine, ne doit pas faire oublier tout ce que ce dernier refoule, tait ou vise à supprimer, tant par conviction que par nécessité. Ces discours revitalisent un certain fondamentalisme bouddhique ou taoïste (sans expression politique et qui reste pacifique et bienveillant), visant à définir une forme pure de la «religion», sans contamination par des «coutumes» ou pratiques sociales extérieures. Ces tendances fondamentalistes avaient été mises sous le boisseau par l'intégration de longue date du bouddhisme et du taoïsme au sein de la religion chinoise, mais peuvent à nouveau s'exprimer depuis un siècle dans la mesure où l'État veut les faire exister comme entités totalement indépendantes. À leur point extrême, des bouddhistes ou taoïstes sortent de la catégorie «religion» pour revendiquer celle d'«études bouddhiques ou taoïstes» (*foxue*, *daoxue*), discours polémique qui est, hélas, souvent repris de façon non critique par des Occidentaux parlant de «bouddhisme comme sagesse et non comme religion» ou encore de «taoïsme philosophique par opposition au taoïsme religieux».

À l'inverse, la légitimité qu'une association nationale procure à une tradition religieuse, de façon immédiate au plan politique par la reconnaissance de l'État, mais aussi plus largement au sein de la société, explique que diverses traditions religieuses bien qu'initialement non reconnues se sont employées plus récemment à fonder de telles associations. Ainsi, les médiums (hommes et femmes pratiquant la possession pour guérir et répondre aux questions des fidèles), ou les devins et géomanciens ont récemment fondé des associations nationales sur le modèle des bouddhistes et taoïstes, avec notamment un programme de normalisation des compétences et de formation, selon une pédagogie moderne (en classe, avec des manuels, des examens et des diplômes), afin d'améliorer leur image sociale [22].

L'INVENTION DE NOUVELLES RELIGIONS

L'échec des formes institutionnelles du bouddhisme, du taoïsme et du confucianisme à inventer un laïcat (une communauté organisée de croyants selon le modèle chrétien) contraste avec l'essor remarquable de nouveaux groupes religieux qui ont davantage encore adapté la notion de religion au terrain chinois. Parmi ces nouvelles religions, on observe une très grande variété. Certains groupes se placent dans une totale orthodoxie vis-à-vis des religions institutionnelles tout en inventant une sociabilité et des pratiques très nouvelles. C'est par exemple le cas de la Cijigongdehui (Société pour les œuvres de compassion), fondation charitable fondée en 1966 à Taiwan par une nonne bouddhique charismatique, et qui rassemble maintenant des millions de membres sur l'ensemble de la planète [23]. Les membres bénévoles de cette fondation, adhérant à une discipline de masse toute protestante, pratiquent à la fois la charité (hôpitaux, secours aux victimes) et une ascèse intramondaine. Au travers de ce type d'organisation se construit lentement un laïcat bouddhique organisé, mais sans contrôle des institutions bouddhiques officielles qui restent des organes de gestion interne des clergés et monastères. On y reconnaît ce que les sociologues décrivent comme une forme de religiosité « moderne », centrée sur l'individu, l'engagement social et l'appartenance à un monde globalisé. Sur un mode plus intellectuel mais néanmoins comparable, un autre mouvement bouddhique taiwanais, Foguangshan, ouvre des universités bouddhiques partout dans le monde occidental[24].

Un second cas d'impact direct du concept de « religion » sur la société chinoise fut son adoption par une partie du vaste ensemble de groupes dits sectaires, très actifs en Chine depuis au moins le XVe siècle. Certains de ces groupes (que l'on décrit généralement comme les « sociétés de salut »), tout en maintenant une filiation avec le message salvateur, exclusiviste et messianique de la tradition sectaire, ont au XIXe siècle adopté l'écriture inspirée qui leur permet de communiquer en permanence avec les divinités et de recevoir des révélations, et se sont aussi investis dans l'action caritative. Ils ont de plus adopté dans les années 1910 et 1920 un discours sur la « civilisation orientale » vouée à sauver l'humanité des méfaits du matérialisme occidental. Ils diffusaient donc un message de salut universel, et de synthèse des cinq religions (dans leur cas, bouddhisme, taoïsme, confucianisme, christianisme, islam)[25]. Parmi les très nombreuses sociétés de salut apparues pendant la période républicaine, on peut citer le Tongshanshe, le Daodexuehui ou le Daoyuan. Ce dernier fonda la Swastika-Rouge (Hong wanzi hui), une adaptation chinoise de la Croix-Rouge qui joua dans les années 1920 à 1940 un rôle important dans le secours aux victimes des guerres et des catastrophes naturelles.

Avec une organisation hiérarchique de type Église, des listes de membres tenues à jour (et rassemblant des dizaines de millions de personnes), une doctrine et des textes fondateurs précis, et une utilité sociale fortement mise en avant, les sociétés de salut répondaient parfaitement à la définition occidentale de la « religion » et demandèrent à être reconnues à ce titre, ce que certaines obtinrent sous les régimes nationaliste et d'occupation japonaise pendant la guerre, mais qui leur fut refusé par le régime communiste.

Un cas particulièrement marquant, mais qui est loin d'être le seul, est celui du Yiguandao. Directement issu de la tradition sectaire, ce mouvement apparaît dans les campagnes de la province méridionale du Shandong dans les années 1920 et connaît immédiatement un immense succès, du fait de leaders charismatiques et d'un discours eschatologique en accord avec la crise de la société, dont les structures de pouvoir traditionnelles se sont écroulées et qui est en prise à un appauvrissement généralisé et aux guerres, civiles comme internationales. Par ailleurs, ces groupes, dont le Yiguandao, accueillaient les pratiques éthiques, rituelles et spirituelles de la tradition confucéenne (introspection méditative, écriture inspirée, usage des barèmes de bonnes et mauvaises actions, rituels de salut) déshéritées par la faillite du confucianisme institutionnel[26].

Dans la continuité directe de cette tradition, le *qigong* qui a connu un succès phénoménal dans les années 1980 et 1990 a aussi recyclé dans un cadre institutionnel nouveau des pratiques et des conceptions toujours prestigieuses (millénarisme, éthique confucianiste) mais sans aucune place dans la réorganisation étatique de la religion. Le régime communiste a tenté de récupérer ces pratiques en leur ôtant leur forme religieuse, dans le cadre du *qigong* d'État, mais a dû renier sa reconnaissance de groupes de *qigong* quand ceux-ci ont de manière spontanée retrouvé explicitement leur nature religieuse[27]. Le Falungong, issu du monde du *qigong*, refuse aujourd'hui d'être classé dans la catégorie religion (il présente son discours comme une forme supérieure de vérité qui englobe les religions) mais n'en est pas moins le produit de ce long processus de réinvention de la religion sous l'effet des politiques des États nationaliste puis communiste. Tout autant que le régime communiste, le Falungong rejette la religion traditionnelle des villages, avec ses fêtes communautaires, ses cultes et ses particularismes, et promeut une pratique éthique et méditative individuelle et universaliste.

INVENTIONS DE LA RELIGION ET DE LA LAÏCITÉ

L'histoire moderne de la religion et des «religions», telle que je viens de la résumer très brièvement, est spécifiquement chinoise, mais elle peut aussi se comprendre dans le cadre plus comparatif de l'émergence conjointe de la modernité, de la religion et du sécularisme (ou laïcité) partout dans le monde depuis la fin du XIXe siècle. De ce point de vue, mon analyse rejoint celle développée par Peter Van der

Veer qui, dans le cas de l'Inde coloniale, constate une production simultanée et très étroitement liée, de la « religion », du sécularisme et de la modernité[28] — et, je voudrais ajouter, de la superstition, qui est inventée comme l'antithèse des trois précédents. Chacun de ces termes étant défini non dans l'absolu mais par référence aux autres, chaque changement dans l'interprétation d'un des termes, du fait des réappropriations et interprétations locales de ces idéologies universelles, provoque un changement du sens de tous les autres termes.

De plus, l'avènement de la modernité et du sécularisme ne signifie en rien une perte d'importance et de visibilité de ce que l'on construit alors comme « religion ». Au contraire, la séparation des religions et de l'État crée de la religion sous une forme nouvelle, nationale voire nationaliste, et provoque l'expansion de cette dernière dans la sphère publique, comme on l'a vu avec, par exemple, les œuvres sociales de la Cijigongdehui ou le rôle politique de diverses associations religieuses. Si le contexte (impérialiste plutôt que colonial) et les formes de cette invention (les associations religieuses nationales) sont différents en Chine et en Inde ou dans la plupart des autres pays d'Asie, on peut néanmoins y observer un processus semblable, où les formes nouvelles de la « religion » s'étendent dans la sphère publique et se définissent de façon indissociable de l'État-nation et de ses idéaux séculiers, progressistes et unificateurs.

Peut-on dès lors parler, si l'on envisage l'ensemble du monde chinois de 1898 à nos jours, de séparation imparfaite mais en progrès entre État et religions, qui se rapprocherait d'un modèle occidental[29] ? Des tentatives ont été faites en ce sens, ne serait-ce que parce que les idéaux et concepts occidentaux en matière de politique religieuse ont été et sont encore largement utilisés par les dirigeants et les intellectuels Chinois, quoique souvent en décalage par rapport aux originaux, quand ce n'est pas carrément à contresens[30]. Il me paraît cependant impossible de parler de laïcité dans le cas chinois. En effet, un élément crucial de la laïcité française est absent du contexte chinois : la négociation. L'État impérial puis républicain, puis communiste, n'a presque pas négocié, sinon avec des dignitaires bouddhistes et taoïstes qui ne pouvaient toutefois parler qu'au nom d'une partie du clergé. Pour l'essentiel, les rapports entre les communautés religieuses et l'État se sont essentiellement joués sur le mode de la contrainte et de la résistance — résistance active pour des groupes ethniques (Tibétains, Ouighours) ou des organisations religieuses persécutées mais aussi, de façon moins spectaculaire mais plus répandue, résistance passive de la part de communautés locales attachées à leur identité et à leur vision du monde qui ne coïncident pas avec le dogme étatique[31].

Un autre élément de différence réside dans la position de l'État en matière de dogme, croyances et pratiques. L'État républicain sous toutes ses formes (régimes du Beiyang, nationaliste et communiste), s'il se refuse à assurer la continuité du régime impérial qui jouissait de l'autorité doctrinale pour l'ensemble des religions, continue néanmoins, en pratique, à s'ériger en autorité religieuse et à faire de la théologie : il n'est nullement neutre et sans position. Au contraire des États occidentaux qui, du moins en théorie, ne se prononcent pas sur le fond en matière religieuse, les régimes chinois déploient des théories du religieux, souvent légitimées par la «science», afin de séparer la religion de la superstition, les «religions» des «sectes», l'«orthodoxie» de l'«hétérodoxie». La récente campagne du régime communiste contre le Falungong en est une manifestation spectaculaire mais nullement aberrante : l'État juge un groupe religieusement déviant en termes religieux et exige des diverses institutions religieuses reconnues qu'elles appuient son jugement. Même l'État taiwanais, qui pratique maintenant une politique de laisser-faire, maintient un discours qui valorise et encourage certaines attitudes religieuses (engagement éthique) et en dévalorise d'autres (célébrations et sacrifices à grande échelle entraînant de grandes dépenses) [32].

Ainsi, non seulement il paraît impossible de parler de laïcité dans le cas chinois, mais même les paradigmes de la sécularisation y paraissent inopérants. Le déclin annoncé du religieux en Chine jusque dans les années 1970 s'est révélé illusoire : la vitalité religieuse dans l'ensemble du monde chinois aujourd'hui, tant par la résurgence, après des décennies de répression, des communautés anciennes que par l'apparition de nouvelles formes de religiosité, est remarquable. L'État a tenté de séculariser les rituels du cycle de vie, notamment ceux de la mort, mais tandis que cela a partiellement réussi en milieu urbain, le projet a totalement échoué en milieu rural, ce qui crée d'ailleurs une coupure ville-campagne typique de la modernité. Les religions elles-mêmes se sont peu sécularisées, parce qu'elles l'étaient déjà fortement à l'époque impériale où l'autorité des clergés était limitée et la plupart des communautés religieuses dirigées par des laïcs, et même si un mouvement d'intellectuels a poussé tout au long du siècle à une laïcisation accrue du bouddhisme et du taoïsme. La très ancienne tradition de pluralisme, jusqu'à l'intérieur des familles, propre à la religion chinoise fait que les croyances et les pratiques religieuses sont depuis longtemps une question de choix personnel : si la participation aux cultes collectifs du village, du clan et du métier est obligatoire, elle est peu contraignante, et les autres formes de vie religieuse sont propres à chaque individu. Aussi les politiques visant à limiter et contrôler les institutions religieuses n'ont-elles pas été perçues par la population comme susceptibles d'affranchir les individus.

En outre, et c'est là sans doute la raison principale à la fois d'une impossible sécularisation et d'une impossible laïcité en Chine, si les institutions cléricales réinventées comme «religions» et faisant l'objet d'un traitement spécifique par l'État (à savoir islam, catholicisme, protestantisme, bouddhisme et taoïsme officiels) sont séparées du politique, les communautés de culte, en revanche, sont restées des institutions à la fois religieuses et politiques. Reconstruire, animer un temple, organiser les grandes célébrations restent des moyens essentiels pour les élites locales de construire une légitimité personnelle apte à se traduire en pouvoir politique, soit au travers d'élections, soit pour conforter un statut de cadre nommé — et ceci aussi bien en Chine populaire qu'à Taiwan et dans le reste du monde chinois : le charisme religieux alimente le charisme politique et réciproquement, sans qu'il y ait de solution de continuité entre les deux, lesquels partagent les mêmes notions de dévouement à la justice et à l'intérêt collectif[33]. Inversement, les cadres d'aujourd'hui, en particulier en Chine populaire, trouvent commode et ne voient aucune objection au fait de déléguer certains services publics (construction et entretiens de routes, d'écoles et autres infrastructures) à des communautés religieuses locales. À des titres très différents, les nouvelles religions globalisées (Cijigongdehui, Yiguandao) et les communautés de culte locales sont des espaces autonomes où se fait la politique [34].

Finalement, le grand projet de la modernité de remplacer la «superstition» par la «religion» a provoqué une créativité religieuse remarquable tout au long du XXᵉ siècle chinois, avec l'apparition de nouvelles religions offrant des interprétations inédites sur le modèle chrétien occidental à la base de ce projet. Pour autant, ce dernier a échoué : diverses pratiques qui, à un moment ou à un autre, selon une ligne de front qui ne cesse de bouger, ont été réinventées comme «religion» ou bannies comme «superstition», cohabitent et s'entremêlent de façon totalement imprévue.

VINCENT GOOSSAERT

Bibliographie

ALLÈS Élisabeth, «À propos de l'islam en Chine : provocations antireligieuses et attitudes anticléricales du XIXᵉ siècle à nos jours», *Extrême-Orient, Extrême-Occident*, n° 24, 2002.

BASTID-BRUGUIÈRE Marianne, «Liang Qichao yu zongjiao wenti» (Liang Qichao et le problème de la religion), *Tōhō gakuhō*, n° 70, 1998.

—, «La campagne antireligieuse de 1922», *Extrême-Orient, Extrême-Occident*, n° 24, («L'anticléricalisme en Chine»), 2002.

CHANDLER Stuart, *Establishing a Pure Land on Earth : the Foguang*

Buddhist Perspective on Modernization and Globalization, Honolulu, University of Hawaii Press, 2004.

CHEN Hsi-yuan, «"Zongjiao" — yige Zhongguo jindai wenhua shi shang de guanjian ci» («"Religion", un mot clé pour l'histoire culturelle de la Chine moderne»), *Xin shixue*, 13-4, 2002.

—, *Confucian Encounters with Religion: Rejections, Appropriations, and Transformations*, Londres, Routledge (à paraître).

CLART Philip, «Confucius and the Mediums: Is There a "Popular Confucianism"?», *T'oung Pao* LXXXIX, 1-3, 2003.

CLART Philip et JONES Charles B. (éd.), *Religion in Modern Taiwan. Tradition and Innovation in a Changing Society*, Honolulu, University of Hawaii Press, 2003.

DUARA Prasenjit, *Sovereignty and Authenticity. Manchukuo and the East Asian Modern*, Lanham, Rowman & Littlefield, 2003.

FEUCHTWANG Stephan, «Religion as Resistance», *in* Elizabeth J. Perry & Mark Selden (éd.), *Chinese Society. Change, Conflict and Resistance*, Londres, Routledge, 2000.

FEUCHTWANG Stephan et WANG Mingming, *Grassroots Charisma. Four Local Leaders in China*, Londres, Routledge, 2001.

GOLDFUSS Gabriele, *Vers un bouddhisme du XXe siècle. Yang Wenhui (1837-1911), réformateur laïque et imprimeur*, Paris, Collège de France, Institut des hautes études chinoises, 2001.

GOOSSAERT Vincent, *Dans les temples de la Chine. Histoire des cultes, vie des communautés*, Paris, Albin Michel, 2000, coll. «Sciences des religions».

—, (éd.), «Anticléricalisme en Chine», *Extrême-Orient, Extrême-Occident*, n° 24, 2002.

—, «Le destin de la religion chinoise au XXe siècle», *Social Compass*, 50-4, 2003.

—, «Le concept de religion en Chine et en Occident», *Diogène*, n° 205, 2004.

—, «Les fausses séparations de l'État et de la religion en Chine, 1898-2004», *De la séparation des Églises et de l'État à l'avenir de la laïcité*, Jean Baubérot & Michel Wieviorka (éd.), Paris, L'Aube, 2005 («Les entretiens d'Auxerre»).

—, «1898: The Beginning of the End for Chinese Religion?», *Journal of Asian Studies*, 65-2, 2006 (à paraître).

—, «Une réinvention à l'occidentale des religions chinoises: Les associations religieuses nationales créées en 1912» (à paraître).

HARDACRE Helen, *Shintô and the State, 1868-1988*, Princeton, Princeton University Press, 1989.

HUANG Julia Chien-yu, « Recapturing Charisma : Emotion and Rationalization in a Globalizing Buddhist Movement from Taiwan », thèse de doctorat, Boston, Boston University, 2001.

KATZ Paul R., « Religion and the State in Post-War Taiwan », *in* Daniel Overmyer (éd.), *Religion in China Today*, 2003.

LAGERWEY John, « À propos de la situation actuelle des pratiques religieuses traditionnelles en Chine », *in* Catherine Clémentin-Ojha (éd.), *Renouveau religieux en Asie*, Paris, EFEO, 1997.

LAI Chi-tim, « Minguo shiqi Guangzhou shi "Namo daoguan" de lishi kaojiu » (Étude historique des Namo daoguan (Troupes taoïstes) de Canton à l'époque républicaine), *Zhongyang yanjiuyuan jindaishi yanjiusuo jikan*, n° 37, 2002.

LIU Xun, « In Search of Immortality : Daoist Inner Alchemy in Early Twentieth-Century China », thèse de doctorat, Los Angeles, University of Southern California, 2001.

LÖWENTHAL Rudolf, *The Religious Periodical Press in China*, San Francisco, Chinese Materials Center, 1978 (1940).

NEDOSTUP Rebecca Allyn, « Religion, Superstition and Governing Society in Nationalist China », thèse de doctorat, New York, Columbia University, 2001.

OVERMYER Daniel (éd.), *Religion in China Today* (*The China Quarterly Special Issues*, New Series 3), correspond au n° 174 (juin 2003) de *The China Quarterly*.

PALMER David, *La Fièvre du qigong. Guérison, religion et politique en Chine, 1949-1999*, Paris, EHESS, 2005.

—, « Doctrines hérétiques, sociétés secrètes réactionnaires, sectes pernicieuses : paradigmes occidentaux et groupes religieux stigmatisés en Chine moderne » (à paraître).

PAPER Jordan D., « Mediums and Modernity : the Institutionalization of Ecstatic Religious Functionaries in Taiwan », *Journal of Chinese Religion*, n° 24, 1996.

PITTMAN Don A., *Toward a Modern Chinese Buddhism. Taixu's Reforms*, Honolulu, University of Hawaii Press, 2001.

POTTER Pitman B., « Belief in Control : Regulation of Religion in China », *in* Daniel Overmyer (éd.), *Religion in China Today*, 2003.

THORAVAL Joël, « Pourquoi les "religions chinoises" ne peuvent-elles apparaître dans les statistiques occidentales?», *Perspectives chinoises*, n° 1, 1992.

VAN DER VEER Peter, *Imperial Encounters. Religion and Modernity in India and Britain*, Princeton, Princeton University Press, 2001.

WELCH Holmes, *The Buddhist Revival in China*, Cambridge, Mass., Harvard University Press, 1968.

WELLER Robert P., «Worship, Teachings, and State Power in China and Taiwan», in William C. Kirby (éd.), *Realms of Freedom in Modern China*, Stanford, Stanford University Press, 2004.

CHAPITRE VIII

*La médecine chinoise traditionnelle
en République populaire de Chine :
d'une « tradition inventée »
à une « modernité alternative »*

Dans le monde entier, les praticiens de la médecine chinoise traditionnelle font valoir leur technique en se référant à l'autorité d'une histoire vieille de plus de cinq mille ans, dont témoigneraient les aiguilles de pierre du néolithique. Cette assertion repose au moins sur trois mythes.

Dans un premier temps, il convient de distinguer entre « la médecine en Chine », qui comprend différentes techniques de soin datant du commencement de l'humanité[1], et la médecine chinoise traditionnelle, qui date de deux mille ans seulement. Ce que nous appelons aujourd'hui « la médecine chinoise traditionnelle » fut établie pendant la dynastie des Han (206 av. J.-C. - 220 après J.-C.) ; il s'agissait alors d'une médecine savante pratiquée par une élite lettrée. S'inscrivant dans la continuité des instructions savantes que donnaient les manuscrits médico-religieux du IIe siècle avant J.-C. et de diverses formes de médecine populaire[2], elle s'appuie sur une pensée complexe, élaborée dans le *Canon interne de l'Empereur jaune* (*Huangdi neijing*). Cet ouvrage, édité sous la dynastie Song (960-1127), réunit divers textes écrits entre le IIIe siècle avant J.-C. et le IIIe siècle de notre ère[3].

Ensuite, malgré la découverte d'aiguilles de pierre et de termes spécifiques dans les premiers manuscrits, on aurait tort d'assimiler à l'acuponcture toute pratique utilisant des aiguilles. Dès lors seulement que l'on utilise des aiguilles en faisant référence au *yin* et au *yang*, on peut parler de l'émergence de l'acuponcture et de la moxibustion[4]. Celles-ci, tout comme l'ingestion de décoctions à base d'eau, apparaissent au moment où la théorie médicale s'intéresse au *qi*, dont les mouvements et les qualités sont identifiés grâce à l'inspection du teint (*se*) et la palpation du pouls (*mai*)[5]. Ces transformations thérapeutiques, théoriques et diagnostiques, adviennent entre le IIe et le Ier siècle avant J.-C.[6].

Enfin, les principaux représentants de la médecine savante étaient en Chine des hommes (mais pas exclusivement[7]) dont la pratique s'exerçait dans des espaces sociaux marqués par une « autorité traditionnelle »[8] fondée sur l'expérience (*jingyan*) et la virtuosité (*linghuo*). Or les praticiens d'aujourd'hui qui légitiment leur pratique par l'expérience[9] utilisent une rhétorique élaborée dans l'histoire récente[10]. Cette rhétorique se réfère à l'expérience, mais elle est apparue particulièrement au cours du processus de construction de la nation républicaine (1911-1949), puis communiste (1949-), et elle a conduit à « l'invention d'une tradition », celle de la « Médecine Chinoise Traditionnelle » (MCT)[11].

LA MCT

Nos recherches ethnographiques dans une académie de MCT au cours des années 1980 nous ont permis de conclure que la MCT était un phénomène sociologique et conceptuel distinct dans le champ médical[12]. Sociologiquement, elle est la médecine officielle en Chine populaire, enseignée dans des institutions gouvernementales à partir des années 1950. Conceptuellement, elle se fonde sur le *Zhongyi gailun* (*Principes de la MCT*) qui inspire les manuels rédigés dans le dernier demi-siècle. Dans une perspective interculturelle, la MCT peut se comparer au renouveau que connaissent d'autres médecines indigènes, dites paradoxalement « traditionnelles » lors même qu'elles aspirent à être modernisées, scientifiques, systématiques et standardisées[13]. La standardisation de l'enseignement de la MCT peut sembler un indice de son occidentalisation, mais ce processus de normalisation est présent dans des projets gouvernementaux similaires de toute l'histoire de la Chine dynastique[14].

L'historienne Kim Taylor fait valoir, pour sa part, que la standardisation de la MCT constituait un projet typiquement communiste[15], dans lequel l'idéologie du parti communiste chinois, les politiques qu'il a mises en œuvre assez tôt, leur interprétation et les interventions de Mao Zedong lui-même ont joué un rôle important. La médecine chinoise n'aurait ainsi cessé, pendant tout le XXᵉ siècle, de se définir par opposition à la médecine occidentale. Trois phases caractérisent ce mouvement communiste : la coopération (1945-1950), l'unification (1950-1958), l'intégration (1958 à nos jours). Mao Zedong, voulant unifier les médecines chinoise et occidentale, visait un alignement radical du traditionnel sur le scientifique, jusqu'à ce qu'à partir de 1958 son attention étant requise par des questions plus pressantes, une ligne plus souple soit adoptée, qui permettra l'instauration de la MCT.

Or il nous paraît que ce projet communiste était déjà un projet nationaliste. Après la chute de l'ordre impérial en 1911, la Chine a connu tour à tour l'ère des «seigneurs de la guerre», la Seconde Guerre mondiale et une guerre civile. Jamais les républicains n'ont exercé sur le pays une emprise et une présence étatique nationaliste égales à celles des communistes. Pour le dire autrement, c'est dans le sillage de la Révolution communiste de 1949, au moment où la Chine connaît une phase inédite de construction de la nation, que la MCT est inventée.

L'«INVENTION D'UNE TRADITION» DANS UN ÉTAT-NATION NAISSANT

Trois caractéristiques des «traditions inventées» selon Eric Hobsbawm retiendront notre attention[16]. D'abord la rapidité de leur apparition, plutôt que leur survie, caractérise les «traditions inventées». Or la MCT a été instituée dans un temps très court, aisément datable. Selon Taylor[17], le processus d'institutionnalisation de l'enseignement et de la pratique de la MCT dans les académies s'est opéré de 1956 à 1964. Les quatre premières académies s'ouvrent à Pékin, Shanghai, Chengdu et Canton dès 1956 ; elles seront au nombre de vingt en 1960. Le premier manuel, intitulé *Zhongyi gailun*, est composé à Nankin en 1958 et une première série de dix-huit manuels est achevée dès 1962. Vient ensuite un deuxième ensemble de seize manuels publiés en 1964 qui, avec la cinquième édition de l'ensemble en 1984-1985, constitue désormais le noyau de la MCT.

La deuxième caractéristique est la dimension « en grande partie fictive [18] » de la continuité avec le passé dont se réclame une tradition inventée. Dès lors qu'une part d'innovation existe dans tout rite et acte de transmission d'un corpus savant, y a-t-il nécessité à opposer une tradition « authentique », « ancienne » et « stable » à une tradition « inventée » et « nouvelle » ? Cette distinction a aidé nombre d'historiens à remettre en cause la légitimité de la tradition, voire à dévoiler une manipulation du pouvoir. Dans le cas qui nous retient, elle est inutile, puisque la médecine savante en Chine serait alors une « tradition inventée » dès son origine, il y a deux mille ans.

La troisième caractéristique, en revanche, est très utile pour comprendre le phénomène de la MCT comme projet nationaliste. Hobsbawm vise, à travers la notion d'invention de la tradition, une « construction de l'identité », c'est-à-dire les nouvelles identités produites par le nationalisme naissant telles qu'elles s'expriment au travers de rites publics séculaires, dans les deux sphères du politique et du social. De ce point de vue, la MCT est bien une « tradition inventée ».

Le nationalisme n'implique pas nécessairement un

repli sur une tradition «indigène». Dans les années 1950 la construction de l'État-nation chinois communiste s'inscrit dans le contexte du socialisme international, et la MCT avait la vocation d'atteindre les peuples du monde entier [19]. Par ailleurs, dans leur effort pour accéder à la modernité, plusieurs nationalistes républicains considérèrent que les anciennes traditions chinoises faisaient obstacle au progrès [20], et se battirent pour l'introduction de la science occidentale. Cette position progressiste sous-tend également la déclaration faite par Mao en 1958, selon laquelle la médecine chinoise constituerait un «grand trésor [21]» permettant de créer la nouvelle science à venir, déclaration qui sera transformée paradoxalement, dans les années 1980, en un message de fierté à l'égard de l'héritage culturel traditionnel authentique [22]. Assurément, Mao n'a jamais prôné un retour à l'«ancien» ou au «traditionnel» [23], même lorsqu'il défendait l'idée nationaliste d'un traitement spécifiquement chinois des problèmes.

C'est pendant le mouvement du Grand Bond en avant et la famine qui s'ensuivit, dans un grand dénuement de politique sanitaire, que commence la standardisation de la MCT. Le nombre de praticiens de la médecine chinoise était alors, selon les historiens, cinquante fois plus important que celui des praticiens de la médecine occidentale en Chine, soit un rapport de 500 000 à 10 000 - 20 000 [24]. Les plantes médicinales chinoises étaient aisément disponibles, et l'acuponcture, qui ne demande qu'un matériel sommaire, était facile à maîtriser et simple à utiliser. Les trois innovations en acuponcture qui se produisirent lors du Grand Bond en avant, soit l'auriculothérapie, l'acuponcture crânienne et l'anesthésie par acuponcture[25], n'auraient, selon Taylor[26], rien de fortuit. De la même façon, David Palmer parle du bond en avant qu'a simultanément connu l'institutionnalisation du *qigong*, qui présentait l'avantage unique d'améliorer la santé sans qu'aucun équipement ne soit nécessaire[27]...

La détermination du régime communiste à associer médecine occidentale et médecine chinoise est un phénomène unique dans l'histoire du XXᵉ siècle. Elle procède sans aucun doute du désir des réformateurs républicains, connus par l'historiographie chinoise comme étant «l'École de la fusion» — bien qu'en fait ces réformateurs aient des idées très différentes et irréductibles sur la médecine chinoise[28] — d'associer le meilleur de l'Orient et le meilleur de l'Occident[29]. Mais elle s'attachait également à surmonter la tension entre l'ancien et le nouveau, entre le chinois et l'occidental, entre ce qui relève de l'expérience et ce qui ressortit à la science. La standardisation de la MCT ne revêt donc pas seulement un caractère revivaliste ou réformiste, comme dans certains autres États-nations naissants[30] : il est de type révolutionnaire, tendu vers le progrès et l'avenir.

Le «programme d'unification», draconien, consista dans un premier temps à enseigner aux médecins chinois les bases de l'hygiène et de la médecine occidentale (1950-1953), puis d'obliger les praticiens de la médecine occidentale à apprendre la médecine chinoise (1954-1958). Si l'enseignement de l'hygiène aux guérisseurs traditionnels, afin d'assurer les soins élémentaires, est un phénomène international, l'obligation pour les médecins de suivre des cours de médecine chinoise paraît un événement unique dans l'histoire. Bien qu'elle se soit heurtée à des résistances, cette mesure a indirectement permis certains développements scientifiques, tels que la découverte des vertus du *qinghao* dans la lutte contre la malaria[31]. Toutefois, et ce sera la troisième et dernière phase du projet communiste, le « programme d'intégration », plus souple, allait avoir un impact plus important : l'établissement d'un programme national standardisé d'enseignement médical chinois dans des académies installées dans chaque province, à travers la Chine entière. La mise en place de ce réseau d'institutions gouvernementales relève des efforts tant nationalistes que communistes.

LES PRÉCEPTES FONDAMENTAUX DE LA MCT : *BIANZHENG LUNZHI*

Le *bianzheng lunzhi*, schéma qui permet de « discerner la manifestation [d'une maladie] » et de « déterminer son traitement », constitue le principe majeur de la MCT : il consiste en la traduction des plaintes du patient « concrètes » en des commentaires savants, plutôt « verbeux » et abstraits[32]. En MCT, l'examen diagnostique consiste à mettre en œuvre les quatre méthodes que sont l'inspection du teint, le questionnement du malade, l'exploration olfactive et/ou auditive, ainsi que la palpation du pouls.

La MCT interprète les plaintes émises par le patient en fonction de différents schémas de classification : les huit rubriques (*yin/yang*, extérieur/intérieur, réplétion/déplétion, chaud/froid) ; les cinq viscères (le foie, le cœur, la rate, les poumons, les reins); les six modalités (*yang* lumineux, *yang* majeur, *yang* mineur, *yin* majeur, *yin* mineur, *yin* foncé); le triple réchauffeur (supérieur, médian, inférieur); les quatre secteurs (défensif, actif, nutritif, sanguin); enfin, les six causes de maladie (le vent, la chaleur estivale, le feu, le froid, l'humidité, la sécheresse)[33]. D'un point de vue anthropologique, il est important de préciser que les mots dont les patients se servent pour se plaindre (chaud/froid, foie/cœur, par exemple) sont souvent identiques à ceux que prononce le médecin au terme de l'examen qu'il conduit grâce aux quatre méthodes.

Ce sont donc à la fois des termes concrets et des termes abstraits et techniques qui, dans une deuxième étape, conduisent à une phrase qui pose le diagnostic, comprenant en chinois le plus souvent quatre syllabes. Ce schéma *bianzheng* correspond, du point de vue de l'anthropologie médicale, à ce que Nichter appelle un « illness label » qui définit une « task-onomy », à savoir une détermination des soins, et qui se distingue de la « taxo-nomy », classification des pathologies (*disease*)[34]. Bien que les anthropologues aient depuis longtemps contesté la distinction explicite entre la maladie comme construction sociopsychologique (*illness*) et la maladie comme dysfonctionnement biologique (*disease*), la notion de « task-onomy » reste pertinente parce qu'elle souligne le fait que tout diagnostic comporte certaines implications relatives au traitement et à la position sociale du patient.

La beauté du schéma *bianzheng lunzhi*, outre le fait que le patient pense le comprendre, réside en ce qu'il contient des indications pour l'intervention thérapeutique. Ainsi, un « refroidissement par le vent et le froid » ne signifie pas nécessairement que le patient a passé la journée précédente dans le vent et le froid, ou bien qu'il a subi l'effet néfaste d'un courant d'air, même si c'est ce que retiendra le patient ; cela signifie plutôt qu'il faudra lui prescrire une formule qui élimine le vent et réchauffe.

Dans une deuxième étape, le schéma *lunzhi* (déterminer le traitement) est un processus qui se déroule en deux temps[35]. La première étape consiste à déterminer la formule adéquate au sein du vaste corpus de la médecine chinoise, puis il s'agit, lors d'une deuxième étape, d'additionner et de soustraire différentes drogues qui entrent dans la composition de cette formule afin de répondre à la « manifestation » spécifique du patient.

Les professionnels de la MCT insistent sur la correspondance indispensable entre la « manifestation » du malade et la formule. Les règles de composition du remède s'appliquent également à celles qui structurent les formules elles-mêmes, même si, en pratique, ces règles ne sont pas systématiquement suivies. Ce qui est, par exemple, le cas de la règle du remède souverain, du remède ministre et des remèdes assistants. À partir de ce schéma *bianzheng lunzhi*, la médecine populaire prend un raccourci, dans la mesure où elle administre un remède différent pour chaque plainte ; quant aux mauvais médecins, ils ne se préoccupent que de la « gestion des symptômes », alors que le *bianzheng lunzhi* rend possible un traitement holistique de la « manifestation » toujours unique du patient.

Le schéma *bianzheng lunzhi* ne donne pas d'instructions simples, relatives à tel ou tel type de dysfonctionnement, bien qu'il renferme les connaissances permettant au médecin d'opérer ses choix thérapeutiques. La qualité et la pertinence de ces choix relèvent souvent du savoir tacite, de son expérience et de sa virtuosité.

Le schéma *bianzheng lunzhi* fut très différemment interprété en Chine populaire[36]. Présenté comme le principe essentiel de la MCT, il n'y est cependant pas fait explicitement référence dans le *Canon interne de l'Empereur jaune* des Han, ouvrage généralement considéré comme le fondement théorique de la MCT. L'origine du schéma serait plutôt à chercher dans un ouvrage écrit vers 220 après J.-C., le *Traité des désordres causés par le froid* (*Shanghan lun*), dans lequel les « manifestations » sont différenciées selon la décoction utilisée pour leur traitement[37]. L'introduction du *bianzheng lunzhi* en MCT constitue donc un glissement très discret dans la rhétorique de la médecine chinoise, signalant le passage du *Canon* au *Traité*, des spéculations cosmologiques aux maximes cliniques : le *Canon* met l'accent sur des corrélations synchroniques, tandis que le *Traité* s'intéresse aux transformations diachroniques de la maladie[38]. Les préceptes du *Traité*, qui seront plus valorisés au Japon qu'en Chine pendant plus d'un millénaire, auraient facilité la réception de la médecine occidentale au Japon. D'où le paradoxe de la MCT : le *bianzheng lunzhi*, qui s'attache à ce qui est proprement chinois, accorde implicitement une importance plus grande au *Traité* qui, de par son approche diachronique des changements survenant dans le cours de la maladie, représente une forme chinoise de raisonnement particulièrement assimilable par la rationalité médicale de l'Occident. Ainsi, bien que la rhétorique de la MCT affirme le contraire, l'importance qu'elle accorde au *bianzheng lunzhi* exprime une forme subtile d'ajustement à la médecine occidentale.

D'aucuns pourraient imaginer que lorsque la MCT fonde son raisonnement sur l'examen des cinq viscères, elle s'ajuste à l'anatomie occidentale. J'ai démontré cependant qu'il convenait d'interpréter cette évolution récente comme une simple étape au sein de la longue histoire de la théorie médicale chinoise — étape qui signale le passage d'une «médecine externalisante» à une «médecine internalisante»[39]. En MCT, l'organisation thématique du savoir en différents chapitres, notamment l'interprétation du *yinyang*, du *wuxing* (les cinq agents), du *zangxiang* (les viscères) et du *qixue* (le *qi* et le sang), trouve son origine dans le *Canon des catégories* (*Leijing*), de 1624, sous la dynastie Ming, qui restructura de fond en comble le *Canon* des éditions des dynasties Tang et Song[40].

D'autres[41] déplorent que la MCT assimile morceau par morceau des idées médicales de l'Occident, que le «grand trésor» ne soit plus qu'un «bon filon» à exploiter. La MCT, cependant, s'est montrée plutôt subtile dans son appropriation du matérialisme occidental, de la dialectique marxiste-maoïste, de la technologie scientifique et de l'idéologie biomédicale. Par exemple, un cas de jaunisse rencontré sur le terrain fut diagnostiqué par un médecin de la MCT comme le produit d'un déséquilibre entre le foie et la rate. Dans la doctrine canonique, un teint jaune — couleur de la terre, de l'Empereur et du centre du monde — va de pair avec une affection de la rate située au centre du corps. Pour la médecine occidentale, en revanche, la jaunisse résulte d'une maladie du foie. Les praticiens des cercles savants de la médecine chinoise qui continuent à cultiver une approche fine et subtile de la maladie, peuvent montrer que seule une appréhension superficielle fait apparaître comme contradictoires ces deux explications qui en fait se rejoignent, la jaunisse résultant d'un déséquilibre entre le foie et la rate.

MCT ET PERSPECTIVE INTERCULTURELLE

La République populaire de Chine ne fut pas le premier État-nation à moderniser et institutionnaliser la médecine traditionnelle. En Inde, pays sous domination coloniale britannique du XVIIIᵉ au milieu du XXᵉ siècle, les partisans d'un réveil de la médecine traditionnelle durent lutter pendant plus d'un siècle pour être reconnus par l'État, plus précisément de 1835 — ordonnance de Mácaulay en faveur d'un enseignement exclusivement européen — jusqu'à 1938 — date de l'inscription au registre des médecins des premiers praticiens indigènes. Les premiers officiers britanniques installés en Inde dès la fin du XVIIᵉ siècle sont persuadés que les maladies locales doivent être soignées par des médecins locaux[42]. Lorsque la Native Medical Institution est fondée en 1822, l'*Ayurveda* et l'*Unani tibb* sont enseignés de concert avec la médecine européenne, mais la situation se transforme à partir de l'ordonnance de Macaulay. En fait, la campagne du gouvernement bengalais favorisera la vaccination européenne — alors même que la médecine locale disposait contre la variole d'un procédé d'inoculation à la fois supérieur et bien plus accepté culturellement[43].

Les partisans du réveil des traditions, principalement issus des classes moyennes, recherchaient un marché pour leurs pratiques thérapeutiques. Cependant, ils restaient divisés par leurs appartenances religieuses, linguistiques et politiques diverses, et l'instauration en 1907 de l'*Ayurveda Mahasammalan* pan-indienne fut d'autant plus remarquable. Lors de la fondation de l'Association médicale indienne en 1928, ses dirigeants envisagèrent l'admission de praticiens indigènes. Mais à Londres, le General Medical Council exigea que l'on distingue clairement la médecine «scientifique» des autres systèmes médicaux, avant toute reconnaissance possible des diplômes indiens sur un plan international. Le président de l'Association médicale indienne tenta en vain de faire valoir que la médecine traditionnelle présentait l'avantage d'être peu coûteuse, tant à enseigner qu'à pratiquer. Demeure que l'orientation des financements vers la seule médecine «scientifique» assurera aux médecins indiens un niveau de formation exceptionnel.

Si, à partir de la fin des années 1970, l'*Ayurveda*, le *Siddha* et l'*Unani tibb* sont enseignés et pratiqués dans des établissements professionnels — ce qui est toujours le cas aujourd'hui[44] —, ils conservent un statut paramédical[45].

Le Japon, en revanche, se distingue à la fois de l'Inde et de la Chine. Il ne fut jamais une colonie et, pendant la période Edo (1600-1868), ses contacts avec la médecine européenne furent très limités, essentiellement médiés par des marchands. Mais avec la restauration Meiji, en 1868, le gouvernement adopta l'intégralité de l'enseignement médical allemand, qu'il imposa à tous ses étudiants en médecine à partir de 1875. Les deux tentatives de 1875 et de 1895 pour faire renaître le *Kanpo*, médecine traditionnelle de l'élite, échouèrent. Il fallut attendre 1910 pour que Wada Keijuro réussisse à promouvoir le *Kanpo*. Cela n'empêcha pas l'interdiction, en 1946, de la pratique de l'acuponcture et de la moxibustion, jugées « barbares et non hygiéniques », décision cependant révisée l'année suivante. Il fallut attendre la fin des années 1970 pour que le système national d'assurance et de santé commence à rembourser les prescriptions d'herbes médicinales. Dans les années 1980, on pouvait donc comparer le statut du *Kanpo* au Japon à celui des médecines complémentaires et alternatives en Allemagne ou dans les autres pays d'Europe et d'Amérique [46].

La Chine, elle non plus, ne fut jamais une colonie. Certaines influences occidentales s'exercèrent, comme l'introduction par les jésuites de leur savoir médical, notamment l'anatomie, dans la Chine impériale du XVIIe siècle, la fondation par les missionnaires d'écoles de médecine au XIXe siècle, ou l'habitude, pour certains Chinois (tel Sun Yat-sen), de se rendre à l'étranger afin d'y étudier la médecine au début du XXe siècle. Mais ce n'est qu'en 1915 — avec la fondation du Rockefeller Peking Medical Union College — que sera institué durablement un enseignement soutenu de la médecine occidentale (au moment de la Révolution communiste, la fondation Rockefeller avait déjà formé la plupart des membres du ministère de la Santé). Les intellectuels progressifs du Mouvement du 4 Mai 1919, à quelques exceptions près, avaient qualifié la «vieille» médecine de réactionnaire, superstitieuse et irrationnelle[47], et c'est le ton qu'adoptèrent les républicains, proposant l'abolition de cette médecine en 1929[48], comme en témoignent les premiers discours de Mao sur le sujet[49].

Nous l'avons vu, le tournant décisif s'opère dans les années 1950 au sein du projet de construction de la nation, avec la volonté de Mao de réaliser l'unité d'une nouvelle médecine chinoise et occidentale. Cette politique s'intensifie pendant le déclin des ressources induit par la crise majeure du Grand Bond en avant (1958-1961). Mais de nombreux vieux praticiens à la réputation bien établie seront torturés, tués, quand ils ne recourront pas eux-mêmes au suicide, lors de la Révolution culturelle (1966-1976). Ce furent là des pertes irréparables que ne purent compenser ni la réapparition, à partir de 1978, de l'examen d'entrée à l'université, qui permettra de recruter des étudiants particulièrement brillants, ni la cinquième édition des manuels de la MCT.

Dans les années 1980, tous les jeunes enseignants en acuponcture de l'Académie de MCT du Yunnan sont issus de familles de dirigeants locaux du Parti ou de l'intelligentsia universitaire, à l'exception d'un seul, issu du milieu médical et familiarisé dès l'enfance à la médecine chinoise. Les étudiants des filières techniques et professionnelles, quant à eux, viennent pour la plupart de la paysannerie, sauf pour les quelques cas où les parents sont enseignants ou médecins. D'où il ressort que dans une province reculée telle que le Yunnan, la MCT avait pour fonction, à la fin des années 1980, de réaliser la politique maoïste visant à surmonter la division sociale entre zones urbaines et rurales, périphérie et centre, ainsi qu'entre les classes. Bien que la MCT n'ait jamais bénéficié du même soutien financier de l'État que la médecine occidentale, vers laquelle l'essentiel de la population urbaine se tournait pour bon nombre d'affections, elle n'a jamais été, pour autant, une profession paramédicale. Elle était reconnue pour elle-même et considérée comme plus efficace dans le cas de certains désordres[50].

Comparer ces trois «traditions médicales inventées», emblème de l'identité nationale, conduit à souligner qu'à la fin du XXe siècle, l'une avait acquis, en Inde, un statut paraprofessionnel tandis qu'au Japon elle est une médecine complémentaire, alors qu'en Chine communiste, elle fait l'objet d'une politique unique d'intégration à la médecine occidentale.

L'HISTOIRE DU *QIGONG*

L'invention de la MCT s'accompagna de celle du *qigong*, qui fut promu surtout dans la sphère médicale[51]. Bien que le terme puisse être trouvé dans des textes Tang et Song, avant que l'époque républicaine ne le remette en circulation en lui conférant de nouvelles significations[52], le *qigong*, épuré de ses connotations religieuses, se propagea essentiellement sous la République populaire. Plus qu'une «pratique de méditation», il devint alors une «technique de respiration», une sorte d'«entraînement physique»[53].

L'histoire du *qigong* diffère de manière intéressante de celle de la MCT, tout comme son historiographie. Elle met en relief des personnalités remarquables :

Liu Guizhen, le fondateur du *qigong*, Yan Xin, considéré comme un grand maître dans les années 1980, ou encore Zhang Hongbao et d'autres célébrités des années 1990. Par ailleurs, les médecins adhèrent à une autorité traditionnelle qui permet une institutionnalisation bureaucratique plus aisée, alors que les grands maîtres du *qigong* s'appliquent souvent à créer un culte autour d'eux. Leur efficacité thérapeutique est étroitement dépendante de leur charisme personnel. Les maîtres les plus influents associaient l'habileté à s'inscrire dans les réseaux politiques à une bonne éducation (ils étaient diplômés de l'université)[54].

Le *qigong* comme thérapie curative va de pair avec son institutionnalisation dans les centres de réhabilitation. Le premier de ces centres ouvrit ses portes à Tangshan en 1954, l'année où le protecteur politique de son fondateur fut promu secrétaire du Parti de la ville. Il portait le nom de «Centre de réhabilitation pour les ouvriers de Tangshan». Deux ans plus tard, en 1956, le responsable du ministère de la Santé pour la province de Hebei décida de le transférer à Beidaihe, lieu de villégiature privilégié des cadres du Parti, au bord de la mer du Nord, valorisant ainsi socialement le *qigong*. Le centre devint alors la principale institution pour la pratique du *qigong* jusqu'en 1965[55].

Si aucune campagne ne fut jamais menée à l'encontre de la MCT, le *qigong* fit l'objet, dès l'année 1964, de critiques virulentes : «superstition», «reliquat pourri du féodalisme», en mettant l'accent sur la placidité, il produirait des corps contre-révolutionnaires, puisque seul le «corps actif» contribuait à l'«édification du socialisme». Son fondateur fut expulsé du Parti et envoyé en camp de rééducation dans le même temps où interdiction était faite de l'enseigner et de lui consacrer des ouvrages[56]. Il faudra attendre 1978 et la proclamation, par un gouvernement réformateur, des Quatre Modernisations pour que le *qigong* retrouve un soutien officiel. Pour autant, les pratiques de méditation issues des traditions taoïste, bouddhiste et confucianiste — notamment celle des arts martiaux — ne disparurent pas pendant ces années[57]. Bien que Palmer les décrive comme clandestines, les guérisseurs *qigong* que j'ai rencontrés ne donnèrent pas cette impression[58]. Ils le pratiquaient tranquillement, discrètement et, en général, à l'écart des espaces publics. Cependant les praticiens exerçant ouvertement furent découragés par harcèlement[59], mais ils n'étaient toutefois pas envoyés en prison.

On pense souvent que la Révolution culturelle aurait soutenu les pratiques de soin traditionnelles ; or, c'est dans cette période que les grands maîtres du *qigong* tombèrent en disgrâce et que les vieux médecins chinois furent, comme tous les intellectuels, classés de façon humiliante « dans la neuvième catégorie puante ». Si certaines activités de recherche, soigneusement sélectionnées, se poursuivirent, l'enseignement dans toutes les académies de la MCT s'interrompit. Dans les zones rurales et les régions isolées, la présence de l'État s'accentua. Un plan novateur fut institué dans le domaine de la santé. Il n'avait rien d'une « tradition inventée », mais constituait un projet socialiste établissant un lien explicite entre l'offre de soin, l'augmentation de la production et le développement économique : le projet des « médecins aux pieds nus »[60].

Si l'on considère que le projet socialiste a favorisé

l'usage des médecines traditionnelles, un bref coup d'œil au *Manuel des médecins aux pieds nus*[61] et à l'ensemble des activités décrites suffit à montrer qu'il avait pour but d'instruire les paysans en matière d'hygiène élémentaire, de traitement des blessures, de vaccination, de planning familial et de premiers secours. Il y est aussi question d'acuponcture, de moxibustion et d'herbes médicinales (la *materia medica* usuelle), mais sous une forme très simplifiée. Par exemple, seuls six des trois cent soixante-cinq points d'acuponcture sont enseignés[62].

Autrement dit, même si, paradoxalement, la Révolution culturelle connut certains des accomplissements les plus durables en matière de médecines traditionnelles — la découverte des manuscrits de Mawangdui, l'inestimable édition du *Zhongyao dacidian* (dictionnaire chinois de matière médicale) ou encore le décryptage systématique des remèdes chinois qui aboutit à la découverte de l'antimalarien le plus efficace à ce jour, le *qinghao* —, il fallut attendre la mort de Mao, en 1976, pour que la MCT et le *qigong* connaissent un nouvel élan.

Les années 1980 furent celles d'une véritable «fièvre du *qigong*». Les anthropologues médicaux qui étudiaient alors la MCT sur le terrain — Ots, Chen et moi-même[63] — ne purent échapper au phénomène. Ils offrirent du *qigong* une vision kaléidoscopique, mettant en évidence toute une série de thèmes plus ou moins reliés : les différentes propriétés du *qi* (celle, supérieure, du «*qi* interne» s'opposant au «*qi* externe» communément émis) et les divers types de *qigong* («doux» ou «dur»); la manière dont les institutions médicales, dans les années 1950, le promulguent comme «nourriture intérieure»; sa popularité dans les années 1980 surtout, mais pas exclusivement, en dehors de ces institutions ; son succès auprès des militaires ; ses effets thérapeutiques et son influence sur la vitalité et la personnalité (le *qigong* étant réputé, par exemple, produire de bonnes odeurs corporelles) ; et aussi, ses pouvoirs extraordinaires.

Palmer identifie trois étapes marquantes dans l'histoire du *qigong* : l'« institutionnalisation médicale » des années 1950, l'« explosion religieuse » des années 1980 et la « crise politique » des années 1990[64]. Il souligne l'aspiration du *qigong* à être reconnu comme science. L'expérimentation scientifique du *qigong*, y compris celle de capacités paranormales, commença dans les années 1980 et culmina au début de la décennie suivante ; elle apparaît surtout dans les textes.

De fait, à l'instar de la MCT, le *qigong* passait pour être scientifique, mais alors que la MCT associait pratique traditionnelle et pratique scientifique, le *qigong* entretenait avec la science un rapport d'une autre nature. C'étaient les effets du *qigong*, « tradition inventée », qui faisaient l'objet d'une étude scientifique — l'idée sous-jacente étant que ces effets résultaient de la mise en œuvre de techniques plus avancées que celles de la science conventionnelle. La plupart du temps, les expérimentations scientifiques n'étaient pas menées selon un protocole qui eût pu satisfaire les critères occidentaux[65]. Elles avaient néanmoins valeur idéologique. Selon Palmer, « le *qigong* donne à la Chine l'espoir de retrouver sa dignité et ses traditions, tout en prenant le leadership du développement scientifique mondial[66] ». Cette réconciliation rapprocherait assurément le *qigong* de la « tradition inventée » de la MCT, mais n'explique pas la fièvre qu'il connut dans les années 1980.

À cette époque, les gens pratiquaient le *qigong* ouvertement dans les parcs et dans les foyers, et dans leur unité de travail se rendaient volontiers aux séances programmées à l'auditorium à l'occasion de la venue de tel ou tel maître. Tout le monde, cependant, n'était pas pris par la fièvre, et même si les parcs étaient combles, nombreux étaient les Chinois qui ne s'y risquaient pas, observant le spectacle avec amusement et parfois avec grande réserve[67]. Le *qigong* était, disait-on, sous la protection d'une poignée de hauts fonctionnaires du Parti, mais ne recevait pas de soutien institutionnel comme la MCT. L'académie de MCT du Yunnan l'inscrivit officiellement à son programme sous l'appellation non pas de *qigong* mais de *yangsheng gong*[68]. Le changement d'appellation est significatif.

Ots parle de « corps expressif » pour qualifier l'engouement pour le *qigong*[69], et, tout comme Micollier[70], utilise la métaphore hydraulique pour décrire le libre cours donné aux émotions retenues pendant la Révolution culturelle. J'ai suggéré, en revanche, que le *qigong* conduisait à l'introspection, à la découverte du corps et de soi[71], à une époque que certains qualifient de chaotique, *luan*, terme qui désigne aussi la Révolution culturelle. J'ai montré qu'il y avait eu une crise d'identité, et que celle-ci se caractérisait par une désillusion politique et une crise de confiance dans le Parti (et non par une perte de foi religieuse, comme le suggère Palmer[72]). Les adeptes du *qigong* que j'ai rencontrés n'étaient pas portés par une foi religieuse (la mère du guérisseur Qiu était croyante, mais pas lui-même) ; leurs expériences n'étaient pas religieuses et leur pratique ne semblait pas une quête ésotérique du mystère, que l'on observe si souvent en Occident.

En réalité, l'histoire du *qigong* a connu non pas trois, mais quatre phases : le *qigong* institutionnalisé dans le cadre médical relève de la catégorie des «traditions inventées» pendant le projet de construction de la nation dans les années 1950, bascule du côté des «pratiques superstitieuses» au cours des années 1960, et prend valeur de «phénomène populaire» dans les années 1980 — période de crise latente politique et militaire, aboutissant au massacre de la place Tian'anmen en 1989. Dans ces années, il n'existait aucun «monde du *qigong*» distinct : les gens s'essayaient à la pratique, l'abandonnaient, puis recommençaient avec un autre maître ; les techniques étaient variées, les liens peu serrés et souvent éphémères. La popularité du *qigong* semble être l'expression d'une crise avortée de l'identité politique et personnelle. Mais dans les années 1990, plus stables, émergent des «mondes du *qigong*» clairement structurés, marqués par l'existence d'organisations souvent extrêmement hiérarchisées, avec un fort culte du chef[73]. Le *qigong* est alors commercialisé, médicalisé[74] ou transformé en un mouvement religieux[75], doté d'une structure d'organisation militante, qui commencera à être persécuté en 1999 et plongera dans la clandestinité[76].

LE *ZHONGYIYAO*
DEPUIS LES ANNÉES 1990 :
UNE MODERNITÉ ALTERNATIVE ?

Les dernières années du XXe siècle demeurent marquées par la grande créativité de la réinterprétation des concepts les plus courants de la médecine chinoise et de leur application[77]. Il est probable que cette réinterprétation relevait davantage de ce que les Chinois appellent *zhongxiyi jiehe* (la médecine chinoise et occidentale intégrée) que de la *zhongyi* (la MCT). Dans le contexte de globalisation et de marchandisation de la santé, le terme *zhongyiyao* vit le jour en République populaire de Chine. Et le potentiel commercial du *zhongyiyao* supplanta le sentiment nationaliste auquel la MCT faisait référence. Les premières années du XXIe siècle ont vu, en effet, l'émergence d'une interprétation marchande de la MCT. Les académies qui dispensaient son enseignement sont devenues des « universités de médecine chinoise et de pharmacothérapie chinoise ». Si l'on se souvient que l'expression « médecine chinoise » comprenait autrefois la « pharmacothérapie », ce glissement sémantique marque le passage d'une posture nationaliste mettant en évidence les idées chinoises de la pratique médicale, à une posture scientifique — avec l'évaluation des remèdes par une science universellement acceptée permettant leur exploitation commerciale. La République populaire de Chine prend place désormais dans les relations commerciales internationales.

Le commerce des remèdes chinois et autres formules asiatiques[78] est devenu extrêmement lucratif avec la multiplication de boutiques de produits naturels, la libre délivrance de remèdes dépourvus d'autorisation officielle, à une époque où une classe moyenne économiquement forte devient sensible à l'argument d'une « société du risque » qui prône la prise en charge et la responsabilité personnelles. Ces diverses médications chinoises qui depuis quelques années inondent le marché mondial des médecines alternatives et complémentaires furent élaborées et produites au sein du projet communiste d'intégration des médecines chinoises et occidentales. Partout dans le monde, des responsables gouvernementaux et des professionnels de la santé les dénoncent comme des falsifications de la phytothérapie traditionnelle. Les anthropologues, quant à eux, conscients des implications économiques et politiques du phénomène, ont forgé le concept de « modernités alternatives[79] » qui valorise les efforts des populations non occidentales pour moderniser leurs traditions, sans recourir aux idées d'authenticité et d'adultération. Si la MCT relève d'une « tradition inventée » dont l'essor fut rapide au sein du projet communiste de construction de l'État-nation, le *zhongyiyao* représente sans doute une « modernité alternative » qui répond aux exigences commerciales d'un marché mondial de la santé.

ELISABETH HSU

TROISIÈME PARTIE

QUESTIONS D'IDENTITÉ : L'ÉCRITURE ET LA LANGUE

CHAPITRE IX

L'écriture chinoise : mise au point

Les deux grands types d'écritures dans le monde moderne sont l'alphabétique et la chinoise. À l'heure actuelle des centaines de millions d'hommes écrivent en chinois. Ils n'ont pas consacré à l'apprentissage de ce savoir plus d'années d'études que n'en requiert une écriture alphabétique. Or, l'écriture chinoise est l'objet de préjugés multiples, souvent contradictoires. On l'a longtemps qualifiée en Occident d'outil médiocre en comparaison des alphabets. On ne dit plus cela depuis que les applications de l'informatique ont intégré son usage aux techniques contemporaines de communication.

Des préjugés d'un autre ordre ont encore cours, le mieux ancré consistant à penser que l'écriture chinoise permettrait un accès direct au texte écrit, sans la médiation de la parole. Les mots « idéogramme » et « pictogramme », encore largement utilisés pour désigner le caractère chinois, témoignent de la persistance de telles constructions. Le premier de ces termes suggère que les graphies seraient fondées sur un système d'idées primitives aussi nécessaires que les chiffres de la numération. Le second évoque les images qui auraient constitué les caractères chinois à l'origine et dont on repérerait encore les traces sous les formes schématisées contemporaines.

Il ne s'agit pas seulement de la manière de parler de personnes ignorantes des choses chinoises. Ces courants informent encore le discours savant. En voici un exemple : «(...) ce fait : que la langue chinoise soit restée la dernière langue idéographique du monde. S'il y en a eu d'autres, le chinois est le seul système idéographique en revanche à avoir survécu, à ne pas avoir été supplanté par le système phonétique, apparu plus commode[1]».

Tout d'abord, je rappellerai les structures élémentaires de cette écriture, puis je donnerai un aperçu des comparaisons menées en psychologie expérimentale entre les écritures alphabétiques et l'écriture chinoise. Ces travaux montrent que les processus de lecture sont sensiblement identiques dans les deux cas.

Puis j'évoquerai brièvement les analyses chinoises, pour consacrer l'essentiel de mon propos à la manière dont le phantasme d'une écriture première et l'illusion d'une graphie plurilingue ont nourri les représentations de l'écriture chinoise élaborée en Europe à partir du XVIIe siècle. Après avoir récusé les qualificatifs d'idéographique et de pictographique appliqués à cette écriture, je m'interrogerai sur son ancienneté et sur ses supposés fondements magico-religieux.

Enfin, rappelant l'extension actuelle de l'écriture chinoise et sa continuité historique, je me demanderai pourquoi, selon des modalités différentes, nombre de Chinois et d'étrangers éprouvent le besoin d'«ajouter» des qualités douteuses à ce qui est une des plus belles réalisations de l'humanité.

LES STRUCTURES ÉLÉMENTAIRES

L'unité graphique de l'écriture chinoise est le caractère qui correspond à une syllabe et a pour signifié un morphème. C'est ce qui différencie principalement cette écriture des systèmes alphabétiques où la lettre correspond à un phonème. Le morphème syllabique peut constituer ou non un mot indépendant

Il y a deux types de caractères, les caractères simples, qui sont indécomposables en sous-ensembles et les caractères composés, qui sont faits de deux ou plusieurs parties constituantes. Il existe quelques centaines de caractères simples et un nombre indéterminé de caractères composés[2]. Ces derniers résultent de l'assemblage d'éléments simples. C'est cette économie relative de formes qui rend possible l'apprentissage de la lecture. Celle-ci est fondée sur l'identification du mot, laquelle suppose qu'on connaisse la langue chinoise et qu'on ait appris à reconnaître un minimum de caractères.

Dans la majorité des caractères complexes, il y a un élément qui donne des indications sur sa prononciation. Celles-ci ne sont pas directes, comme dans les systèmes alphabétiques, mais opèrent indirectement par la récurrence d'un même élément dans une série de caractères transcrivant des mots de même prononciation ou de prononciation voisine. Ces «séries phonétiques» permettent dans bien des cas de «deviner» la prononciation d'un caractère par analogie avec d'autres déjà connus. Par ailleurs, certains éléments «déterminatifs», ajoutés à l'origine pour distinguer les différentes acceptions d'un même mot, peuvent suggérer à quelle classe appartient le caractère ainsi construit.

Par exemple le mot *sang*, qui désigne «la gorge» s'écrit avec le caractère 嗓 composé du déterminatif 口 «bouche» (à gauche) et du mot *sang* «mûrier» 桑 qui fait ici fonction d'indice phonique. Ce caractère est lui-même un composé, qui comporte dans sa partie inférieure le déterminatif 木 «bois».

Du fait que les déterminatifs sont utilisés pour le rangement des caractères dans les dictionnaires, ils sont aussi appelés «clés». Cependant, tous les déterminatifs ne sont pas des clés : ils ne le sont que lorsque les lexicographes les utilisent comme telles. Un même élément graphique peut être «phonétique» dans un caractère, «déterminatif» dans un autre. Par exemple le caractère 馬 *ma* «cheval» est déterminatif dans 騖 *wu* «galoper», indice phonique dans 罵 *ma* «injurier». Les déterminatifs ne symbolisent nullement des *notions fondamentales* : créés à l'origine et lors des premiers développements de l'écriture pour différencier les homophones, ils ont constitué des rubriques destinées à faciliter une recherche dans les dictionnaires. C'est un classement technique des signes et non pas une classification de notions. Autrement dit, l'analyse graphique en éléments constituants n'est pas linguistiquement pertinente : son intérêt est d'ordre mnémotechnique et éventuellement poétique.

À la différence des alphabets, où l'unité graphique, la lettre, correspond à un phonème non signifiant, le caractère chinois est signe linguistique complet (signifiant et signifié). Alors que le mot écrit en français comporte une analyse de sa prononciation, un caractère chinois suggère sa prononciation en bloc, toute la syllabe d'un coup et en même temps le sens : c'est un signe linguistique. Jusqu'à ces dernières années, une telle différence de mécanisme paraissait impliquer des processus de lecture profondément dissemblables. Il était pourtant déjà clair pour les linguistes que le principe est identique : on ne peut lire un texte que si l'on connaît la langue qu'il transcrit.

LES PROCESSUS DE LECTURE

Après avoir étudié les troubles des aphasiques, les psychologues en sont venus à analyser les processus de lecture chez des sujets normaux. Une interrogation essentielle porte sur les rôles respectifs du visuel et du sonore dans la reconnaissance des mots. On s'est d'abord intéressé aux écritures alphabétiques. Alors que les débutants verbalisent chaque mot pour en saisir le sens, on se demandait si les lecteurs entraînés ont besoin de cette médiation par la parole pour avoir accès au sens des mots écrits. De nombreuses expériences ont validé l'hypothèse de la « double route » : il y aurait tantôt accès direct, visuel, tantôt recodage phonique. Il semble prouvé que le recours à l'une ou l'autre voie est déterminé par la fréquence des mots, leur régularité orthographique et la vitesse de lecture. Pour les mots fréquents et réguliers, on tend à se passer de détour phonique, surtout quand on lit vite ; dans tous les autres cas l'identification des sons est nécessaire.

Quand on s'est demandé si cela était valable pour

toute écriture et, en particulier si l'écriture chinoise n'offrait pas un exemple d'accès direct, sans médiation phonique, on a réalisé de nombreux tests, avec des adultes entraînés à la lecture. Il s'est avéré qu'en chinois, comme en anglais, le codage phonique n'est pas nécessaire pour identifier les mots fréquents mais qu'il est requis pour ceux qui ne le sont pas. Dans l'état actuel des connaissances, on peut dire qu'il n'y a pour aucune écriture d'accès direct à la lecture sans médiation par le son, mais que celle-ci n'est pas systématique puisqu'elle ne concerne qu'une partie du vocabulaire — partie variable selon les sujets, les textes en jeu et les circonstances.

On a longtemps débattu de la question de la dominance hémisphérique (quelle partie du cerveau serait concernée par telle ou telle tâche cognitive?). Les recherches les plus récentes tendent à prouver qu'au-delà des localisations, les processus d'interaction et de compensation jouent un rôle majeur. Toutefois, il importe de connaître l'état de la question, ne serait-ce qu'en raison des idées fausses qui ne cessent de circuler à ce sujet.

Il y a quelques décennies, l'observation d'aphasiques chinois semblait montrer une supériorité de l'hémisphère droit pour la reconnaissance des graphies de types chinois. Or, on considère que cet hémisphère droit est surtout spécialisé dans la reconnaissance des formes[3]. C'est l'hémisphère cérébral gauche qui contrôle principalement les facultés du langage et aussi l'emploi des écritures alphabétiques. Cela semblait une différence majeure, de nature à conforter les discours culturalistes.

Néanmoins, on a démontré en 1979 (et cela a été confirmé depuis) que, s'il est exact que des caractères isolés sont mieux identifiés dans le champ visuel gauche (correspondant à l'hémisphère droit), pour les mots composés la situation est inverse : le champ visuel droit (hémisphère gauche) est privilégié, comme c'est le cas pour les écritures alphabétiques. Ainsi, dès lors qu'on a affaire à un segment plus long que le caractère et *a fortiori* à un texte, l'écriture chinoise fonctionne neurologiquement comme toute autre écriture. Cette identité de processus est maintenant bien confirmée. Cependant l'hypothèse d'une différence fondamentale a laissé des traces : l'annonce d'un fait curieux est toujours plus spectaculaire que sa réfutation.

On peut conclure qu'en dépit des contrastes visuels et des différences de stratégie d'apprentissage entre les écritures chinoise et alphabétique, il y a une très grande similarité de processus pour extraire le sens à partir de la page imprimée. Ainsi, Ovid Tzeng, l'un des pionniers des recherches cognitives sur l'écriture chinoise, écrit que la question importante à propos de la lecture n'est plus désormais : « Existe-t-il des différences ? » mais : « Pourquoi y a-t-il tant de choses en commun dans les processus psycholinguistiques à travers des écritures perçues comme extrêmement différentes[4] ? »

IDÉES REÇUES SUR LA NATURE DE CETTE ÉCRITURE

Les idées sur l'écriture en Chine même

Leur écriture est depuis le début de notre ère un des sujets d'intérêt majeur des lettrés chinois. Le premier monument de cette tradition, le *Shuowen jiezi* (présenté à l'empereur en l'an 100 de notre ère) est un inventaire de près de dix mille caractères donnant des indications à la fois sur leur prononciation par la mention de caractères ayant à l'époque une prononciation voisine, et sur leur sens, par le groupement des entrées et de courtes gloses. Dès lors était reconnue la valeur mixte de l'écriture chinoise, phonique et sémantique. Au cours des siècles suivants, une science phonologique s'est constituée à la suite de l'introduction du bouddhisme et des contacts avec l'écriture sanscrite. Les «tables de rimes» qui groupaient les caractères en fonction des traits pertinents de leur prononciation n'aboutirent pas à une analyse de celle-ci en phonèmes comme dans les alphabets : ce n'était pas nécessaire, l'unité phonique aussi bien que sémantique restant le caractère. La constitution au XVIII siècle d'une école philologique originale, dite des «études critiques», n'entraîna pas une remise en cause de la tradition chinoise. La prétendue origine pictographique de l'écriture, que certaines formulations du *Shuowen* semblaient cautionner, était récusée par de grands érudits tels que Dai Zhen (1723-1777). Jusqu'aux premières décennies du XXᵉ siècle, des intellectuels de premier plan, tels que Zhang Binglin (1868-1936) et Liu Shipei (1884-1919), ont fait porter leur réflexion sur une possible rénovation de la tradition fondée sur une écriture chinoise ramenée à ses principes essentiels[5]. Cependant, depuis les premières confrontations avec l'Occident et les défaites qui suivirent, un mouvement inverse s'était amorcé. L'histoire de ce retournement et de ses suites jusqu'à nos jours est exposée par Chu Xiaoquan dans ce volume.

Bien que les théories pictographiques et idéographiques élaborées en Europe aient emprunté des éléments à une tradition chinoise multiple, celle-ci n'a jamais fait qu'une place marginale à de telles constructions. À l'époque actuelle ce n'est le fait que de quelques professeurs, soutenus par les partisans d'une « linguistique culturelle chinoise » d'orientation nationaliste[6]. Dans l'ensemble il n'est pas étonnant que les Chinois, qui ont une perception intime d'une écriture qu'ils pratiquent couramment, soient moins exposés que les étrangers à l'habiller de mythes.

Origines des idées européennes sur l'écriture chinoise

Construites depuis l'Empire romain sur des renseignements fragmentaires apportés par des marchands, des voyageurs, puis des missionnaires, les images que l'Europe s'est forgées de la Chine au cours des siècles ont comporté une part notable d'illusions et de phantasmes. Cela ne résultait pas seulement du défaut d'information — il y eut à certaines époques de remarquables témoins — mais aussi du désir européen d'un ailleurs apte à cristalliser désirs et rejets.

À propos de l'écriture, le discours des lettrés chinois, avec lesquels des Européens entrèrent en contact direct à partir du XVIe siècle, portait surtout sur la permanence de ce médium et son rôle dans la transmission d'un ensemble de textes classiques prestigieux. Cependant, c'est sur leurs propres observations que les étrangers fondèrent l'idée qu'ils se firent de cette écriture. Ils furent frappés par l'usage d'une même écriture parmi des populations parlant des langues différentes. Le témoignage des jésuites frappa particulièrement les esprits. Ils étaient allés au Japon avant de pouvoir pénétrer en Chine et l'un des plus éminents d'entre eux, François-Xavier (1506-1552), écrivit vers la fin de sa vie « qu'un Japonais éduqué peut lire et comprendre ce qu'écrit un Chinois[7] ». De plus, quand des missionnaires s'installèrent dans le sud de la Chine, ils s'aperçurent que les parlers y étaient divers et que malgré tout la communication écrite fonctionnait bien. De là naquit l'idée que des populations appartenant à des peuples différents, parlant des langues distinctes, pouvaient communiquer par écrit sans difficulté. Les Européens concernés s'expliquèrent cette grande merveille en supposant, certains qu'il s'agissait d'une sorte de mathématique des idées, d'autres que les caractères recelaient des images directement interprétables. De là les constructions « idéographiques » et « pictographiques ». Il y a lieu de voir comment on a pu supposer que l'écriture chinoise transcendait les frontières linguistiques et en quoi c'est inexact.

Dans les premiers siècles de notre ère, plusieurs pays voisins de la Chine empruntèrent à celle-ci son écriture, en même temps que son vocabulaire abstrait, technique et administratif. Ce fut le cas de la Corée, du Japon, du Vietnam, bien que les langues de ces pays n'appartiennent pas à la même famille linguistique que le chinois. Ils n'avaient pas à l'époque d'écriture propre[8]. Le cas du Japon est le plus intéressant de notre point de vue, puisque les caractères chinois y sont encore en usage. Pendant les premières phases de l'introduction de l'écriture, on utilisait tout simplement la langue et l'écriture chinoises. Le besoin se faisant sentir d'écrire la langue du pays pour désigner des objets, rites et coutumes proprement japonais, on commença par utiliser des caractères chinois pour leur prononciation, sans qu'il y ait encore de règles pour déterminer lequel des caractères ayant la prononciation convenable était choisi[9]. Peu à peu le système fut normalisé et l'on aboutit à un syllabaire d'une cinquantaine de signes, les *kana* (issus de formes cursives de caractères) qui sont maintenant utilisés pour écrire le vocabulaire d'origine japonaise et (dans une graphie plus rigide) pour transcrire les mots européens. Cependant l'essentiel du vocabulaire emprunté jadis à la Chine est resté en caractères chinois, les *kanji*. Aujourd'hui, tout Japonais connaît plus d'un millier de ces graphies d'origine chinoise. Confronté à un texte en chinois, un Japonais ignorant cette langue n'est pas égaré comme le serait un Français dans la même situation. Cependant, la possibilité de repérer ce dont il s'agit n'est pas une véritable lecture : les Japonais sont dans une situation peu différente de la nôtre par rapport à l'anglais. Dans les ouvrages savants, où la proportion des formes d'origine latine peut atteindre 60 à 70 %, la communauté de vocabulaire permet à un Français cultivé ignorant l'anglais non pas de « lire », loin de là, mais de « voir de quoi il s'agit ». N'est-ce pas sensiblement la même chose pour un Japonais monolingue face à un texte chinois ? De fait, sans apprentissage de l'autre langue, il n'y a pas de lecture.

Des phénomènes d'intercompréhension écrite observés en Chine même ont conforté aux yeux des Européens l'illusion d'une indépendance de l'écriture par rapport aux formes parlées. Il existe dans le sud de la Chine de grands groupes dialectaux, qui appartiennent tous à la famille des langues chinoises, dites « sinitiques ». Il n'y a pas de compréhension orale entre ces langues, ni entre elles et le mandarin basé sur la langue du Nord. Toutefois, le locuteur de l'une d'entre elles peut lire facilement des textes écrits par des scripteurs d'un autre groupe dialectal. Cela est dû au fait que tous les Chinois qui apprennent à lire et à écrire le font dans une même langue, jadis le chinois classique, maintenant le vernaculaire commun (appelé *putonghua* en République populaire de Chine, *guoyu* à Taiwan).

Il ne s'agit pas seulement des graphies mais de la langue de l'enseignement dans toutes ses dimensions, lexicales, grammaticales et rhétoriques. Tout au long de l'histoire, il n'y a eu qu'une seule forme écrite admise dans toute la Chine. Les dialectes n'ont jamais été écrits de façon significative. Depuis l'unification des graphies imposée par le premier empereur, au IIIe siècle avant notre ère, l'État chinois a toujours veillé au maintien d'un enseignement homogène de la langue. C'est la langue de l'administration et de l'école ; son vocabulaire est commun à tous les Chinois éduqués, quel que soit leur usage linguistique local. À cet égard il est significatif qu'aujourd'hui encore, seules des zones périphériques échappent partiellement à cette emprise[10].

Les missionnaires européens arrivés en Asie aux XVIe et XVIIe siècles imaginèrent — ou laissèrent croire involontairement — qu'il s'agissait là d'un accès direct au sens, sans la médiation des langues parlées. Par la suite, il est remarquable que les savants qui ne cessaient de demander aux missionnaires se trouvant en Chine toutes sortes d'informations, ne les aient pas interrogés sur ce point, tenu pour acquis. Jusqu'au début du XIXe siècle l'idée que l'écriture chinoise est indépendante de la forme sonore resta dominante. C'est seulement en 1836 que Peter S. DuPonceau présenta à la Société américaine de philosophie, à Philadelphie, *A Dissertation on the Nature and Character of the Chinese System of Writing*[11], dans laquelle il montrait que l'écriture chinoise ne constitue pas, comme on le croyait, un phénomène unique, mais fonctionne comme toutes les autres écritures, dans une relation nécessaire avec une langue parlée.

Le rêve idéographique

L'idée selon laquelle l'écriture chinoise, sans lien direct avec les sons d'une quelconque langue parlée, représenterait directement des notions, est à l'origine de la tentation qu'éprouvèrent nombre d'Européens aux XVIIe et XVIIIe siècles d'y voir une réalisation plus ou moins parfaite de cette langue idéale dont rêvait l'âge classique.

Francis Bacon (1561-1626) et plusieurs de ses contemporains reconnaissaient que toutes les langues ont en commun une même structure sous-jacente. Ils en déduisaient qu'il devait être possible de concevoir une langue artificielle qui serait comme un calcul de notions et qui, débarrassée des imperfections des langues naturelles, se lirait en tous lieux, comme les chiffres qui se comprennent identiquement quelle que soit la langue dans laquelle on les prononce. Certains, comme l'Anglais John Wilkins, tentèrent de créer une telle écriture, sans grand succès[12]. C'est dans ce contexte que Francis Bacon suggéra que l'écriture chinoise pourrait satisfaire aux critères d'abstraction d'un tel système.

Leibniz (1646-1716) crut un certain temps que le chinois apportait la preuve qu'une écriture peut être à la fois «non figurative» (il ne pensait pas que les caractères chinois fussent des pictogrammes) et sans référence à une langue parlée. Il consacra beaucoup d'énergie à essayer de déterminer s'il s'agissait bien de «l'algèbre des concepts» dont il rêvait. Sans jamais perdre tout à fait espoir, il se rendit compte, après 1700, que le grand nombre des caractères chinois excluait une telle rigueur. Il s'orienta dès lors vers une «caractéristique numérique» sur laquelle il pût effectuer des calculs, ce qui n'était pas le cas des caractères[13]. Impressionné par le discours des missionnaires sur le grand nombre des caractères, il pensait, en outre, qu'il faudrait une vie entière pour tous les apprendre. Néanmoins, le prestige de Leibniz était tel que ses premières spéculations sur le chinois eurent une influence considérable.

Un des savants les mieux informés du XVIIIe siècle, l'académicien Nicolas Fréret (1688-1749) définit ainsi le système qu'on imaginait alors : «Une langue véritablement philosophique serait celle qui exprimerait toujours les idées simples ou primaires par des termes radicaux, et les idées complexes par des termes dérivés ou composés des premiers ; le dernier point de perfection serait de s'exprimer de telle façon que chaque mot dérivé fît connaître à la première vue non seulement la composition de l'idée correspondante, mais encore en quelles idées simples il faudrait la résoudre en la décomposant. Nous n'avons point de langues où l'on paraisse avoir eu cette vue [...] si ce n'est dans l'écriture chinoise. Les idées simples et primordiales et celles qui sont participées par un grand nombre d'êtres particuliers y sont exprimées par des caractères simples et radicaux, et les idées complexes ou dérivées le sont par des caractères composés des premiers que nous avons nommés simples [14]. »

Il se trouve que l'écriture chinoise ne répond pas à un tel programme. Ainsi, le mot « cheval » correspond à une notion composée (animé, vertébré, etc.), or le caractère pour *ma* « cheval » serait la stylisation d'un cheval, avec sa crinière et ses pattes. Comme le remarque Olivier Roy, les « clés » des dictionnaires qui correspondent aux spécificatifs les plus usuels « n'ont aucun rapport avec une taxinomie d'idées élémentaires ; si on y trouve, comme on s'y attendait, l'unité, l'eau, le feu, l'homme, le carré, la pierre, etc., que dire du bœuf, du cheval, du chien, de la dent, d'entrelacer, de la griffe, de la tuile, du filet de soie, du ministre, du chaudron, du dragon et de la flûte ? ». On voit qu'on ne peut pas considérer un tel ensemble comme la base d'une « écriture des idées ».

Nicolas Fréret, à qui j'ai emprunté sa définition d'une écriture philosophique, quand il eut des connaissances plus précises sur l'écriture chinoise, présenta en 1718 à l'Académie des inscriptions et belles-lettres ses *Réflexions sur les principes généraux de l'art d'écrire, et en particulier sur les fondements de l'écriture chinoise* où il montrait que cette écriture n'est pas « une écriture philosophique ». Il ne se départit toutefois pas de l'illusion qu'elle serait séparée de la parole.

De cette aventure intellectuelle qui avait abouti à une impasse, il reste le terme « idéogramme », devenu usuel. Nombre d'usagers de ce mot en tirent la conception simpliste selon laquelle chaque caractère chinois représenterait directement le sens qu'il a dans la langue. Pour les caractères simples, il y a là un effet de l'illusion iconique dont il va être question. Pour les caractères complexes, il faut insister sur le fait que leur décomposition en éléments constituants ne donne nullement le sens du mot. C'est un arrangement arbitraire et qui le fut dès les débuts de l'écriture chinoise. La preuve en est que quand on ne connaît pas le mot, cette relation ne sert à rien. Par exemple, *xiu* « se reposer », formé des tracés juxtaposés de *ren* « homme » et de *mu* « arbre ». On explique traditionnellement que l'homme à l'ombre d'un arbre évoque l'idée de repos. Certes, mais cela pourrait aussi bien être la sépulture, le défrichement ou la canicule. Les analyses de ce type ont une valeur mnémotechnique certaine, mais elles ne débouchent pas sur la signification d'un mot. Elles n'ont d'autre effet que d'ouvrir la porte à toutes sortes de constructions idéologiques, comme celle qui ferait de l'écriture chinoise une figuration symbolique des éléments de l'univers. Pas plus que les écritures alphabétiques, elle n'est un enregistrement mécanique de la parole, bien qu'elle permette, comme celles-ci, de transmettre exactement toutes les paroles imaginables.

Les séductions de l'image

Sur les omoplates de bovidés et les carapaces de tortues, où se lisent les formes les plus anciennes des caractères encore actuellement en usage, on repère parfois le dessin plus ou moins stylisé de l'objet que le morphème correspondant désigne. Certains en ont déduit que l'écriture chinoise était pictographique à l'origine. À cet égard, le cas chinois n'est pourtant pas spécifique : bien d'autres écritures à leurs débuts ont puisé dans le répertoire des formes existantes dans la civilisation en question. Cependant il n'y a écriture au sens propre qu'à partir du moment où l'on peut tout exprimer par ce moyen, ce qui ne peut se faire que par l'intermédiaire des mots d'une langue et nécessite une correspondance régulière entre la séquence de mots et la suite des signes. Dès lors qu'une image est devenue le code d'un mot, elle cesse d'être image. Ce qui reste aujourd'hui de l'illusion figurative est l'idée, illustrée dans de nombreux ouvrages de vulgarisation, selon laquelle les caractères chinois sont de petites images ou des compositions d'images indiquant le sens.

Toutefois, les choses ne sont pas aussi simples. Les dérives d'amateurs d'exotisme ne doivent pas dissimuler le fait que ce jeu avec les images peut avoir des fonctions parallèles. En Chine on trouve dans tous les rayons de librairies destinés aux enfants des jeux de cartes avec des images correspondant à des caractères et à des éléments de caractères. La valeur mnémotechnique de ces associations a été mise à profit dans l'enseignement élémentaire de l'écriture depuis des siècles.

À un autre niveau, les linguistes chinois ne doutent pas que le caractère renvoie à un morphème (ou à un mot), c'est-à-dire à la fois à une forme phonique et à un sens. Cependant certains d'entre eux ne peuvent s'empêcher de penser que, dans certains cas, le caractère tout entier, ou certains de ses éléments, ou bien la combinaison de ceux-ci, évoquent l'image, la chose, le référent. Ces deux démarches leur semblent tellement évidentes qu'ils n'y voient guère de contradiction. L'idée d'une relation «spéciale» de la graphie et du sens reste largement admise. Il me suffit de citer deux des linguistes contemporains parmi les plus avertis. Ting Pang-hsin[15], exprime ainsi ce sentiment : «Les caractères chinois non seulement représentent un segment spécifique de la langue, mais ils ont une obscure relation (*obscure relationship*) avec leur référent.» William Wang, écrit à propos de l'image évoquée par un caractère simple : «Pour un Chinois, le caractère pour "cheval" signifie cheval sans la médiation du son *ma*. L'image est tellement vivante qu'on peut presque percevoir une figure abstraite galopant à travers la page[16].» On ne peut pas faire abstraction de tels témoignages sous prétexte qu'ils contredisent tout ce qu'on sait des processus de lecture, mais on doit bien voir qu'il ne s'agit plus de lecture.

Il est raisonnable de penser que la spécificité visuelle de cette écriture ne réside pas dans l'existence d'un composant iconique mais dans le support qu'elle offre à une infinité de constructions d'ordre poétique. On a noté que les processus cognitifs mis en jeu ne sont pas identiques selon qu'on cherche à identifier un caractère isolé ou bien un mot de deux caractères, une phrase, un texte. Le caractère est aussi différent d'un texte qu'un «arrêt sur image» l'est de la projection d'un film. L'énoncé écrit n'a qu'une lecture possible et l'interprétation de ses éléments est bien déterminée par la syntaxe et le contexte. En revanche, le caractère mis «hors texte» est ouvert à toutes les connotations, on peut le décomposer, il est disponible pour tous les jeux imaginables. Le lecteur peut à tout instant s'abstraire du texte et ne «regarder» qu'un caractère. À ce moment-là, il ne «lit» plus. On pourrait dire à la limite qu'un caractère chinois a deux natures, qui ne se confondent pas mais jouent alternativement [17]. On ne regarde pas les caractères quand on lit : les yeux opèrent un parcours. Réalité que Louis Marin caractérisait par la formule suivante : «Je ne vois pas ce que je lis, mais, d'emblée, je lis ce que je vois [18].» Cela n'empêche pas nombre d'auteurs moins soigneux de confondre écriture et texte, voire écriture et langue, contribuant ainsi à la survivance des idées reçues sur la nature «magique» de l'écriture chinoise.

IDÉES REÇUES SUR LES ORIGINES

Chronologie

Les Chinois évoquent souvent la très grande antiquité de l'écriture chinoise ; pourtant rien ne prouve que ce soit la plus ancienne écriture de l'humanité. On parle volontiers de «cinq mille ans», ce qui nous mettrait trois millénaires avant notre ère. Jusqu'à la fin du XIXe siècle, on ne disposait pas de témoins antérieurs aux inscriptions sur bronze que les savants chinois, qui les étudiaient depuis les Song, n'avaient pas précisément datés. On n'en éprouvait pas le besoin. En effet, la chronologie chinoise était fondée sur les *Mémoires historiques* rédigés par Sima Qian (– 135 à – 93 ?) qui avait utilisé des annales, précises jusqu'en 841 avant notre ère. Il fit cependant remonter l'histoire jusqu'à des souverains mythiques qui auraient vécu vingt siècles plus tôt.

On a identifié en 1898 les traces les plus anciennes de l'écriture chinoise connues à ce jour, des inscriptions sur carapaces de tortues et os de bovidés, les *jiaguwen*. Après leur découverte on s'est très vite rendu compte, malgré les difficultés de déchiffrement, qu'il s'agissait d'une forme archaïque de l'écriture chinoise. Autrement dit, les caractères chinois d'aujourd'hui en sont les descendants directs. Leurs formes diffèrent considérablement, de sorte qu'on est incapable de les lire si l'on connaît seulement les graphies modernes : la familiarité avec les styles intermédiaires est indispensable. Néanmoins, leur structure est fondamentalement identique. Il s'agit d'une écriture au sens plein du terme. La langue est concise, cependant les énoncés sont grammaticalement articulés et le vocabulaire est diversifié.

Depuis les grandes fouilles menées sur le site d'origine par l'Academia Sinica de 1928 à 1937 dans la province du Henan, à proximité de la ville de Anyang, on a disposé de dizaines de milliers d'inscriptions, dont un certain nombre de supports complets, en particulier des plastrons de tortues. On fut dès lors en mesure d'identifier de plus en plus de caractères. Quand on a commencé le déchiffrement, on a réussi, en s'appuyant sur les *Mémoires histo-*

riques, à identifier les caractères correspondant aux noms des dix-sept derniers rois Shang. On repéra très vite également les chiffres de deux systèmes de numération, dont l'un servait au décompte des jours, systématiquement donné dans les inscriptions. Par recoupements, les historiens sont parvenus à dater celles-ci. L'ensemble le plus considérable concerne les derniers souverains de la dynastie Shang (– 1200 à – 1045).

On ne connaît pas de textes écrits qui soient antérieurs aux *jiaguwen*. L'écriture dont ils témoignent est apparue au XIVe siècle avant notre ère entièrement constituée. Certains en ont déduit qu'il devait y avoir eu auparavant une période de maturation et que l'écriture chinoise serait bien plus ancienne. Or, une écriture, quelle qu'elle soit, n'existe qu'à partir du moment où elle fonctionne, c'est-à-dire quand des textes l'attestent. Les archéologues chinois qui se sont donné beaucoup de mal pour exhiber des documents écrits antérieurs aux *jiaguwen* n'ont produit que des graffitis ou au mieux des arrangements de signes en forme d'emblèmes. Certes le haut niveau de développement technique et artistique de certaines des périodes néolithiques antérieures permet de penser qu'il a pu y avoir des écritures avant les Shang. Cependant, tant qu'on ne dispose d'aucune manifestation certaine, on ne peut pas affirmer que l'écriture chinoise soit antérieure au XIVe siècle avant notre ère, c'est-à-dire deux millénaires après les textes cunéiformes les plus anciens attestant l'invention de l'écriture en Mésopotamie entre 3400 et 3300 (seconde moitié du quatrième millénaire). L'écriture chinoise est remarquable plus par son exceptionnelle continuité que par son ancienneté relative.

Spéculations sur la communication avec l'au-delà

Au thème des origines se rattache celui de la nature magique ou religieuse des premiers textes. La découverte des *jiaguwen*, inscriptions dont les supports avaient visiblement servi à des procédures divinatoires (craquelures obtenues par le feu à l'envers d'alvéoles pratiquées à cet effet), sembla démontrer que la communication avec l'au-delà, dieux ou ancêtres, fut une des premières fonctions de l'écriture chinoise. Quant aux bronzes, dont les premiers spécimens exhumés sont sensiblement de la même époque et le développement un peu plus tardif, le fait qu'une partie des inscriptions soit à l'intérieur des vases, proches des aliments ou boissons destinés au sacrifice et peu lisibles de l'extérieur, semblait confirmer l'idée d'une fonction religieuse de l'écriture chinoise à ses débuts.

En ce qui concerne les *jiaguwen*, l'analyse textuelle tend à prouver que l'inscription était postérieure à la procédure de divination. Les demandes d'oracle étaient formulées oralement et c'est seulement après que la réponse eut été apportée par les craquelures que le résultat était enregistré par écrit. Cela est confirmé par le nombre relativement restreint de supports inscrits par rapport à la masse considérable de ceux qui avaient servi à la divination sans porter d'inscription. Cela prouve que les inscriptions n'étaient pas un élément nécessaire de la divination ; on peut les interpréter comme un système d'archivage sélectif.

Le cas des bronzes apparus dès la fin des Shang et

multipliés sous les Zhou occidentaux est différent : les inscriptions étaient fondues en même temps que l'objet qui les portait, vase ou cloche. Néanmoins, lorsque des événements sont mentionnés, ils sont bien antérieurs à l'achèvement de ces objets rituels : il n'est guère plausible qu'ils aient été destinés à informer les esprits des ancêtres. Les rares textes relativement longs paraissent être des messages destinés aux générations futures afin qu'elles se rappellent les hauts faits de leurs ancêtres — et peut-être qu'elles puissent en tirer argument à leur profit.

Il est généralement admis qu'il y a bien eu une recherche de communication graphique avec l'au-delà dans l'Antiquité chinoise, mais c'est vraisemblablement un phénomène relativement tardif. Selon Olivier Venture, « si l'utilisation de l'écriture comme moyen de communication avec l'autre monde est effectivement attestée tout au long de l'histoire de Chine depuis les Han, il est plus difficile d'en trouver des traces manifestes pour les périodes plus anciennes. De nombreux indices laissent au contraire penser que dans ce domaine l'oralité jouissait alors d'une position très largement dominante [19] ». Les Han ont régné de 206 av. J.-C. à 220 apr. J.-C., bien après la période fondatrice de l'écriture chinoise.

On doit noter que l'idée que ses origines religieuses conféreraient à cette écriture un caractère en quelque sorte magique, pour ne pas dire « sacré », n'est pas spécifique de la Chine. Sans parler des hiéroglyphes, l'hébreu, l'arabe et bien d'autres écritures ont été perçues de la sorte.

Les récits chinois sur l'invention de l'écriture

Le discours chinois sur les origines de l'écriture est dominé par l'insistance sur son caractère naturel. Selon les récits repris dans la postface du *Shuowen jiezi*[20], au temps d'un souverain mythique, l'empereur Jaune, le scribe Cangjie, observant les traces des oiseaux et autres animaux, aurait conçu la différenciation des formes et inventé l'écriture. Aucune rupture n'est suggérée entre cette écriture première et les graphies plus complexes qui aboutirent à l'écriture chinoise. Cette articulation de l'écriture sur le monde naturel n'a plus guère laissé de traces aujourd'hui que dans la manière dont les calligraphes évaluent la qualité des œuvres selon leur degré de résonance avec la nature.

Il n'est pas déraisonnable de supposer qu'aux origines les créateurs de l'écriture aient été inspirés par la forme des phénomènes et des objets de la nature. Là où l'on confine au mythe, c'est quand on en déduit que l'écriture chinoise posséderait de ce fait des qualités particulières, en phase avec les forces naturelles. Le processus décrit dans le récit suggère tout aussi bien la création humaine d'un outil conventionnel ; il y est plus question de structures que d'images.

Je ne dirai qu'un mot de quelques mythes apparus en Europe au XVIIᵉ siècle et dont il ne reste pratiquement aucune trace aujourd'hui, tels que la transmission à la Chine de textes antérieurs à Babel par l'un des fils de Noé[21], l'origine égyptienne de l'écriture chinoise[22], ou encore les constructions d'un petit groupe de jésuites, dits «figuristes», qui pensaient pouvoir retrouver dans les anciens livres des Chinois les dogmes chrétiens et, en particulier, identifier dans l'écriture chinoise les «figures» du Christ, de la Résurrection, de la Trinité[23], etc. Ces dérives n'eurent guère d'influence — pas plus en Chine que dans l'Europe des Lumières.

CONCLUSION

Certaines des idées reçues sur l'écriture chinoise sont en voie de disparition. C'est le cas de l'extrême difficulté de son apprentissage. Les premiers Européens ayant séjourné en Chine étudiaient la langue dans des conditions souvent chaotiques et, de plus, beaucoup d'entre eux ne dédaignaient pas de valoriser leurs efforts en insistant sur le nombre pléthorique des caractères. C'était encore le cas en plein XXe siècle malgré une certaine intensification des échanges. Il y a maintenant trop d'Occidentaux pratiquant le chinois pour qu'on puisse prétendre que c'est un exploit de l'apprendre.

Ayant consacré cet article à recenser tout ce que l'écriture chinoise n'est pas, il convient de rappeler ses remarquables qualités, trop souvent masquées par les discours qui tendent à en faire une écriture différente de toute autre. Je note ici sommairement quelques-unes des caractéristiques positives de l'écriture chinoise.

Rigueur et liberté

S'il nous est aisé de lire un texte chinois écrit il y a deux mille ans en écriture dite «régulière», cela est dû au fait que la forme des traits qui constituent le caractère et l'ordre de leur tracé sont restés tels qu'ils avaient été déterminés à l'époque — à la suite d'une longue évolution préalable. Les formes résultant de cette dynamique du pinceau ont été transposées sur tous les supports : qu'on grave sur la pierre, qu'on imprime sur papier ou sur l'écran d'un ordinateur, l'équilibre du caractère est préservé.

La liberté n'est pas ce qui frappe au premier abord quand on examine l'histoire de l'écriture chinoise, marquée par des normalisations étatiques récurrentes. Cependant, le style régulier n'est pas ressenti comme un carcan : depuis les Han les lettrés ont développé un emploi parallèle de l'écriture, où il ne s'agit pas de communiquer un message seulement linguistique. L'art calligraphique pour lequel «l'écriture n'a plus pour but premier de transmettre une information, mais bien d'effectuer une recherche plastique, expression de la créativité individuelle de l'auteur[24]» a ouvert au lettré un espace de liberté à côté de ses activités bureaucratiques. Il est inutile d'insister sur l'importance de la calligraphie dans la civilisation chinoise.

Le rôle fondateur de l'écriture dans la civilisation n'a pas exclu l'oralité

La transmission des textes sur une très longue durée sous une forme inchangée fait que l'écriture est considérée à juste titre par les Chinois comme essentielle à leur identité. Pourtant, le prestige de cette écriture n'a pas fait obstacle à de remarquables développements de l'oralité. Il y a longtemps qu'on oppose la Chine, monde de l'écrit, à une Europe nourrie de parole vive, où le théâtre, le tribunal, le débat public ont eu un rôle fondateur. L'absence ou la rareté de ces usages en Chine ne signifie pas que la parole n'y jouait pas des rôles fondamentaux, à travers le discours du maître préalable à sa notation par ses disciples, la citation de poèmes ou autres textes connus de tous et maintes autres pratiques[25].

Techniquement, l'écriture chinoise offre un moyen de noter la parole vive sans équivalent ailleurs, la cursive familière, style rapide qui a joué dans la civilisation chinoise un rôle considérable en raison de l'extrême rapidité de son tracé[26]. C'est une sorte de sténographie dérivée de l'écriture régulière et que tout Chinois éduqué maîtrise. La cursive n'est pas enseignée dans les écoles et elle est perçue comme assez facile. Elle ne l'est pas pour un étranger sachant écrire en écriture régulière mais n'en ayant pas une pratique intensive : non seulement il ne pourra pas l'utiliser, mais déchiffrer une lettre privée écrite ainsi lui sera difficile. Il s'agit de lier d'un seul mouvement tous les traits d'un caractère, qui sont disjoints dans l'écriture régulière, tout en respectant leur ordre et la direction de leur tracé. Cela suppose une parfaite maîtrise, une grande familiarité avec l'écriture régulière.

Productivité, adaptation aux évolutions

Loin d'être un ensemble figé, l'écriture chinoise a, tout au long de l'histoire, contribué à l'ouverture du monde chinois sur le monde extérieur et à son adaptation aux évolutions historiques internes. Que l'on songe à la traduction d'un ensemble considérable de textes sanscrits quand le bouddhisme fut introduit dans les premiers siècles de notre ère, puis, quelques siècles plus tard à la révolution économique et administrative des Song, enfin à l'importation massive des savoirs occidentaux depuis le milieu du XIXe siècle. Cela s'est fait soit en enrichissant la polysémie des graphies existantes, soit en utilisant des caractères pour leur seule valeur phonique, en faisant abstraction de leur sens.

Adaptation aux technologies de l'information

Pendant la plus grande partie du XXe siècle, on a considéré que la difficulté d'intégrer les caractère chinois aux techniques de communication de l'époque, machines à écrire ou télégraphe, constituait un obstacle à la modernisation du pays. Aujourd'hui des centaines de millions de Chinois utilisent des ordinateurs et on peut se connecter du monde entier sur Internet à des sites en chinois.

Il faudrait insister enfin sur l'exceptionnelle continuité de l'écriture chinoise, qui va de pair avec la convenance de l'écriture à la langue. Le chinois, qui use largement de la composition, mais ne connaît pas de flexions — le verbe comme le nom étant invariable —, s'accorde particulièrement bien avec une écriture constituée de caractères disjoints. Il importerait aussi de souligner les rôles de la calligraphie, mode d'expression individuelle et objet social de première importance.

J'ai essayé de montrer que l'écriture chinoise fait partie intégrante de la grande famille des écritures, dont elle est une des réussites les plus remarquables. Il est vraiment absurde de la présenter comme une sorte d'ovni.

VIVIANE ALLETON

CHAPITRE X

Identité de la langue, identité de la Chine[1]

Si, pour un Occidental, une rencontre avec la Chine ne manque jamais de susciter un fort sentiment d'étrangeté et si des spécialistes, qu'ils soient chinois ou européens, continuent à parler d'une altérité absolue de cette culture, la langue chinoise y est pour beaucoup. De son matériau phonique à sa forme graphique en passant par sa syntaxe apparemment anarchique, celle-ci semble présenter des aspects qui sont en rupture avec les habitudes langagières des Occidentaux, ce qui pourrait mener à des questions séduisantes telles que : la spécificité de la culture chinoise est-elle solidaire du caractère unique de la langue chinoise ? Quelle est exactement la place de cette langue dans l'édification de la culture ? Comment a-t-elle été perçue par les Chinois dans des contextes historiques variables qui l'ont située dans des cadres de référence différents ? Au-delà de quelques faits qui concernent la langue chinoise, nous nous proposons ici de porter un regard sur les rapports entre elle et les usages qu'on en a faits. Plus précisément, nous essaierons d'examiner l'évolution des visions que les Chinois se sont forgées de leur langue en fonction des défis auxquels ils tentent de répondre.

Identité de la langue

Une langue ne se présente jamais comme un instrument neutre et tout prêt au service de la communication des informations. Les représentations conscientes que les locuteurs ont de leur langue conduisent fréquemment à des altérations de leurs rapports avec elle et, par la suite, à des interventions plus ou moins efficaces sur ses aspects techniques et sociaux, par exemple sur l'écriture ou sur l'usage standard et officiel. On peut remarquer que dans des moments historiques cruciaux où le sort de la Chine et de la culture chinoise était sérieusement mis en cause, le défi se traduisait souvent en un problème de langue qui provoquait des réactions émotionnelles dans l'imaginaire linguistique des Chinois. Mais jamais ceux-ci, dans leur longue histoire, ne se sont affrontés à une interrogation sur leur propre langue d'une manière aussi aiguë et aussi radicale qu'à l'époque moderne. Avec le recul que nous pouvons avoir au début de ce nouveau millénaire, nous aurons intérêt à prendre une vue d'ensemble des idées que les Chinois se sont formées sur leur langue, car, plus qu'un reflet fidèle du parcours dramatique que la Chine a connu dans son histoire récente, les discours et les interventions sur la langue sont partie intégrante des conflits qui ont engagé l'ensemble du pays au cours du siècle passé. L'espace qui s'est enfin aménagé entre la volonté réformatrice et la logique interne de l'évolution de la langue nous paraît donc le lieu où se manifeste avec la plus grande clarté le destin de la Chine.

LA CULTURE CHINOISE
À L'IMAGE DE SA LANGUE

Le même vocable que nous avons l'insouciante habitude d'employer pour désigner et le peuple et sa langue traduit notre perception, justifiée ou non, que, de toutes les institutions sociales que les humains se sont mis à pratiquer, la langue est celle qui incarne de la manière la plus fondamentale l'essence d'un peuple, si essence il y a. À ce propos, le cas chinois nous paraît être un exemple intéressant, étant donné le rôle que la langue a joué dans le façonnement de l'identité du peuple, au point que l'identité chinoise est parfois à chercher dans celle de la langue chinoise, ou plus précisément dans une certaine forme de cette langue. Comprendre la Chine entraînerait naturellement un effort pour connaître quelque chose de la langue chinoise, ce qui implique à son tour un effort pour évaluer les traits qui lui sont propres, au premier chef l'écriture qui en donne une parure si exotique et qui a entraîné des conséquences si extraordinaires pour la civilisation chinoise.

Bien que encore enfouie dans l'ombre de l'histoire, l'origine de l'écriture chinoise ne devrait pas être très différente de celle des langues européennes ; ce qui les a fait diverger par la suite, c'est le choix chinois d'une présentation non analytique des sons. À la différence des lettres alphabétiques, les caractères chinois, unités de base de ce système d'écriture, restent des signes de syllabes et non pas ceux des phonèmes, unités distinctives minimales de la langue, comme disent les linguistes[2]. Si les inventeurs de l'écriture chinoise ont fait ce choix technique pour accommoder certaines caractéristiques sémiotiques de la langue, le pouvoir politique s'en est saisi et l'a renforcé par toutes sortes de mesures visant à en faire un outil formidable d'unification. Imaginons que, de Stockholm à Athènes, de Moscou à Lisbonne, les journaux et les magazines soient partout imprimés en latin et que, quand on allume la télévision ou la radio n'importe où en Europe, on entende une même langue. Fantasme des ultra-unionistes ou carcan asphyxiant des esprits divergents? Quoi qu'il en soit, c'est, à peu de chose près, la réalité linguistique en Chine. Pour aboutir à cette uniformité linguistique sur une étendue géographique équivalente à celle de l'Europe, il a fallu bien entendu une forte volonté politique centralisatrice, ce qui n'a jamais manqué en Chine tout au long de son histoire, mais aussi une possibilité linguistique qui pouvait faire de cette volonté d'unification un projet réaliste administré à des locuteurs venant d'horizons linguistiques variés. Cette possibilité a été fournie par l'écriture chinoise que les historiens de la Chine n'hésitent pas à considérer comme la plus importante invention de ce pays.

Objet de fascination et source de mystification depuis longtemps, l'écriture chinoise, par son étrangeté radicale à l'œil d'un Européen, a souvent été présentée comme un système de représentation diamétralement opposé à l'alphabet romain, une espèce d'Autre absolu en matière de langue. En effet, deux traits distinctifs sont à remarquer dans la formation de l'écriture chinoise. Il existe dans le système linguistique chinois un très grand déséquilibre entre, d'une part, le nombre des *zi* (les fameux «caractères» qui sont, *grosso modo*, les plus petites unités signifiantes et monosyllabiques dans leur aspect phonique), dont le *Grand dictionnaire des zi chinois* (*Hanyu da zidian*) a listé non moins de 54 000, et, de l'autre, celui des syllabes disponibles pour les indiquer qui sont de l'ordre de 1 200, d'où une abondance encombrante d'homophones. Pour éviter la confusion qui pourrait en résulter, l'écriture chinoise a dû assumer la lourde tâche de désambiguïsation par la création de graphies suffisamment distinctes pour représenter ces nombreux homophones, de façon à peu près comparable à celle dont l'écriture française distingue les homophones de «a» par différentes graphies «a, as, à, ah». De cette nécessité de désambiguïsation par l'écrit est dérivé le deuxième trait marquant du chinois, celui d'un assez faible lien entre la prononciation et la forme écrite des lexèmes, les graphies étant plutôt amarrées au sens des mots. Les indices phoniques des caractères («la clé phonétique») qu'un bon nombre d'entre eux comportent sont dans la plupart des cas trompeurs. En effet il ne serait pas possible à l'écriture chinoise de maintenir un système efficace et constant des indications phonétiques, semblable à l'alphabet romain, à travers quelque 50 000 graphies toutes différentes. Pour toute son inexactitude, le terme d'«idéogramme» que les sinisants affectionnaient jadis a mis en avant justement ce lien privilégié entre les caractères et l'aspect sémantique du mot.

La solution chinoise en matière d'écriture a entraîné de vastes conséquences pour la civilisation chinoise. Nous savons que de tout le système de la langue, la face phonique est la plus encline aux chan-

Identité de la langue

gements aussi bien au cours du temps que de par la dispersion géographique des locuteurs. Mais une fois libérée de son lien avec l'aspect phonique de la langue, l'écriture chinoise a acquis une forte résistance à l'évolution, s'appropriant ainsi une espèce de fixité. Les changements phonétiques que la langue chinoise a connus comme toutes les autres langues du monde ont laissé peu de traces dans son écriture. Désireux d'accéder à l'immortalité comme ses lointains pairs les pharaons égyptiens, Qin shi huangdi, le premier empereur chinois, n'était pas insensible à la constance extraordinaire de l'écriture chinoise et, une fois sur le trône impérial, il se mit à bâtir son autorité universelle, non pas sur les blocs majestueux des pyramides, mais sur ces petits carrés de caractères chinois dont la forme avait été fixée par son Premier ministre dans un texte modèle diffusé dans son vaste empire. De toutes les œuvres réalisées pendant le règne de ce souverain ambitieux, la plus significative pour la civilisation chinoise fut incontestablement l'uniformisation de l'écriture qui, après quelques modifications stylistiques ultérieures — du style dit des fonctionnaires (*lishu*) au style régulier (*kaishu*) —, est restée presque immuable pendant plus de deux mille ans pour apparaître sous la même forme sur les écrans d'ordinateurs de nos jours.

Fédératrice efficace des Chinois, l'écriture chinoise en elle-même ne laisse pas entendre les sonorités différentes des parlers locaux qui sont effectivement cachées par la forme unique de la langue graphique. Si, du nord au sud, les Chinois pouvaient prononcer les mêmes caractères de façons sensiblement différentes sans entraver la compréhension des textes écrits et que même les locuteurs de langues structurellement très différentes, comme le japonais et le coréen, étaient capables de noter leurs discours en caractères chinois, l'option de l'écrit comme le médium accrédité de toutes les pensées importantes s'imposait naturellement. S'il est vrai que les plus anciens textes canoniques, comme le *Livre des documents* (*Shujing*), étaient initialement, selon les spécialistes, des discours et que les *Entretiens* de Confucius, le grand livre de la culture chinoise, trouvent leur origine dans la parole du Maître, l'évolution ultérieure de la civilisation, au moins dans ses pratiques institutionnalisées, tourna résolument le dos à l'oralité. À la différence des Grecs et des Indiens qui crurent au verbe comme ultime source de vérité, les Chinois se laissèrent plutôt séduire par l'efficacité de l'écrit et c'est par ces tracés peints sur la surface lisse du bambou ou de la soie que la culture chinoise a acquis ses traits les plus éminents. Éloignée de la spontanéité de la parole, la pratique de l'écriture exigeait la maîtrise d'une technicité qui est vite devenue un élément déterminant dans la dynamique sociale de la Chine : émergence d'une classe sociale spécialisée, installation d'un système éducatif, élaboration d'un style de vie, épanouissement d'une esthétique, etc., toutes notions liées à la nécessité de bien manier le pinceau sur un support durable.

Une fois pris le parti de ne pas représenter fidèlement la parole vive, l'écriture chinoise n'a cessé de creuser la distance avec l'oralité de la langue. Besoin de concision oblige, il s'est institué à l'époque classique une langue écrite hautement stylisée avec son propre stock d'expressions succinctes, son inventaire de figures et sa syntaxe bien réglementée autour des mots vides, le tout à une distance considérable de l'équivalent oral. Cette langue, le *wenyan*, dont la maîtrise devenait alors la condition *sine qua non* de l'accès au pouvoir, s'imposait à la société chinoise comme un espace exclusif où la vie publique pouvait s'exprimer. Nous savons que dès la première apparition des caractères chinois que l'on connaît aujourd'hui, sa pratique était confiée à des fonctionnaires-chroniqueurs de la Cour. La complexité de l'écriture et la professionnalisation de ses usagers se renforçaient mutuellement, bloquant toute tentative de simplification d'un côté et nécessitant de l'autre un système spécial de formation des gouvernants. Les empereurs ont installé très précocement en Chine un système de concours dont les heureux élus formaient alors la classe des *shi*, ces mandarins-lettrés qui, dès l'époque des Han, cruciale dans l'histoire chinoise, assumaient effectivement le fonctionnement de la machine d'État ainsi que l'édification de la culture.

En effet, les *shi* avaient la charge non seulement des affaires d'État, mais aussi de toute une vie culturelle dont l'élément essentiel était la maîtrise du pinceau qui constituait le trait d'union reliant tous les genres de création artistique. Les tracés gracieux de la calligraphie, tant dans ses élans fulgurants que dans ses pauses sereines, sont directement transposés dans la peinture chinoise, ce qui lui confère ses beautés formelles si particulières. D'une manière plus visible, les caractères étaient aussi incorporés comme un composant essentiel de l'architecture. Qui, en visitant un palais ou un temple chinois, n'a pas été frappé par ces inscriptions majestueusement calligraphiées sur les tablettes accrochées aux poutres ou sur les troncs des piliers ? Plus qu'un simple décor, ces caractères splendides, par l'élégance des mots savamment choisis et par le style d'exécution, sont autant l'expression du dessein de l'architecte que n'importe quelle autre pierre de l'ensemble où la poésie des mots fusionne avec celle de la structure bâtie.

Mais quant à la poésie justement, on aurait eu de sérieux doutes sur sa qualité étant donné la constitution de l'écriture chinoise. En effet, comment cette langue écrite peut-elle servir efficacement à la création d'un genre poétique si sa face phonique est sujette à des variations aléatoires ? Un poème, après tout, est plus fait pour l'oreille que pour les yeux. Ne risquait-on pas d'avoir des pratiques poétiques divergentes suivant des prononciations dialectales différentes ? Il fallait donc trouver pour la poésie chinoise, le principal genre littéraire des *shi*, une voix commune sur laquelle les lettrés des quatre coins de la Chine pouvaient s'entendre.

En réalité, la langue classique chinoise n'a jamais été complètement coupée de la langue parlée, si artificielles que soient ces tournures mille fois retravaillées par les grands lettrés. Dès l'apparition du *wenyan*, il existait en fait une tension entre la langue écrite et la langue parlée dont la structure phonologique ne cessait de s'affirmer au sein même de la langue écrite dans de nombreuses pratiques d'écriture, notamment l'écriture poétique. Les tiraillements des exigences contraires entre ces deux types d'usage ont mené soit à l'aménagement d'un espace négocié où les deux usages ont pu se joindre, soit à l'émergence des formes parallèles de l'art verbal. Pour la première solution, l'élaboration des «livres de rimes» (*yunshu*), sortes de dictionnaires des rimes ordonnées selon un code de versification rigoureux, joua un rôle crucial dans le rétablissement d'une unité phonologique pour l'écriture uniformisée. On se rappelle toujours la fameuse réunion de neuf savants, un soir au VIᵉ siècle de l'ère chrétienne, immortalisée par la rédaction du plus important livre de rimes qui en ait résulté, le célèbre *Qieyun* (Rimes classées). « Tard dans la nuit, nous commençons à parler de phonologie [3]... », écrit Lu Fayan, hôte de la soirée et rédacteur du *Qieyun*. À partir du constat de la cacophonie des prononciations qui variaient d'une région à une autre et d'une époque à une autre, ces savants ont envisagé de proposer une classification standardisée des sons de la langue. Ce système phonologique du chinois fixé dans le *Qieyun*, malgré ou peut-être grâce à son artificialité (les locuteurs de diverses régions pouvant tous se retrouver dans ces règles), a connu un succès foudroyant et, de dynastie en dynastie, un tel ouvrage et ses successeurs ont effectivement assuré la sonorité harmonieuse et régulière de la poésie chinoise. À travers ces livres de rimes qui ont été suivis scrupuleusement par tous les poètes chinois dignes de ce nom et aussi par tous les prosateurs qui avaient un sens musical pour leurs écrits, un système phonologique uniforme et stable a enfin été établi et maintenu pour la langue classique, bien que ce système soit toujours à une distance sensible des parlers régionaux.

Au regard de la parfaite symbiose à tous les niveaux entre les caractéristiques de la langue et celles de la culture, il semble tout naturel que, dans l'esprit chinois, l'identité de la culture se confonde avec celle de la langue. Aussi longtemps que la culture chinoise reste dynamique et vivante, la langue chinoise maintient sa place dominante qui s'est avérée effectivement inébranlable même à travers les vagues successives d'invasion des peuples du Nord et la soumission à plusieurs reprises de l'empire chinois par des envahisseurs parlant d'autres langues. À l'image d'une Chine éternelle correspond ainsi celle d'une langue immortelle.

UNE TENTATION DE RUPTURE

Que la langue chinoise, en particulier son écriture, soit dotée d'un caractère quasi sacré (on sait, par exemple, qu'à l'époque prémoderne tout morceau de papier écrit était pieusement conservé selon le fameux adage «respecter le papier écrit») et que les Chinois vouent un attachement profond à leur langue est compréhensible. On peut alors mesurer la gravité du traumatisme subi quand une bonne partie des Chinois, surtout dans les milieux intellectuels et politiques, ont manifesté une volonté de renoncer à leur langue, convaincus que de sa refonte radicale dépendait l'avenir du pays.

Depuis sa genèse jusqu'au XIXe siècle, la civilisation chinoise avait été considérée par les Chinois comme la seule qui méritait le nom de «civilisation» et la langue chinoise s'imposait naturellement comme la langue de la civilisation. Mais l'isolement confortable dans laquelle se nichait la vieille Chine depuis si longtemps s'était brisé en l'espace de quelques décennies du fait d'un Occident tout-puissant et agressif. La période de violentes confrontations que la Chine avait eu à traverser depuis la guerre de l'Opium avait considérablement troublé la vision du monde des Chinois. Feng Guifen (1809-1874), un des esprits les plus sensibles de l'époque, s'écriait : « Le plus grand affront depuis la création du monde et le plus intolérable outrage pour toutes les honnêtes gens, c'est que le plus grand pays du monde soit maintenant soumis à la volonté de petits barbares[4]! » Désireuses de retrouver leur propre place dans un monde devenu d'un coup si étrange, les élites chinoises se voyaient donc contraintes de rechercher une autre définition pour leur civilisation et dans la foulée une nouvelle perception de leur langue.

Dans leurs tentatives de sauvetage, les modernisateurs avaient d'abord une analyse technique des affaires et la langue était vue dans une optique purement instrumentale. Le même Feng Guifen, en élaborant un projet éducatif pour le gouvernement vers la fin du XIXe siècle, suggérait que l'échec subi par la Chine dans ses relations avec les pays occidentaux était largement une conséquence d'un manque d'interprètes compétents, d'où la nécessité d'établir une bonne école pour en assurer la formation. Sa proposition, inscrite dans l'effort général de remettre la Chine en selle, traduisait sa conviction que nous, Chinois, pouvions bien traiter avec les Occidentaux une fois leurs idées correctement rendues dans notre langue. Mettre en cause sa propre langue aurait été encore trop bouleversant pour les Chinois du XIXe siècle même s'ils commençaient à avoir de sérieux doutes sur leur pays et sa culture. Pour que la langue perde son prestige auprès de son propre peuple, il fallait un grand choc révélateur.

Ce choc ne devait pas tarder à venir, de la part d'usagers de l'écriture chinoise qui avaient moins de scrupule sur son caractère sacré. En 1866, juste avant la Restauration de Meiji, le savant et haut fonctionnaire japonais Hisoka Maegima (1835-1919) soumit au dernier *shôgun* des Tokugawa une «Proposition pour l'élimination des caractères chinois» dans laquelle l'auteur ne mâchait pas ses mots pour condamner l'écriture chinoise : «La Chine est un empire avec une population nombreuse et un vaste territoire, pourtant son peuple reste barbare et continue à souffrir de l'humiliation infligée par les puissances occidentales. La vraie cause de sa faiblesse réside dans son écriture idéographique qui constitue un obstacle à l'instruction générale de son peuple[5].» Cette réprobation de l'écriture chinoise s'inscrivait dans le mouvement général d'occidentalisation au Japon où l'on s'acharnait à rejeter tout ce qui avait été appris de son grand voisin afin de «quitter l'Asie et rejoindre l'Europe». Dans un tel contexte la proposition de Maegima rencontra une opinion largement favorable et le Japon s'embarqua ainsi dans une réforme de son système d'écriture visant à réduire, sinon à abandonner complètement, les caractères chinois en usage dans l'archipel depuis plus de mille ans.

Pour limités que fussent les effets de la réforme scripturale japonaise, qui aboutit finalement à un compromis et à l'usage mixte des caractères chinois et des *kana*, l'assaut livré par les réformateurs japonais leva le tabou pour les Chinois aux prises avec la même tâche de modernisation. De plus, la fulgurante réussite des Japonais dans leurs efforts d'occidentalisation, à laquelle les Chinois ne pouvaient pas être indifférents, fit d'une réévaluation de l'écriture chinoise, non plus un acte de sacrilège, mais un devoir de progrès, voire une question de survie. Suivant l'exemple japonais, les réformateurs chinois commencèrent à s'en prendre à la langue, ou tout du moins à son écriture, considérée comme un encombrant bagage dont il fallait se délester pour sauver le navire en danger. Dans les numéros de 1896-1897 de la revue *Globe Magazine*, pépinière d'idées réformatrices très appréciée dans les milieux intellectuels de l'époque, fut publié un long article préconisant, à l'instar du projet de Maegima, l'abolition des caractères chinois. L'auteur, un certain Lu Zhuangzhang, s'y livre à une diatribe virulente contre les amoureux de ces vénérables signes graphiques : « Vous dites que les caractères chinois ont une beauté sans égale. Eh bien justement au nom de leur beauté sans égale, ils nous contrarient par leur difficulté sans pareille[6] ! » Pour renforcer son argument, il trouve dans ces vieux signes la cause des échecs historiques essuyés par la Chine dans des temps plus lointains. La formidable force des conquérants nomades de l'Asie du Nord, mongols et mandchous notamment, qui ont si souvent mis les dynasties chinoises à genoux, vient, selon l'auteur, de leur écriture simple et efficace. Le plus extraordinaire, c'est que ce propos impensable peu de temps auparavant, loin de tomber dans l'oubli avec le temps comme l'eût été un commentaire journalistique de circonstance, soit devenu le prologue à un vaste programme de réforme qui a secoué les habitudes de la langue jusqu'à nos jours, l'opinion émise dans cette revue basée à Shanghai ayant trouvé un écho chez les gouvernants à Pékin. Zhang Heling (1868-1908), un grand lettré et haut fonctionnaire chargé de l'éducation dans le gouvernement impérial de la dynastie Qing, partageait cette analyse sévère sur l'écriture chinoise. En attribuant à l'écriture une importance capitale pour la nation, il n'hésitait pas à la mettre sur la sellette : « Je déplore souvent la grande peine qu'on rencontre dans l'instruction de notre peuple. À mon avis, la difficulté de notre écriture en est responsable parce qu'elle constitue un obstacle entre les choses et l'esprit comme une redoutable serrure dont l'ouverture n'est pas à la portée de tout le monde. Par comparaison, les pays où on se sert d'une écriture facile jouissent d'une avance certaine sur notre pays, tel le télégraphe sur la poste à cheval[7]. » L'écriture étant ainsi liée au destin d'une nation et vu l'état déplorable dans lequel la Chine se trouvait au moment de ce commentaire, on comprend la conclusion logique de l'analyse : il y a urgence à se débarrasser de l'écriture chinoise afin de faire sortir la Chine de l'abîme de la fin du siècle.

Mais le désaveu de la langue ne s'arrêtait pas là. Une fois l'écriture sérieusement mise en cause, l'interrogation sur l'adéquation de la langue au monde moderne ne pouvait pas se limiter à son seul aspect graphique. Comme la Chine sombrait de plus en plus dans l'humiliation, le doute continuait à ronger la confiance qu'avaient eue les Chinois dans leur langue. Tout comme pour la désapprobation de l'écriture, on commençait à prêter attention aux critiques formulées par les étrangers. Vers la fin du XIXe siècle Arthur H. Smith, un missionnaire américain, a tenté de disséquer la culture chinoise. Dans son ouvrage *Chinese Characteristics* publié en 1894, il consacre un chapitre à la langue chinoise où on peut lire :

> Nombreux sont ceux qui savent maintenant que les noms chinois sont dépourvus d'inflexion et qu'il n'y a pas la moindre indication du genre et du cas. Les adjectifs chinois ne sont pas capables de former le comparatif et le super-

latif, tandis que les verbes chinois ne varient pas en catégories de « mode », « voix », « temps », « nombre » et « personne ». En fait, il n'existe pas de distinction entre le nom, le verbe et l'adjectif parce que tout caractère chinois peut aisément s'employer ou ne pas s'employer comme ces parties du discours. Nous ne voulons pas dire ici que la langue chinoise n'est pas en mesure d'exprimer les idées humaines ou bien qu'il est difficile ou même impossible d'exprimer certaines idées humaines en chinois (bien que ce soit le cas). Nous insisterons simplement sur le fait qu'une telle langue, ainsi structurée, conduira nécessairement à une confusion de l'esprit tout comme la chaleur de l'été induit à la sieste[8].

Un tel propos, teinté d'un eurocentrisme douteux, ne devait pourtant pas être rejeté avec indignation par tous les locuteurs du chinois ; bon nombre d'intellectuels parmi les plus en vue dans la vie publique acceptèrent sans réserve cette critique très sévère de leur langue dont les défauts présumés furent ainsi perçus comme source ultime de la faiblesse de la Chine. Lu Xun, écrivain emblématique de la Chine moderne, ne cessa toute sa vie durant de mentionner le livre de Smith et relaya sa thèse à plusieurs reprises : « La langue chinoise, parlée ou écrite, ne possède pas de règles grammaticales bien précises [...]. Le caractère rudimentaire de la grammaire chinoise constitue alors une preuve que la pensée chinoise ne peut pas être très raffinée. En d'autres termes, l'esprit chinois est resté dans un état embrouillé[9]. » De la part d'un grand écrivain chinois, lui-même virtuose de la langue admiré de tous, un tel dénigrement du chinois a de quoi étonner, mais formulé dans son contexte historique, ce jugement n'apparaissait pas comme particulièrement outrageant pour le public chinois, car il traduisait une conviction généralement partagée par tous les esprits sensibles du temps : si la Chine, après tant de tentatives désespérées de modernisation, continuait à être victime des puissances étrangères, la cause de sa faiblesse chronique était à chercher à un niveau encore plus profond. Depuis un siècle avaient été essayées tour à tour des réformes du régime politique, de la structure économique, du système éducatif, des arts et de la littérature, mais l'objectif d'une renaissance de la Chine semblait s'éloigner toujours davantage. N'avait-on pas dépensé énormément pour lever une armée à l'occidentale ? Les envahisseurs, d'abord européens puis japonais, n'en étaient devenus que plus farouches. Il fallait donc fouiller plus profond pour trouver la cause finale ! Or, quoi de plus fondamental que la langue comme ressource pour un peuple ? La langue chinoise avait ainsi perdu son aura et était devenue une cible privilégiée pour la révolution. En fait, pour beaucoup, soucieux du sort de la nation, l'abandon de l'écriture traditionnelle joint à une réforme plus générale de la langue s'imposait comme un sacrifice douloureux mais nécessaire. Si en Chine classique l'utilité de l'écriture résidait dans son efficacité à répondre à une exigence fondamentale de la vie publique d'alors, celle d'instituer l'unité culturelle et politique de ce vaste pays, à l'époque moderne où la Chine devait faire face à une autre exigence historique aussi urgente mais d'une autre nature, l'écriture et la langue dans leur ensemble ne semblaient plus, aux yeux de bon nombre d'intellectuels, à même de relever le grand défi : s'intégrer dans le monde moderne dominé par la technologie occidentale. En plus, si la culture chinoise, comme nous l'avons montré, s'était édifiée presque entièrement sur les possibilités d'une écriture en caractères, l'intention de construire une nouvelle écriture ou même une nouvelle langue pour remplacer l'ancienne allait aussi s'associer au projet d'une nouvelle culture. C'est bien cette dernière, la culture révolutionnaire, qui devait devenir l'enjeu du débat sur la langue à l'époque contemporaine.

LA LANGUE ET LA RÉVOLUTION CHINOISE

Le mécontentement exprimé par les intellectuels envers le chinois à la fin du XIXe siècle sensibilisa le public aux insuffisances supposées ou réelles de la langue et créa par la suite dans l'opinion publique une inclination au changement qui devait être largement exploitée par les révolutionnaires de tous bords, ce qui entraîna un phénomène curieux : ce sont surtout les politiques, plutôt que les linguistes professionnels, qui se chargèrent de l'élaboration et de la mise en œuvre des projets de réforme de la langue chinoise.

Malgré l'intensité des conflits sanglants des années révolutionnaires, les dirigeants chinois se sont toujours vivement intéressés aux projets d'une réforme linguistique qui faisait souvent partie intégrante des programmes politiques. Ainsi revêtus d'une importance politique et idéologique particulière, ces projets témoignaient d'une polarisation des positions adoptées par leurs partisans et aussi d'une radicalisation générale des propositions de réforme de la langue. D'une part, chaque camp avançait des idées sur la langue chinoise qui servaient surtout à marquer l'appartenance à une idéologie et, d'autre part, la réforme de la langue apparaissait finalement comme un laboratoire idéal pour réaliser le rêve d'inventer un nouvel homme, une nouvelle société et une nouvelle Chine.

Dans les années 1930, Qu Qiubai, le numéro un du parti communiste chinois et bientôt martyre révolutionnaire, devait trouver du temps en pleine guerre civile pour rédiger et publier une série d'articles sur la langue chinoise. Il y reprend les critiques de la langue par des intellectuels contemporains et les renforce par une analyse idéologique :

> L'état de sous-développement dans lequel se trouve la langue chinoise tient d'une économie sous-développée : parce que tous les rapports sociaux sont relativement simples, voire primitifs, les Chinois ne disposent pas de notions précises sur les choses, les événements et le temps. Notre langue est par conséquent une langue pauvre [...]. La raison pour laquelle la langue chinoise n'arrive pas à délaisser son système d'idéogrammes, semi-idéogrammes ou rébus est encore le retardement de son développement économique [...]. Il est donc absolument nécessaire d'adopter un système phonétique, de lancer la révolution la plus radicale des lettres, à savoir l'abolition complète des caractères chinois. C'est seulement de cette manière que la langue pourra s'affranchir du carcan des caractères et avancer vers le futur en devenant plus riche, ce qui nous permettra de répondre aux besoins d'une vie sociale moderne dans les activités littéraires et scientifiques [10].

Voilà un programme de réforme linguistique proposé par le plus haut responsable du parti communiste chinois qui a visiblement pris quelques cours de marrisme[11] en vogue à l'époque au-delà de la frontière nord. Bien que le Parti ait dû attendre encore deux décennies pour imposer sa vision de la langue à l'ensemble de la Chine, ses activistes, à l'instar de ses dirigeants, ne tardèrent pas à mettre en œuvre la réforme de la langue dès que les circonstances le permirent. En 1931, dans le port militaire soviétique de Vladivostok à la frontière sino-soviétique se tint une conférence sur la réforme de l'écriture chinoise durant laquelle les participants, tous militants communistes, adoptèrent un communiqué déclarant que « les caractères chinois sont un produit de la société féodale, devenus actuellement un outil d'oppression de la classe au pouvoir dirigé contre les masses ouvrières[12] ».

Mais « la classe au pouvoir » n'était pas en reste pour détrôner les caractères chinois. En effet, le gouvernement du Guomindang soutenait à son tour un projet de réforme de l'écriture chinoise élaboré par les spécialistes de son camp. Ainsi les deux ennemis jurés de la Chine moderne, les nationalistes et les communistes, ayant chacun son projet de nouvelle écriture pour remplacer les vieux caractères chinois, ne s'opposaient pas dans un antagonisme pour ou contre, mais leur rivalité se plaçait plutôt dans le choix des projets à adopter, ce qui nous permet de percevoir un consensus sous-jacent, résultat d'une radicalisation accélérée de l'opinion publique en général qui rejetait comme pernicieux tout ce qui était hérité du passé. L'attitude conservatrice favorable à ces signes millénaires, si elle existait, ne bénéficiait guère de soutien politique, car le désir de renouvellement, combiné avec la conviction que tout ce qui est humain est malléable, promouvait le rêve de réforme scripturale de quelques intellectuels en une espèce de dogme national. La question n'était plus de savoir s'il fallait ou non supprimer les caractères, mais plutôt comment s'y prendre.

Pourtant, la multiplication des projets de réforme ne signifiait aucunement que le public avait le luxe de pouvoir choisir sa future pratique graphique. Comme les deux principaux projets en concurrence, l'un baptisé «écriture phonétique romanisée de la langue nationale» et l'autre «nouveaux caractères latinisés», étaient soutenus respectivement par les sympathisants du gouvernement nationaliste et les militants communistes, il ne pouvait y avoir de libre choix pour les usagers de la langue. Pendant un temps ces deux projets d'écriture alphabétique du chinois ont été mis en pratique expérimentale dans différentes parties de la Chine, «écriture romanisée» dans les zones sous autorité gouvernementale et «nouveaux caractères latinisés» dans la région contrôlée par les rebelles communistes. La préférence de l'un sur l'autre était entièrement dictée par l'allégeance politique et quand un linguiste professionnel, Li Jinxi, donna un aperçu général de ces deux projets «du point de vue de la discipline» (linguistique) dans son ouvrage *Éléments d'une histoire du mouvement de la langue nationale*, il s'attira un feu de barrage de la part des camarades de gauche. Nie Gannu, un essayiste de talent, démolit ainsi l'analyse de Li : «La réforme de l'écriture ne se laisse pas guider par les principes d'une discipline. [...] Bien qu'elle puisse apparaître comme un problème technique posé par un simple instrument, elle n'a jamais été séparée des questions idéologiques.» Et Nie de prédire que «l'écriture romanisée est condamnée à disparaître de la scène parce que la classe qu'elle est censée servir a échoué politiquement[13] ».

Vu l'hostilité mutuelle des partisans des deux projets, les lecteurs d'aujourd'hui pourraient croire qu'il s'agissait de deux propositions fondamentalement différentes : rien de tel en réalité. D'un strict point de vue technique et même de l'aveu de certains praticiens de la réforme, au fond seuls quelques détails techniques mineurs les distinguaient. Réformer l'écriture chinoise n'était pas, dans le contexte de la Révolution chinoise, une affaire linguistique ou culturelle, mais relevait de la lutte politique et constituait un volet, secondaire sans doute mais non moins emblématique, des programmes pour une Chine idéale de demain que les partis politiques s'efforçaient d'imposer à leurs compatriotes.

LA RÉFORME EN MARCHE

L'année 1949, qui vit la fondation de la République populaire de Chine, marqua un tournant décisif dans tous les domaines de la vie chinoise, politique linguistique incluse. Une fois au pouvoir, les réformateurs enthousiastes du Parti disposaient enfin de tous les moyens pour élargir leur expérimentation sur la langue à l'ensemble de la population. L'enthousiasme pour l'utopie d'une nouvelle langue à la hauteur de l'ambition révolutionnaire se faisait bruyamment entendre dans les discours des anciens militants qui assumaient maintenant des fonctions au sein de l'État en matière de politique linguistique. Cependant, une latinisation directe et complète de l'écriture n'étant pas immédiatement réalisable dans la pratique, les réformateurs se rabattirent sur trois projets jugés plus réalistes : la promulgation du *pinyin* (système de transcription phonétique), la simplification des caractères chinois et l'imposition du *putong hua* («langue commune») comme parler officiel de toute la Chine. Dans le dessein des promoteurs de ces projets, il ne s'agissait que des étapes initiales d'une opération globale menant à la naissance d'une nouvelle langue. Selon l'explication des concepteurs, le *pinyin*, au fur et à mesure de son usage généralisé, deviendrait plus sophistiqué et un jour remplacerait les caractères comme une véritable écriture. La simplification des caractères serait ni plus ni moins le premier pas vers leur disparition finale. Quant au *putong hua*, son utilité était double. D'abord, c'était un outil politique indispensable dans l'unification de ce vaste pays — on lui attribuait le rôle que Qin shi huangdi, le premier empereur, avait assigné pour l'uniformisation de l'écriture. En même temps, le *putong hua* devait évidemment constituer une condition *sine qua non* pour la réussite éventuelle du *pinyin*. Avec les vrais révolutionnaires fermement aux commandes, la mort des caractères chinois semblait bien programmée et une nouvelle écriture alphabétique devait enfin devenir une réalité aboutissant, pour les plus optimistes, à une langue chinoise efficace, précise et bien adaptée à la science et à la technologie modernes.

Pourtant, les conditions sociopolitiques n'étant plus les mêmes après la prise du pouvoir par les communistes, une autre vision de la langue chinoise, qui était maintenant dans les mains d'un nouveau gar-

Identité de la langue

dien, commença bientôt à se profiler dans les discours publics et les propos accusateurs n'étaient plus de mise. Quand le *Quotidien du Peuple* publia en 1951 un éditorial fixant la ligne directrice de la politique linguistique officielle, les réformateurs de la langue étaient bien avertis du nouveau statut du chinois. Son titre, mille fois répété dans les documents ultérieurs, indiquait clairement ce que signifiait maintenant la langue chinoise pour le Parti : « Employons correctement la langue de notre patrie et luttons pour la pureté et la santé de notre langue. » À une situation politique changée correspondaient ainsi de nouvelles exigences linguistiques qui servaient des intérêts différents. Dans une tentative d'identification du Parti à la Nation, dont un des traits essentiels est évidemment la langue, le chinois ne pouvait plus être présenté dans une optique toute négative. S'il était jugé toujours souhaitable d'intervenir sur le chinois pour effectuer certains changements désirés, les critiques ou les condamnations de cette langue n'avaient par contre plus de place dans les discours publics. Oubliés les moments où l'on entendait un Qu Qiubai ou un Lu Xun, grandes figures du panthéon communiste chinois, prendre à partie le chinois, finie son association au système féodal, l'heure était à la glorification de la langue nationale, comme le montre très nettement l'épilogue d'un ouvrage de linguistique chinoise rédigé par le célèbre linguiste Wang Li : « Notre nation une fois debout, notre langue ne sera plus méprisée. L'écriture chinoise sera bientôt remplacée par le *pinyin*, ce qui facilitera l'apprentissage du chinois par nos amis étrangers et nous entrerons alors dans l'ère socialiste qui est aussi celle où le chinois sera diffusé dans le monde entier[14]. »

Dans le nouveau consensus qui s'instituait autour de l'aspect positif de la langue chinoise, il n'y avait naturellement plus d'urgence pour mener à bien la réforme linguistique. Cette réforme de la langue tant espérée comme une nécessité pour la renaissance de la Chine ne mobilisait bientôt plus la même attention politique que celle qu'elle avait suscitée dans les premières heures de la révolution. Si dans les années qui l'ont suivie immédiatement, on a pu voir le Premier ministre Zhou Enlai se faire lui-même le rapporteur d'un projet de réforme linguistique à l'Assemblée du peuple, ce même sujet ne figure plus dans les grands discours de l'État ou du Parti ; l'époque où la liste du Comité de la réforme linguistique d'État se lisait comme la nomenclature du Parti est définitivement révolue et aujourd'hui la Commission de travail sur la Langue qui lui a succédé n'a qu'un strapontin dans l'appareil d'État.

De plus, l'ampleur de la réforme linguistique se réduisait progressivement au fur et à mesure que l'on entendait exalter les vertus de la langue chinoise dans les discours publics. Le *pinyin* sur lequel on avait tout misé dans l'espoir de réaliser enfin le rêve d'avoir une écriture alphabétique pour le chinois s'était finalement installé dans son rôle d'outil d'enseignement, utile mais accessoire. La simplification des caractères chinois, sujet de discorde passionnée entre les communistes du Continent et les nationalistes retranchés à Taiwan qui la voyaient comme un complot sournois pour enterrer l'héritage culturel chinois, a marqué le pas après une réussite initiale. En 1977, le gouvernement a dû retirer son second projet de simplification des caractères face à une opposition générale du public. À partir des années 1980, sans le dire explicitement, les autorités ont cessé d'inscrire la réforme linguistique dans leur projet général de la politique de réforme qui touche pourtant presque tous les domaines de la vie chinoise. En matière de langue les hauts dirigeants politiques comme les intellectuels vedettes sont tous devenus des conservateurs scrupuleux et très fiers de l'être. En effet, à la suite des métamorphoses de la Chine dans ces dernières années s'est produit un revirement complet de la perception du chinois dans la conscience collective.

« VIVE LA LANGUE DE LA PATRIE ! »

Après l'enterrement définitif du projet de substituer le *pinyin* aux caractères, les critiques dirigées contre ces derniers, qui avaient déjà perdu de leur virulence après 1949 mais qui, avant la Révolution culturelle, continuaient à résonner comme l'écho d'un passé tenace, ont cessé de se faire entendre. Au lieu d'attribuer les maux de la Chine à sa langue et à son écriture, les commentateurs leur ont découvert toutes sortes de mérites. À l'heure actuelle il ne s'agit plus de chercher les défauts de l'héritage culturel et linguistique pour leur trouver un remède mais de reconstruire une puissance à la hauteur de son passé glorieux. Évidemment la vision que l'on se forme de la langue se doit de s'adapter à la nouvelle aspiration nationale.

À travers diverses opinions sur la langue et son écriture constatées actuellement, il est possible de distinguer trois positions autour desquelles se développent les arguments pour revendiquer la supériorité du chinois et de son écriture. Un premier groupe de commentateurs s'empresse de signaler leur parfaite adaptabilité à la technologie moderne. Afin de contrer les arguments des pionniers de la réforme linguistique qui, il y a plus de cinquante ans, dénonçaient avant tout les inconvénients techniques de ces signes compliqués (très difficiles à composer pour l'imprimerie moderne, encombrants à utiliser sur une machine à écrire, lents à convertir en message télégraphique, etc.), ils insistent au contraire sur les avances technologiques contemporaines qui rendent ces techniques elles-mêmes obsolètes. L'ordinateur, prétendent-ils, a définitivement résolu les problèmes pour le chinois et il n'est pas plus difficile aujourd'hui de composer un texte en caractères chinois sur l'écran qu'en n'importe quel autre système graphique au monde. Mieux : les plus enthousiastes ont voulu prendre une revanche et sont même allés jusqu'à revendiquer une supériorité technique de l'écriture chinoise sur les écritures alphabétiques à l'ère informatique. Selon certains spécialistes, les caractères chinois permettraient une plus grande concentration d'information dans le stockage et la transmission des messages, d'où une plus grande efficacité technique. Pour les moins optimistes (les ingénieurs chinois ont dû quand même s'acharner pendant plus de dix ans pour résoudre le problème de la saisie des caractères sur un clavier standard), cela relève du simple bon sens d'adapter les techniques à l'écriture et non l'inverse. D'une manière ou d'une autre, ces justifications de l'écriture chinoise reposent sur la même ligne de raisonnement que celle adoptée par les détracteurs des caractères chinois au début du XXe siècle.

Le défi pour la Chine moderne est interprété essentiellement comme un défi technologique et le problème de la langue, s'il y en a un, se mesure principalement en termes d'efficacité technique. Si l'on peut remettre les caractères chinois à l'honneur, c'est que la révolution technologique a complètement changé les données techniques.

Un autre groupe de commentateurs ne se contente pas de cette vision qui, à leurs yeux, est trop bornée. Pour eux, non seulement les avancées technologiques contemporaines ont renouvelé les rapports entre la technique et l'écriture chinoise, mais encore les idées récentes dont nous disposons sur l'homme et sa culture nous fournissent la base pour une autre interprétation de notre écriture. À cet égard ils se réfèrent surtout aux théories post-structuralistes, en particulier à une certaine interprétation de la pensée derridienne sur le logocentrisme pour fonder une réévaluation de l'écriture chinoise. Le faible lien des caractères chinois avec la face phonique de la langue ne devrait pas, selon eux, être considéré comme un défaut congénital, donc source d'infériorité, de ce système d'écriture, maintenant que les penseurs européens eux-mêmes ont montré les limites que le logocentrisme, ancré dans la voix, a pu assigner à la pensée. Il y a donc lieu de croire qu'autour d'un pur système graphique incarné par l'écriture chinoise peut s'ouvrir une nouvelle voie autrement plus prometteuse dans la poursuite du sens. Toujours motivés par le désir d'être à la page des développements intellectuels en Occident, ces commentateurs construisent leur défense de l'écriture chinoise en signalant les avancées occidentales, non pas dans les domaines technologiques, mais en sciences humaines. Le désaveu de l'écriture chinoise de la première moitié du XX⁰ siècle était principalement justifié par une analyse saussurienne de la langue qui insistait sur la nature sonore du signifiant. Or, le structuralisme saussurien a été maintenant dépassé par d'autres théories qui ont effectivement ôté le fondement théorique des critiques sur le chinois et nous indiquent en revanche la raison d'être de l'écriture chinoise, justifiant ainsi par le même argument la spécificité de la culture chinoise qui en résulte. Ces commentateurs disent, en substance, que si le chinois et son écriture paraissaient une anomalie pour la pensée occidentale d'une autre époque, la pensée moderne a su enfin se réconcilier avec le chinois.

À la différence de ces deux groupes qui cherchent des justifications de l'écriture chinoise dans l'arsenal de la pensée occidentale, le troisième groupe des défenseurs du chinois préfère se situer dans une opposition radicale entre Orient et Occident. Pour eux le chinois est une langue qui fonctionne selon des principes fondamentalement différents et il est donc absurde de mesurer le chinois à l'aune des langues indo-européennes et des théories qui y sont élaborées. Afin de montrer la valeur exacte de la langue chinoise, les adeptes de cette école de pensée proposent de définir le chinois en termes d'antinomie avec les langues indo-européennes : le premier est une langue fonctionnant avec l'image tandis que les secondes sont constituées de symboles ; le premier est une langue imprégnée de valeurs humanistes tandis que les secondes sont vouées à des commodités instrumentales ; le premier est une langue esthétique tandis que les secondes sont de nature technique ; le premier s'articule suivant des rapports subtils de sens, tandis que les secondes sont régies par des principes formels, etc. La conclusion qu'on ne manquera pas d'en tirer sera toujours un discours sur le statut unique de la langue chinoise et donc la nécessité urgente de la préserver. Ces propos, peu informés par la linguistique scientifique, sont repris avidement par les médias et rencontrent un accueil enthousiaste du grand public. Célébré comme révélation de l'originalité de la pensée chinoise, ce genre de discours montre que les Chinois ont finalement renoué leur attachement affectif avec leur langue. On y voit clairement un signe de l'esprit du temps.

Tout comme l'Égypte antique est le fait d'un fleuve, la Chine est le fait d'une langue. Une compréhension de la Chine et de la pensée chinoise devrait donc nécessairement passer par une compréhension du chinois et des rapports que les Chinois entretiennent avec cette langue. Ce qui est arrivé à la pensée chinoise en matière de langue durant le siècle écoulé est au fond symptomatique du dilemme qui tourmente la Chine depuis son entrée dans le monde moderne : comment forger une nouvelle identité qui conservera ses spécificités mais qui sera aussi, pour ainsi dire, intégrée au sein de la communauté internationale ?

CHU XIAOQUAN

CHAPITRE XI

La « sinité » :
l'identité chinoise en question

La notion de « sinité » (*zhonghuaxing*) qui émerge des débats d'idées du début des années 1990 compte parmi celles qui ont le plus marqué la vie intellectuelle chinoise de la dernière décennie et dont on ne cesse de mesurer l'ampleur des retombées idéologiques et culturelles. Sa formulation a été favorisée par la réinterprétation et la réappropriation des théories post-modernes et post-coloniales. De nature essentialiste, elle oppose la culture chinoise au discours occidental, dans une posture « nativiste » (*bentuzhuyi*). Ce nationalisme culturel, à juste titre controversé, cède ensuite le pas à des interrogations plus soucieuses de l'historicité de la modernité chinoise, comme « alternative » au modèle occidental. Culturalistes ou historiques, les hypothèses mises en avant révèlent les profondes préoccupations des intellectuels concernant l'identité de la Chine face à la mondialisation dévastatrice et à ses mutations intérieures. Il importe donc de rappeler le contexte dans lequel la notion de sinité a pris forme, d'en examiner les programmes et leur dérivation, afin de montrer que des approches différentes — culturelle, historique ou politique — se rejoignent dans les obsessions relativistes, mêlant les études sur la modernité à la recherche de l'« alternative chinoise ».

LE NATIONALISME CULTUREL

L'introduction des théories post-modernes et post-coloniales a suscité, au milieu des années 1990, des réinterprétations conduisant à la formulation d'une théorie « nativiste » et la mise en avant de la notion de « sinité »[1]. Les travaux de Fredric Jameson, Edward Said, Homi Baba ont engendré une posture critique vis-à-vis des valeurs et des discours occidentaux. Les tenants des courants « nativistes » se positionnent comme les intellectuels du tiers-monde, conscients et dénonciateurs de la nouvelle forme d'hégémonie occidentale qui envahit la Chine dans le domaine discursif et culturel. L'appel si puissant à la modernité pendant les années 1980 apparaît dorénavant comme un assujettissement inconscient au discours dominant de l'Occident et la traduction de l'aphasie qui frappe une nation en voie de modernisation mais privée de son propre langage. Seule la définition d'un discours national, en l'occurrence la « sinité », permet de s'affranchir d'une telle aliénation et d'affirmer une identité propre.

La notion, qui manque de définition précise, renvoie plutôt à une revendication culturaliste. Elle repose d'abord sur une rectification « cognitive » du temps, en introduisant une nouvelle périodisation. Les années 1980, appelées « nouvelle époque », paraissent révolues, tandis que s'ouvre avec les années 1990 la «post-nouvelle époque». Si la première décennie porte la marque de l'imitation du modèle économique et idéologique occidental, la seconde doit annihiler cette hiérarchisation à la faveur de la mondialisation, où la Chine s'affirmerait dans un statut égal vis-à-vis de l'Occident. L'utopie de nivellement constitue ainsi un tremplin vers le programme de substitution, résumé dans l'intitulé significatif «De la modernité à la sinité[2]». La nébuleuse théorie de la «sinité» vise, en effet, à remplacer la modernité de l'Occident, dont l'emprunt signifie le retard de la Chine, par les valeurs essentielles de la culture chinoise. L'essor économique observé en Chine et dans les pays limitrophes, ainsi que les «valeurs asiatiques[3]» qui le sous-tendent contre la thèse weberienne, justifie le rêve d'une Chine culturelle dans une vaste fédération dont la Chine occupe la place centrale. La revalorisation de la culture chinoise aurait pour avantage d'apporter, à l'intérieur, le correctif au radicalisme iconoclaste du 4 Mai 1919, qui a intenté un procès inconsidéré au «caractère national» selon un regard importé. Sur le plan international, la «sinité» est susceptible de restreindre les effets de la mondialisation en la confinant au seul domaine pratique, inoffensif par rapport à l'essence de la Chine. Une vision «post-orientale» semble à même d'apporter la lucidité nécessaire sur le danger du retour de multiples formes d'orientalisme, favorisé par la manipulation des capitaux propre à l'époque post-coloniale, tout en constituant la meilleure garantie pour une autoreprésentation «authentique» et le rayonnement de la culture chinoise dans le monde[4].

De posture plutôt défensive, les propositions de la sinité prennent, à l'orée du nouveau millénaire, une allure nettement plus agressive, la défense de la culture chinoise et de la valeur nationale évoluant vers la volonté de les diffuser à travers le monde. De tels projets expansionnistes sont illustrés par le « programme d'exportation culturelle », comportant un double caractère conceptuel et pratique[5]. Comme le programme nativiste de la sinité, sa mise en avant est animée par le constat du déséquilibre entre l'essor de l'économie qui hisse la Chine en nation modernisée et le « déficit culturel » qui la met sur une « balance défavorable ». On déplore ainsi les déséquilibres dans le seul domaine des traductions : 1 068 000 titres européens ont été traduits en chinois au XXe siècle alors que depuis plusieurs centaines d'années, seuls 3 000 ouvrages chinois l'ont été en langues européennes.

On évoque une « renaissance culturelle » de la Chine qui soit à la hauteur de cette montée en puissance économique. Elle doit d'abord montrer sa force de résistance à l'orientalisme. Ainsi se poursuit la dénonciation de la position dominante de l'Occident, qui applique un regard « surplombant » et déformant sur la Chine. Récuser sa lecture faussée (*misreading*) revient à refuser la « colonisation culturelle » qui se substitue de nos jours à l'invasion militaire ou à l'exploitation des ressources naturelles[6]. À ce titre, on se félicite de *Hero*, l'un des derniers films de Zhang Yimou, qui semble avoir le mérite de réhabiliter l'image de la Chine par la mise en scène de l'héroïsme viril de l'armée des Qin, défi métaphorique lancé au pouvoir de l'Occident. Le film semble apporter un correctif salutaire aux œuvres précédentes du réalisateur, telles que *Le Sorgho rouge* ou *Épouses et Concubines*, qui péchaient par l'allégeance à un Occident « phallocratique » en lui payant le tribut d'images féminines. Il répond aussi énergiquement à la vision condescendante d'un Bertolucci qui use, dans *Le Dernier Empereur,* de la caméra surplombante en filmant la Cité interdite. Le « post-orientalisme » s'impose donc, à la condition que les chercheurs deviennent les sujets qui prendront en charge la reconstruction de l'image de la Chine. Il revient aux « études nationales » d'en garantir l'authenticité, à la différence de la sinologie qui relève d'une discipline occidentale et qui, par définition, manque de « consanguinité culturelle » par rapport aux chercheurs chinois, « naturellement » mieux lotis en la matière.

Reprenant l'idée de la « Chine culturelle » prônée par un Tu Wei-ming, Wang Yuechuan (né en 1955), professeur de lettres à l'université de Pékin, initiateur du projet d'exportation culturelle, propose de restaurer le « cercle de la culture sinogrammatique » (*hanzi wenhuaquan*). Par contraste avec le « cercle de la culture des baguettes », de nature instrumentale, donc parfaitement interchangeable par rapport aux couteaux et aux fourchettes, le « cercle de la culture sinogrammatique » suppose que les « caractères chinois pénètrent notre pensée, notre sang et notre inconscient collectif ». Élaboré à l'encontre de l'hégémonie occidentale, le concept dissimule mal, en réalité, des effets d'imitation dans son ambition régionale. Ainsi l'auteur déplore-t-il que certains pays voisins, tels que le Japon et la Corée, fassent de l'ombre à la Chine dans son rayonnement culturel, en raison de leur seul soutien économique, alors même qu'ils se sont nourris, le Japon en premier, de la culture chinoise[7].

L'ambition d'expansion et de diffusion convoque, chez l'auteur du programme, un double esprit « religieux» et scientifique. Le prosélytisme des missionnaires occidentaux ou chinois soutient cette mission sacrée. La Chine a besoin, pour lui, de Xuanzang pour importer, mais aussi de Jian Zhen pour offrir au monde les vraies valeurs de la Chine[8]. Le bâton de pèlerin s'associe au sens moderne de gestion économique puisque le programme est conçu en termes de «développement durable». Les travaux concernent d'abord l'organisation de la traduction en anglais, en attente de la «mondialisation du chinois», de centaines d'ouvrages classiques, modernes et contemporains touchant divers domaines de la pensée chinoise. On espère ainsi, grâce à «ces titres désormais disponibles dans les bibliothèques universitaires occidentales», que le public étranger accède à de nouvelles compréhensions de la culture chinoise, sans plus encourir le risque de se fourvoyer dans des «lectures erronées». Ce programme s'affilie à d'autres travaux réalisés dans des domaines différents, tels que le «programme de la périodisation des Xia, Shang et Zhou[9]», en inspirant même certaines démarches institutionnelles, comme la création des Instituts Confucius dans le monde, sur le modèle des Instituts Cervantès ou Goethe[10], ou encore comme l'instauration du prix Confucius décerné par l'Unesco[11], sans parler de multiples manifestations commémoratives.

Les thèses de la sinité, telle qu'elles s'expriment à travers une vision essentialiste, soulèvent, dès leur apparition, des controverses à l'intérieur comme à l'extérieur de la Chine continentale. Des voix discordantes s'élèvent contre ce nationalisme culturel, aux antipodes de l'esprit critique post-colonial. Des reproches lui ont été faits d'abord d'entériner un rapport binaire vicieux : la référence dramatique à l'Occident, tournée en dichotomie conflictuelle, ordonne un récit identitaire qui recourt à l'existence mythique d'une tradition immuable et d'une originalité irréductible. Elle traduit le profond désarroi des intellectuels qui cèdent à un conservatisme démissionnaire devant la crise idéologique subséquente aux événements tragiques de Tian'anmen. Au nom de l'opposition à l'Occident, un tel discours tente par ailleurs de substituer la critique de l'eurocentrisme aux réflexions parallèles sur les rapports de force à l'intérieur même du pays et de l'Asie, comme le fait Naoki Sakai à propos du Japon [12]. Il risque ainsi d'introduire un nouvel ordre hiérarchique sino-centrique qui tend à périphériser d'autres pays du monde chinois, réduits à la violence d'une filiation affective [13]. En substance, en déplaçant un rapport de domination, il dissimule mal un sino-chauvinisme tendant à instaurer de nouvelles hiérarchies sous prétexte d'un particularisme à prétention universaliste [14].

Ces réserves sur le concept de sinité se résument en une dénégation de l'essentialisme différentialiste qui évince du champ d'investigation les analyses sur l'historicité de l'expérience. La critique de l'hégémonie occidentale n'est significative, aux yeux de chercheurs avisés, que si elle est menée de front avec une « autocritique, un autoréajustement et une autoconnaissance de notre propre expérience de la modernité [15] ». C'est cette dimension temporelle qui est réintroduite dans les réflexions sur la sinité, en réintégrant les problèmes de la modernité, trop vite identifiée et rejetée comme propriété occidentale et reconsidérée désormais comme partie intégrante de l'expérience historique chinoise.

La notion de sinité sert, dans ces perspectives historiques, de schéma explicatif culturel au parcours de la modernité chinoise[16]. On retrace son histoire en cherchant à en dégager certaines constantes. La sinité participe dès lors du « complexe de la centralité » qui, malgré la rupture provoquée par l'histoire chinoise moderne, opère de façon permanente pour constituer une sorte de condition culturelle de la modernité chinoise.

La Chine, cet « empire du Milieu », est caractérisée, rappelle-t-on, par la conscience d'une centralité, reposant sur un système cosmologique, politique et linguistique particulier. L'instauration de l'empire en 221 av. J.-C. qui a assuré l'unité du pays fait perdurer l'image de « Fils du Ciel » (*tianzi*), souverain mais surtout intermédiaire cosmique, reliant Ciel et Terre et garant de l'équilibre du monde. L'expression *tianxia*, littéralement « sous le ciel », qui désignera longtemps le domaine de l'empereur, met à l'index le reste du monde où règnent chaos et barbarie. La conquête de ces régions se justifie par l'apport de l'ordre et de la civilisation, incarnés par une administration centralisée et un système d'écriture commune. À la centralité de la Chine s'accorde une vision de totalité qui faisait prévaloir la « Chine-monde ».

Les bouleversements de l'époque moderne, dus au contact de l'Occident et aux guerres successives, viendront ébranler profondément ce socle culturel. L'ouverture forcée intègre désormais la Chine dans la cartographie mondiale dans laquelle elle n'occupe plus désormais qu'une place « marginale » et « périphérique », en devenant « Chine dans le monde ». Le choc est d'autant plus violent que cette marginalisation spatiale se double d'une prise de conscience du temps évolutif : l'histoire du monde dont fait partie désormais la Chine met en évidence son état arriéré. Dès le départ la modernité chinoise est donc sommée de rattraper le retard par rapport à l'Occident en vue de recouvrer la centralité perdue.

Les efforts de rattrapage comportent cependant, comme le fait remarquer Zhang Fa, une série de paradoxes et d'excès. Les changements institutionnels et les mouvements politiques successifs s'interprètent par l'objectif impatient fixé pour s'aligner sur l'Occident. Le projet avorté de la monarchie constitutionnelle, conçu en 1898 par les protagonistes de la réforme des Cent Jours, la République issue de la révolution de 1911, le régime socialiste mis en place en 1949 par la révolution communiste, ces trois formes institutionnelles ont pris modèle sur les pays les plus avancés en la matière : les monarchies constitutionnelles anglaise et japonaise, la démocratie américaine et le communisme soviétique. C'est sans doute le complexe de la centralité qui propulse la Chine dans les pas de ces modèles, les plus perfectionnés dans l'évolution historique de l'humanité et les plus adaptés à son désir utopique. Le Grand Bond en avant, visant l'Angleterre et les États-Unis, constitue, dans un autre ordre, l'illustration la plus frappante d'une telle poursuite idéaliste. « Aucun autre pays que la Chine n'a été capable de déclencher un mouvement de masses d'une telle envergure pour rattraper les pays les plus développés, avec des moyens "prémodernes", illogiques et antiscientifiques[17]. » Cette course effrénée allie l'illusion du cheminement vers le plus bel avenir de l'humanité au rêve de retrouver l'ancienne position d'éminence. De ce point de vue, la Révolution culturelle procure à la Chine, pour la première fois depuis 1840, la joie du retour à la centralité. Parmi les multiples raisons qui ont provoqué la rupture avec l'Union soviétique, on met en évidence les facteurs psychologiques, qui identifient le «révisionnisme» soviétique comme le recul du socialisme devant le capitalisme, donc comme signe de régression dans l'évolution de la société humaine. En empêchant la restauration du capitalisme à la soviétique, la Chine s'estimait en mesure de se maintenir dans la position la plus avancée de l'histoire. La Révolution culturelle a ainsi trouvé la «bonne recette» lui permettant non seulement de se situer à la pointe de l'histoire mais aussi au centre de la révolution mondiale, en faisant avancer l'histoire du monde.

Cette nostalgie de la centralité entraîne des conséquences qui éclairent les apories de la modernité chinoise. L'une des premières se traduit par le «mélange du plus haut et du plus bas». La réussite de la révolution communiste a pour corollaire les paramètres du développement social maintenus au niveau le moins élevé. Ce paradoxe est expliqué par le décalage entre l'idéal qui se mire dans le modèle et l'ignorance de la réalité, «entre les attentes des masses qui répondent à l'appel de la révolution et la réalité qui se dévoile après cette dernière».

À ce paradoxe s'ajoute le conflit entre la tradition et la modernité. D'un côté, le complexe de la centralité incite à résister à l'évolution de l'histoire mondiale, comme ce fut le cas du Mouvement des affaires occidentales (*yangwu yundong*) qui visait à restaurer la place centrale de la Chine en opposant la tradition à la modernité ; de l'autre, des tentatives manquées de modernisation font ressentir le poids, voire le «péché» de la tradition qu'il s'agit de rejeter. Le maintien ou le rejet de la tradition sont, l'un comme l'autre, fonction du complexe de la centralité.

Enfin, mêlé à la «raison du changement universel» (*tongbian lixing*), le complexe de la centralité n'est pas sans incidence sur le fonctionnement institutionnel. À l'instar des changements dynastiques déterminés par le mandat céleste, l'histoire de la modernité chinoise est scandée par les bouleversements institutionnels sans qu'on en trouve une forme stable, contrairement au Japon fixé dès l'ère Meiji dans la monarchie constitutionnelle. Cette ultime remarque sur l'instabilité institutionnelle parachève, semble-t-il, la critique que l'auteur dirige contre une culture politique impatiente et utopique qui caractérise le parcours de la modernité chinoise.

À LA RECHERCHE DE L'«ALTERNATIVE CHINOISE»

Si Zhang Fa tente de dégager un certain déterminisme culturel de la modernité chinoise, Wang Hui (né en 1959), historien des idées politiques à l'université Qinghua, aborde cette dernière davantage en termes d'expérience historique. Contrairement aux chercheurs précédents, il rejette les propositions de la «sinité» qui pèche par sa tentation nationaliste et accentue l'antagonisme Chine / Occident[18]. Il se détourne aussi des tenants des «néo-Lumières» des années 1980 en leur reprochant de puiser leur inspiration dans les Lumières françaises et le libéralisme anglo-saxon dans leur approche des questions chinoises. En recourant à une théorie de la modernité élaborée à partir du développement du capitalisme européen, ils s'engagent dans une lecture impuissante ou faussée de la situation autochtone. S'impose alors le retour à la réalité chinoise, à son historicité, et plus précisément à l'expérience du socialisme qui lui paraît constituer l'un des aspects les plus saillants de la modernité chinoise. Sans retomber dans le dualisme oppositionnel, sa démarche est toutefois nettement marquée au sceau du relativisme.

Wang Hui commence par relier la modernité occidentale au développement du capitalisme : elle ne peut ni remplacer ni effacer d'autres modernités, y compris celle que dénote le socialisme chinois. Mieux encore, ce dernier caractérise la modernité chinoise par son opposition à la modernité occidentale. Car la quête de la modernité en Chine s'origine dans l'époque coloniale et le socialisme de Mao Zedong, qui en est le prolongement, est porté par une idéologie de modernisation contre le colonialisme et le capitalisme. Sans désavouer la modernité en tant que telle, la charge est dirigée contre la forme de modernité capitaliste euro-américaine, au nom d'une idéologie révolutionnaire et d'un positionnement national. La pensée socialiste de Mao, dans le sillage de certaines idées développées depuis la fin des Qing, contient ainsi une théorie de la modernité opposée à la modernité capitaliste. Le sens critique chez Mao s'assortit, pour le coup, des utopies antimodernes dans la pratique de la modernisation qu'il préconise : refus de l'État bureaucratique, mépris de la législation, culte de l'égalitarisme, etc. Wang Hui considère cependant ce caractère antimoderne dans la pensée maoïste de la modernité et dans la pratique socialiste comme inhérent à la structure contradictoire de la modernité et même comme constitutif des forces de renouvellement pour la modernité, puisque celle-ci engendre sa propre critique, pour reprendre les termes de Marx. La modernité chinoise revendique dès lors le marxisme qui est d'autant plus apte à fournir des modèles explicatifs qu'il incarne lui-même l'idéologie résultant d'un processus de modernisation, en l'occurrence le mouvement socialiste. Ainsi le socialisme chinois ne doit pas être écarté des horizons des analystes de la modernité, ni perçu comme la réincarnation du «féodalisme», mais il s'inscrit pleinement dans le processus de modernisation. Il se révèle comme une pratique historique dont les difficultés font partie intégrante de la «crise de la modernité».

Le contexte de la mondialisation incite Wang Hui à renoncer au discours occidental et à opérer ce retour vers la réalité chinoise, dont il sonde les possibilités de construire un modèle explicatif à partir d'une appréhension historique et globale : «Existe-t-il des sociétés modernes à l'écart des formes historiques du capitalisme, ou des processus de modernisation ayant une portée réflexive sur la modernité?» Dans une époque où la mondialisation entraîne la plupart des pays dans des conflits politiques, économiques et sociaux insolubles, il s'agit pour lui de scruter la potentialité de la Chine non seulement par rapport aux pays occidentaux, mais aussi à l'Europe de l'Est. Cette démarche réflexive et inventive invite à se référer à la totalité de la tradition nationale, ancienne comme moderne, comprenant les révolutions de l'époque prémoderne et moderne, les mouvements du socialisme et les expériences de la réforme. Les conséquences tragiques de ces expériences ne doivent pas, à ses yeux, exclure la reconsidération de leur puissance de mobilisation pour la société chinoise. La tradition révolutionnaire, dans ces conditions, mérite une attention particulière dans la mesure où, à la différence des anciens pays de l'Est et de la Russie, la Chine a entrepris des réformes sans renier son système socialiste ni son héritage révolutionnaire qui demeurent des ressources pour le développement de la société. Représentant de la Nouvelle Gauche, Wang Hui met en garde contre le risque, chez certains intellectuels, de céder au néocolonialisme et aux inégalités sociales en dénigrant le socialisme étatique. Il lui paraît impératif d'allier les réflexions sur la modernité à celles qui concernent la révolution, de réexaminer les sources historiques de la Chine moderne, afin d'affranchir la modernité chinoise du grand récit de la modernisation.

La position de Wang Hui cristallise en réalité les analyses opérées par différents courants intellectuels étrangers et chinois, du Continent comme de la diaspora. D'obédiences diverses, ils convergent dans une approche de la modernité chinoise comme inclusive de l'héritage socialiste et révolutionnaire.

Le best-seller de l'année 1994, *Regarder la Chine avec le troisième œil*, dans une démarche de Realpoltik et de néo-autoritarisme, propose déjà de revenir au passé révolutionnaire, notamment maoïste, pour la poursuite de la réforme, en récusant tant les « nouvelles théories occidentales » que le modèle européen, sud-asiatique ou japonais, dans le but de créer la « voie de développement proprement chinoise [19] ».

Ce regain d'intérêt pour la révolution trouve des

échos amplifiés chez les marxistes étrangers et chinois, qui la considèrent dorénavant comme élément constitutif d'une modernité alternative. Ainsi, selon Arif Dirlik[20], la société chinoise, grâce à l'héritage maoïste, offre une alternative à la modernité hégémonique capitaliste, tout en proposant des solutions concrètes aux problèmes soulevés par le capitalisme contemporain dans ses relations internationales. Il tente de remettre en valeur la Révolution culturelle, appréciée comme expérience historique authentique, rétive à l'orientalisme qui assigne à la Chine une «image sclérosée», un «immobilisme arriéré». Elle se révèle comme «événement historique ayant une portée mondiale», comme «nouveau point de départ de l'histoire de la révolution communiste», comme «expression du socialisme du tiers-monde après l'accès à l'indépendance des anciens pays colonisés, et surtout comme «pensée socialiste défiant les normes politiques et du développement économique capitaliste et socialiste soviétique». «Compter sur ses propres forces» lui paraît être l'expression par excellence de nouvelles nations dans la recherche des voies de leur libération. Ce slogan revêt des significations sociales dans la mesure où le refus de la dépendance par rapport à l'extérieur s'accompagne de l'appel au peuple à participer au développement, au niveau national comme régional. L'association de l'industrie et de l'agriculture, hétérodoxe du point de vue économique, correspond à la nécessité de cohésion sociale locale, compensant la carence de l'État, dans la résistance contre les effets dévastateurs de la mondialisation.

La Révolution culturelle, revue sous l'éclairage de la lutte contre la mondialisation, donne lieu à des réflexions similaires chez les chercheurs chinois comme Cui Zhiyuan (né en 1963), économiste à l'université Qinghua, et Gan Yang, chercheur attaché à l'université de Hong-Kong. L'industrie rurale trouve son origine, selon eux, dans les contributions des intellectuels et de jeunes instruits envoyés à la campagne qui y apportent des informations techniques et commerciales [21]. Cette activité, qui s'est considérablement développée depuis la mise en application de la politique de réforme, diffère foncièrement du modèle classique de la modernité occidentale. Sans subir le sort des prolétaires déracinés, les paysans embauchés dans ces entreprises bénéficient, au contraire, d'une industrie moderne créée au sein même de la communauté rurale où ils sont enracinés, donc « travaillant dans les usines sans fuir dans les villes ». Il s'agit ici, non pas d'une évaluation microéconomique, mais d'une vision macrosocioculturelle du modèle alternatif chinois : « Si une telle expérience historique s'avère concluante, sa signification pour la continuation de la forme de vie chinoise sera sans limite et sa contribution à l'histoire de la civilisation humaine inestimable [22]. » Gan Yang reformule la notion de « Chine culturelle », désolidarisée du nationalisme et de la spéculation anhistorique sur le renouveau du confucianisme, au profit d'une expérience d'industrialisation inédite, capable de réinventer sa compatibilité avec le capitalisme mondial.

En insistant sur le processus de transformation, la « Chine culturelle » dessine pour la modernité chinoise un contenu sociopolitique sans précédent, qui revêt une grande valeur heuristique en termes de « communautés locales, organisations sociales et formes de vie quotidienne nouvelles». Ainsi l'Occident moderne ne doit-il éclairer la problématique chinoise que si l'un et l'autre sont considérés comme issus d'un processus historique : «Toutes les notions occidentales concernant la propriété, les droits, la citoyenneté, la participation démocratique, etc., sont historiquement formées dans la modernité occidentale, à savoir la transformation des sociétés rurales occidentales en sociétés industrielles occidentales. Elles sont élaborées et améliorées au fur et à mesure que la modernité occidentale est dévoilée. Nous avons donc raison d'espérer que les notions chinoises de relations de propriété, de structure juridique, de citoyenneté et de démocratie prendront progressivement forme au fur et à mesure que la modernité chinoise avancera avec l'histoire[23].»

VERS UN «POST-ÉTAT NATIONAL»?

L'obsession de singulariser la modernité chinoise pousse certains chercheurs à remonter en amont, jusqu'à ses enracinements dans le système impérial. Telle est l'ambition de Wang Hui dans ses travaux récents sur l'archéologie de la modernité chinoise. Se détournant tant de la «téléologie», consubstantielle au discours occidental de la modernité, que des préjugés orientalistes, concomitants de la supériorité occidentale, il tente d'énoncer la Chine comme «une entité formée et en évolution constante sous l'action de différentes forces au cours de l'histoire». Les théories post-coloniales appliquées dans les recherches sinologiques[24] l'inspirent dans sa propre démarche, alimentée par les notions d'interaction, d'interconnexion, d'hybridité, et surtout par celle de «modernité enchevêtrée» (*entangled modernity*). Celle-ci l'autorise à exprimer la nouvelle «imagination de la modernité», en «révélant de nouveaux modes de connexions historiques». Au lieu de considérer la Chine moderne comme issue de révolutions en rupture avec le système impérial, il préfère l'inscrire dans un processus d'autotransformation de ce dernier, en reprenant l'idée d'une «identité chinoise compréhensive» ou «de type impérial», chère à Kang Youwei et à Chen Yingke[25]. Dans ces formes hybrides, il perçoit même les «germes d'une forme politique post-État-nation» (*hou minzu guojia*)[26].

Wang Hui appuie ses réflexions sur le constat suivant : l'exceptionnelle stabilité de l'empire sur le plan territorial, démographique et politique, maintenue si longtemps dans l'histoire, se prolonge jusqu'au XXIe siècle. La Chine est le seul pays où le territoire, la démographie et la politique culturelle, issus d'un empire antérieur au XIXe siècle, soient conservés dans un État souverain et multiethnique. Contrairement à d'autres empires dans l'histoire du monde, la Chine fait valoir, à travers les mouvements nationaux et la construction d'un État-nation, l'universalisme hybride héritier du système impérial. Après une brève période de féodalité où régnaient les seigneurs de la guerre, les révolutions ont réintégré, en la renouvelant, l'administration bureaucratique et hiérarchique impériale, en organisant avec efficacité l'industrie et l'agriculture en un système économique national complet. De la «République des cinq ethnies» de Sun Yat-sen à la «Grande solidarité de tous les peuples» de Mao Zedong se forme une nouvelle identité nationale. Ce premier constat incite à étudier les relations de superposition entre la construction de l'empire des Qing et celle de l'État moderne, à interroger les raisons de la transformation réussie de l'héritage impérial en éléments positifs de la révolution et de la construction d'un État national.

Wang Hui procède selon une démarche anti-orientaliste toujours en vigueur, en rejetant l'« imaginaire de l'empire » qui, dans le savoir du XIXe siècle européen, introduit la dichotomie entre empire et États-nation. De Hegel à Lénine en passant par Adam Smith et Karl Marx, ce dualisme sert à décrire et à résumer les différences sociales et politiques entre l'Europe et l'Asie, donnant à l'« histoire mondiale » eurocentrique une double assise institutionnelle et géographique. Wang résume leurs analyses en deux catégories différenciatrices opposant Occident/État national et Asie/empire, présent et passé, progrès et arriération : l'empire est décrit comme une forme politique autocratique, donc antidémocratique ; comme un pays organisateur d'une forme de production relative à une culture agricole pratiquée sur un vaste territoire, à l'opposé d'un pays urbain, marchand ou industriel ; comme une « civilisation » reposant sur une multitude de nations (*minzu*) et sur une identification culturelle, et non sur une identification nationale et politique ; et enfin, comme un système ou un monde centralisateur et de structure tributaire, et non fondé sur une égalité formelle et juridique. Ces caractéristiques différencient l'Empire chinois d'autres nations européennes modernes, creusant ainsi le fossé entre la Chine et la modernité[27].

Certains travaux, selon Wang, retombent inconsciemment dans ces ornières orientalistes. Tout en confirmant la présence de la modernité dans l'histoire de la Chine, ils tendent à effectuer la même lecture binaire Empire/État-nation et à les hiérarchiser selon la conviction du progrès, travaillant finalement à fournir la version asiatique de la modernité européenne. Que l'on décèle les embryons du capitalisme sous les Ming étouffés par l'invasion mandchoue, ou que l'on considère les changements intervenus à la suite de la guerre de l'Opium comme inscrits dans le processus historique permettant le passage de l'empire chinois à l'État-nation, on ne fait que développer le rationalisme weberien qui juge le système impérial répressif, intervenant pour interrompre le développement du capitalisme. À ces optiques orientalistes, Wang oppose une lecture plus « critique » visant à établir de multiples connexions entre l'Empire mandchou et l'État moderne chinois. Il cherche surtout à mettre en lumière certains aspects insoupçonnés du système impérial, porteur d'un « projet démocratique capable de tolérer les différences[28] ». L'Empire mandchou fait preuve, selon lui, de tolérance à l'égard des cultures nationales (*minzu wenhua*), de souplesse en matière de systèmes juridiques et d'autonomie politique. En revanche, l'État-nation exige l'unification sur le plan politique, juridique, linguistique et culturel, portant des atteintes beaucoup plus graves que l'empire aux minorités nationales et à leurs cultures. L'empire se caractérise en réalité par une sorte d'ambivalence suggérant une forme de post-État national : d'un côté la violence et le contrôle obéissant à la logique générale de l'empire historique ; de l'autre, l'universalité, la multipolarité, préservant les coutumes et traditions locales.

Wang se réfère ici à des travaux déjà anciens sur la tolérance du régime impérial des Qing[29]. Contrairement aux idées reçues accréditant une cour impérialiste, colonialiste et absolutiste, il souligne la nécessité de reconnaître l'Empire mandchou comme multipolaire, mettant en pratique la pluralité institutionnelle, juridique, culturelle et religieuse. Il soutient les vertus du ritualisme qui transcende l'appartenance communautaire, en rappelant cet idéal de type culturaliste selon lequel «un barbare qui connaît les rites est un Chinois, un Chinois qui les ignore est un barbare[30]». Cette relativité symbolique dans la distinction entre Chinois et barbares fonde l'identité politique : ni la race ni la géographie, ni même le pouvoir politique, ne pèsent autant que les rapports au ritualisme[31].

Dans la perspective d'une archéologie de la modernité chinoise, Wang Hui reconstitue la cartographie politique chinoise dans une optique culturelle pour ne pas dire culturaliste. Elle permet, en dernière analyse, de réexaminer les interrogations sur l'identité chinoise dans la double optique culturelle et historique. La sinité, dans sa version essentialiste, traduit une forme de nationalisme culturel que sous-tendent la dichotomie conflictuelle Chine/Occident et la mythification des valeurs traditionnelles. Dans sa réaction à la mondialisation, elle fait alterner la nostalgie et la projection. Ainsi, en limitant la mondialisation au domaine scientifique, technologique et informatique, et la sinité à la culture, certains en sont venus à affirmer : « La mondialisation comme matière ou comme forme matérielle (*xingqi*), la sinité comme esprit et voie (*shendao*).» C'est l'antienne de la supériorité de la quintessence nationale qui se fait de nouveau entendre : « Savoir occidental comme outil et savoir chinois comme substance [32]. » Mais le nativisme culturaliste révèle sa nature ambivalente dans la mesure où l'imagination d'une essence immuable est dirigée à la fois vers le passé et vers le futur. Des théoriciens qui crient au scandale, devant l'envahissant discours occidental qui réduit la critique chinoise à l'« aphasie », travaillent parfois à la construction de systèmes susceptibles non pas exactement d'entrer en dialogue avec l'Occident mais de s'y substituer, dans une nette aspiration à la « post-occidentalité [33] ».

La « sinité » est, en conséquence, un particularisme à prétention universaliste, dont s'écartent les recherches sur la modernité chinoise. La réintroduction de la dimension historique dans les investigations, cependant, n'a pas pu écarter la tentation d'un relativisme absolu, en raison d'une définition parfois étriquée de l'« alternative chinoise ». De ce point de vue, la « fièvre culturelle » des années 1980 comporte une dimension dialogique qu'il convient de ne pas décrier, selon Zhang Xudong (né en 1965), professeur de littérature comparée à l'université de New York, car elle porte intérêt aux idées occidentales tout en permettant d'interroger la tradition nationale. Le « retour à la Chine à travers l'Occident » (*chuanyue xifang, huidao Zhongguo*) [34] invite ainsi à une approche ouverte de l'histoire et à la dialectique du particularisme et de l'universalisme. On se refuse à voir en effet, dans la recherche d'une alternative, la notion eurocentrique de la modernité comme modèle universel. Démythifiant les grandes catégories telles que capitalisme, marché, modernité, les analyses révèlent leur pertinence en les considérant comme des contingences recontextualisables dans des circonstances historiques, sociales et culturelles différentes. L'« alternative », dès lors, ne signifie rien d'autre que l'articulation de différences en termes institutionnels, quotidiens et théoriques. C'est avec la reconnaissance d'un monde divers et inédit, et d'historicités concrètes de mondes réellement existants que la rhétorique de l'universel peut être acceptée. L'« alternative », dans ces conditions, sera, plus qu'une « tactique discursive », l'expression d'un engagement à « particulariser l'universel et à universaliser le particulier [35] ».

Face aux risques de récupération par le discours nationaliste et face à la vision utopique de l'histoire, les recherches identitaires conduisent à la nécessité de créer une « culture politique », qui fond la culture avec la vie économique, sociale et quotidienne, ainsi qu'avec son orientation axiologique [36]. Partant, la sinité se révèle comme un concept complexe et évolutif, qui ne cède ni au relativisme culturel ni au mirage économique, mais appelant l'avènement d'une « nation politique [37] ». De nos jours la réalité économique et sociale est telle qu'elle ne tolère plus le philistinisme politique, dénoncé déjà par Max Weber [38]. Il doit céder la place aux réformes favorables aux processus et institutions politiques adaptés à la recomposition sociale. Dans une telle perspective, l'histoire convoque l'imagination pour inventer de nouvelles identités chinoises, sans rejeter les valeurs universelles : ne pourrait-on pas envisager un « socialisme libéral [39] » associant divers héritages du pays à son évolution présente, ou une grande démocratie fédérale organisée sur un territoire étendu et jouant l'atout de sa longue tradition d'empire unifié [40] ?

ZHANG YINDE

CHAPITRE XII

Où en est la pensée taiwanaise ?
Une histoire en constante réécriture

À l'heure où le monde a les yeux rivés sur la Chine, où l'on voit celle-ci émerger dans le sillage de la mondialisation comme une grande puissance économique, les revendications des intellectuels taiwanais, qui luttent pour repenser l'appartenance au monde chinois à l'aune de la multiplicité et de l'alternative, restent encore trop méconnues en Europe, et plus particulièrement en France où l'on accuse volontiers le gouvernement de Pékin de bafouer les droits de son peuple, sans toutefois mentionner l'existence à Taiwan d'un foyer de résistance intellectuelle et politique, îlot de démocratie en Asie.

Autrefois colonisée par les Hollandais, les Espagnols et les Japonais, l'île de Taiwan a vécu plus d'un siècle politiquement non rattachée à la Chine. Les intellectuels taiwanais, artisans d'une identité locale complexe et singulière, n'ont pas seulement cherché à se démarquer du continent en brandissant le droit à disposer d'eux-mêmes, ils ont également combattu l'autoritarisme d'un gouvernement nationaliste qui, au lendemain de la victoire des communistes en Chine en 1949, s'était réfugié à Taiwan et avait durement réprimé la population locale. C'est au prix de grands sacrifices que les insulaires sont parvenus à faire entendre leurs doléances au Guomindang (Parti nationaliste) et à mettre en place un régime démocratique représentatif de la multiplicité ethnique dans l'île.

De 1949 à nos jours, l'identité taiwanaise s'est manifestement constituée, à l'extérieur, contre un irrédentisme chinois refusant de reconnaître la souveraineté de l'entité politique de l'île et, à l'intérieur, contre un autoritarisme nationaliste ayant longtemps exclu les Taiwanais de souche des rangs du pouvoir local.

Précisons d'emblée que l'histoire de Taiwan, en tant que matière enseignée et étudiée, est un champ disciplinaire très jeune, en constante redéfinition, derrière lequel se cachent des enjeux de taille portant sur l'analyse du passé et du devenir politique de l'île face au géant chinois. Le mythe de l'unité avec le Continent entretenu jusque dans les années 1970 par le Guomindang, qui se revendique comme seul héritier légitime de la République de Chine, «temporairement» réfugiée à Taiwan, a pendant longtemps freiné l'émergence d'une conscience sociale, politique et culturelle proprement taiwanaise, si bien que sans dénominateur commun, sans entité distincte à laquelle s'identifier, l'histoire de l'île et de ses habitants se voyait *de facto* privée de toute raison d'être. Ce n'est que très récemment, en cherchant à se hisser au rang de nation, que le peuple taiwanais a pu entreprendre un retour sur soi et qu'une affirmation identitaire souveraine s'est épanouie dans un espace d'expression libre et institutionnalisé.

À la croisée d'une tradition chinoise continentale et d'une tradition taiwanaise insulaire, les sources historiographiques à Taiwan sont sujettes à des interprétations multiples et divergentes, laissant souvent transparaître une vision téléologique de l'histoire à des fins politiques. Dans l'ancienne Formose, la décennie précédant la levée de la loi martiale (1977-1987) ouvre une ère de transition démocratique, durant laquelle les intellectuels se mobilisent pour reconstituer un patrimoine culturel local que les tragédies de l'histoire ont tristement occulté, quand elles ne l'ont pas tout bonnement détruit. Après l'expérience de l'alternance politique en 2000, les historiens taiwanais doivent plus que jamais confronter leur regard et leur version des faits à l'exigence scientifique. Il leur faut puiser dans le passé les éléments épars et complexes d'un héritage s'inscrivant tantôt en rupture, tantôt en accord avec une tradition culturelle chinoise unifiée.

Peuplée au début de l'ère chrétienne par des groupements aborigènes d'origine malayo-polynésienne (les Austronésiens), l'île de Taiwan, située en face de l'actuelle province chinoise du Fujian, est devenue dès le XVIe siècle la destination régulière de colons chinois qui ont chassé les tribus aborigènes dans les montagnes afin de s'installer dans les plaines. L'île commence peu à peu à figurer dans certaines représentations de l'espace impérial chinois[1] et déjà s'amorce un phénomène historique récurrent : l'affrontement entre premiers arrivants et nouveaux venus.

L'appartenance à la Chine n'est pas le souci de l'époque car Taiwan reste en quelque sorte « anodine » face à l'empire, elle apparaît plutôt comme « une terre de frontière pour le pouvoir central comme pour ceux qui l'ont progressivement peuplée, qu'ils aient été chassés du continent par la misère ou par quelque disgrâce[2] ». Une conscience collective et un imaginaire social d'insularité sont nés de l'enracinement des colons dont le statut a lentement mué au fil du temps : initialement «étrangers» (*waidi*), ils sont devenus «autochtones» (*bendi*). Cette affirmation de leur ancienneté a eu pour corrélat le maintien de leurs dialectes d'origine constitutifs d'une identité locale[3].

Les Portugais sont les premiers Occidentaux à découvrir Taiwan, au XVIe siècle. Temporairement installés dans l'archipel des Pescadores, ils surnomment l'île «Formosa» (littéralement, «la belle»). Au siècle suivant, les Hollandais et les Espagnols s'installent respectivement dans le sud et dans le nord de l'île, de 1624 à 1661, avant d'être chassés par le marchand pirate Zheng Chenggong (1624-1662). Puis, c'est au tour des Mandchous d'accaparer l'île de 1683 à 1895. Arrivent alors les Japonais qui, après avoir vaincu la Chine à l'issue d'un conflit en 1894, occupent l'île pendant cinquante ans, de 1895 (traité de Shimonoseki) à 1945 (capitulation du Japon). La présence du Japon dans l'île a un impact considérable sur les insulaires, désormais appelés à se référer à un nouveau pôle d'identification. Les choses se compliquent en 1949, avec l'arrivée de l'armée nationaliste de Chiang Kai-shek. Au lendemain du drame d'Hiroshima et de Nagasaki, les Japonais se sont retirés de Formose sans pour autant mettre un terme à l'histoire coloniale de l'île[4]. Une nouvelle ère d'occupation commence, en effet, à cette différence près que, cette fois, la domination est exercée sur les Chinois par les Chinois eux-mêmes.

LES CLIVAGES DE L'IDENTITÉ ET L'ASSOUPLISSEMENT DU RÉGIME

L'hégémonie du Guomindang a paradoxalement renforcé la conscience des Taiwanais d'être Taiwanais, alors même que le Parti nationaliste se voulait garant de l'orthodoxie chinoise à Taiwan. Il est vrai que les événements insurrectionnels du 28 février 1947[5] ont instauré un profond clivage dans la société entre les nouveaux arrivants du Continent et les insulaires. Durement réprimée par ceux en qui elle avait toujours vu des «frères de culture» (les Chinois du Continent), la population locale s'est alors baptisée «de souche» taiwanaise (*benshengren*), pour se différencier des immigrants nationalistes de 1949, continentaux «de l'extérieur» (*waishengren*), déterminés à régner en maîtres absolus dans l'île.

Au lieu de renouer avec la population locale, le Guomindang s'est conduit en occupant tout-puissant, alors même que les insulaires avaient plutôt favorablement accueilli le retour de l'île dans le giron continental[6]. Le rejet d'identification à la Chine a été d'autant plus radical que le Parti nationaliste a entrepris pendant des années de préserver méticuleusement la tradition chinoise à Taiwan. Il s'agissait de sauver un patrimoine culturel millénaire que le régime communiste, dans la tourmente de la Révolution culturelle, cherchait à éradiquer par tous les moyens, croyant ainsi débarrasser la société des ultimes avatars de l'ère féodale.

Si l'appel à une renaissance confucéenne encouragea une réflexion nouvelle sur le plan philosophique, l'expérience taiwanaise montra que sur le plan politique il n'en restait pas moins l'outil idéologique d'un conservatisme culturel rigide. En instrumentalisant à outrance la tradition confucéenne, le régime nationaliste céda trop souvent aux tentations de l'autoritarisme pour mener à bien les réformes économiques[7]. L'idéal de piété filiale fut décliné à tous les échelons de la société pour instaurer ordre et obéissance (obéissance du peuple à son souverain, de l'employé à son patron, de la famille à ses ancêtres, de la femme à son mari, etc.).

En 1968, lorsque l'écrivain Bo Yang (né en 1920), connu pour son célèbre pamphlet *Abjects Chinois*, fut arrêté par le Guomindang, le Parti nationaliste venait de lancer une campagne pro-Confucius à Taiwan pour riposter à la campagne anti-Confucius qui battait son plein sur le Continent. Les positions antitraditionalistes et anticonfucéennes de l'écrivain faisaient de celui-ci un ennemi gênant du Guomindang[8]. Ironie de l'histoire, Bo Yang se retrouva sur la liste noire des nationalistes et, à son corps défendant, en parfait accord avec la ligne politique du régime communiste chinois qu'il avait pourtant fui en 1949 !

L'affaire de Zhongli en 1977, qui cristallise le recul du Guomindang face à une opposition politique encore non reconnue officiellement[9] ; l'incident de Kaohsiung (Gaoxiong) en octobre 1979, au cours duquel la population clame dans la rue son soutien à la revue *Formosa* qui vient d'être frappée de censure ; la création de l'Association de défense des droits des peuples aborigènes en 1984 ; et, enfin, la création du Parti démocrate progressiste (*minzhu jinbu dang*), le

28 septembre 1986, apparaissent aujourd'hui comme autant d'événements décisifs annonciateurs de l'avènement de la démocratie à Taiwan. Ils expriment à l'époque une volonté générale d'en finir avec la politique officielle d'assimilation à une Chine fictive et artificielle, aux antipodes des réalités et des traditions locales.

Globalement, en dépit de différents clivages au sein de l'opposition dite « hors Parti » (*dangwai yundong*) [10], le combat reste le même pour les intellectuels engagés contre le Guomindang : la démocratisation du régime. Ce n'est qu'après la levée de la loi martiale le 15 juillet 1987 et avec le soutien dans les années 1990 du président Lee Teng-hui, réélu pour la première fois dans l'histoire du pays au suffrage universel direct, que la « taiwanisation » de la société s'intensifie. Comme le remarque John Makeham, celle-ci a pu se déployer uniquement sur la base d'une assise démocratique, et non l'inverse. Toutefois, pour une grande majorité d'intellectuels refusant toute forme d'extrémisme ethniciste, la taiwanisation de la société est un combat politique qui ne saurait être confondu avec la sphère du culturel : en aucun cas il ne doit se traduire par l'éradication des origines continentales de la culture. Force est de constater que, pour beaucoup, la Chine reste toujours cet ancêtre lointain qui fascine.

REPENSER L'HÉRITAGE
HISTORIQUE À TAIWAN

Dans la crainte de s'attirer les foudres de Pékin et de susciter un regain de violence dans le détroit de Formose, certains intellectuels modérés préfèrent envisager l'hypothèse d'une unification sous conditions avec le Continent, porteuse de paix et de stabilité dans la région Asie-Pacifique. C'est le cas de Wang Xiaobo[11], qui cherche ainsi à valoriser l'héritage culturel chinois dans l'ex-Formose en soulignant l'influence des mouvements culturels et politiques du Continent sur l'intelligentsia locale, le poids du mandarin sur les structures de la pensée et l'émergence dans l'île d'un nationalisme « à la chinoise », vecteur d'émancipation du peuple taiwanais jusqu'à la fin des années 1980. C'est aussi une manière pour lui de renouer avec cette culture millénaire dont il est à la fois enfant et orphelin[12].

Selon Wang Xiaobo, l'unification de Taiwan et de la Chine pourrait insuffler un nouvel élan démocratique sur le Continent, à condition que l'intégration se fasse sur la base du respect des règles garantissant le pluralisme politique. Si le combat des intellectuels chinois de la première moitié du XXe siècle fut une source d'inspiration pour l'élite taiwanaise de l'occupation japonaise, permettant à celle-ci de s'émanciper — au moins symboliquement — du joug de l'occupant nippon, le peuple taiwanais pourrait, à son tour, proposer au Continent une alternative politique qui, à l'intérieur des terres comme par-delà les frontières, ne serait autre que le reflet intègre et légitime de l'immense richesse de la pensée chinoise.

De telles prises de position sont néanmoins le plus souvent fragiles, voire périlleuses, car plus d'une fois, en refusant obstinément tout compromis politique avec Taiwan, ou en brandissant la menace militaire, la Chine n'a fait que raviver les velléités séparatistes de l'île, obligeant ainsi les partisans de l'unification à être en porte-à-faux par rapport à la réalisation politique de leur objectif. C'est d'ailleurs ce qui oblige aujourd'hui Pékin à rester prudent et à maintenir le *statu quo* dans le détroit [13].

De leur côté, les militants au sein des mouvements indépendantistes, tel l'historien Li Xiaofeng, mettent l'accent sur la culture aborigène à Taiwan [14], sur l'importance des élites taiwanaises formées au Japon et sur le rôle médiateur de ce dernier, principal agent de la modernité à Taiwan. Selon lui, l'intrusion du Japon dans l'île n'eut pas seulement un impact considérable sur le plan intellectuel, elle contribua aussi de façon décisive à l'unification du territoire. Les Japonais lancèrent des grands travaux d'infrastructures routières, firent construire des lignes de chemin de fer, améliorèrent considérablement l'hygiène et la santé publiques, mirent sur pied des écoles, des universités, des banques et, enfin, entreprirent des recensements de la population.

Li Xiaofeng, dans la lignée de Li Donghua, un autre historien très influent après 1949, cherche à extraire Taiwan de la seule sphère d'influence chinoise, laquelle — force est de le constater — brille par son absence de démocratie. Il insiste sur la «diversité des trajectoires coloniales [15]» qui, comme le prouvent encore certains vestiges d'architecture dans l'île ou la toponymie sur les cartes, ont coloré telle une mosaïque culturelle l'ensemble de la société taiwanaise au fil du temps [16].

Pour l'historien, dès la fin du XIXe siècle, l'abandon de l'île par le dernier empire mandchou a semé les germes d'une conscience insulaire à Taiwan, embryon d'une conscience taiwanaise revendicatrice. Mais aujourd'hui, l'autonomie de l'entité politique de l'île ne vise pas à rompre définitivement les liens linguistiques et culturels qui l'unissent au Continent. Bien au contraire, Li Xiaofeng reconnaît être profondément amoureux de la culture chinoise ; le véritable enjeu est de pouvoir en vivre l'héritage librement. Or l'irrédentisme chinois, nous dit-il, tend à faire entrer les «Chines des marges» dans le moule uniforme d'une «sinité» tant culturelle que politique. Les dogmes édictés aujourd'hui par le régime de Pékin, pour lequel tout est prétexte à unification et à glorification de la nation, sont martelés sur quiconque aspire à la différence et à la liberté.

L'histoire soumise à examen

Les thèses de Li Xiaofeng et Wang Xiaobo ne trahissent pas seulement une opposition de nature politique, elles divergent également sur le plan de la méthode. Li Xiaofeng préconise la reconstitution des faits, la preuve par le document et le témoignage historiques, tandis que Wang Xiaobo, lui, privilégie les règles d'interprétation de l'histoire et les mécanismes internes à son développement. D'une certaine manière, tous deux renouent avec ce vieux clivage qui a prédominé en Chine pendant la première moitié du XXᵉ siècle, puis à Taiwan jusque dans les années 1960, entre l'école dite des « matériaux historiques » (*shiliao xuepai*) et celle de la « conception historique » (*shiguan xuepai*)[17].

Au lendemain du Mouvement du 4 Mai 1919, véritable sursaut national cherchant à sortir la Chine de la crise sociale, politique et culturelle que son assujettissement aux puissances occidentales avait tragiquement exacerbée, l'intellectuel libéral Hu Shi s'était déjà montré soucieux de faire de l'histoire une science exacte, au même titre que la physique ou les sciences naturelles. C'est à lui que l'on doit cette célèbre formule « De l'audace dans l'hypothèse, de la minutie dans la preuve » (*dadan jiashe, xiaoxin qiuzheng*), véritable credo des futures générations d'intellectuels en quête de modernité. Selon Hu Shi, l'histoire, en tant que discipline scientifique, ne saurait se cantonner au domaine de la morale, ni avoir pour seule fin l'analyse des règles et des mécanismes qui la régissent. Le travail de l'historien consiste avant tout à collecter les sources et à en examiner l'authenticité. C'est du reste un de ses contemporains, Fu Sinian (1896-1950), fondateur au sein de l'Academia Sinica de l'Unité de recherche en philologie et en histoire, qui donne à l'école des matériaux historiques son assise théorique[18].

Notons que jusqu'au milieu des années 1970, les intellectuels ayant marqué la vie politique et culturelle à Taiwan sont pour la plupart des penseurs libéraux du Continent ayant choisi le chemin de l'exil aux côtés du Parti nationaliste, et accrédités en dernière instance par le généralissime Chiang Kai-shek. Ces derniers ont vécu le Mouvement du 4 Mai, leurs débats s'inscrivent donc dans la continuité des discussions passionnées sur la science, la culture, la littérature ou la politique auxquelles ils avaient déjà pris part en Chine pendant la fragile ère républicaine. C'est également une des raisons pour lesquelles l'histoire taiwanaise, comme champ disciplinaire spécifique, ne verra pas le jour avant le milieu des années 1980. Les études historiographiques sur Taiwan seront pendant longtemps menées comme un simple travail monographique, chaînon de ce sacro-saint ensemble baptisé « histoire de Chine ».

Lorsque, au début de leur exil à Taiwan, Hu Shi et Fu Sinian expriment leur volonté de fonder la recherche en histoire sur des méthodes scientifiques et empiriques, leurs thèses trouvent écho auprès de l'élite taiwanaise formée à l'Université impériale de Taipei pendant l'occupation japonaise. En lisant les travaux des historiens alors en vogue au Japon (Fukuzawa Yukichi, Naka Michiyo, Kuwabara Jitsuzô et Ukita Kazuhiro), au contact aussi des chercheurs japonais ayant enseigné l'histoire à Taipei, tels Iwao Seiichi (1900-1988) et Murakami Naojirô (1868-1966), les intellectuels taiwanais se sont déjà familiarisés avec les théories issues de l'historiographie occidentale, à commencer par celles de Leopold von Ranke et de son disciple Ludwig Riess. L'exégèse historique de Ranke, qui tend à faire de l'histoire une science réduite à la critique des faits et des documents, est en parfait accord avec l'esprit positiviste qui anime la jeune élite éclairée à Taiwan.

Plus tard, les travaux de Friedrich Hayek, sont également traduits et présentés dans la revue *La Chine libre* par Yin Haiguang (1919-1969) et ont une forte influence dans le monde des sciences. Dans la continuité de l'historien autrichien, Yin Haiguang estime à l'époque que l'attitude scientifique relève d'une démarche multiple visant tour à tour à : corroborer (*yinzheng*), douter (*huaiyi*), collecter (*leiju*), tester (*shixing*) et systématiser (*xitong*). Selon lui, sujet et objet sont inextricablement liés. Par un jeu de miroirs, unis par un lien d'identification mutuelle, l'un se réfléchit dans l'autre, et *vice versa*. La prise en compte de la possibilité d'une permutation entre les deux est la condition même de l'objectivité[19].

Si l'école des matériaux historiques puise ses fondements théoriques et méthodologiques dans le conservatisme culturel d'un Ranke ou dans le libéralisme économique d'un Hayek, c'est aussi parce qu'elle voit le jour en opposition à l'idéologie communiste et à l'influence du marxisme en histoire. Yu Yingshi remarque à juste titre que l'école du *shiliao* n'est pas née à la seule instigation de Fu Sinian. Celle-ci doit être resituée dans un contexte scientifique bien particulier, au lendemain du Mouvement du 4 Mai, où s'affrontent deux courants politiques en histoire, opposant historiens libéraux d'un côté et marxistes de l'autre. C'est en rejetant la conception marxiste du déterminisme et du matérialisme historiques, désormais étiquetés et répertoriés comme deux canons théoriques de l'école du *shiguan*, que les penseurs libéraux se rallient à l'école du *shiliao*. Comme le remarque Yu Yingshi, bon lecteur de Isaiah Berlin et de Robin G. Colingwood, le déterminisme historique est un concept dangereux qui peut se faire l'avocat des hommes « en acquittant ces derniers de toute responsabilité face à une histoire dont ils ne maîtrisent ni le cours ni la donne[20] ».

Dans leur volonté d'opposer le savoir à l'idéologie,

les historiens taiwanais finissent par être gênants pour le Guomindang qui les juge antipropagandistes et, par conséquent, dangereusement enclins à réfuter l'histoire officielle. Le Parti nationaliste, qui cherche à étendre son contrôle sur les organes de presse, interdit alors la revue *La Chine libre* et arrête son rédacteur en chef, Lei Zhen. Précisons toutefois que la répression politique dont les continentaux de 1949 sont victimes est loin d'être aussi cruelle que celle qui s'abat sur les autochtones. Les membres les plus influents de l'élite taiwanaise, politiquement très actifs sous l'occupation japonaise, ont été systématiquement exécutés ou emprisonnés après les événements du 28 février 1947.

Le mensuel *Shihuo* (*Les Produits du savoir*), les revues *Si yu yan* (*Pensée et Langage*) et *Shixue pinglun* (*La Critique historiographique*) parviennent de leur côté à échapper à la censure et servent de tribune à l'ensemble des débats en histoire jusque dans les années 1980. Cependant, il faut bien admettre que les travaux de traduction et de présentation des nouvelles approches historiques du monde contemporain sont plus abondants que les études sur le terrain. Jusque dans les années 1960 le débat est essentiellement d'ordre méthodologique. Sous l'influence de Qian Mu (1895-1990) et de Yin Haiguang, il s'articule autour de l'introduction des sciences sociales en histoire, en tant que sciences auxiliaires. C'est alors que le primat de l'école du *shiliao* est remis en cause : selon Qian Mu, on ne peut passer outre la signification même de l'histoire, laquelle est nécessairement soumise à analyse, donc à interprétation. Les chercheurs doivent mettre en pratique les méthodes qu'ils préconisent en essayant de saisir les spécificités de l'histoire chinoise.

De façon générale, la recherche privilégie une approche historiographique quantitative, comme le prouvent, par exemple, les travaux de Zhang Pengyuan, qui s'intéresse à la modernisation de la société du Hunan entre 1860 et 1916. En fondant son analyse sur un corpus de monographies le plus large possible, Zhang établit de nombreuses statistiques sur les travaux d'aménagement du territoire, le développement des villes, la production agricole, le nombre d'inscrits dans les écoles, etc. Son étude montre que, contrairement aux idées reçues, la société du Hunan à l'époque des Qing (1644-1911) est encore très arriérée et son niveau d'accès à la lecture et à l'écriture très bas. L'opacité des traditions locales constitue un obstacle majeur à la modernisation de la province, même si la riziculture et la pisciculture y sont déjà très développées[21].

À noter que les thèses de Qian Mu, évoquées à l'instant, vont de pair avec l'influence *a posteriori* de l'école des Annales, fondée en France en 1929 par Marc Bloch et Lucien Febvre, et de son plus éminent représentant, Fernand Braudel. À l'époque, Wang Rongzu, Xia Bojia et Li Hongqi fournissent d'importants travaux de présentation de l'école française avec l'aide de leurs camarades Liang Qizi et Lai Jiancheng, qui ont étudié à Paris[22]. La médiation américaine intervient elle aussi dans la présentation de l'école des Annales, notamment grâce à Zhou Liangkai, formé aux États-Unis et témoin de l'engouement que cette dernière suscite auprès des chercheurs américains[23]. Les jeunes historiens taiwanais s'interrogent désormais sur la portée de l'économie dans l'histoire ; ils s'intéressent aux faits de société dans le temps en mettant l'accent sur les longues durées.

L'APPORT DES SCIENCES SOCIALES OCCIDENTALES

Au cours des années 1980 et de sa nouvelle rencontre avec l'Occident, la Chine doit beaucoup à Taiwan et aux chercheurs sino-américains (Yu Yingshi, C.K. Yang, Lin Yü-sheng) qui ont pris le relais des débats et ont servi de médiateurs pour introduire et pour siniser les théories du monde contemporain. Dans l'île, les milieux scientifiques ont pu élargir leurs connaissances au contact des chercheurs américains (Knight Biggerstaff, Albert Feuerwerker, Mary Wright, Warren Cohen). Tant sur le plan financier qu'intellectuel, la contribution américaine a été importante après 1945 car, dans le contexte de la guerre froide, Taiwan était le seul observatoire du monde chinois accessible pour les États-Unis.

Les théories empruntées à la sociologie, à l'anthropologie et à la psychologie sociale américaines jettent un éclairage nouveau sur l'analyse des problèmes locaux à Taiwan. La théorie de Talcott Parsons permet de nourrir une analyse fonctionnelle des structures de l'action sociale au moment du formidable essor économique de l'île qui figure désormais parmi les «Quatre Dragons» asiatiques, et de l'adoption de la politique de réforme et d'ouverture en Chine [24]. Le culturalisme de Margaret Mead et l'«écologie de l'esprit» de Gregory Bateson [25] sont également des outils théoriques et stratégiques permettant de repenser en termes de « personnalité » (*xingge*) et de « culture » (*wenhua*) ce que les intellectuels du 4 Mai avaient baptisé « essence nationale » (*guocui*).

On peut évidemment se demander s'il n'est pas inapproprié de plaquer sur des réalités chinoises ou taiwanaises des concepts nés en Occident d'un contexte bien spécifique dont ceux-ci semblent difficilement dissociables. La problématique reste toujours d'actualité, à Taiwan comme sur le Continent, ou au sein de la diaspora ; pour preuve le scepticisme de Li Oufan qui, encore récemment, remettait en cause l'existence en Chine d'une « société civile » et d'une « sphère publique » telles que les définit le philosophe allemand Jürgen Habermas [26]. Huang Junjie, Yang Guoshu, Li Yiyuan et Wen Chongyi soulèvent déjà ce problème à Taiwan à la fin des années 1970. Pour eux, l'apport des sciences sociales occidentales en histoire ne doit ni occulter ni renier les traditions sino-taiwanaises du savoir et de la connaissance. Cette question, que le sociologue Ye Qizheng est paradoxalement tenté de dépasser en se ralliant à la pratique de l'idéal type mise en avant par Max Weber [27], est reprise par l'historien taiwanais Du Zhengsheng dans sa volonté de tailler en pièces cette démarche obstinée des chercheurs chinois visant à faire concorder, pour des raisons purement idéologiques, la lecture et l'analyse des réalités chinoises avec la théorie et la division marxistes de l'histoire. Du Zhengsheng estime, par exemple, qu'il est vain de manier des concepts tels que « esclavage » ou « servage » pour analyser la lente transition de la Chine vers le nouveau système étatique du premier empire Han (de 221 av. J.-C. à 220). Mieux vaut recourir aux dénominations de l'époque figurant dans les documents anciens et nées du contexte chinois, comme le terme *bianhu qimin*, employé pour désigner le contrôle du peuple par l'État, grâce à, d'une part, l'établissement des registres de familles (en vue du calcul et de la recette des impôts) et, d'autre part, la mobilisation de la population (pour effectuer les corvées).

Si les théories américaines des sciences du comportement (Gregory Bateson, Ruth Benedict, Abram Kardiner ou Ralph Linton) suscitent un grand intérêt chez les intellectuels, et ce malgré le mécontentement populaire qui dénonce une occidentalisation à outrance de la société, c'est aussi parce qu'elles s'accordent parfaitement avec ce système d'autoreprésentation des Taiwanais lié à la forme même d'un territoire dont on nie soudainement toute dignité et toute reconnaissance. Car depuis le 25 octobre 1971, l'ex-Formose est frappée d'isolement sur la scène internationale. Les États-Unis cherchant à établir des relations diplomatiques avec la République populaire de Chine, le gouvernement nationaliste se voit contraint de renoncer à son siège à l'ONU. Les pourtours de son peuple et de son territoire sont désormais indistincts. L'essayiste Song Zelai ne manque pas de relever les travers psychologiques qu'une impossible identification à un territoire défini a engendrés chez ses contemporains : sentiments d'infériorité et de culpabilité, propension au mensonge, autodépréciation...

De cette crise identitaire sont nées deux attitudes antagonistes qui se manifestent soit par la volonté de se rattacher — sinon politiquement, au moins culturellement — à l'ancêtre continental, soit par le désir de rompre définitivement avec lui et de repartir de zéro, dans un espace qui dorénavant ne peut s'appréhender que par sa propre inexistence. Aussi sont apparues dans le paysage intellectuel taiwanais toutes sortes de néologismes et de concepts revisités. La lente disparition des liens de «coterritorialité» avec le Continent (*diyuan guanxi*), la «culture du terroir» (*xiangtu wenhua*), le «localisme» (*difang zhuyi*), et la «conscience taiwanaise» (*Taiwan yishi*) sont des notions récentes, relatives à la question de l'autonomie politique de Taiwan, qui suscitent de vives polémiques à la fin des années 1980 et qui annoncent la tendance générale de la décennie 1990 à une «indigénisation» (*bentuhua*) de la société.

DÉFINITION ET CHAMPS D'APPLICATION DU CONCEPT *BENTUHUA*

Qu'entend-on exactement par «indigénisation»? Ayant donné lieu récemment à plusieurs études aux États-Unis, en Angleterre et en Australie[28], le concept d'«indigénisation» est déjà sujet à caution tant ses champs d'application dans le réel sont multiples. Certains proposent de le remplacer par l'expression «nativisation», d'autres par «localisation». Cependant, la première appellation tendrait à obscurcir le concept en lui ajoutant une dimension anthropologique à la fois vaste et complexe, la seconde reviendrait à rabaisser ou à sous-estimer la souveraineté taiwanaise, ce que la Chine entend précisément faire en reléguant le régime de l'île au rang de simple gouvernement local, voire d'administration provinciale.

Chacune de ces traductions étant *a priori* inadéquate, revenons d'abord brièvement sur l'étymologie de l'expression chinoise *bentuhua*. Littéralement, l'assemblage de ces trois sinogrammes (*ben* : racine ; *tu* : terre ; *hua* : changer) suggère un procédé transformateur par lequel un supposé élément allogène devient partie intégrante d'une terre, d'un environnement naturel appelé lui aussi à devenir son référent originel, sa racine.

Cela dit, le problème qui nous préoccupe ici est de déterminer plutôt quel usage théorique et stratégique les intellectuels taiwanais ont fait du concept au cours de ces dernières années. À Taiwan, les autorités utilisent le terme *bentuhua* à des fins politiques et pragmatiques, cherchant ainsi à promouvoir la souveraineté de la nation taiwanaise, si bien que ce dernier est apparu comme un outil au service de la politique culturelle officielle de « dé-sinisation » (*qu Zhongguo hua*) mise en œuvre par Lee Teng-hui, puis par l'actuel président indépendantiste Chen Shuibian. C'est pourquoi, sur le plan politique, nous l'opposerons à la notion de « sinisation » et le traduirons par « taiwanisation ». Cependant, si nous déplaçons notre analyse sémantique sous l'angle des sciences sociales, une telle acception est remise en cause par le fait que, d'un point de vue strictement méthodologique, le concept désigne plutôt les tentatives de décryptage et de conversion des cultures et des traditions issues du contexte indigène dans un langage qui leur est propre, afin de repenser les spécificités de ce contexte en dehors des schèmes empruntés aux cultures non indigènes, en interférence ou incompatibles avec lui. Dans le cas présent, nous pouvons le traduire par «indigénisation». Comme Chang Maukuei le met en évidence, l'histoire taiwanaise montre que, du point de vue de son usage théorique en sciences sociales, le terme de sinisation ne s'oppose en rien à celui d'indigénisation; au contraire, celui-ci se substitue à celui-là à partir des années 1990[29]. En effet, le discours sur l'indigénisation préconise initialement la production et la mise en pratique d'un savoir local. Or, il ne faut pas oublier qu'à Taiwan, au début des années 1980, le sens que revêt le mot «chinois» dans les esprits doit se comprendre par «local». C'est pourquoi les tentatives de réappropriation du savoir occidental à l'aune des réalités locales, tentatives que le recul historique nous permettrait en quelque sorte aujourd'hui de qualifier de «pré-indigénisation», portent à l'époque la mention de «sinisation». Par ailleurs, le concept d'indigénisation n'a pas vu le jour de manière fortuite; il doit être rattaché à une réflexion déjà éclose un demi-siècle auparavant sur le Continent, avec les travaux de sociologues comme Sun Benwen (1892-1979), déjà conscient de la nécessité de mettre un frein au trop-plein théorique importé d'Occident afin de mieux appréhender l'unicité du contexte chinois. C'est dans la lignée de Sun Benwen que Yang Guoshu et Li Yiyuan s'intéressent à leur tour aux «comportements sociaux» (*shehui xingwei*) et à la problématique du «caractère national» (*guojia xingge*)[30].

Conscience des origines et ethnicité : la démocratie en question

En histoire, lorsqu'on parle d'indigénisation, on admet implicitement l'existence dans le temps d'une transformation au terme de laquelle une société passe d'un état de «non-indigénéité» à un état d'«indigénéité». Cette notion de changement est lourde de sens dès lors qu'on sait qu'elle est motivée par une tentative de retour vers un point d'origine ou, pour reprendre une expression chère aux intellectuels taiwanais, par une «quête des racines» (*xungen*). En effet, au travers de cette évolution «à contre-courant» se dessine en filigrane une volonté de réappropriation de soi — intervenant après une dépossession de soi — qui n'est pas sans rappeler les expériences de décolonisation que certains pays ont vécues au lendemain de la chute des empires coloniaux. C'est précisément en rejetant la vision sinocentrique de l'histoire, véhiculée par des idéologies communiste et nationaliste refusant de reconnaître la nature potentiellement coloniale de la présence historique chinoise à Formose, que les intellectuels taiwanais ont rendu possible l'élaboration des thèses sur l'indigénisation de la population insulaire. Celles-ci n'ont dès lors jamais cessé de façonner et de remodeler la conscience collective et l'imaginaire social à Taiwan.

À l'époque où l'histoire taiwanaise était considérée comme une simple ramification de l'histoire de la Chine, les travaux de chercheurs comme Guo Tingyi et Li Guoqi visaient à mettre en lumière le processus selon lequel Taiwan s'était progressivement sinisée. Li Guoqi parlait alors de phénomène d'«intégration aux terres intérieures» (*neidihua*). Selon lui, deux facteurs avaient joué en faveur de la sinisation de l'île : l'immigration progressive du peuple *han* à Taiwan et la politique d'assimilation au Continent mise en œuvre par les fonctionnaires mandchous, tel Liu Mingchuan (1836-1895), mandatés pour étendre le contrôle de l'empire sur l'île. Cette politique avait trois objectifs : l'apprivoisement des tribus aborigènes, l'aménagement du territoire et la mise en place d'une division administrative calquée sur le modèle d'un gouvernement provincial[31]. Le système des examens et de l'enseignement pour recruter l'élite locale avait par ailleurs assuré la transmission des vertus confucéennes à Taiwan. C'est ainsi que la société taiwanaise était devenue une extension de l'empire et qu'un lien de coterritorialité s'était noué avec le Continent[32].

C'est alors que les travaux de recherche sur Taiwan prennent un tournant décisif. En 1972, l'historien Zhang Guangzhi lance un projet d'étude interdisciplinaire sur «l'histoire du milieu culturel et naturel des régions du cours des rivières Zhuoshui et Dadu». Chen Qiukun et Lin Manhong participent au projet en faisant équipe avec l'anthropologue Chen Qinan. Ces derniers s'intéressent à la présence de la population *han* vivant le long des rivières Zhuoshui et Dadu et aux relations que celle-ci entretient avec les autres groupes ethniques dans l'île. Dans le souci d'une approche plus anthropologique qu'historique, les trois chercheurs tentent d'appréhender la question de l'évolution de la «conscience des origines» (*zuji yishi*) chez les migrants *han*. Chen Qinan est un des premiers à émettre le concept d'indigénisation des peuples *han* — à l'époque, il emploie le terme *tuzhuhua* —, prenant ainsi le contre-pied de l'analyse de Li Guoqi, précédemment évoquée, sur le phénomène d'«intégration aux terres intérieures» (*neidihua*). Selon Chen, à partir du XIXe siècle, en raison de la distance qui les sépare de leur terre natale, parce qu'il n'est pas non plus aisé de franchir le détroit — surtout pendant la période des typhons —, les colons *han* cessent progressivement de rendre un culte à leurs ancêtres du Continent et de croire aux divinités de leur contrée d'origine. De nouvelles structures lignagères se recomposent localement, lesquelles possèdent un bien-fonds commun et sont dorénavant soumises à un chef de lignage dans l'île. Ainsi, le lien de coterritorialité avec le Continent aurait subi une érosion au fil du temps et seule la conscience d'un «lien de consanguinité» avec lui (*xueyuan guanxi*) aurait perduré [33].

Au centre des travaux de Chen Qinan, c'est la question de l'ethnicité qui est en jeu. Il est particulièrement frappant de voir combien celle-ci, en raison des dérives extrémistes qu'elle peut susciter, est devenue depuis les années 1990 comme une pierre d'achoppement pour le nationalisme insulaire et, de fait, pour la démocratie taiwanaise. La campagne présidentielle de 2004 a prouvé que le durcissement des discours identitaires protaiwanais avait pour effet de renforcer le compartimentage ethnique et risquait par ailleurs «d'accréditer l'idée d'une citoyenneté de seconde zone pour ceux dont les origines taiwanaises n'offraient pas une longévité suffisante [34]».

Le débat qui avait fait rage à la fin des années 1970 sur la «littérature du terroir» (*xiangtu wenxue*) ou le cas de Hou Dejian, ce célèbre chanteur ayant «trahi»

Taiwan pour aller vivre sur le Continent, était déjà le signe d'une transition identitaire à Taiwan, d'une formation progressive de ce que Zheng Qinren qualifiait en 1983 de «conception historique de la subjectivité taiwanaise» (*Taiwan zhutixing lishiguan*)[35]. Pendant la décennie 1990, le président Lee Teng-hui avance sa définition des «Nouveaux Taiwanais» et élabore sa théorie d'une «communauté de destin partagé» (*shengming gongtong ti*), cherchant ainsi à contrer les excès de l'ethnicisme par la mise en avant d'un nationalisme civique et fédérateur. La conscience taiwanaise s'épanouit de plus en plus en dehors du carcan culturel chinois, les manuels scolaires de 1975 sont révisés de sorte que Taiwan occupe désormais la place centrale dans la donne régionale, puis mondiale. En 1997, en parallèle du lancement d'un programme d'enseignement intitulé «Connaître Taiwan», des départements de littérature taiwanaise voient le jour dans les universités, les enfants commencent à apprendre dès leur plus jeune âge les langues régionales (*xiangtu yuyan*) et les autorités cherchent à promouvoir une nouvelle image de Taiwan, distincte en tout point de la Chine.

Mais la démocratie taiwanaise est d'autant plus fragile qu'elle semble reposer sur un véritable imbroglio juridique, notamment en matière de droit international. La question même de l'indépendance de l'île ou de l'unification avec la Chine présente une antinomie insoluble : si les Taiwanais parlent de devenir indépendants, c'est qu'ils ne le sont pas ; s'ils évoquent l'hypothèse d'une unification, c'est qu'en revanche ils le sont[36]... En fait, c'est la volonté de fonder un jour la République de Taiwan qui soustend les revendications d'indépendance. Car aujourd'hui encore l'appellation officielle de l'île est «République de Chine». Initialement proclamée sur le Continent par Sun Yat-sen le 1er janvier 1912, les aléas de l'histoire voulurent que celle-ci échouât à Taiwan en 1949, emmenée par le Guomindang, et que ses frontières fussent réduites au territoire de l'île. Ces dernières années, sous l'inquiétante pression chinoise, les indépendantistes ne sont toujours pas parvenus à officialiser cette rupture historique, en renommant l'entité politique dont ils se réclament.

Indépendance? Unification? *Statu quo*? Quel chemin le régime taiwanais devra-t-il emprunter pour sortir de l'ornière politique?

Pour beaucoup, l'avenir reste fragile et incertain. Une chose n'est pas moins sûre cependant, l'histoire de l'île et de ses habitants, longtemps figée en Occident dans le fantasme d'un exotisme réducteur, d'un ailleurs indistinctement baptisé «Asie», a malheureusement été trop souvent passée sous silence. C'est pourquoi il est aujourd'hui important de donner la parole à ces intellectuels taiwanais qui ont encore beaucoup à nous apprendre. L'expérience taiwanaise nous invite à regarder «les Chines» différemment, nous rappelant que celles-ci se définissent tour à tour en fonction des sphères géopolitiques dans lesquelles elles évoluent, compte tenu de leur infinie diversité, face à la rupture introduite par la modernité, et dans un espace désormais distendu et globalisé. En dépit de la non-reconnaissance internationale à laquelle ils sont voués de nos jours, les intellectuels taiwanais continuent d'avancer dans le sillage du progrès social et politique pour assurer la pérennité de la première démocratie du monde chinois dont ils sont les artisans et les émissaires. Face à l'émergence de l'ultranationalisme chinois, contre le mythe d'une sinité rigide et uniforme, ces hommes et ces femmes ne cherchent-ils pas en somme à faire valoir leur droit à une «taiwanité»?

DAMIEN MORIER-GENOUD

ÉPILOGUE

Dépasser l'altérité

*Penser sur la science
avec les mathématiques
de la Chine ancienne*[1]

> Les Chinois comprennent parfaitement que ce qui la définit [la *civilisation européenne*], c'est […] un progrès rapide de la connaissance scientifique et une diffusion d'un certain esprit positif. Il n'est pas douteux que les progrès et la diffusion de l'esprit scientifique sont liés à l'existence, en Occident, de langues qui sont toutes, à des degrés divers, des instruments d'analyse, qui permettent de définir et de classer, qui apprennent à penser logiquement et qui, aussi, rendent aisée la transmission de la pensée tout élaborée, claire et distincte. Or, je ne crois pas que le chinois, tel qu'on l'écrit ou tel qu'on le parle, ait, au moindre degré, aucune de ces qualités des grandes langues d'Europe[2].

Voici comment, en 1920, Marcel Granet, l'éminent sinologue de la première moitié du XXe siècle fortement imprégné de sociologie, amorçait la conclusion d'un long article qu'il destinait aux intellectuels chinois engagés à l'époque dans une réforme de la langue écrite classique (*wenyan*)[3]. Le texte proposait une vision de la langue chinoise, de son histoire et de ses supposées limites sur laquelle nous reviendrons. Il n'y aurait pas lieu de le mentionner dans un chapitre visant, comme c'est ici mon propos, à évaluer de façon critique certaines idées tenaces et largement partagées qui ont pu être avancées dans le passé sur les sciences en Chine, si la réflexion de Granet n'avait pas accordé à ces dernières une place essentielle, à travers la question des rapports qu'entretient la « recherche scientifique » avec la langue dans laquelle elle se mène. On peut même dire que la description du chinois donnée par Granet dans son étude est de part en part animée par la préoccupation d'examiner en détail les conditions qu'offre cette langue à la pratique de la science. De ce fait, Granet y brosse incidemment un tableau de ce qu'est la science à ses yeux et il explicite certains des moyens langagiers selon lui indispensables à son progrès. C'est sur cette double base qu'il conclut, comme la citation précédente le laisse pressentir, à l'impossibilité, s'agissant du chinois, de développer la première à l'aide des seconds.

En bref, si son analyse porte sur la langue, elle tend vers un verdict relatif à la science sur lequel elle s'achève. Le chinois n'offrant pas les ressources requises par l'activité scientifique (à ce que pense établir Granet quoiqu'il reste prudent et s'entoure de précautions oratoires), la science ne saurait avoir de passé en Chine. Quant au futur, il ne pourrait en être question, avance-t-il tout bonnement, si les réformateurs auxquels il s'adresse ne métamorphosent pas radicalement leur langue selon les lignes qu'il leur suggère.

Pour qui se donne pour objet de capter ou d'attester les arguments qui ont pu être avancés en Occident à l'appui d'allégations aussi démesurées sur « les Chinois » et sur « la science », comme c'est ici mon cas, l'article de Granet est une mine, et je propose donc de nous y attarder dans une première partie de ce chapitre. La position qu'il articule est, en effet, significative à plus d'un titre. D'une part, elle mobilise une panoplie assez complète des arguments employés jusqu'à aujourd'hui par les trop nombreux tenants de telles thèses, même si Granet y parvient par des voies singulières, liées à la spécificité de son objet. Ce qui montre la remarquable stabilité de ces arguments et leur capacité à s'adapter aux contextes les plus divers. D'autre part, elle permet d'observer comment s'élabore concrètement l'intime solidarité qui unit les idées préconçues sur la Chine dans différents domaines — ici : la langue et la science. Enfin, si elle mérite notre attention, c'est que la position de Granet émane d'un savant qui reste pour beaucoup une autorité dans cette spécialité. J'en veux pour preuve le fait que le texte en question fut republié en 1953 dans un recueil d'articles lui-même réimprimé sans notes critiques en 1990. En témoigne également le fait que, lorsque, dans le contexte du monumental *Science and Civilization in China*, Christoph Harbsmeier[4] s'est vu confier la tâche d'examiner de façon critique l'opinion selon laquelle la langue chinoise serait inadaptée à la pratique des sciences, il est revenu, pour les contrer un à un, aux arguments avancés par Granet. Le débat académique reste donc, encore aujourd'hui, structuré en Occident par les thèses du texte qui retiendra notre attention. C'est dire combien ces idées ont été marquantes.

Pourtant, comme le remarque Harbsmeier, force est de reconnaître que Granet se prononce sur la science en Chine sans s'appuyer sur une quelconque connaissance de ses acquis. Or, un sinologue pouvait dès cette époque se procurer aisément nombre des ouvrages de science produits au cours de l'histoire dans l'empire du Milieu. Il est cependant indéniable que, depuis un demi-siècle et suite à l'impulsion donnée entre autres par Joseph Needham, les recherches sur ce sujet ont considérablement accru nos ressources en la matière. Forte de ces développements, je proposerai, dans une dernière partie de ce chapitre, de nous tourner vers des matériaux chinois anciens, pour les confronter aux thèses de Granet. Il ne s'agira pas seulement, pour moi, de montrer comment ces documents sont susceptibles de jeter le doute sur elles, mais d'illustrer également en quoi de tels matériaux peuvent nourrir aujourd'hui une réflexion générale à caractère critique sur la nature et la pratique des sciences.

UNE IMAGE DE L'ACTIVITÉ DE SCIENCE

Pour décréter le chinois inadapté à la recherche scientifique, Granet ne doit pas seulement mettre en œuvre des idées sur la langue ou, plus spécifiquement, des thèses sur les relations entre langue et pensée, lesquelles, dans son cas, laissent clairement transparaître l'influence de Wilhelm von Humboldt[5]. Il doit également faire fond sur une représentation de la science ainsi que des opérations requises par sa pratique et sa transmission. C'est cette représentation qui retiendra essentiellement notre attention ici[6]. Il nous sera utile, pour en expliciter les principales composantes, de revenir à la citation en tête de ce chapitre. Elle offre, en effet, un véritable condensé des éléments que je m'appliquerai maintenant à dégager.

D'entrée de jeu, l'extrait en question dissocie deux registres : Granet y distingue, d'un côté, le «progrès» de la «connaissance scientifique» à proprement parler et, de l'autre, plus largement, la «diffusion d'un certain esprit positif», qu'il qualifie également un peu plus loin de «scientifique». Ces deux processus, progrès et diffusion, lui paraissent significatifs pour «définir» la civilisation européenne telle que les Chinois, selon lui, l'appréhendent. À suivre son analyse, ils requièrent deux formes fondamentales de «transmission», sur chacune desquelles notre auteur développe une argumentation en vue d'expliquer comment, dans chaque cas, l'usage de la langue chinoise entrave ce mouvement. Examinons-les tour à tour, car ces raisonnements nous mènent au cœur de notre problématique.

Commençons par le progrès, qui participe déjà de la représentation de la science à laquelle souscrit Granet. Par contraste avec un Occident dont les connaissances scientifiques jouissent d'un progrès rapide, la Chine est frappée d'«immobilité[7]». L'image récurrente d'une «Chine éternelle» reçoit de fait dans ce texte, pour ce qui est des plans de la langue et des connaissances, une forme de fondement, d'interprétation. C'est, pense Granet[8], la capacité pour les savoirs d'être cumulatifs, grâce à la formation d'un «héritage» susceptible d'être transmis d'une génération à l'autre, qui se trouve en Chine contrariée. Mais ne nous y trompons pas : là où la «pensée» manque à être guidée par le «travail de la pensée collective antérieure», ce n'est pas sur le plan de l'accroissement *stricto sensu* des connaissances. L'«héritage» auquel songe Granet consiste en ce travail d'*abstraction* et de *généralisation* qu'une génération a pu faire et qui ne saurait se transmettre en chinois. Ces deux[9] opérations que Granet associe systématiquement et que le progrès de la science, plus généralement de la pensée, exige selon lui — autre élément de sa représentation de la science —, sont entravées par la langue chinoise : « qui la parle, précise-t-il, doit refaire par lui-même — dans la mesure où cette langue le permet — tout cet effort pour abstraire et généraliser ». En gênant ces deux opérations, le chinois interdit donc une forme de transmission essentielle au progrès de la connaissance scientifique.

Notre sinologue ne nie pas qu'il ait pu se développer en Chine des moyens d'accéder à ces opérations. Ainsi, parlant de l'analogie que le rythme d'une phrase peut exprimer par le biais du parallélisme qu'elle orchestre, Granet admet que cette technique langagière permet de « procéder à une abstraction généralisante d'un caractère latent et fugace » (p. 183). Nous retrouverons plus loin l'opposition latent/explicite qui se profile ici. Cependant, Granet insiste aussitôt en note : « Mais il faut bien dire que l'esprit chinois ne *s'attarde* aucunement à cette *abstraction généralisatrice implicite* : il est orienté tout autrement » (je souligne). C'est le caractère éphémère de l'acquisition qui le frappe, par contraste avec la nécessité de capitaliser qui autoriserait le progrès. Élaborant l'opposition plus avant, Granet développe dans cette même note un exemple pour conclure avec une généralité qui ne cesse d'étonner : « On voit que, pour les Chinois, *comprendre, c'est saisir* les choses sous un aspect aussi particulier que possible » (p. 184. Granet souligne).

Avec cette notation pointe la description, détaillée à loisir ailleurs dans le texte, de ce qui fait pendant en Chine à cette abstraction et à cette généralité auxquelles les langues d'Occident permettent de parvenir. C'est au «particulier» et au «concret» que le chinois cantonne l'esprit, diagnostique Granet, se ralliant ainsi à une thèse plus que répandue du XIXe siècle jusqu'à aujourd'hui. Voici comment, à propos des concepts, il brosse l'opposition : «L'étude du vocabulaire[10] met en évidence le caractère prodigieusement *concret* des concepts chinois : la presque totalité des mots connotent des idées *singulières*, expriment des manières d'être aperçues sous un *aspect aussi particulier que possible*; ce vocabulaire traduit — *non pas les besoins d'une pensée qui classe, abstrait, généralise, qui veut opérer sur une matière claire, distincte et préparée à une organisation logique* — mais, *tout à l'opposé*, un besoin *dominant de spécification, de particularisation, de pittoresque*; il donne l'impression que l'esprit chinois procède par opérations essentiellement synthétiques, par intuitions concrètes et non par analyse — non pas en classant, mais en décrivant. [...] À examiner le vocabulaire et l'emploi qui en est fait, on arrive à la conclusion que *la pensée chinoise est entièrement orientée vers le concret*» (je souligne). Ce passage fait écho à la citation d'ouverture par bien des thèmes sur lesquels nous reviendrons. Contentons-nous ici de relever comment les caractéristiques de la langue y sont reliées au travail de la pensée. C'est cette articulation qui permet à l'auteur de rapporter les particularités de l'une aux spécificités de l'autre. Nous retiendrons qu'aux yeux de Granet, les concepts en Chine dépeignent et restent au plus près des choses, alors que le «progrès scientifique» nécessiterait précisément des langues «qui permettent de définir et de classer» (p. 190). On comprend donc pourquoi, selon lui, il ne saurait y avoir en chinois cette capitalisation sous le rapport de la généralité et de l'abstraction qu'il attache au progrès de la science.

Si notre sinologue impute à la langue l'impossibilité d'engranger de tels acquis, il envisage un instant les bienfaits d'une telle situation pour ses utilisateurs : de ce fait, ils «ne sont point dominés, comme nous, par une tradition de pensée incorporée dans les concepts que transmettent les mots» (p. 194). Dans cette opposition qui se dessine entre le poids de la tradition, d'un côté, et la liberté dont peut jouir la pensée, de l'autre, on reconnaît un autre thème familier d'une représentation usuelle de la science dont on retrouve l'écho chez Granet. Ainsi, l'incapacité pour les Chinois de réaliser leur héritage pourrait, au regard de la connaissance scientifique, constituer un atout : à regarder l'héritage sous l'angle de la tradition, la langue ne mettrait-elle pas les Chinois, se demande Granet, dans une meilleure disposition que les Occidentaux pour bénéficier d'une liberté essentielle au développement de la science ? Aussitôt émise, l'hypothèse est écartée : «[...] les mots de leur vocabulaire ont l'air de correspondre à des *concepts-images singulièrement concrets*» (p. 114), fixés par la tradition et «rendant, avec une force incomparable, des aspects particuliers des choses» (p. 126). Et Granet de conclure que «la langue essentiellement descriptive [...] n'invitait la pensée à procéder que par intuitions à la fois concrètes et *traditionnelles*» (p. 127, je souligne). Par suite, «la pensée chinoise est presque nécessairement orientée vers le passé» (p. 123).

Voici donc un premier ensemble d'éléments de représentation de la science que trahit la position de Granet et qui s'attachent à l'évocation d'une transmission susceptible de garantir le progrès : abstraction et généralité, liberté de la pensée. Ces ingrédients constituent précisément, aux yeux de notre sinologue, autant d'axes sur lesquels la langue chinoise n'offre aucun secours à la pensée, dans la mesure où elle l'ancre dans le particulier et le concret ainsi que dans la tradition. On pourra s'interroger sur la validité de ce verdict, en le soumettant, par exemple, à l'épreuve d'une confrontation avec les textes concrets de science élaborés en Chine ancienne. Mais il importe *aussi* de ne pas perdre de vue qu'il se fonde sur une vision particulière de la science vis-à-vis de laquelle il nous faudra faire preuve d'esprit critique.

Poursuivons pour l'instant notre analyse et tournons-nous vers l'autre forme fondamentale de transmission qu'évoque Granet, en vue d'y déceler d'autres aspects essentiels de la représentation de la science qui oriente son propos. Cette seconde forme se rapporte à la communication des idées entre individus. Granet pense, en effet, pouvoir opposer deux situations. Dans un cas, la transmission de la pensée est « instantanée », « minutieusement exacte » (p. 193), susceptible de « contraindre le lecteur à la prendre sous la forme définie dans laquelle on l'a conçue ». On aura compris que les langues occidentales garantissent, selon lui, cette qualité de communication. Dans un autre cas, où se trouvent les usagers du chinois, la transmission d'idées se réalise selon un processus pour la reconstitution duquel Granet propose une hypothèse (*ibid.*), avant de formuler sa sentence :

« Ce procédé de transmission est tout poétique », susceptible d'« éveiller dans l'esprit du lecteur un mouvement d'idées tel qu'il peut amener la reproduction de la pensée qu'on veut exprimer ». Au lieu de « contraindre le lecteur », c'est « simplement l'orienter ». En conclusion de cet examen, il s'interroge : « Un langage qui suggère plutôt qu'il ne *définit* peut-il convenir à l'expression de la pensée scientifique, à sa diffusion, à son enseignement ? » (je souligne).

Que le fait de « définir » soit essentiel à la science, voilà un autre leitmotiv d'une représentation traditionnelle de sa pratique. Granet y insiste à de multiples reprises, affichant par là l'importance que ce caractère revêt à ses yeux. Le thème est ainsi également présent dans le passage cité en introduction de ce chapitre. C'est par le biais des capacités de la langue à permettre l'activité scientifique que notre sinologue y arrive, et l'on trouve là un autre exemple d'une articulation permettant aux éléments d'une représentation de la Chine de circuler entre divers domaines et de se stabiliser. Cependant, Granet n'a pas tant en vue, me semble-t-il, l'acte ou l'opération de « définir » à proprement parler[11] que, plus largement, une modalité de circonscrire qui se situerait aux antipodes d'un recours à la « suggestion » : il poursuit l'élaboration de son contraste. Si nombreux sont les auteurs, en particulier en Occident, à accorder eux aussi crédit à cette dimension, ils se focalisent souvent plus spécifiquement sur ce qu'ils considèrent être, en Chine, une incapacité à reconnaître le caractère essentiel, pour la pensée, de la définition. On constate l'élasticité dans la manière de poser la démarcation entre Chine et Occident. Les uns et les autres convergent cependant vers une même conclusion :

pour la résumer de façon lapidaire, la Chine ne «définit» pas.

Dans la même veine, le premier extrait cité du texte de Granet signale l'importance qu'il attache au fait, pour des langues, de rendre «aisée la transmission de la pensée tout élaborée, claire et distincte». Une fois de plus, il revient régulièrement sur ces thèmes, en manifestant, là encore, la solidarité intime de cette préoccupation avec la vision de la science à laquelle il adhère : «Associée aux formes d'expression qu'elle revêt habituellement, *la pensée chinoise peut-elle s'appliquer à la recherche scientifique*? Cette pensée, qui semble d'essence pittoresque et musicale, qui s'exprime, en tout cas, par rythme et par symboles concrets, quel succès aura-t-elle, appliquée à *un domaine où sont requis des formulations claires et distinctes et des jugements explicites*?» (p. 193, je souligne). Je ne m'arrêterai pas au glissement qui s'opère ici entre langue et pensée. Il suffira, pour notre propos, de relever les éléments constitutifs entrant dans la conception de la recherche scientifique que révèle l'orientation prise par son examen de la langue ainsi que de la pensée qui s'exprime par sa médiation : «formulations claires et distinctes», «jugements explicites» lui paraissent essentiels à cette entreprise.

Nous avons déjà relevé le rôle que joue, pour Granet, l'opposition latent/explicite : les procédés auxquels recourent les Chinois permettent, selon lui, d'accéder à une «abstraction généralisatrice», mais d'une façon qu'il juge «latente et fugace», «implicite» également. Pour mieux saisir son propos, il convient maintenant de tenter d'éclaircir ce qu'il entend par «jugement» : c'est un «effort de coordination» de la pensée (p. 165). Elle y parvient par une «synthèse» entre éléments considérés abstraitement, qui est son « œuvre personnelle » (p. 165). Sur le plan de la langue, pareil jugement se traduit par une proposition comme l'affirmation d'une relation de prédication entrant dans la formulation d'un syllogisme (p. 181). Par contraste, soutient Granet, la langue chinoise n'offre à la pensée qu'un médium où les images, posées les unes à côté des autres, ne se voient coordonnées que par leur mode d'enchaînement au sein de l'énoncé (p. 165). Il en arrive donc à la conclusion « qu'*une telle pensée enregistre sans coordonner* », tandis que la proposition n'est « qu'une image toute donnée » et qu'elle « *correspond uniquement à une intuition concrète d'ordre complexe* » (p. 165 et 173, respectivement ; Granet souligne). Ainsi, si jugement il y a pour un « esprit chinois », du fait que le rythme de la phrase, « dégageant la pensée de l'ordre émotionnel, permet d'ébaucher, en une espèce d'éclair intuitif, quelque chose qui ressemble à une analyse ou à une synthèse », celui-ci ne sera que « latent et fugace »[12].

Le contraste auquel aboutit Granet est désormais limpide : « Tandis qu'un Français, par exemple, possède, avec sa langue, un *merveilleux instrument de discipline logique*, mais doit peiner et s'ingénier s'il veut traduire un aspect particulier et concret du monde sensible, le Chinois parle au contraire un *langage fait pour peindre et non pour classer, un langage fait pour évoquer les sensations les plus particulières et non pour définir et pour juger,* un langage admirable pour un poète ou pour un historien, mais *le plus mauvais qui soit pour soutenir une pensée claire et distincte, puisqu'il oblige les opérations qui nous semblent les plus nécessaires à l'esprit, à ne se faire jamais que de façon latente et fugitive*[13]. »

La formulation de cette opposition nous fournit le

dernier élément de sa représentation de la science que je retiendrai pour mon analyse : la dimension logique. Le caractère prégnant de cette préoccupation se mesure à la fréquence de ses occurrences dans le texte — en particulier, une fois de plus, dans le passage choisi pour ouvrir ce chapitre. Là, les langues de l'Occident étaient censées «apprendre à penser logiquement». Ici, Granet éclaire un autre aspect : à ses yeux, la langue d'un Français lui fournit un «instrument de discipline logique». Il semble cependant ne pas s'agir pour lui d'une simple ressource de pensée. L'enjeu qu'il y attache se manifeste on ne peut plus clairement dans la chute de son texte : «Tant que la pensée [chinoise] restera orientée vers le particulier, [...], tant que la langue, recueil d'images singulières, *confirmera* cette orientation, et tant que le monde apparaîtra comme un complexe d'aspects particuliers et d'images mouvantes, *quel empire pourront prendre les principes de contradiction ou de causalité — sans lesquels la pensée scientifique ne semble guère pouvoir se pratiquer ou s'exprimer?*» (P. 195, je souligne.)

Il y aurait beaucoup à commenter dans cette déclaration, tout particulièrement sur les modalités de l'articulation entre la pensée, le langage et le monde. Je ne soulignerai qu'un point, crucial pour mon propos : la conviction qui s'exprime ici que, d'une part, «les principes de contradiction et de causalité», mis sur le même plan, sont essentiels aussi bien à la pratique qu'à l'expression de la science et que, d'autre part, ils ne se développent que sous certaines conditions. On retrouve, avec l'idée qu'ils ont pu faire défaut aux penseurs chinois, l'un des préjugés les plus tenaces qui aient pu être entretenus en Occident[14].

QUELQUES PROBLÈMES

Il est temps de récapituler nos acquis et de contempler l'image de la science qui se dégage du texte de Granet : la science est progrès cumulatif, particulièrement sur les plans de l'abstraction et de la généralisation qui lui est associée ; elle requiert une liberté de pensée qui permet de rompre avec la tradition ; sa pratique exige la capacité de définir, de proposer des formulations claires et distinctes, de former des jugements explicites, de disposer en particulier des principes de non-contradiction et de causalité [15]. Il eût suffi, pour que le développement de la science pose problème en Chine, que l'un de ces maillons soit défectueux. Or, la conclusion de Granet, c'est qu'ils le sont tous. Et c'est en montrant comment la pensée chinoise défaille sur chaque point, du fait de la langue, qu'il nous offre un florilège des arguments qui ont pu être avancés, en Occident, pour rendre compte non pas seulement de l'incapacité des Chinois à développer la science, mais plus largement des différences essentielles qui opposeraient la Chine et l'Occident [16].

Plusieurs remarques s'imposent à ce stade. La première découle d'une question somme toute naturelle, étant donné le caractère pour le moins radical des conclusions — même s'il convient de rappeler les précautions dont Granet s'entoure avant de les énoncer : quel est le corpus de textes sur lequel notre auteur s'appuie, dans l'article que nous venons d'analyser, pour parvenir à ses propositions ? On sera peut-être surpris d'apprendre qu'il fonde l'ensemble de son argumentation sur une unique source chinoise : le *Canon de poésie (Shijing)*, qui agence des poèmes composés entre le XIe et le VIIe siècle avant notre ère. Certes, Granet élabore une longue justification à l'appui de sa démarche (p. 99-103, 123), mais sans même se pencher sur sa teneur, on pressent que les conclusions ne sont pas en adéquation avec le matériau mobilisé[17]. L'hypothèse d'une « Chine éternelle » paraît de ce fait implicitement inscrite dans la manière de procéder : comment s'étonner qu'elle s'impose dans les conclusions ?

Dans le volume déjà évoqué, Harbsmeier met toute son érudition philologique au service d'une réfutation des thèses avancées par Granet sur la langue chinoise. L'influence considérable qu'ont eue depuis leur publication ces affirmations, émises par un sinologue faisant autorité, conduit Harbsmeier à ne pas simplement les balayer d'un revers de main. Il s'applique ainsi à décrire les modalités de la définition qu'attestent des textes chinois anciens. De même, il infirme l'argument au terme duquel, à en croire Granet, une pensée précise ne saurait qu'être suggérée en chinois. Il s'attaque encore aux idées esquissées par son illustre prédécesseur sur le principe de contradiction. On ne peut que se réjouir de ce que cette nécessaire mise au point soit désormais disponible[18]. Elle me conduit cependant à ma seconde remarque.

N'oublions pas que l'ensemble des discussions auxquelles j'ai fait allusion ne porte pas sur la seule langue, mais sur la langue *en tant* qu'elle pourrait favoriser ou entraver la pratique et la diffusion de la science. C'est à ce dernier titre que je les ai examinées, et je me concentrerai à présent sur l'idée de la science qui prévaut dans ces débats. Force est de constater que l'examen auquel la langue est soumise s'appuie sur une conception *a priori* de la science et des moyens qu'elle requiert, laquelle se présente comme acquise.

Mais d'où vient la représentation à laquelle Granet adhère et, une fois de plus, sur la base de quels matériaux a-t-elle été élaborée ? Il se profile ici tout un programme de recherche qui est loin d'avoir été mené à bien, même si quelques publications récentes sont susceptibles d'y être rapportées. On peut toutefois conjecturer, sans prendre beaucoup de risques, qu'une certaine philosophie des sciences a, depuis l'émergence de cette discipline au XIXe siècle, puissamment contribué à la formation, puis à la diffusion de représentations normatives de la science dont le texte étudié se fait l'écho. Il serait intéressant de se demander ce que son institution doit au fait qu'elle ait offert les moyens de se dépeindre à une communauté scientifique en cours de constitution et à la recherche de ses caractères distinctifs[19]. Sans doute, l'écriture d'une histoire a-t-elle participé de ce mouvement en dotant l'effort de science d'une généalogie. Dans ce processus, quelques écrits, tous produits en Occident, paraissent s'être vu conférer une valeur quasi emblématique. Bref, j'avance l'hypothèse que cette représentation de la science sur laquelle nous nous interrogeons a pris forme dans des circonstances très particulières et dans le même temps que s'imposaient les idées d'un rôle spécifique de la communauté scientifique au sein de nos sociétés et d'un destin singulier de la science en Occident. Il est clair qu'il serait essentiel, pour notre propos, de mieux comprendre ce processus dans l'ensemble de ses dimensions. Nous constatons, en effet, l'impact que cette représentation a eu bien au-delà des seuls scientifiques : pour nous appuyer sur l'exemple examiné ici, les principales questions que Granet considère à propos de la langue, et sur lesquelles on lui répond, dérivent de croyances nullement mises en doute sur ce qui fait l'essence de la science. Cette vision a plus largement constitué l'une des bases essentielles sur lesquelles on s'est fondé, en Occident, pour aborder non seulement les savoirs de la Chine ancienne, mais également plusieurs autres de ses institutions. On ne saurait mieux dire la puissance qu'a pu exercer une telle idée de la science sur les esprits et le poids dont elle a pesé dans les conceptions élaborées jadis de ce qui distinguait l'Occident d'autres régions du monde.

Pourtant, au terme de ces quelques lignes, une question cruciale s'impose : cette représentation rend-elle véritablement compte de l'activité scientifique concrète ? On conçoit aisément qu'une quelconque faille sur ce point serait à même de saper à la base l'argumentaire de Granet. Or les développements des dernières décennies en histoire des sciences ont pour le moins jeté le doute sur la capacité de cette vision à décrire de façon pertinente des pans entiers de la science d'hier comme d'aujourd'hui. Ils ont mis en lumière les réalités (sociales, économiques, politiques, intellectuelles) de la recherche scientifique qui lui échappent. Ils ont, de plus, montré combien les frontières inspirées par cette représentation sépa-raient des écrits et des pratiques jadis en parfaite continuité les uns avec les autres. En mettant cette vision de la science à distance, l'histoire contemporaine a ouvert un nouvel espace dans lequel des textes ou des pratiques naguère écartés ont pu être réintégrés au corpus de l'histoire des sciences et sont désormais disponibles pour réfléchir à l'activité de science. C'est en particulier le cas pour les textes chinois.

Ces éléments permettent de jeter une lumière plus crue sur la démarche d'un Granet ou d'autres. Notre sinologue hérite d'une vision de la science forgée dans des conditions très spécifiques. Il la traduit en moyens langagiers pour la pratique scientifique que, de suffisants, il transforme en nécessaires. Et il enquête sur un canon de poésie de haute Antiquité pour déterminer si la langue chinoise est susceptible de fournir au praticien ces ressources, faute de quoi, à ses yeux, il n'est point de science envisageable dans l'empire du Milieu.

Les doutes qu'on est en droit de nourrir sur la capacité de sa représentation de départ à rendre compte largement de l'activité scientifique nous invitent à inverser la démarche. Supposons que nous prenions acte de l'existence de textes de science élaborés en Chine, lesquels témoignent à l'évidence de progrès au long des siècles, et que nous nous donnions pour objectif de déterminer comment ces avancées ont été réalisées. Ne nous trouverions-nous pas en meilleure position, pour discuter des rapports entre langue et pensée, si nous nous penchions sur les moyens langagiers mis en œuvre pour permettre ce développement [20] ?

Ce n'est cependant pas dans cette direction que je ferai ici porter mon effort. Je souhaite plutôt montrer, sur un exemple à mon sens fondamental, comment la prise en compte de ces matériaux fournit de fait des moyens précieux d'analyse critique de la représentation de la science qui donne son fondement au texte de Granet. Ainsi je m'appuierai dans la suite de ce chapitre sur les textes mathématiques de la Chine ancienne pour examiner de façon critique la pratique de valeurs épistémologiques et d'opérations intellectuelles nécessaires à la science que mobilisait la description de Granet : la généralité et l'abstraction.

Pourquoi choisir les mathématiques ? Il y a plusieurs raisons à cela. Tout d'abord, nous disposons de sources mathématiques qui nous sont parvenues de la Chine ancienne : il y a donc matière à discuter. De fait, on peut aujourd'hui aisément repérer les jalons d'une histoire des mathématiques en Chine, et l'on peut y lire, jusqu'au XIXᵉ siècle, le déploiement d'une tradition spécifique, même si elle eut des contacts avec l'Inde, le monde arabophone, la Corée, le Japon ou l'Europe. De plus, le cas des mathématiques permet de contourner les difficultés créées par la promotion au XIXᵉ siècle d'une idée de la science dont j'ai esquissé plus haut les grandes lignes. Il est en général assez simple de s'accorder sur le fait que des textes traitent bien de mathématiques. Pour d'autres domaines, comme l'acoustique, la géographie ou la médecine, la discussion menace de s'enliser, avant même de commencer, quant à savoir si les matériaux relèvent réellement de l'histoire des sciences. Enfin, les mathématiques fournissent, on s'en doute, un site privilégié pour observer l'importance accordée à la généralité et à l'abstraction. Par le simple fait de poser la question en ces termes, nous prendrons le contre-pied de décennies d'une historiographie qui, comme Granet, niait par principe à la Chine tout intérêt pour ces valeurs. Cependant, l'enjeu est à mes yeux ailleurs : ces matériaux me paraissent de nature à nous procurer une meilleure compréhension *en général* de la généralité, de l'abstraction et de l'usage qu'il est loisible d'en faire en pratiquant les mathématiques. Le développement qui suit sera lu, je l'espère, comme une invitation à faire évoluer notre idée des mathématiques, et plus largement des sciences, par la lecture de ces écrits relevant de traditions diverses. Bien des historiens et des philosophes empruntent aujourd'hui ce chemin pour élaborer une vision de la science plus conforme aux pratiques réelles et multiples des divers types de producteurs ou d'utilisateurs de savoirs, en Occident comme ailleurs. Il sera ici intéressant de garder à l'esprit la question de savoir si les matériaux chinois sont susceptibles de nous apprendre quelque chose de spécifique [21].

COMMENT LES TEXTES CHINOIS PEUVENT-ILS NOURRIR NOTRE RÉFLEXION SUR LA SCIENCE?

Je proposerai ici quelques remarques sur la manière dont notre compréhension des valeurs de généralité et d'abstraction peut trouver à s'approfondir au contact de textes mathématiques chinois anciens. Je m'appuierai à cette fin sur le plus ancien ouvrage entièrement consacré aux mathématiques qui nous soit parvenu, en Chine, par le biais de la tradition écrite : *Les Neuf Chapitres sur les procédures mathématiques*, daté selon les cas du Ier siècle avant ou après l'ère commune[22]. Il nous sera également utile d'évoquer l'écrit de mathématiques chinois factuellement le plus ancien, qui a été conservé par de tout autres voies : le *Livre de procédures mathématiques*, découvert par des archéologues en 1984 dans une tombe scellée aux alentours de 186 avant l'ère commune[23]. Le contraste entre ces deux types de transmission n'est pas anodin : il renvoie au fait que, contrairement au *Livre de procédures mathématiques*, *Les Neuf Chapitres* furent tout au long de l'histoire de Chine un «Classique», dans lequel les praticiens des mathématiques virent un ouvrage essentiel et où ils puisèrent constamment l'inspiration. C'est à ce titre que le livre fut transmis et fit également, comme tout «Classique», l'objet de commentaires. Certains devaient être sélectionnés par la tradition écrite, pour être systématiquement transmis avec le canon : le commentaire achevé par Liu Hui en 263 ainsi que les explications qui y furent ajoutées par Li Chunfeng et des savants travaillant sous sa direction avant d'être présentées au trône en 656[24].

Avec les commentateurs, nous disposons de témoins éminemment précieux. Ils attestent la manière dont des lecteurs de la Chine ancienne ont interprété *Les Neuf Chapitres*, et ils explicitent les valeurs théoriques importantes à leurs yeux, tout en nous fournissant des raisons de penser qu'elles ont également présidé à la composition du Classique. Car, à la différence des commentaires, plus prolixes, les ouvrages les plus anciens enchaînent, sans explication, des problèmes et des procédures permettant de les résoudre. Ainsi, n'étaient les exégètes, nous serions bien en peine d'argumenter une interprétation des *Neuf Chapitres* qui puisse dépasser la simple lecture des énoncés et des listes d'opérations.

Considérons un des problèmes du Classique pour illustrer cette difficulté d'interprétation[25] :

« Supposons que 5 personnes partagent 5 sapèques, en faisant en sorte que ce qu'obtiennent les 2 supérieurs soit égal à ce qu'obtiennent les 3 inférieurs. On demande combien obtient chaque personne.

« Réponse : La première obtient 1 sapèque 2/6 de sapèque ; la seconde obtient 1 sapèque 1/6 de sapèque ; la troisième obtient 1 sapèque ; la quatrième obtient 5/6 de sapèque ; la cinquième obtient 4/6 de sapèque. »

Qui ne serait tenté de reconnaître ici un des problèmes typiques de ceux qui se posaient sans doute à l'administration lorsqu'elle devait distribuer des émoluments aux divers fonctionnaires ? Granet aurait-il raison ? L'énoncé paraît, en effet, viser l'utile et être, de ce fait, particulier à deux titres : la situation qu'il considère semble concrète, et les grandeurs s'y voient attribuer des valeurs déterminées. Son interprétation, d'apparence élémentaire, requiert cependant, comme nous allons le voir, des précautions. Ce n'est pas la moindre des leçons que nous pouvons tirer de la fréquentation de ces textes.

Une première invitation à la prudence nous vient du fait que d'autres problèmes des mêmes *Neuf Chapitres* sont énoncés, eux, sur la base de situations abstraites, comme le problème 9.1 :

« Supposons que la base (*gou*) soit de 3 *chi* et la hauteur (*gu*) de 4 *chi*. On demande combien fait l'hypoténuse. »

Les deux termes de « base » et de « hauteur » sont

des termes techniques désignant les deux côtés de l'angle droit — respectivement le plus petit et le plus grand — dans un triangle rectangle. On constate que leur emploi trahit une opération d'abstraction[26]. Mais, pourra-t-on objecter, les valeurs restent particulières. Certes. Cependant, avant de tirer la moindre conclusion de cette remarque, on sera avisé de s'interroger : sommes-nous sûrs de pouvoir déterminer sans autre forme de procès l'acte de langage que constitue ici l'énoncé d'un problème ? C'est sur ce point que le témoignage des commentateurs sera déterminant.

Pour parvenir à nos remarques sur généralité et abstraction, il nous faut esquisser d'autres aspects caractéristiques de ces écrits. Poursuivons donc notre exploration et évoquons à présent la procédure énoncée à la suite du problème 6.18[27]. Sa formulation recourt à des termes techniques abstraits, typiques de la langue de description des procédures des *Neuf Chapitres*. Ils attestent un travail mathématique qui se traduit dans la mise au point d'une terminologie. Un lecteur du Classique ne peut nourrir aucun doute sur ce qu'ils désignent, alors qu'ils n'y font l'objet d'aucune définition explicite, au sens où nous l'entendons. C'est donc qu'il y a des modes de définition et qu'il nous faut les étudier en tant que tels. On comprend l'intérêt qu'auraient pu revêtir de tels matériaux pour Granet.

Par ailleurs, la formulation de la procédure reprend également des données particulières de l'énoncé, que ce soit des aspects caractéristiques de la situation esquissée (supérieurs, inférieurs...) ou des valeurs spécifiques (2, 3...). Est-ce à dire que la procédure vise uniquement à résoudre ce problème-ci, sans le moindre souci de généralité ? Avant de répondre à ces questions, notons que, si de nombreuses procédures des *Neuf Chapitres* partagent les mêmes traits, d'autres échappent à cette description. Ainsi, le problème 9.1 est suivi d'une procédure qui correspond à ce que nous connaissons sous le nom de «théorème de Pythagore» et qui, comme bien d'autres, est aussi générale qu'abstraite, puisqu'elle s'énonce :

«Base (*gou*) et hauteur (*gu*)

Procédure : base (*gou*) et hauteur (*gu*) étant chacune multipliée par elle-même, on somme (les résultats) et on divise ceci par extraction de la racine carrée, ce qui donne l'hypoténuse.»

On reconnaît la propriété selon laquelle si l'on met ensemble les carrés construits, respectivement, sur les deux côtés de l'angle droit d'un triangle rectangle, à savoir : la base et la hauteur, on obtient une aire égale à celle du carré construit sur l'hypoténuse. C'est pourquoi par extraction de la racine carrée, on obtient cette dernière grandeur[28].

Que nous apprennent donc les commentateurs sur l'activité mathématique en Chine ancienne? Soulignons, en premier lieu, que l'essentiel de leurs commentaires vise à établir que les procédures proposées par *Les Neuf Chapitres* sont correctes. Nous avons donc là une pratique de la démonstration mathématique distincte de celles que nous rencontrons dans des textes grecs antiques. Illustrons leur pratique par un exemple : la démonstration de ce que la procédure «base et hauteur» est correcte[29]. Pour établir ce fait, Liu Hui s'appuie sur une figure que j'identifie comme étant identique à l'une de celles qui furent publiées dans un ouvrage imprimé en 1213 (voir figure 1).

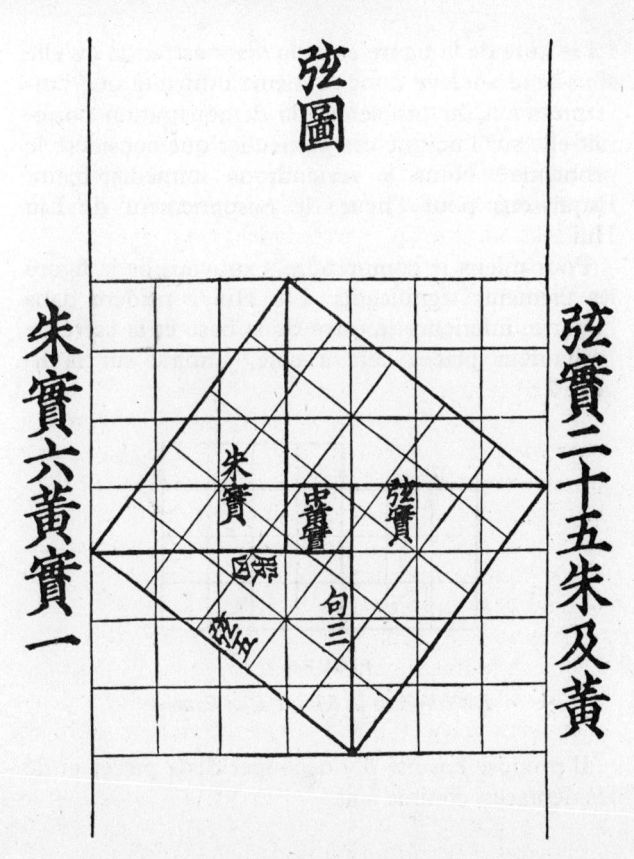

FIGURE 1

La figure de l'hypoténuse

Au nombre des pièces quadrillées qui composent cette figure, le carré en oblique permet de distinguer aux quatre coins précisément le triangle aux dimensions (3, 4, 5) qui faisait l'objet du problème 9.1.

La lecture de la figure et de la démonstration qu'elle sous-tend soulève donc la même difficulté que l'interprétation du problème : la démonstration porterait-elle sur l'unique cas particulier que considère le problème ? Nous y reviendrons immédiatement. Esquissons pour l'heure le raisonnement de Liu Hui.

Pour mieux le comprendre, extrayons de la figure les éléments significatifs. Liu Hui considère dans la partie inférieure le carré de la base et le carré de la hauteur placés côte à côte, comme sur la figure 2 :

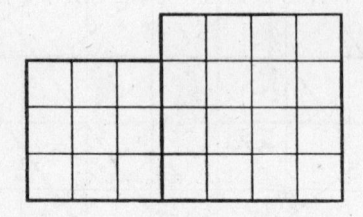

FIGURE 2

Les carrés de la base et de la hauteur

Il propose ensuite d'y découper deux pièces et de les déplacer, comme suit :

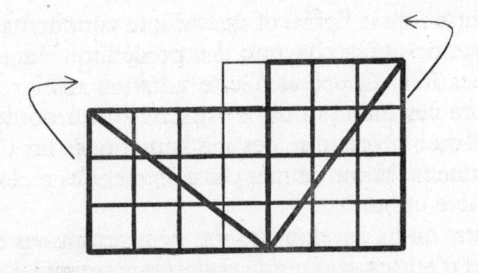

FIGURE 3

*Liu Hui extrait de la **surface** constituée des formes...*

Il peut ainsi reconstituer le carré construit sur l'hypoténuse, comme sur la figure 4 :

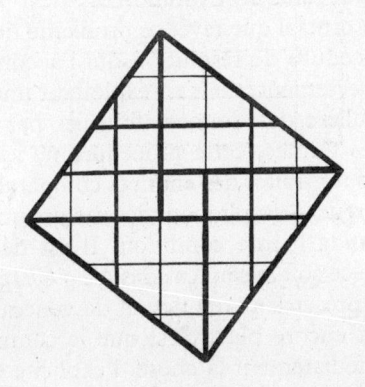

FIGURE 4

... pour les replacer ailleurs et former le carré de l'hypoténuse

Ces figures expliquent pourquoi, en appliquant à la somme des carrés de la base et de la hauteur une extraction de racine, on obtient la longueur de l'hypoténuse : c'est l'objectif que vise le commentateur, ici comme après chacune des procédures énoncées par *Les Neuf Chapitres*. Cette notation rejoint d'innombrables indices qui ne laissent aucun doute sur le fait que la pratique des mathématiques en Chine ancienne ne se cantonnait pas à aligner des recettes à caractère utilitaire.

Outre qu'ils développent des démonstrations de ce type et d'autres, les commentaires rapportent les réactions de leurs auteurs à la lecture du Classique. C'est en nous appuyant maintenant sur des remarques formulées à propos du problème 6.18 et de la procédure de résolution qui lui fait suite que nous trouverons les ressources pour aborder, de façon argumentée, les questions que nous avons soulevées.

L'intérêt crucial que revêt ce problème tient au fait que la procédure de résolution qui l'accompagne le résout correctement, mais en exploitant une circonstance singulière des données fournies par l'énoncé. En d'autres termes, cette procédure ne saurait être employée pour traiter des énoncés comparables — les plus nombreux — impliquant des valeurs qui ne satisferaient pas la même condition. Il est déjà remarquable que ce soit le seul cas des *Neuf Chapitres* où la procédure présente pareil défaut de généralité. Mais ce qui l'est encore plus, c'est que le commentateur relève immédiatement la chose, l'explicite en posant précisément un problème semblable à celui du Classique mais impossible à résoudre par la même méthode, et propose une modification de celle-ci qui la rende susceptible de couvrir l'ensemble des problèmes de ce type.

De ces éléments, nous sommes à même de tirer un certain nombre de conclusions. Si un problème des

Neuf Chapitres ne représentait que lui-même, il n'y aurait ici aucune raison pour que le commentateur s'émeuve : la procédure fournie par le Classique résout le problème en question. La seule motivation qui puisse justifier pareille intervention de Liu Hui, c'est qu'il lise le problème comme *devant* tenir lieu d'une catégorie. Nous pouvons donc conclure qu'aux yeux du lecteur chinois le plus ancien que nous puissions observer, le particulier vise à exprimer ici du général : avec les problèmes et les procédures qui leur font suite, *Les Neuf Chapitres* enchaînent donc des composantes textuelles qui formulent le général d'une façon spécifique. Sauf à le reconnaître, on s'expose à se méprendre gravement sur le sens du Classique. C'est sur de telles bases qu'on a défiguré les mathématiques de la Chine ancienne en les donnant pour essentiellement utilitaires. Par voie de conséquence, si les textes mathématiques se composent d'ingrédients qui satisfont bien pour partie aux attentes de Granet, puisqu'ils paraissent concrets ou particuliers, de fait nous pouvons établir que des lecteurs chinois les interprètent comme des énoncés généraux.

Nous parvenons là à une conclusion sur la pratique des sciences qui mérite toute notre attention : ces textes nous invitent à dissocier la généralité de l'abstraction, alors que, tout comme Granet, nous aurions dans un premier temps tendance à les tenir pour foncièrement solidaires l'une de l'autre[30]. Ce n'est pas dire qu'il n'y a pas d'abstraction en Chine ancienne. Mais elle présente une relation à la généralité distincte des attentes conventionnelles. Cette ouverture laisse entrevoir l'intérêt que présentent ces écrits anciens pour nourrir notre réflexion sur ces deux valeurs épistémologiques.

Mais revenons à notre exemple 6.18. À ce qu'il montre, la catégorie d'énoncés dont un problème donné tient lieu se détermine clairement sur la base de la procédure qui lui est associée [31]. C'est dire que le problème ne se lit pas indépendamment de la procédure, ni la procédure sans tenir compte du problème : les unités textuelles de base des *Neuf Chapitres* présentent une structure différente de celle que la lecture moderne pourrait être tentée d'y diagnostiquer.

Or notre commentateur ne s'en tient pas à une modification de la procédure des *Neuf Chapitres* pour la rendre apte à résoudre les problèmes d'énoncé semblable à 6.18. Une fois cette étape franchie, il introduit une autre procédure beaucoup plus générale qui, de ce fait, étend de façon significative la classe des problèmes dont 6.18 tient lieu. Cette nouvelle étape mérite également toute notre attention dans la mesure où elle révèle une autre dimension de l'intérêt pour la généralité : le commentateur paraît viser ici à dégager l'opération la plus générale possible — un intérêt que bien d'autres éléments attestent également. L'ensemble du processus invite donc à distinguer différentes formes dans la généralité qu'il est loisible de rechercher. On entrevoit comment notre réflexion sur cette valeur peut s'amorcer et s'enrichir dans cette direction.

En fait, la forme de la figure 1 témoigne d'une autre manière des mêmes faits. Il est aisé d'établir que de même qu'un problème particulier est lu comme un énoncé général, de même une figure aux dimensions particulières tient lieu de l'ensemble des figures comparables. Il n'est rien ici qui ne soit conforme à nos attentes en matière de géométrie. La figure 1 présente, en revanche, une autre propriété sous le rapport de la généralité, qui la rend plus singulière. En vue d'exposer comment cette figure géométrique permettait de démontrer la correction de la procédure qui correspondait, en Chine ancienne, au théorème de Pythagore, j'en ai *extrait* un sous-ensemble d'éléments. Si tel était l'emploi auquel on la destinait, pourquoi, peut-on se demander, ne pas l'avoir simplifiée ? À quoi bon garder ce cadre extérieur qui paraît compliquer le graphique sans gain visible ? Poser la question, c'est chercher une figure comparable à celles dont nous avons l'habitude, une figure qui serve d'auxiliaire visuel, par exemple à une démonstration. Or l'intérêt de la figure 1, c'est qu'elle est générale au sens où elle permet de démontrer la correction non pas d'un mais de tout un ensemble de procédures ! Elle constitue la source unique, dans l'ordre des raisons, de procédures distinctes [32].

Pour ce qui est des traditions anciennes, ces formes supérieures de généralité sont, sous réserve d'inventaire, spécifiques à la Chine. Et c'est en particulier pour les thématiser que des termes abstraits furent introduits dans ces textes chinois. Qu'on ne se méprenne pas : il n'y a là aucun exotisme à rechercher dans ces développements. Pareilles formes de généralité se sont développées en mathématiques par la suite et ailleurs, autrement ou non. On peut penser à l'irruption de l'algèbre ou au développement de la géométrie projective. C'est dire qu'avec ces formes de généralité, nous sommes de plain-pied dans une dimension essentielle de la discipline mathématique. Il reste que les témoins chinois nous offrent des ressources spécifiques pour la penser.

Que retenir au total de cette esquisse ? Deux

points essentiels me paraissent se dégager, sur lesquels je souhaite insister à titre de conclusion. Tout d'abord, les matériaux qui nous restent des diverses pratiques passées des sciences sont autant d'atouts pour réfléchir sur ces dernières. Écarter certains d'entre eux au nom d'*a priori* normatifs, c'est se priver de moyens critiques pour faire progresser notre réflexion philosophique comme historique. Dans ce contexte, les écrits produits en Chine jadis, entre autres, représentent un énorme potentiel qu'il conviendrait sans doute d'exploiter plus avant aujourd'hui. Par ailleurs, on l'aura compris, cette mise en valeur ne pourra réellement être productive que si nous nous dotons de moyens d'interprétation sophistiqués. Les commentaires constituent sur ce plan une richesse aussi abondante en promesses qu'elle a été sous-utilisée ou trop vite employée. Ils se présentent aujourd'hui, à mon sens, comme une documentation de première importance pour développer une anthropologie de la lecture et de la pratique scientifique. À nous de savoir l'exploiter !

KARINE CHEMLA

Bibliographie

BODDE, Derk, 1991. *Chinese thought, Society, and Science : the Intellectual and Social Background of Science and Technology in Pre-modern China.* Honolulu, University of Hawaii Press, 1991.

CHEMLA, Karine, 1997. *La Valeur de l'exemple : perspectives chinoises, Extrême-Orient, Extrême-Occident*, n° 19, Saint-Denis, Presses universitaires de Vincennes, Université Paris VIII, 1997.

—, 2005. «Geometrical Figures and Generality in Ancient China and Beyond. Liu Hui and Zhao Shuang, Plato and Thabit Ibn Qurra», *Science in Context*, n° 18, 2005.

—, 2006a. «Artificial Languages in the Mathematics of Ancient China», *Journal of Indian Philosophy* 34, n° 1-2, 2006.

—, 2006b. «Documenting a Process of Abstraction in the Mathematics of Ancient China», in *Studies in Chinese Language and Culture — Festschrift in Honor of Christoph Harbsmeier on the Occasion of his 60th Birthday*, édité par Christoph Anderl et Halvor Eifring, Oslo, Hermes Academic Publishing and Bookshop A/S, 2006.

CHEMLA, Karine, et GUO Shuchun, 2004. *Les Neuf Chapitres. Le Classique mathématique de la Chine ancienne et ses commentaires*, Paris, Dunod, 2004.

CULLEN, Christopher, 2004. *The Suan shu shu — «Writings on Reckoning»: A Translation of a Chinese Mathematical Collection of the Second Century B.C., with Explanatory Commentary*, édité par Christopher Cullen, vol. 1, *Needham Research Institute Working Papers*, Cambridge, Needham Research Institute, 2004.

DAUBEN, Joseph, «Suan Shu Shu (A Book on Numbers and Computations). English Translation with Commentary», *Archive for History of Exact Sciences* (à paraître).

GRANET, Marcel, 1920. «Quelques particularités de la langue et de la pensée chinoises», *Revue philosophique de la France et de l'étranger*, LXXXIX, n° 1 (partie 1); n° 2 (partie 2), 1920. Republié dans Marcel Granet, *Études sociologiques sur la Chine*, PUF, 1953 (1990), p. 99-155.

HARBSMEIER, Christoph, 1998. *Language and Logic* (volume édité par Kenneth Robinson). Vol. 7.I, *Science and Civilization in China*, édité par Joseph Needham, Cambridge, Cambridge University Press, 1998.

LLOYD, Geoffrey, 2004. *Ancient Worlds, Modern Reflections. Philosophical Perspectives on Greek and Chinese Science and Culture*, Oxford, Oxford University Press, 2004.

PENG Hao, 2001. *Commentaires sur le Livre de procédures mathématiques, ouvrage sur lattes de bambou datant des Han découvert à Zhangjiashan*, Pékin, Kexue chubanshe, 2001.

ROSENTAL, Claude, 2002. «Quelle logique pour quelle rationalité? Représentations et usages de la logique en sciences sociales», *Enquête* 2, 2002.

ROUSSEAU, Jacques, et THOUARD Denis, 1999. *Lettres édifiantes et curieuses sur la langue chinoise*, Presses universitaires du Septentrion, 1999.

YEO, Richard, 1982, « Scientific method and the image of science : 1831-1890 », in *The Parliament of Science*, édité par Roy Macleod et Peter Collins, Northwood, Science Reviews Ltd., 1982.

APPENDICES

REMERCIEMENTS

Nous voudrions remercier Éric Vigne et Jean-Philippe de Tonnac, esprits tutélaires qui ont donné à ce projet son impulsion initiale et en ont suivi et soutenu le développement avec une constante bienveillance.

Notre reconnaissance va également en tout premier lieu à Viviane Alleton qui, outre son importante contribution à ce volume, a fourni un véritable travail éditorial en relisant avec un œil redoutablement critique la plupart des textes.

LISTE DES CONTRIBUTEURS

Mme Viviane Alleton
Directrice d'études à l'EHESS
Linguistique chinoise

M. Jean-Philippe Béja
Directeur de recherches au CNRS/CERI-Sciences-Po
Politique et société chinoises contemporaines

Mme Karine Chemla
Directrice de recherches au CNRS (REHSEIS, université Paris 7)
Histoire des mathématiques en Chine

Mme Anne Cheng
Professeur à l'INALCO et chargée de conférences à l'EHESS
Histoire intellectuelle de la Chine et du confucianisme

M. Chu Xiaoquan
Professeur de linguistique à l'université Fudan de Shanghai

M. Jacques Gernet
Professeur honoraire au Collège de France
Histoire sociale et intellectuelle de la Chine moderne

M. Vincent Goossaert
Chargé de recherches au CNRS
Histoire sociale et religieuse de la Chine

Mme Elisabeth Hsu
Reader en anthropologie sociale à l'université d'Oxford

Liste des contributeurs

M. Damien Morier-Genoud
Chercheur au Centre d'études chinoises de l'INALCO
Histoire intellectuelle et sociale de Taiwan au XXe siècle

M. Joël Thoraval
Maître de conférences à l'EHESS
Anthropologie et histoire intellectuelle de la Chine contemporaine

M. Léon Vandermeersch
Directeur d'études à l'EPHE, Ve section
Histoire des idées politiques et des institutions chinoises

M. Zhang Yinde
Maître de conférences habilité en littérature comparée à l'université Paris III

M. Nicolas Zufferey
Professeur de langue, littérature et civilisation chinoises à l'université de Genève

NOTES

Introduction

1. L'expression est de Tzvetan Todorov, cf. *Nous et les autres. La réflexion française sur la diversité humaine*, Paris, Le Seuil, 1989.
2. Edward W. Said, Postface de 1994 à *L'Orientalisme. L'Orient créé par l'Occident*, nouvelle édition augmentée, Paris, Le Seuil, 1997, p. 359-360.
3. *Ibid.*, p. 376.
4. Jack Goody, *L'Orient en Occident*, Paris, Le Seuil, 1999, p. 16-17.
5. Cité par Jacques Gernet dans *La Raison des choses. Essai sur la philosophie de Wang Fuzhi (1619-1692)*, Paris, Gallimard, 2005, p. 47.
6. Voir par exemple les considérations de Zheng Jiadong, chercheur à l'Académie des sciences sociales de Chine à Pékin (cf. l'article d'Anne Cheng dans ce volume, p. 180) : « Pendant longtemps, l'idée selon laquelle seuls les penseurs préimpériaux pouvaient être qualifiés de philosophes a prévalu chez les sinologues occidentaux (et les changements dans les mentalités ne sont à cet égard que récents). De tels penseurs étaient alors rapprochés des sages de la Grèce antique. Cet attrait des sinologues occidentaux pour la pensée chinoise ancienne contrastait fortement avec la séduction depuis longtemps exercée sur les Chinois par la philosophie occidentale moderne. La compréhension sous-jacente du développement historique était identique, mais la Chine s'éprenait d'un Occident postérieur à l'*Aufklärung* tandis que l'Occident rêvait d'une Chine ancienne, non encore entrée dans l'ère médiévale, déconnectée de son évolution moderne et de ses problèmes. » (« De l'écriture d'une "histoire de la philosophie chinoise". La

pensée classique à l'épreuve de la modernité», *Extrême-Orient, Extrême-Occident*, n° 27, p. 129, traduction, ici légèrement modifiée, de Sébastien Billioud.)

CHAPITRE I

MODERNITÉ DE WANG FUZHI (1619-1692)

1. Il vaudrait mieux parler des pays chinois.
2. C'est le titre donné par Anne Cheng à son *Histoire de la pensée chinoise*, Paris, Le Seuil, 1997.
3. L'édition la plus récente et la mieux établie de ses œuvres complètes compte plus de 13 000 pages, soit près du triple dans une traduction française. L'effort qu'aurait exigé la poursuite de mes lectures m'a décidé à terminer ce livre après plus de vingt ans de travail.
4. J. Gernet, *La Raison des choses. Essai sur la philosophie de Wang Fuzhi (1619-1692)*, Paris, Gallimard, 2005, abrégé ci-dessous en *RC*. J'exprime ici ma vive reconnaissance à M. Marcel Gauchet, directeur de la collection «Bibliothèque de philosophie», pour avoir accepté d'inclure dans ce livre les textes chinois correspondant aux traductions.
5. Ces ouvrages, fixés à la fin du Ier siècle avant notre ère, se sont constitués à partir de la fin du IIe millénaire et font partie de la culture des élites.
6. Ce terme forgé par la sinologie occidentale renvoie à la période de renouveau des XIe-XIIe siècles, riche en penseurs divers et caractérisée, en particulier, par un effort de réinterprétation des Classiques.
7. Tradition connue sous le nom de *zen* au Japon.
8. Enseignement classique des lettrés, traditions taoïstes et bouddhistes.
9. Wang Tingxiang (1474-1544).
10. *RC*, p. 98.
11. C'était là une conception ancienne, comme l'a montré Paul Demiéville, cf. *RC*, p. 199.
12. Ricci en donne une représentation dans son ouvrage *The True Meaning of the Lord of Heaven (T'ien-chu Shih-i)*, traduction, introduction et notes de Douglas Lancashire et Peter Hu Kuochen, Taipei, S.J., The Institute of Jesuit Sources, St. Louis, et The Ricci Institute, 1985, p. 192.
13. J'ai traduit ainsi deux termes importants de la pensée chi-

noise que Wang Fuzhi ne considère nullement antinomiques, mais complémentaires et indissociables.

14. *RC*, p. 48, et J. Gernet, *Chine et christianisme*, Paris, Gallimard, 1982 et 1991, p. 328-329. Durkheim estime que l'âge de la scolastique, au XIIe siècle, procède d'un âge de la grammaire latine qui dominait à l'époque carolingienne. Que la distinction du substantif et de l'adjectif ait pu donner naissance à la distinction capitale dans notre philosophie médiévale entre substance et attribut, et à l'opposition entre réalisme et nominalisme, n'implique sans doute pas une influence directe de la langue sur la pensée, mais invite à admettre que l'évolution de la société entre 800 et 1100 a rendu possible une transformation de modes de pensée qui avaient leurs origines dans l'intérêt porté à la grammaire latine trois siècles auparavant. Cf. *RC*, p. 52-53.

15. Tels sont les mots d'un critique des missionnaires. *Chine et christianisme*, p. 202.

16. Aucun terme chinois ne traduirait exactement notre notion générale de matière.

17. *RC*, p. 79.

18. *RC*, p. 90.

19. *RC*, p. 79.

20. *RC*, p. 165 et 167. Ci-dessous, les réflexions suggérées par le *Livre des Mutations*.

21. *RC*, p. 175. «Assemblées et formant des corps, dit-il aussi, ou dispersées et ayant fait retour au Grand Vide, les énergies sont toujours les mêmes.»

22. *RC*, p. 72.

23. Les taoïstes avaient conçu l'indéterminé comme l'origine inépuisable de tout le déterminé, les bouddhistes imaginé au contraire que tout est illusion et création de notre esprit.

24. *RC*, p. 96-97.

25. Cf. ci-dessous.

26. *RC*, p. 76.

27. *RC*, p. 77-78.

28. *Ibid.*

29. *RC*, p. 151 et 202.

30. *RC*, p. 208-209.

31. Énergie et souffle ne se distinguent pas toujours : les exercices respiratoires sont source d'énergie.

32. *RC*, p. 164.

33. *RC*, p. 171-174.

34. *RC*, p. 190.

35. *Chine et christianisme*, *op. cit.*, p. 19.

36. Cf. ci-dessous.

37. Leibniz, *Lettre à Monsieur de Rémond sur la philosophie chinoise* dans *Œuvres complètes*, Dutens, t. IV, p. 12. Sur cette controverse, *Chine et christianisme*, p. 279-280.

38. Même attitude de Wang Fuzhi en matière de rites et de morale : on ne peut séparer rites et sentiments, morale et besoins fondamentaux de la vie à moins de ruiner aussi bien les uns que les autres. *RC*, p. 385.

39. *RC*, p. 185.

40. La traduction est littérale.

41. *RC*, p. 99-100.

42. *RC*, p. 95-96.

43. *RC*, p. 247.

44. *RC*, p. 245.

45. *Ibid.* « Ce que nos yeux ne voient pas n'en est pas moins doué des propriétés du visible. »

46. Sur ces notions, cf. ci-dessous.

47. *RC*, p. 80.

48. *RC*, p. 240.

49. *RC*, p. 65. Jean-Claude Martzloff, *Histoire des mathématiques chinoises*, Paris, Masson, 1988, p. 64.

50. Cf. Geoffrey Lloyd, Préface aux *Neuf chapitres. Le Classique mathématique de la Chine ancienne et ses commentaires*, édition critique... par Karine Chemla et Guo Shuchun, Paris, Dunod, 2004, p. xii : « L'applicabilité à des sujets nouveaux constitue en elle-même, plutôt [que la déduction faite à partir de principes supérieurs], le moyen par lequel se trouve confirmé le pouvoir des principes directeurs. »

51. *RC*, p. 38-39.

52. Je n'entre pas ici dans le détail complexe de la constitution et de l'interprétation de cet ouvrage.

53. Les multiples tirages au sort faisant des hexagrammes comme des produits de la nature, indépendants des manipulations du devin. *RC*, p. 61.

54. *RC*, p. 216.

55. Le mot *qi*, qui s'applique aux énergies *yin* et *yang*, est aussi l'air que les techniques respiratoires, très pratiquées en Chine, permettaient, pensait-on, de faire circuler à l'intérieur du corps à la façon dont l'oxygène régénère nos cellules.

56. L'analogie du code génétique et du *Livre des Mutations* a été remarquée par plusieurs biologistes : les deux systèmes sont constitués en effet, à partir de quatre unités fondamentales, de soixante-quatre combinaisons dans lesquelles c'est la place des

signes qui détermine leur sens. Cf. *RC*, p. 153-154. Mais, tandis que les hexagrammes constituent des modèles indépendants, le code génétique forme des enroulements continus.

57. À tout hexagramme sont associés son négatif ligne par ligne et son renversement tête-bêche.

58. *RC*, p. 111-112.

59. *RC*, p. 156.

60. Cette représentation date peut-être du Xe siècle.

61. *RC*, p. 113-114.

62. *RC*, p. 217.

63. *RC*, p. 115.

64. *RC*, p. 93.

65. On ne peut déterminer de façon exacte ces transformations qu'en fonction de critères choisis arbitrairement.

66. *RC*, p. 144.

67. *RC*, p. 149.

68. *RC*, p. 145. Cette conception de l'histoire se retrouve en Europe au XIXe siècle chez Tocqueville et Herbert Spencer.

69. *RC*, p. 148.

70. *RC*, p. 366.

71. *RC*, p. 225.

72. *RC*, p. 387-388.

73. *RC*, p. 301.

74. *RC*, p. 300-301.

75. *RC*, p. 291-292.

76. *RC*, p. 184.

77. Pour les bouddhistes, cette nature est évidemment la nature de Bouddha que possèdent tous les êtres.

78. Littéralement : sans opposé complémentaire.

79. *RC*, p. 303.

80. *RC*, p. 297.

81. *RC*, p. 301.

CHAPITRE II

LA CONCEPTION CHINOISE DE L'HISTOIRE

1. Pour faire la démonstration de cette origine des annales dans les recueils de textes divinatoires, j'ai composé artificiellement un «clone» des *Annales sur bambou* entièrement réalisé à partir d'inscriptions oraculaires (cf. *Études chinoises*, t. XVIII, vol. 1-2, Paris, 1999, p. 123-135).

2. Sur ce point, je me permets de renvoyer à la communication que j'ai présentée au Colloque international du CREOPS tenu à la Sorbonne le 16.04.05, sous le titre «La lettre qui révèle et la lettre révélée (La glose confucianiste aux antipodes de l'herméneutique biblique)» [les actes de ce colloque sont à paraître].

3. En 547 avant notre ère, un grand officier de la seigneurie de Qi, Cui Shu, sans porter lui-même la main sur son seigneur, le duc Zhuang, s'arrangea pour le faire tuer par des soldats. Le Grand Annaliste mentionna le nom de Cui Shu comme celui d'un régicide (bien qu'il n'ait pas opéré lui-même le meurtre, il méritait lui-même le juste nom de meurtrier). Cui Shu le fit exécuter. Deux de ses frères puînés, lui ayant succédé l'un après l'autre, furent également exécutés pour avoir maintenu la même mention. Un troisième frère, héritier à son tour de la fonction, maintint lui encore la mention en s'attendant à être exécuté, mais garda la vie sauve (*Zuozhuan*, traduction de Séraphin Couvreur dans *La Chronique de la principauté de Lou*, Paris, Les Belles-Lettres, 1951, t. III, p. 426).

4. Cf. Arthur Hummel (éd.), *Eminent Chinese of the Ch'ing Period*, Washington D.C., 1953, vol. 1, p. 205-206.

5. Cf. Han Yu-Shan, *Elements of Chinese Historiography*, Hollywood, W. M. Haley, 1955.

6. *Chunqiu fanlu*, chap. 56.

7. «*Zuozhuan*, à la 32e année du règne du duc Zhao» (Séraphin Couvreur, *op. cit.*, t. III, p. 480).

8. Sur cette incurie, cf. Henri Maspero, *La Chine antique*, nouvelle édition, Paris, Imprimerie nationale, 1955, p. 54.

9. «Le Ciel ne parle pas, mais on a foi en lui (parce que sa loi est exprimée par le cours des saisons qui est immanquable)», phrase reprise deux fois dans le *Liji* : au chapitre «De la musique» et au chapitre «Du sens des sacrifices» (trad. Séraphin Couvreur, *op. cit.*, vol. 2, p. 103 et p. 297).

10. Traditionnellement rapportée à Dong Zhongshu, cette identification remonte à Mencius (372-289 avant notre ère), comme a permis de l'établir l'un des manuscrits sur lamelles de bambou découverts à Mawangdui en 1973.

11. Marcel Granet, *La Pensée chinoise*, Paris, Albin Michel, 1934, liv. II, chap. i.

12. François Jullien, *La Propension des choses*, Paris, Le Seuil, 1992 (voir surtout la 3e partie).

13. À la 22e année du règne du duc Xi.

14. *Liji*, *op. cit.*, chap. xviii, *Xueji*.

15. François Jullien, *op. cit.*, p. 199-200.

16. Sur cet auteur, voir la contribution de Jacques Gernet au présent volume.

17. Cf. John J. Gray, « Historical Writing in Twentieth Century China : Notes on its Background and Development », Beasley et Pulleyblank (éd.), *Historians of China and Japan*, Oxford, Oxford University Press, 1961, p. 202.

18. Voir la rétrospective des études historiques du second demi-siècle par Li Xueqin dans la revue *Zhongguo shi yanjiu* (Recherches d'histoire chinoise), avril 1999, p. 6-17.

CHAPITRE III

DE CONFUCIUS AU ROMANCIER JIN YONG

1. Tu Wei-ming, « Confucius and Confucianism », *in* Walter H. Slote et George A. De Vos (éd.), *Confucianism and the Family*, Albany, State University of New York Press, 1998, p. 3. Sauf indication contraire, toutes les traductions du chinois et de l'anglais sont les miennes. Je remercie Anne Cheng, Viviane Alleton, Muriel Jarp et Christine Zufferey pour leur relecture de cet article et leurs précieuses suggestions.

2. Sur le rôle des Occidentaux dans l'invention du confucianisme, cf. Lionel M. Jensen, *Manufacturing Confucianism : Chinese Traditions and Universal Civilization*, Durham, Duke University Press, 1997.

3. Sur les rapports entre Confucius et le confucianisme, et plus généralement, sur les origines du confucianisme, cf. Nicolas Zufferey, *To the Origins of Confucianism. The* Ru *in pre-Qin Times and during the Early Han Dynasty*, Berne, Peter Lang, 2003.

4. Cf. *Entretiens* (*Lunyu*), chap. 3.14.

5. Jacques Gernet, « À propos des influences de la tradition confucéenne sur la société chinoise », *in* Yuzô Mizoguchi et Léon Vandermeersch (éd.), *Confucianisme et Sociétés asiatiques*, Paris, L'Harmattan, 1991, p. 29.

6. *Mengzi*, 7B.14, trad. Lévy, Paris, Youfeng, 2003, p. 193.

7. *Ibid.*, 1B.6 et 4B.3.

8. *Chunqiu fanlu*, chap. 20.

9. *Ibid.*, chap. 19.

10. *Lunyu*, 7.21, trad. Ryckmans, *Les entretiens de Confucius*, Paris, Gallimard, 1987, p. 41.

11. *Ibid.*, 11.12, trad. *ibid.*, p. 60.

12. *Xunzi*, 17, trad. Kamenarovic, *Printemps et Automnes* de Lü Buwei, Paris, Le Cerf, 1987, p. 207.

13. D'autres traits ont parfois été ajoutés à cette liste ; ainsi par exemple John Berthrong ajoute-t-il la conception de *xin*, « cœur-esprit », ou encore celle de *qi*, « matière-esprit » (cf. John Berthrong, *Transformations of the Confucian Way*, Boulder, Westview Press, 1998, p. 11), mais ces notions sont à peine mentionnées par Confucius lui-même, peut-être parce que en réalité elles appartiennent au fonds commun de la pensée chinoise dans son ensemble.

14. Anne Cheng, *Histoire de la pensée chinoise*, Paris, Le Seuil, 1997, p. 71-73 ; cf. aussi *infra*, note 34.

15. Cf. le jugement de Theodore de Bary, *Asian Values and Human Rights, A Confucian Communitarian Perspective*, Cambridge, Harvard University Press, 1998, p. 163 : « S'il y a eu un aspect de la tradition confucianiste négligé en Occident, c'est sa capacité à l'auto-critique et à l'auto-renouvellement. »

16. *Qingnian zazhi*, vol. 1.6, 1916.

17. *Lunyu*, chap. 2.5, 2.6, 2.7.

18. Pierre Ryckmans (trad.), *op. cit.*, p. 148.

19. Chen Huanzhang, *Kongjiao lun* (*De la religion confucianiste*), in *Minguo Congohu*, Shangai, Shangai Shudian, 1935, vol. 4.2. 1913.

20. Yan Binggang, *Dangdai xin ruxue yinlun*, Beijing, Beijing tushuguan chubanshe, 1998, p. 49.

21. Yuzô Mizoguchi, *Confucianisme et Sociétés asiatiques*, Paris, L'Harmattan, 1991, p. 21.

22. Pour une discussion critique du « capitalisme confucéen », cf. Yao Souchou, *Confucian Capitalism : Discourse, Practice and the Myth of Chinese Enterprise*, New York, Routledge Curzon, 2002.

23. Les « valeurs asiatiques » trouvent leur expression la plus forte et la plus achevée dans la « Déclaration de Bangkok » de 1993 et lors de la « Conférence mondiale sur les droits de l'homme » organisée à Vienne la même année ; les anciens Premiers ministres Lee Kuan Yew (Singapour) et Mohamad Mahatir bin Mohamad (Malaisie) jouèrent un grand rôle dans leur promotion. Lee Kuan Yew a expliqué ses idées dans un important entretien publié l'année suivante, « Culture Is Destiny — A Conversation with Lee Kuan Yew », in *Foreign Affairs*, mars-avril 1994, p. 109 *sq*.

24. La notion est problématique, ne serait-ce que parce qu'il est impossible d'identifier une culture asiatique ; cf. Babetta von Albertini Mason, *The Case for Liberal Democracy in China : Basic Human Rights, Confucianism and the Asian Values Debate*, Zurich,

Schulthess, 2004, p. 100-101 ; cf. aussi Theodore de Bary, *op. cit.*, p. 3.

25. Babetta von Albertini Mason, *op. cit.*, p. 102.

26. De ce point de vue, le discours sur les valeurs asiatiques peut se lire comme un avatar oriental des théories de Huntington sur une opposition irréductible entre les civilisations.

27. Daniel A. Bell *et al.* (éd.), « Democracy in Confucian Societies : The Challenge of Justification », in *Towards Illiberal Democracy in Pacific Asia*, Londres, Macmillan Press, 1995. Pour une critique de la notion de « démocratie asiatique », cf. J.S. Hood, « The Myth of Asian-Style Democracy », in *Asian Survey*, 38.9, 1998.

28. Liu Huaqiu, chef de la délégation chinoise à Vienne en 1993, résume bien l'enjeu : « To want only accuse another country of abuse of human rights and impose the human rights criteria of one's own country or region on other countries or regions are tantamount to an infringement upon the sovereignty of other countries and interference in the latter's internal affairs, which could result in political instability and social unrest in other countries » (15 juin 1993, cité par Michael C. Davis [éd.], *Human Rights and Chinese Values : Legal, Philosophical, and Political Perspectives*, Oxford, Oxford University Press, 1995, p. 157).

29. Lee Kuan Yew, « Culture Is Destiny — A Conversation with Lee Kuan Yew », *op. cit.*, p. 119 : « I am not intellectually convinced that one-man, one-vote is the best. »

30. Daniel A. Bell, « Democracy in Confucian Societies : The Challenge of Justification », *op. cit.*, p. 3.

31. Robert Weatherley, *The Discourse of Human Rights in China : Historical and Ideological Perspectives*, Londres, Macmillan Press, 1999, p. 37 : « One of the most striking things about the doctrine of Confucianism was its distinct lack of a rights tradition. Not only was there no lexical term for rights in the Confucian vocabulary, but there also appears to have been a conceptual absence of rights in Confucian thinking. »

32. Margaret Ng, « Are Rights Culture-Bound ? », in Michael C. Davis (éd.), *Human Rights and Chinese Values...*, *op. cit.*, p. 67, et Joseph Chan, « A Confucian Perspective of Human Rights for Contemporary China », in Joanne R. Bauer et Daniel A. Bell, *The East Asian Challenge for Human Rights*, Cambridge, Cambridge University Press, 1999, p. 215. Nombre d'auteurs rappellent qu'en Europe même, la démocratie et les droits de l'Homme sont des créations tardives, et que le christianisme s'est lui aussi appuyé sur des systèmes politiques autoritaires durant une grande partie de son histoire.

33. Par exemple Du Gangjian et Song Gang, « Relating Human Rights to Chinese Culture », in Michael C. Davis (éd.), *Human Rights and Chinese Values...*, *op. cit.* ; cf. aussi Theodore de Bary, *Asian Values and Human Rights*, *op. cit.*, p. 10-11, 100, 155, qui identifie de manière intéressante des germes de constitution chez le penseur Huang Zongxi (1610-1695), et rappelle que des « confucianistes » ont participé à l'élaboration de la Déclaration universelle des droits de l'homme.

34. Du Gangjian et Song Gang, *ibid.*, p. 40. En réalité, la dimension universelle du *ren* ne paraît accessible qu'au saint, seul capable d'aimer tous les hommes comme des frères : le fondement du *ren*, c'est l'affection que l'on éprouve pour les proches. Le *ren* demeure hiérarchique, ce qu'ont bien compris les penseurs moïstes, qui proposent au contraire la « sollicitude universelle » (*jian'ai*), moins affective et donc plus susceptible de s'étendre à tous. Cf. sur ce sujet Anne Cheng, *Histoire de la pensée chinoise*, *op. cit.*, p. 71 et p. 101-103.

35. Du Ganjian et Song Gang, *ibid.*, p. 43. Tous ces rapprochements sont abusifs : entre *min ben* et démocratie, il y a des différences évidentes (cf. Geng Yun Zhi, « L'héritage du confucianisme et la modernisation chinoise », *in* Yuzô Mizoguchi et Léon Vandermeersch (éd.), *Confucianisme et Sociétés asiatiques*, *op. cit.*, p. 177) ; la liberté individuelle ne saurait être confondue avec le devoir de l'accomplissement personnel selon Confucius ; le devoir de remontrance (réservé à une élite) n'équivaut pas à la liberté d'expression pour tous, etc.

36. Un seul roman de Jin Yong est disponible en français, *La Légende du héros chasseur d'aigles* ; il s'agit malheureusement d'une traduction bâclée, surtout dans le second volume (Paris, Éditions You-Feng, 2004).

37. Cf. http://cul.sina.com.cn/s/2003-06-20/36715.html (consulté en mars 2006) ; Lu Xun recueille 57 000 voix, Jin Yong suit avec 42 000 suffrages, devant Qian Zhongshu, Ba Jin et Lao She.

38. Cf. John Christopher Hamm, *Paper Swordsmen : Jin Yong and the Modern Chinese Martial Arts Novel*, Honolulu, University of Hawaii Press, 2005, p. 1.

39. Le rapprochement entre nationalisme et arts martiaux est explicite dans le récent film *Hero* (2003) de Zhang Yimou.

40. Li Bai, *Xia ke xing*, chap. 29.

41. *Ibid.*, chap. 30, p. 749.

42. Rappelons le jugement de Robert Ruhlmann selon lequel « la société des hors-la-loi [du roman *Au bord de l'eau*] est plus authentiquement confucianiste que la société orthodoxe », et que

«dans les tristes circonstances de l'époque [Song] la tanière des brigands est le seul endroit où les hommes peuvent se conduire comme des gentilshommes confucianistes (*junzi*)» (Robert Ruhlmann, «Traditional Heroes in Chinese Popular Fiction», in Arthur F. Wright (éd.), *The Confucian Persuasion*, Stanford, Stanford University Press, 1960, p. 169-170).

43. *Liji* (*Classique des rites*), «Quli shang» et *Chunqiu fanlu*, «Wang dao». Sur la tension entre modernité et valeurs véhiculées par les romans d'arts martiaux, cf. Nicolas Zufferey, «Outlaws and Vengeance in Martial Arts Novels : Modern Law and Popular Values in Contemporary China», in *Chinese Cross Currents*, 2.1, 2005, p. 128-151.

CHAPITRE IV

LA TENTATION PRAGMATISTE
DANS LA CHINE CONTEMPORAINE

1. Lucien Price, *Dialogues of Alfred North Whitehead*, Nonpareil Book, Boston, 1954, p. 176.

2. Voir notamment *Thinking Through Confucius*, New York, SUNY, 1987.

3. Louis Menand, *The Metaphysical Club, A Story of Ideas in America*, New York, Farrar, 2001.

4. Sur cette conjoncture, voir la postface de Cornel West à un ouvrage qui a fait date : «The Politics of American Neo-Pragmatism», in John Rachman et Cornel West (dir.), *Post-Analytic Philosophy*, New York, Columbia University Press, 1985, 259-275.

5. Roger Ames et David Hall, «Confucianism and Pragmatism», in *The Democracy of the Dead*, Chicago, Open Court, 1999, p. 141-162.

6. *Ibid.*, p. 145-146.

7. *Ibid.*, «Confucian Democracy : A Contradiction in Terms?», p. 165-187, p. 166. L'attitude de ces deux auteurs est aussi d'un certain engagement pratique : ainsi, une collaboration avec des intellectuels coréens dans le cadre d'un projet de Constitution coréenne s'inspirant à la fois de valeurs libérales et confucéennes (p. 240).

8. Richard Rorty, «Science as solidarity», in *Objectivity, Relativism and Truth*, Cambridge, Cambridge University Press, 1991, p. 38.

9. La fécondité de cette approche est particulièrement visible

dans le domaine de la traduction. Le vocabulaire très « substantialiste » du rationalisme classique se prête sans doute moins bien à la traduction de notions traditionnelles chinoises qu'un langage emprunté au pragmatisme ou à la pensée du processus d'un Whitehead. Cf. la traduction de *L'Invariable Milieu* par Roger Ames et David Hall, *Focusing the Familiar*, Honolulu, University of Hawaii Press, 2001.

10. R. Ames et D. Hall, *Focusing the Familiar*, *op. cit.*, p. 156.

11. Les penseurs du pragmatisme ont dû continuellement se défendre contre ce cliché. Cf. John Dewey, « The Pragmatic Acquiescence » (1927), *The Later Works*, vol. 3, p. 145-151, et Richard Rorty, « Feminism and pragmatism », in *Truth and Progress*, Cambridge, Cambridge University Press, 1998, p. 214.

12. Roger Ames et David Hall, *op. cit.*, p. 150.

13. Barry Keenan, *The Dewey Experiment in China*, Harvard, Harvard University Press, 1977.

14. John Dewey, « Transforming the Mind of China » (1919), *The Middle Works*, Cambridge, Cambridge University Press, vol. 11, p. 205-214.

15. John Dewey, *op. cit.*, p. 212.

16. Mou Zongsan a donné une interprétation philosophique de cette dualité entre pratique et institutions dans *Zhengdao yu zhidao* (*Gouvernement et gouvernance*), Taibei, Xuesheng, 1960.

17. Les notes manuscrites de Dewey ayant été perdues, ces conférences ont dû être retraduites en anglais depuis les versions chinoises publiées en Chine par ses disciples et auditeurs. Cf. Robert Clopton et Tsuin-chen Ou, *John Dewey, Lectures in China, 1919-1920*, Honolulu, University Press of Hawaii, 1973, et Yuan Gang (dir.), *Du Wei zai Hua jiangyanji* (*Recueil de conférences de Dewey en Chine*), Beijing, Beijing daxue, 2004.

18. Cai Yuanpei, « Du Wei yu Zhongguo » (Dewey et la Chine), in Yuan Gang, *op. cit.*, p. 754-755.

19. Hu Shi, *The Development of the Logical Method in Ancient China* (1922), New York, Paragon Book Reprint, 1963, p. 6-8. L'approche de Mo Di, maître de la tradition moïste, est appelée une « méthode pragmatique » (p. 69). Sur le moïsme, cf. Angus Charles Graham, *Disputers of the Tao*, La Salle, Open Court, 1989, p. 33-53.

20. Hu Shi, « Shiyanzhuyi », in *Hu Shi wencun*, Taibei, Yuandong, 1953, t. I, vol. 2, p. 291-341.

21. Sur cette « reprise » du darwinisme par la génération du 4 Mai, cf. James R. Pusey, *China and Charles Darwin*, Harvard, Harvard University Press, 1983, p. 435-455. À noter que le prénom

que s'est donné Hu Shi provient de l'expression chinoise traduisant « *survival of the fittest* » (*shizhe shengcun*). L'horizon darwinien reste présent dans le pragmatisme, de Dewey à Rorty (cf. Richard Rorty, « Dewey between Hegel and Darwin », *op. cit.*, p. 290-306).

22. Sa source est essentiellement John Dewey, « The Need for a Recovery of Philosophy » (1917), in *The Middle Works*, *op. cit.*, vol. 10, p. 3-78.

23. Hu Shi, *op. cit.*, p. 309-310.

24. *Ibid.*, p. 484, « Duo yanjiu xie wenti, shao tan xie zhuyi » (Étudions davantage de problèmes et parlons moins de « ismes »). Ce texte est redevenu populaire sur le Continent dans les années 1990 en raison d'un double rejet : celui des dogmes de l'idéologie officielle et celui des généralités parfois creuses du discours libéral et occidentaliste des années 1980.

25. « La tendance de Hu Shi à se tourner vers le soi (*self*) résultait d'un mode de pensée propre à la tradition néo-confucéenne plutôt qu'au pragmatisme de Dewey » (Yang Chen-te, « Turning to the Self : the Interpretation of Pragmatism made by Hu Shih », in *Pragmatism and the Philosophy of Technology in the 21st Century*, Tokyo, University of Tokyo Center for Philosophy, 2003, t. I, p. 76).

26. Cf. Jerome Grieder, *Hu Shi and the Chinese Renaissance*, Harvard, Harvard University Press, 1970, p. 358-368. Il s'agit, dans une certaine mesure, d'une autocritique chez Mao Zedong lui-même dont on connaît l'admiration, dans sa jeunesse, pour la pédagogie active de Dewey (« learning by doing ») : cf. Peng Ganzi, « Mao Zedong zaoqi jiaoyu sixiang suyuan » (Les origines de la pensée pédagogique du jeune Mao Zedong), *Ershiyi shiji* (*Twenty-First Century*), n° 28, 2004, édition électronique.

27. Brève présentation dans Sylvia Chan, « Li Zehou and New Confucianism », in John Makeham, *The New Confucianism*, New York, Palgrave, 2003, p. 105-128. Cette étude ne fait pas allusion à l'influence du pragmatisme.

28. Voir le fragment autobiographique : « Zou wo zijide lu » (Je vais mon chemin), in *Zou wo zijide lu*, Pékin, Sanlian, 1986, p. 1-6.

29. Zhang Taiyan, « Yuan ru » (vers 1910), recueilli dans son *Guogu lunheng* (*Critique de la culture traditionnelle*, 1918), in *Zhang Taiyan juan*, Pékin, Hebei jiaoyu, 1996, p. 99.

30. Hu Shi, « Shuo ru » (1934), in *Hu Shi wenji*, Beijing, Beijing daxue, 1999, p. 32-70.

31. Aux considérations parfois hasardeuses de Lionel Jensen (*Manufacturing Confucianism*, Duke University, 1997), on préférera les mises au point de Nicolas Zufferey, *To the Origin of Confu-*

cianism. The Ru in pre-Qin Times and during the Early Han Dynasty, Berne, Peter Lang, 2003.

32. Li Zehou, « Shuo wushi chuantong » (Sur la tradition chamanique), in *Jimao wulun (Cinq essais de l'année 1999)*, Zhongguo dianying, 1999, p. 32-150.

33. Li Zehou, « Chuni ruxue shenceng jiegou shuo » (Aperçu sur la théorie des structures profondes du confucianisme), in *Shiji xinmeng (Nouveaux rêves du siècle)*, Hebei Anhui wenyi, 1998, p. 112-127.

34. Principales références dans Umberto Bresciani, *Reinventing Confucianism, The New Confucian Movement*, Taibei, Ricci Institute, 2001. Sur cette nouvelle réception sur le Continent, cf. Zheng Jiadong, *Dangdai xin ruxue lunzheng (Exposé critique sur le néo-confucianisme contemporain)*, Taibei, Guiguan, 1995. Également, John Makeham, « The Retrospective Creation of New Confucianism », in *New Confucianism, op. cit.*, p. 25-53.

35. Chen Ming, « Bianhou » (Postface), in *Yuandao*, n° 5, 1999, p. 465-466. Pour un long entretien à bâtons rompus entre ces deux Hunanais : Chen Ming et Li Zehou, *Fusheng lunxue (Propos d'une vie flottante)*, Pékin, Huaxia, 2002.

36. Joël Thoraval, « Ethnies et nation en Chine », in Yves Michaud (dir.), *La Chine aujourd'hui*, Paris, Éditions Odile Jacob, 2003, p. 47-63.

37. Voir le livre de Liu Shuxian, un des principaux représentants du « Néoconfucianisme contemporain » : *Dalu yu haiwai (Continent et Outremer)*, Taibei, Yunchen, 1989.

38. Du Weiming, *Ruxue disanqi fazhan de qianjing wenti (Perspective du développement de la troisième époque du confucianisme)*, Taibei, Lianjing, 1989.

39. Li Zehou, « Shuo ruxue siqi » (Sur les quatre périodes du confucianisme), in *Yuandao*, 6, 2000, p. 45-68. On notera que ces deux perspectives ont comme caractère commun de négliger deux époques importantes de l'histoire de la pensée chinoise : le grand âge du bouddhisme, entre les Han et les Song, et les études érudites de la dynastie mandchoue des Qing.

40. John Dewey, « The Development of American Pragmatism » (1925), *The Later Works, op. cit.*, vol. 2, p. 3.

41. Dans ses *Fondements de la métaphysique des mœurs*, Kant distingue non deux dimensions mais trois : les règles de l'habileté, les conseils de la prudence et les commandements de la moralité : « On pourrait encore appeler les impératifs du premier genre techniques (se rapportant à l'art), ceux du second genre pragmatiques (se rapportant au bien-être), ceux du troisième genre moraux (se

rapportant à la libre conduite en général, c'est-à-dire aux mœurs » (Kant, AA, t. IV, p. 416-417 ; *Œuvres*, Pléiade, t. II, p. 279).

42. Cf. Charles S. Peirce, « What Pragmatism is » (1905), in *The Essential Peirce*, Peirce Edition Project, Bloomington, Indiana University Press, 1991-1998, vol. 2, p. 332-333.

43. Mou Zongsan, *Daode de lixiangzhuyi* (*L'Idéalisme moral*), Taibei, Xueshang, 1959, p. 19.

44. Mou Zongsan, *Xianxiang yu wuzishen* (*Phénomène et chose en soi*), Taibei, Xuesheng, 1975, p. 70.

45. Sur les difficultés de cette conception et sur le rôle de Kant dans le système final de Mou Zongsan, cf. Joël Thoraval, « Idéal du sage, stratégie du philosophe », in Mou Zongsan, *Spécificités de la philosophie chinoise*, Paris, Éditions du Cerf, 2003, p. 34-45.

46. Cf. John Dewey, « The Problem of Logical Subject-Matter » (1938), *The Later Works*, *op. cit.*, vol. 12, p. 9-29.

47. Li Zehou, *Shiyong lixing yu legan wenhua* (*Raison pragmatique et culture du contentement*), Pékin, Sanlian, 2005, p. 27-34. Li Zehou appelle « mesures » (*du*) ces concepts opératoires. Il retrouve ainsi, peut-être à son insu, les descriptions faites par Hegel de la religion chinoise, dans son cours de 1831, comme une « religion de la mesure » (*Massreligion*), enracinée dans une conception magique de l'univers (la mesure, synthèse de la quantité et de la qualité, désigne par exemple les cinq agents, les cinq directions, etc.) : cf. Joël Thoraval, « De la magie à la raison, Hegel et la religion chinoise », in Michel Cartier (dir.), *La Chine entre amour et haine*, Paris, Desclée de Brouwer, 1998, p. 111-141.

48. Li Zehou, in *Shiyong lixing...*, *op. cit.*, p. 20.

49. Li Zehou, « Guanyu shiyong lixing » (Au sujet de la raison pragmatique), in *Shiyong lixing...*, *op. cit.*, p. 325-332.

50. Li Zehou, *Shiyong lixing...*, *op. cit.*, p. 36.

51. Li Zehou, *ibid.*, p. 36-37. Cette « quatrième question » est notamment énoncée par Kant dans sa *Logique* : « Le domaine de la philosophie en ce sens cosmopolite (*weltbürgerlichen*) se ramène aux questions suivantes : 1) Que puis-je savoir ? ; 2) Que dois-je faire ? ; 3) Que m'est-il permis d'espérer ? ; 4) Qu'est-ce que l'homme ? À la première question répond la métaphysique, à la seconde la morale, à la troisième la religion, à la quatrième l'anthropologie. Mais au fond, on pourrait tout ramener à l'anthropologie, puisque les trois premières questions se rapportent à la dernière » (AA, t. IX, p. 25, Paris, Vrin, 1970, p. 25). Cf. Dieter Sturma, « Was ist der Mensch ? », in Dietmar Heidemann (dir.), *Warum Kant heute ?*, Berlin, De Gruyter, 2004, 264-85.

52. Kant, *Anthropologie...*, AA, t. VII, p. 119-120 ; Pléiade, t. III, p. 939-940.

53. Pour une reconstruction de l'entreprise anthropologique de Kant, cf. John Zammito, *Kant, Herder, The Birth of Anthropology*, University of Chicago Press, 2002.

54. Kant, *Réflexion n° 1482*, AA, t. XV, p. 659.

55. Li Zehou, *Shiyong lixing...*, *op. cit.*, p. 56.

56. *Ibid.*, p. 52.

57. Pour Li Zehou, l'affirmation de la vie réelle par le confucianisme est inséparable de la pratique éthique : sans cette dernière, « elle est dénuée de signification » (*op. cit.*, p. 324). Quant à Mou Zongsan, il a consacré son dernier grand ouvrage à opposer la notion de « bien parfait » du sage, qui inclut la dimension du bonheur, au rigorisme qui entacherait la conception kantienne du « souverain bien » : cf. *Yuanshanlun* (*Traité sur le bien parfait*), Taibei, Xuesheng, 1985, en particulier p. 159-176.

CHAPITRE V

LIU XIAOBO : LE RETOUR DE LA MORALE

1. Liu Xiaobo, « Renverser un système fondé sur le mensonge avec la vérité », discours pour la réception du prix de la Fondation pour l'éducation démocratique, *Zhengming*, n° 308, juin 2003, p. 47-49.

2. Liu Xiaobo, « La littérature de la nouvelle période est confrontée à une crise », *Shenzhen qingnian bao*, octobre 1986.

3. Pour se faire une idée de la littérature de cicatrices, voir notamment Hervé Denès, Huang San, *Le Retour du père*, Paris, Pierre Belfond, 1981, et *La Remontée vers le jour*, Aix-en-Provence, Alinéa, 1988.

4. Voir Liu Binyan, « Entre hommes et démons », in Jean-Philippe Béja, Wojtek Zafanolli, *La Face cachée de la Chine*, Paris, Éditions Pierre-Émile, 1981.

5. Liu Xiaobo, « Réhabilitation ! La pire tragédie de la Chine moderne ». Texte ronéoté cité in Jean-Philippe Béja, Michel Bonnin, Alain Peyraube, *Le Tremblement de terre de Pékin*, Paris, Gallimard, 1991, p. 205.

6. « Manifeste de la grève de la faim du 2 juin », *ibid.*, p. 360.

7. *Ibid.*, p. 361.

8. *Ibid.*, p. 363.

9. *Ibid.*, p. 361.

10. *Ibid.*, p. 360.
11. *Ibid.*, p. 361.
12. *Ibid.*, p. 364.
13. Liu Xiaobo, «Un souvenir éternellement précieux dans mon cœur», *Zhengming*, n° 296, juin 2002, p. 37.
14. C'est sans avoir lu Vaclav Havel que Liu Xiaobo aboutit aux mêmes conclusions que le dissident tchèque.
15. Liu Xiaobo, «Un souvenir...», *op. cit.*
16. «La crise de gouvernance provoquée par la réforme», *Zhengming*, n° 340, février 2006, p. 32.
17. Voir Li Zehou, Liu Zaifu, *Gaobie geming* (*L'Adieu à la Révolution*), Hong-Kong, Cosmos Books, 1996.
18. Liu Xiaobo, «La crise...», *loc. cit.*
19. Liu Xiaobo, «Un souvenir...», *Zhengming*, *op. cit.*, p. 36-38.
20. Liu Xiaobo, «La philosophie du porc», *Dongxiang*, n° 181, sept. 2000, p. 29-36.
21. *Ibid.*
22. *Ibid.*, p. 31-32.
23. Liu Xiaobo se réfère aux concepts établis par Isaiah Berlin souvent utilisés par les intellectuels chinois des années 1980.
24. Liu Xiaobo, «Pauvreté de l'opposition populaire, non étatique», *Minzhu Zhongguo*, 2002, n° 6, p. 8.
25. Liu Xiaobo, «La philosophie du porc», *loc. cit.*, p. 34.
26. Liu Xiaobo, «Un souvenir...», *Zhengming*, n° 296, *op. cit.*
27. Internautes arrêtés pour avoir exprimé des opinions critiques sur la Toile et relâchés à la suite d'un grand nombre de pétitions réclamant leur libération.
28. Entrepreneur paysan qui avait créé un institut financier pour aider les villageois et qui a dû faire face à un tribunal pour création d'organisation illégale. Il a fini par être acquitté.
29. Journal appartenant au groupe du *Nanfang ribao*, organe du comité provincial du Parti du Guangdong, connu pour ses positions très critiques vis-à-vis des autorités. Deux de ses animateurs arrêtés ont été libérés suite aux protestations de la société.
30. Voir Liu Xiaobo, «The Role of Civil Society», in *Social Research*, vol. 73, n° 1, printemps 2006, p. 121-140.
31. Liu Xiaobo, «Pauvreté...», *loc. cit.*, p. 1.
32. *Ibid.*
33. Le *hukou* est le livret de résidence qui, des années 1950 aux années 1990, liait chaque Chinois à son lieu de naissance, aboutissant à l'établissement d'une société duale. Pour s'installer en ville, tout paysan doit avoir un *hukou* provisoire qui lui est accordé sur présentation d'un contrat de travail et d'un certificat de loge-

ment; les détenteurs d'un *hukou* urbain peuvent accéder aux services sociaux inaccessibles aux ruraux. Sur le système du *hukou* (voir notamment, Jean-Philippe Béja, Pierre Trolliet, *L'Empire du milliard*, Paris, Armand Colin, 1986).

34. La *danwei* est l'unité de production dans la Chine socialiste. Il s'agit d'une entreprise d'État, ou d'un bureau. Dans le système de planification socialiste, il s'agit cependant de beaucoup plus qu'un simple lieu de production. C'est elle qui fournit le logement; l'école des enfants en dépend, de même que le dispensaire, l'habitation, etc. La *danwei* est en quelque sorte la cellule de base de la société urbaine jusqu'à la fin des années 1980. (Voir Jean-Philippe Béja, Pierre Trolliet, *op. cit.*)

35. L'un des auteurs du fameux dazibao de Li Yizhe, «De la légalité et de la démocratie sous le socialisme», traduit en français sous le titre de *Chinois, si vous saviez*, Paris, 10/18, 1976, Wang Xizhe a participé activement au mouvement du Mur de la démocratie à Canton.

36. Entretien avec Liu Xiaobo, novembre 2003.

37. China Labor Watch Press Release, «An Appeal to the Central Government of China on the Mine Incident», 8 décembre 2004.

38. Voir Natalie Chiou-Wiest, «HK Protest Encourages Activists on Mainland», *South China Morning Post*, 3/2/2004.

39. *Jiefang ribao*, 15 novembre 2004.

40. *Renmin ribao*, 25 novembre 2004.

41. Liu Xiaobo, Chen Maiping (vice-président du Pen-Club indépendant), «Suffoquant dans la "boîte en fer" chinoise», 13 décembre 2004.

CHAPITRE VI

LES TRIBULATIONS
DE LA «PHILOSOPHIE CHINOISE» EN CHINE

1. Anne Cheng, *Histoire de la pensée chinoise*, Paris, Le Seuil, 1997; réed. mise à jour dans la collection «Points-Essais», 2002 (trad. dans diverses langues européennes).

2. Tout ceci est fort bien analysé par Anne-Lise Dyck dans «La Chine hors de la philosophie», article paru en 2005 dans un numéro spécial de la revue *Extrême-Orient, Extrême-Occident*, n° 27, consacré précisément à la question «Y a-t-il une philosophie chinoise?».

3. Pour le cadrage historique, voir Anne Cheng, « Modernité et invention de la tradition chez les intellectuels chinois du XXe siècle », *in* Yves Michaud (éd.), *La Chine aujourd'hui*, Paris, Éditions Odile Jacob, 2003.

4. Cf. Léon Vandermeersch, « Une tradition réfractaire à la théologie : la tradition confucianiste », *Extrême-Orient, Extrême-Occident*, n° 6, 1985, note 1, p. 21.

5. À noter l'appellation *Shina* qui, à partir de la deuxième moitié du XIXe siècle, a tendu à supplanter *Chûgoku* (transcription de *Zhongguo, le Pays du Milieu*) pour désigner la Chine, manière d'en contester la centralité et d'opérer un déplacement sur la notion d'« Orient » (*Tôyô*) dont le Japon deviendrait le centre implicite.

6. Sur Hu Shi, voir la monographie de Jerome B. Grieder, *Hu Shih and the Chinese Renaissance. Liberalism in the Chinese Revolution, 1917-1937*, Cambridge, Harvard University Press, 1970.

7. Voir l'article de Joël Thoraval dans le présent volume.

8. Thèse soutenue en 1917 et publiée en anglais à Shanghai en 1922, rééd. New York, Paragon Press, 1963.

9. Hu semble viser ici le réformisme de la fin du XIXe siècle conduit par Kang Youwei (1858-1927) et Chen Huanzhang (1881-1933) dont parle Nicolas Zufferey dans le présent volume, p. 82.

10. John Dewey, « Transforming the Mind of China » (1919), cité par Joël Thoraval dans ce volume, p. 112.

11. Deux autres parties, portant sur la philosophie médiévale et sur celle des temps modernes, étaient prévues initialement mais ne furent jamais publiées.

12. À noter cependant que la démarche révolutionnaire de Hu Shi fut loin de faire l'unanimité parmi ses contemporains. Dans un compte rendu critique de 1919, Jin Yuelin (1895-1984) n'hésite pas à écrire que son *Précis* semble être « l'œuvre d'un Américain spécialiste de la pensée chinoise ». Voir aussi la réaction du grand érudit Fu Sinian (1896-1950) qui écrit dans une lettre de 1928 adressée à l'historien Gu Jiegang : « Je n'approuve pas la façon dont Hu Shi traite les œuvres de Laozi, Confucius, Mozi et les autres comme de l'histoire de la philosophie. La Chine n'avait pas à l'origine ce qu'on appelle de la philosophie — grâces soient rendues à Dieu d'avoir donné à notre peuple des mœurs aussi saines ! »

13. Publiée en 1924, reproduite dans *Selected Writings of Fung Yu-lan*, Pékin, Foreign Languages Press, 1991, p. 1-189.

14. Rendue célèbre en Occident par la traduction en anglais de Derk Bodde (publiée en deux volumes en 1952 par les Presses universitaires de Princeton), cette *Histoire de la philosophie chinoise* connaîtra au cours du XXe siècle de nombreuses versions et mou-

tures différentes, au gré des vicissitudes existentielles et politiques de son auteur ; cf. Michel Masson, *Philosophy and Tradition. The Interpretation of China's Philosophical Past : Fung Yu-lan 1939-1949*, Taipei-Paris-Hong-Kong, Institut Ricci, 1985.

15. À noter que cette division tripartite devait être reprise dans la plupart des histoires de la philosophie chinoise produites par la suite en Chine continentale. À partir des années 1950 qui voient s'imposer les principes de la philosophie marxiste, le schéma se transforme dans la trilogie : ontologie, épistémologie, dialectique.

16. Cf. introduction au premier volume de l'*Histoire de la philosophie chinoise*, reproduite dans l'édition de la Sanlian de Hong-Kong, 1992, p. 9.

17. Dans son compte rendu critique de 1919 déjà mentionné plus haut (note 12), Jin Yuelin, spécialiste de logique, souligne qu'une « histoire de la philosophie chinoise » ne peut se comprendre que comme une histoire de la philosophie telle qu'elle s'est manifestée en Chine, de même qu'une « histoire de la physique anglaise » serait en fait une histoire de la physique telle qu'elle a été pratiquée en Angleterre.

18. Introduction au premier volume de l'*Histoire de la philosophie chinoise*, *op. cit.* (note 16), p. 13-14.

La visée apologétique qui transparaît dans ces distinctions peut être mise en regard avec les considérations contemporaines de Maurice Merleau-Ponty qui fut l'un des rares représentants de la philosophie européenne de l'après-guerre à prendre en compte la philosophie chinoise. Dans « L'Orient et la philosophie », texte inclus dans *Les Philosophes célèbres*, volume collectif publié sous sa direction en 1956 (réédité par Le Livre de Poche en 2006), Merleau-Ponty fait référence à l'abrégé de l'*Histoire de la philosophie chinoise* rédigé en 1948 par Feng lui-même en anglais à l'intention du public occidental et traduit en français en 1952 sous le titre *Précis d'histoire de la philosophie chinoise*. Voir Anne Cheng, « Comment peut-on être un philosophe chinois ? », in Cassien Billier (éd.), *La philosophie est-elle occidentale ?* (à paraître dans la collection « Nouveau Collège de Philosophie » chez Grasset).

19. Cf. Nicolas Standaert, « The Discovery of the Center Through the Periphery : a Preliminary Study of Feng Youlan's History of Chinese Philosophy (New Version) », *Philosophy East and West*, 45, 4 (octobre 1995), p. 569-589.

20. Une série de conférences de Mou Zongsan a été traduite en français sous le titre *Spécificités de la philosophie chinoise*, Paris, Éditions du Cerf, 2003, avec une introduction très éclairante de Joël Thoraval. Sur le « nouveau confucianisme contemporain », voir

Umberto Bresciani, *Reinventing Confucianism. The New Confucian Movement*, Taipei, Taipei Ricci Institute for Chinese Studies, 2001.

21. Traduit en anglais par Michel Masson sous le titre «Studying Chinese Philosophy : Turn-of-the-Century's Challenges» dans un numéro spécial de la *Revue internationale de philosophie* sur la philosophie chinoise moderne, 2005, n° 2, p. 181-198.

22. Et Chen de citer l'exemple américain de David Hall et Roger Ames, auteurs conjoints de nombreux ouvrages qui revendiquent une approche «philosophique» de la tradition intellectuelle chinoise ; voir par exemple *Thinking Through Confucius*, paru à New York en 1987 et traduit en chinois en 1996.

23. *Zhongguo sixiang shi : Zhongguo de zhishi, sixiang yu xinyang shijie* (Histoire de la pensée chinoise : le monde du savoir, de la pensée et des croyances en Chine), Shanghai, Presses universitaires de Fudan, en 2 vol. : vol. 1 «avant le VIIe siècle» (1998), vol. 2 «du VIIe au XIXe siècle» (2000).

24. *Ibid.*, cf. introduction au vol. 2, p. 2.

25. Présenté lors d'un colloque en Corée en 2000, puis publié sous le titre «"Zhongguo zhexue" de "hefaxing" wenti» (La question de la «légitimité» de la «philosophie chinoise») dans divers périodiques en 2001-2002.

26. Voir l'article de Zheng traduit en français par Sébastien Billioud sous le titre «De l'écriture d'une "histoire de la philosophie chinoise". La pensée classique à l'épreuve de la modernité» dans le numéro spécial de *Extrême-Orient, Extrême-Occident* mentionné dans l'Introduction en note 6, p. 392.

27. *Ibid.*, p. 137-138.

28. «What Did the Ancient Chinese Philosophers Discuss ? Zhuangzi as an example», intervention publiée dans un numéro spécial sur «Contemporary Chinese Scholars on Chinese Philosophy» du périodique *Contemporary Chinese Thought*, 30, 4 (été 1999), p. 30.

CHAPITRE VII

L'INVENTION DES «RELIGIONS»
EN CHINE MODERNE

1. D'autres termes, tels que «religion populaire», sont utilisés par les spécialistes. Pour une description d'ensemble, voir par exemple Vincent Goossaert, *Dans les temples de la Chine. Histoire des cultes, vie des communautés*, Paris, Albin Michel, 2000.

2. Vincent Goossaert (éd.), «Anticléricalisme en Chine», *Extrême-Orient, Extrême-Occident*, n° 24, 2002.

3. Je reprends ici Vincent Goossaert, «Le concept de religion en Chine et en Occident», *Diogène*, n° 205, 2004, p. 11-21.

4. Sur l'invention de la «religion» au Japon à la fin du XIXe siècle, voir Hélène Hardacre, *Shintô and the State, 1869-1988*, Princeton, Princeton University Press, 1989.

5. Voir notamment Rebecca Allyn Nedostup, «Religion, Superstition and Governing Society in Nationalist China», thèse de doctorat, New York, Columbia University, 2001; Marianne Bastid-Bruguière, «Liang Qichao yu zongjiao wenti» (Liang Qichao et le problème de la religion), *Tôhô gakuhô*, n° 70, 1998, p. 329-373 et Chen Hsi-Yuan, «"Zongjiao" — yige Zhongguo jindai wenhua shi shang de guanjian ci» («"Religion", un mot clé pour l'histoire culturelle de la Chine moderne»), *Xin Shixue*, 13-4, 2002, p. 37-66.

6. Vincent Goossaert, «Le destin de la religion chinoise au XXe siècle», *Social Compass*, 50-4, 2003, p. 429-440.

7. Les mouvements antireligieux qui naissent dans les années 1920 sont soit antichrétiens et anti-impérialistes, soit directement inspirés du communisme, voir Marianne Bastid-Bruguière, «La campagne antireligieuse de 1922», *Extrême-Orient, Extrême-Occident*, n° 24 («L'anticléricalisme en Chine»), 2002, p. 77-93.

8. Vincent Goossaert, «1898 : The Beginning of the End of Chinese Religion?», *Journal of Asian Studies*, 65-2, 2006 (à paraître).

9. Chen Hsi-yuan, *Confucian Encounters with Religion, Rejection, Appropriation, and Transformations*, Londres, Routledge (à paraître).

10. David Palmer, «Doctrines hérétiques, sociétés secrètes réactionnaires, sectes pernicieuses : paradigmes occidentaux et groupes religieux stigmatisés en Chine moderne» (à paraître).

11. Rebecca Allyn Nedostup, *op. cit.*, p. 196-211.

12. Lai Chi-tim, «Minguo shiqi Guangzhou shi "Namo daoguan" de lishi kaojiu» (Étude historique des Namo daoguan (Troupes taoïstes) de Canton à l'époque républicaine), *Zhongyang yanjiuyuan jindaishi yanjiusuo jikan*, n° 37, 2002, p. 1-40.

13. Joël Thoraval, «Pourquoi les "religions chinoises" ne peuvent-elles apparaître dans les statistiques occidentales?», *Perspectives chinoises*, n° 1, 1992, p. 37-43.

14. Pitman B. Potter illustre cette analyse occidentale qui se concentre sur la question du contrôle des religions instituées («Belief in Control : Regulation of Religion in China», in Daniel Overmyer (éd.), *Religion in China today*, 2003, p. 317-337).

15. Vincent Goossaert, «Une réinvention à l'occidentale des

religions chinoises : les associations religieuses nationales créées en 1912» (à paraître).

16. Rudolf Löwenthal, *The Religious Periodical Press in China*, San Francisco, Chinese Materials Center, 1978 (1940).

17. Élisabeth Allès, «À propos de l'islam en Chine : provocations religieuses et attitudes anticléricales du XIXᵉ siècle à nos jours», *Extrême-Orient, Extrême-Occident*, n° 24, 2002, p. 65-76.

18. Voir Don A. Pittman, qui reflète bien l'admiration occidentale pour Taixu et les bouddhistes modernistes (*Toward a Modern Chinese Buddhism. Taixu's Reforms*, Honolulu, University of Hawaii Press, 2001), et de façon plus nuancée, Holmes Welch, *The Buddhist Revival in China*, Cambridge, Harvard University Press, 1968.

19. Liu Xun, «In search of Immortality : Daoist Inner Alchemy in Early Twentieth-Century China», thèse de doctorat, Los Angeles, University of Southern California, 2001.

20. Sur la renaissance actuelle des cultes, voir John Lagerwey, «À propos de la situation actuelle des pratiques religieuses traditionnelles en Chine», in Catherine Clémentin-Ojha (éd.), *Renouveau religieux en Asie*, Paris, EFEO, 1997, p. 3-16 et Daniel Overmyer (éd.), *Religion in China Today* (*The China Quarterly Special Issues*, New Series 3), qui correspond au n° 174 (juin 2003) de *The China Quarterly*; pour Taiwan, voir Philip Clart et Charles B. Jones (éd.), *Religion in Modern Taiwan. Tradition and Innovation in a Changing Society*, Honolulu, University of Hawaii Press, 2003.

21. Voir par exemple Gabriele Goldfuss, *Vers un bouddhisme du XXᵉ siècle. Yang Wenhui (1837-1911), réformateur laïque et imprimeur*, Paris, Collège de France, Institut des hautes études chinoises, 2001.

22. Jordan D. Paper, «Mediums and Modernity : the Institutionalization of Ecstatic Religious Functionaries in Taiwan», *Journal of Chinese Religion*, n° 24, 1996, p. 105-129.

23. Julia Chien-yu Huang, «Recapturing Charisma : Emotion and Rationalization in a Globalizing Buddhist Movement from Taiwan», thèse de doctorat, Boston, Boston University, 2001.

24. Stuart Chandler, *Establishing a Pure Land on Earth : The Foguang Buddhist Perspective on Modernization and Globalization*, Honolulu, University of Hawaii Press, 2004.

25. Prasenjit Duara, *Sovereignty and Authenticity. Manchukuo and the East Asian Modern*, Lanham, Rowman & Littlefield, 2003, p. 103-122.

26. Philip Clart, «Confucius and the Mediums : Is There a "Popular Confucianism"?», *T'oung Pao*, LXXXIX, 1-3, 2003, p. 1-38.

27. David Palmer, *La Fièvre du* qigong. *Guérison, religion et politique en Chine, 1949-1999*, Paris, EHESS, 2005.

28. Peter Van der Veer, *Imperial Encounters. Religion and Modernity in India and Britain*, Princeton, Princeton University Press, 2001.

29. Vincent Goossaert, « Les fausses séparations de l'État et de la religion en Chine 1898-2004 », *De la séparation des Églises et de l'État à l'avenir de la laïcité*, Jean Baubérot et Michel Wieviorka (éd.), Paris, L'Aube, 2005, p. 49-58 (« Les entretiens d'Auxerre »).

30. David Palmer, « Doctrines hérétiques », *op. cit.*

31. Stephan Feuchtwang, « Religion as Resistance » in Elizabeth J. Perry et Mark Selden (éd.), *Chinese Society. Change, Conflict and Resistance*, Londres, Routledge, 2000, p. 161-177.

32. Paul R. Katz, « Religion and the State in Post-War Taiwan », in Daniel Overmyer (éd.), *Religion in China Today, op. cit.*

33. Stephan Feuchtwang et Wang Mingming, *Grassroots Charisma. Four Local Leaders in China*, Londres, Routledge, 2001.

34. Robert P. Weller, « Worship Teaching and State Power in China and Taiwan » in William C. Kirby (éd.), *Realms of Freedom in Modern China*, Stanford, Stanford University Press, 2004, p. 285-314.

CHAPITRE VIII

LA MÉDECINE CHINOISE TRADITIONNELLE
EN RÉPUBLIQUE POPULAIRE DE CHINE :
D'UNE « TRADITION INVENTÉE »
À UNE « MODERNITÉ ALTERNATIVE »

1. Paul U. Unschuld, *Medicine in China : a History of Ideas*, Berkeley, University of California Press, 1985.

2. Donald Harper, *Early Chinese Medical Literature : the Mawangdui Medical Manuscripts*, Londres, Routledge, 1998 ; Marc Kalinowski (dir.), *Divination et société dans la Chine médiévale : étude des manuscrits de Dunhuang de la Bibliothèque nationale de France et de la British Library*, Paris, Bibliothèque nationale de France, 2003 ; Vivienne Lo et Christopher Cullen (dir.), *Medieval Chinese Medicine : the Dunhuang Medical Manuscripts*, Londres, Routledge-Curzon, 2005 ; Catherine Despeux (dir.), *Médecine, religion et société dans la Chine médiévale. Les manuscrits médiévaux de Dunhuang* (à paraître).

3. David J. Keegan, *The « Huang-ti Nei Ching » : the Structure of*

the Compilation; The Significance of the Structure, thèse de doctorat, Berkeley, Université de Californie, 1988; Nathan Sivin, « Huang-ti Nei Ching », in Michael Loewe (dir.) *Early Chinese Texts : a Bibliographical Guide*, Berkeley, The Society for the Study of Early China & the Institute of East Asian Studies, Berkeley, University of California, 1993, p. 196-215.

4. Lu Gwei-djen et Joseph Needham, *Celestial Lancets : a History and Rationale of Acupuncture and Moxa*, Cambridge, Cambridge University Press, 1980; Ma Boying, *Zhongguo yixue wenhua shi* (*Histoire de la médecine dans la culture chinoise*), Shanghai, Shanghai renmin chubanshe, 1994.

5. Yamada Keiji, *The Origins of Acupuncture, Moxibustion, and Decoction*, Kyoto, International Research Center for Japanese Studies, 1998.

6. Elisabeth Hsu, « Chunyu Yi », in William F. et Helen Bynum (dir.), *Dictionary of Medical Biographies*, Londres, Greenwood Press, 2007, vol. 2, p. 343-348.

7. Francesca Bray, *Technology and Gender : Fabrics of Power in Late Imperial China*, Berkeley, University of California Press, 1997, p. 273-368. Charlotte Furth, *A Flourishing Yin, Gender in China's Medical History, 960-1665*, Berkeley, University of California Press, 1999.

8. Elisabeth Hsu, « Spirit (*shen*), Styles of Knowing, and Authority in Contemporary Chinese Medicine », *Culture, Medicine and Psychiatry*, n° 24, 2000, p. 197-229.

9. Judith Farquhar, *Knowing Practice : the Clinical Encounter of Chinese Medicine*, Boulder, Westview Press, 1994.

10. Xiang Lei, « How did Chinese Medicine become Experiential? The Political Epistemology of Jingyan », *Positions : East Asia Culture Critique*, n° 10 (2), 2002, p. 333-364.

11. Nous avons choisi l'acronyme MCT en vertu du principe anthropologique qui veut que l'on respecte le point de vue des acteurs, lesquels traduisent *zhongyi* par MCT.

12. Elisabeth Hsu, *The Transmission of Chinese Medicine*, Cambridge, Cambridge University Press, 1999.

13. Voir aussi Elisabeth Hsu, « Five Phase Theory as a Construct of TCM Teachings » (non publié), texte présenté au 9e Congrès international sur l'histoire des sciences en Asie de l'Est, 23-27 août 1999.

14. Elisabeth Hsu, *The Transmission of Chinese Medicine*, *op. cit.*, p. 2.

15. Kim Taylor, *Chinese Medicine in Early Communist China, 1945-1963. A Medicine of Revolution*, Londres, Routledge, 2004.

16. Eric Hobsbawm, « Introduction : Inventing Traditions », in Eric Hobsbawn et Terence Ranger (dir.), *The Invention of Tradition*, Cambridge, Cambridge University Press, 1983, *op. cit.*, p. 1-14.

17. Kim Taylor, *Medicine of Revolution*, *op. cit.*, p. 103-135.

18. Eric Hobsbawm, art. cit., p. 4.

19. Mei Zhan, *The Worlding of Traditional Chinese Medicine : A Trans-local Study of Knowledge, Identity, and Cultural Politics in China and the United States*, thèse de doctorat, Berkeley, Université de Stanford, 2002.

20. Ralph C. Croizier, *Traditional Medicine in Modern China : Science, Nationalism, and the Tensions of Cultural Change*, Cambridge, Harvard University Press, 1968.

21. Kim Taylor, *Medicine of Revolution*, *op. cit.*, p. 120-123.

22. Elisabeth Hsu, *The Transmission of Chinese Medicine*, *op. cit.*, p. 170-174.

23. Kim Taylor, « A New, Scientific, and Unified Medicine : Civil War in China and the New Acumoxa, 1945-1949 », in Elisabeth Hsu (dir.), *Innovation in Chinese Medicine*, Cambridge, Cambridge University Press, 2001, p. 343-369. Le terme « ancien » utilisé par Mao dans ses discours de Yan'an avait des connotations péjoratives ; « traditionnel », que l'on voit apparaître vers le milieu des années 1950, reste plus ambigu. Cf. Kim Taylor, *Medicine of Revolution*, *op. cit.*, p. 84-89.

24. Ralph C. Croizier, *Traditional Medicine in Modern China*, *op. cit.*, p. 151-209. Voir aussi Kim Taylor, *Medicine of Revolution*, *op. cit.*

25. Elisabeth Hsu, « Innovations in Acumoxa : Acupuncture Analgesia, Scalp Acupuncture and Ear Acupuncture in the PRC », *Social Science and Medicine*, n° 42 (3), 1996, p. 421-430.

26. Kim Taylor, *Medicine of Revolution*, *op. cit.*, p. 117.

27. David Palmer, *La fièvre du qigong. Guérison, religion et politique en Chine, 1949-1999*, Paris, École des hautes études en sciences sociales, 2005, p. 60.

28. Zhao Hongjun, *Jindai zhongxiyi lunzheng shi* (*Histoire de la polémique entre médecine chinoise et médecine occidentale dans les temps modernes*), Hefei, Anhui kexue jishu chubanshe, 1989, p. 237-241 et Ma Boying *et al.*, *Zhongwai yixue wenhua jiaoliushi* (*Histoire de la communication médicale interculturelle entre la Chine et les pays étrangers*), Shanghai, Wenhui chubansche, 1993, p. 480-523.

29. Volker Scheid, *Chinese Medicine in Contemporary China : Plurality and Synthesis*, Durham, Duke University Press, 2002, p. 370-371.

30. Charles Leslie, « The Ambiguities of Medical Revivalism in

Modern India », in C. Leslie (dir.), *Asian Medical Systems*, Berkeley, University of California Press, 1976, p. 356-367.

31. Elisabeth Hsu, « Reflections on the "Discovery" of the Antimalarial Qinghao », *British Journal of Clinical Pharmacology*, nº 61 (6), 2006, p. 666-670.

32. Judith Farquhar, *op. cit.*, p. 212.

33. Judith Farquhar, *op. cit.*, p. 61-146.

34. Mark Nichter, « Health and Social Science Research on the Study of Diarrheal Disease : A Focus on Dysentry », in Mark Nichter et Mimi Nichter (dir.) *Anthropology and International Health : Asian Case Studies*, Amsterdam, Gordon & Breach, 1996 [1989], p. 111-134.

35. Judith Farquhar, *op. cit.*, p. 161-169.

36. Volker Scheid, *op. cit.*, p. 200-237.

37. Nathan Sivin, *Traditional Medicine in Contemporary China*, Ann Arbor, Michigan University Press, 1987, p. 110.

38. Hans Ågren, « Chinese Traditional Medicine : Temporal Order and Synchronous Events », in J.T. Fraser et al. (dir.), *Time, Science, and Society in China and the West*, Amherst, University of Massachusetts Press, 1986, p. 211-218.

39. Elisabeth Hsu, « The Cultural in the Biological : the Five Agents and the Body Ecologic in Chinese Medicine » (à paraître in David Parkin et Stanley Ulijaszek (dir.), *Holistic Anthropology : Emergences and Divergences*, Oxford, Berghahn).

40. Elisabeth Hsu, *The Transmission of Chinese Medicine, op. cit.*, p. 186-206.

41. Manfred Porkert, *The Theoretical Foundations of Chinese Medicine : Systems of Correspondence*, Cambridge, MIT Press, 1974, p. 569.

42. Roger Jeffery, *The Politics of Health in India*, Berkeley, University of California Press, 1988.

43. David Arnold, « Smallpox : The Body of the Goddess », in David Arnold (dir.), *Colonizing the Body : State Medicine and Epidemic Disease in Nineteeth-Century India*, Berkeley, University of California Press, p. 116-158.

44. Jean Langford, *Fluent Bodies : Ayurvedic Remedies for Postcolonial Imbalance*, Durham, Duke University Press, 2002.

45. Charles Leslie, « The Ambiguities of Medical Revivalism in Modern India », *op. cit.*

46. Margaret M. Lock, *East Asian Medicine in Urban Japan*, Berkeley, University of California Press, 1980 ; Emiko Ohnuki-Tierney, *Illness and Culture in Contemporary Japan : an Anthropological View*, Cambridge, Cambridge University Press, 1984 ;

Christian Oberländer, *Zwischen Tradition und Moderne : Die Bewegung für den Fortbestand der Kanpô-Medizin in Japan*, Stuttgart, Franz Steiner, 1995.

47. Ralph C. Croizier, *Traditional Medicine in Modern China*, *op. cit.*

48. Hsiang-lin Lei, *When Chinese Medicine Encountered the State*, thèse de doctorat, Chicago, Université de Chicago, 1999.

49. Kim Taylor, « A New, Scientific, and Unified Medicine », *op. cit.*

50. Elisabeth Hsu, *The Transmission of Chinese Medicine*, *op. cit.*

51. Catherine Despeux, « Le *qigong*, une expression de la modernité chinoise », in Jacques Gernet et Marc Kalinowski (dir.), *En suivant la Voie royale : mélanges en hommage à Léon Vandermeersch*, Paris, École française d'Extrême-Orient, 1997, p. 267-281 ; et David Palmer, *op. cit.*

52. Catherine Despeux, « Le *qigong*, une expression de la modernité chinoise », *op. cit.*

53. Elisabeth Hsu, *The Transmission of Chinese Medicine*, *op. cit.*, p. 23.

54. David Palmer, *op. cit.*, p. 185-200.

55. *Ibid.*, p. 49-54.

56. *Ibid.*, p. 63.

57. *Ibid.*, p. 74.

58. Elisabeth Hsu, *The Transmission of Chinese Medicine*, *op. cit.*, p. 21-87.

59. David Palmer, *op. cit.*, p. 72-73.

60. Peter Wilenski, *The Delivery of Health Services in the People's Republic of China*, Ottawa, International Development Research Centre, 1976, p. 51.

61. Anonyme, *A Barefoot Doctor's Manual*, Pennsylvania, Running Press, 1977.

62. Kim Taylor, *The History of the Barefoot Doctors*, mémoire de D.E.A, Cambridge, Université de Cambridge, 1994, p. 26 et 34.

63. Thomas Ots, « The Silenced Body — the Expressive Leib : on the Dialectics of Mind and Life in Chinese Cathartic Healing », in Thomas J. Csordas (dir.), *Embodiment and Experience : the Existential Ground of Culture and Self*, Cambridge, Cambridge University Press, 1994, p. 116-138 ; Nancy N. Chen, « Urban Spaces and Experiences of Qigong », in Deborah S. Davis *et al.* (dir.), *Urban Spaces in Contemporary China : the Potential for Autonomy and Community in post-Mao China*, Washington D.C., Woodrow Wilson Center Press & Cambridge, Cambridge University Press, 1995,

p. 347-361; Elisabeth Hsu, *The Transmission of Chinese Medicine*, *op. cit*, p. 21-87.

64. David Palmer, *op. cit.*

65. Catherine Despeux, «Le *qigong*, une expression de la modernité chinoise», *op. cit.*

66. David Palmer, *op. cit.*, p. 224. Dans les années 1980, le *qigong* en appelait davantage à un «développement scientifique» chinois qu'à un développement mondial, comme c'est le cas aujourd'hui.

67. Elisabeth Hsu, *The Transmission of Chinese Medicine*, *op. cit*, p. 23.

68. Cela corrige une erreur commise page 158 de mon ouvrage *The Transmission of Chinese Medicine*.

69. Thomas Ots, «The Silenced Body», *op. cit.*

70. Evelyne Micollier, «Control and Release of Emotions in Qigong Health Practices», *China Perspectives*, n° 24, 1999, p. 22-30.

71. Elisabeth Hsu, *The Transmission of Chinese Medicine*, *op. cit*, p. 24-25.

72. David Palmer, *op. cit.*, p. 224, note 24.

73. *Ibid.*, p. 285 sqs.

74. Nancy Chen, *Breathing Spaces: Qigong, Psychiatry, and Healing in China*, New York, Columbia University Press, 2003.

75. Barend ter Haar, «*Falun Gong*: Evaluation and Further References», 2001. [http://www.let.leidenuniv.nl/bth/falun.htm].

76. David Palmer, *op. cit.*, p. 339-404.

77. Volker Scheid, *op. cit.*

78. Maarten Bode, *Ayurvedic and Unani Health and Beauty Products*, thèse de doctorat, Université d'Amsterdam, 2004.

79. Par exemple Bruce Knauft, «Critically Modern: an Introduction», in Bruce Knauft (dir.) *Critically Modern: Alternatives, Alterities, Anthropologies*, Bloomington & Indianapolis, Indiana University Press, 2002, p. 1-56.

CHAPITRE IX

L'ÉCRITURE CHINOISE : MISE AU POINT

1. François Jullien, avec Thierry Marchaisse, *Penser d'un dehors (la Chine)*, Le Seuil, 2000, p. 154.

2. Entre 40 000 et 80 000 selon la manière dont on compte les variantes. Le nombre des caractères en usage à une époque don-

née est bien inférieur. Pour un individu, il est proportionnel à l'étendue de son vocabulaire. Actuellement on estime que 2 000 caractères sont suffisants pour comprendre la plupart des ouvrages de vulgarisation et qu'avec 4 à 5 000 caractères on peut lire à peu près tout ce qui paraît. Les dictionnaires d'usage en comptent un peu plus de 9 000.

3. Avec les réserves que je viens de mentionner.

4. Ovid J.L.Tzeng et Daisy L. Hung «A Phantom of Linguistic Relativity; Script, Speech and Thought» in Mary S. Erbaugh (éd.), *Difficult Characters, Interdisciplinary Study of Chinese and Japanese Writing*, Columbus, Ohio State University, 2002, p. 52-74. Voir aussi Guo Taomei *et al.* «The Role of Phonological Activation in the Visual Semantic Retrieval of Chinese Characters», *Cognition 98*, 2005, p. B 21-34.

5. Cf. Frédéric Devienne, *Considérations théoriques sur l'écriture par deux lettrés chinois au début du XXe siècle — Analyse de l'œuvre linguistique de Zhang Binglin (1869-1936) et de son disciple Huang Kan (1886-1935)*, thèse E.P.H.E., 2001.

6. Cf. Gao Yihong (éd.), *Collected Essays of Shen Xiaolong on Chinese Cultural Linguistics*, Changchun, Northeast Normal University Press, 1997, chap. 13 et 14.

7. Donald F. Lach et Edwin I. Van Kley, *Asia in the Making of Europe*, vol. 1, *The Century of Discovery*, Chicago, University of Chicago Press, 1971, p. 79.

8. En revanche, sur la majeure partie des frontières continentales de la Chine, où des écritures indiennes, sogdiennes dérivées de l'araméen, perses, puis arabes, étaient plus ou moins connues, il n'y eut pas d'emprunt de l'écriture chinoise à grande échelle.

9. Cf. Francine Hérail, «Lire et écrire dans le Japon ancien», in Viviane Alleton, *Paroles à dire, paroles à écrire. Inde, Chine, Japon*, Paris, Éditions de l'École des hautes études en sciences sociales, 1997, p. 253-274.

10. Hong Kong où la langue de l'enseignement est majoritairement le *yue* (cantonais) et Taiwan, où il n'est plus interdit d'enseigner les langues *min* et *hakka*. Cependant celles-ci n'y ont pas la légitimité réservée à la «langue nationale». Cf. Cheung Kwanhin, Robert S. Bauer, «The Representation of Cantonese with Chinese Characters», *Journal of Chinese Linguistics*, Monograph Series n° 18, 2002, Henning Klöter, *Written Taiwanese*, Wiesbaden, Harrassowitz, 2003.

11. Publiée en 1838. Peter DuPonceau était en correspondance avec Wilhelm von Humboldt et d'autres savants européens. Toutefois, son intérêt principal se portait sur les langues amérin-

diennes. C'est peut-être cet élargissement de son horizon qui lui a permis de repenser à neuf la question de l'écriture chinoise.

12. John Wilkins, *An Essay Towards a Real Character and a Philosophical Language*, soumis à la Royal Society en 1668.

13. Cf. Olivier Roy, *Leibniz et la Chine*, Paris, Librairie philosophique J. Vrin, 1972, p. 120-151.

14. Cité in Danielle Elisseeff-Poisle, *Nicolas Fréret (1688-1749). Réflexions d'un humaniste du XVIIIe siècle sur la Chine*, Paris, Collège de France/IHEC, 1978, p. 69-70.

15. Ting Pang-hsin a été directeur de l'Institut de philologie de l'Academia Sinica (Taiwan) et professeur au Département de linguistique de l'université de Berkeley.

16. « To a Chinese, the character for "horse" means horse with no mediation through the sound ma. The image is so vivid that one can almost sense an abstract figure galloping across the page. » Cf. « The Chinese Language », *Scientific American*, n° 228, 1973, p. 172-177. William S.-Y. Wang, qui était alors professeur à Berkeley, a joué un rôle majeur dans le lancement des recherches linguistiques sur le chinois de la fin des années 1960.

17. C'est également au niveau du mot qu'on peut observer un phénomène analogue, de façon sporadique, dans les langues européennes : dans les jeux du langage ou dans certaines œuvres littéraires. Ainsi : « L'assemblage des lettres, leurs formes, la figure qu'elles donnent à un mot, dessinent exactement, suivant le caractère de chaque peuple, des êtres inconnus dont le souvenir est en nous », Honoré de Balzac, *Louis Lambert*, Paris, Gallimard, 1980, coll. Folio, p. 28.

18. Dans *Études sémiologiques — Écritures Peintures*, Paris, Klincksieck, 1971, p. 63.

19. Olivier Venture, « L'écriture et la communication avec les esprits en Chine ancienne », *The Museum of Far Eastern Antiquities*, n° 74, Stockholm, 2002, p. 34-65.

20. Françoise Bottéro : *Sémantisme et classification dans l'écriture chinoise. Les systèmes de classement par clés du Shuowen jiezi au Kangxi zidian*, Paris, Collège de France/IHEC, 1996, p. 17-43.

21. John Webb, *A Historical Essay Endeavouring Probability that the Language of the Empire of China is the Primitive Language*, Londres, Nath. Book, 1669.

22. Cf. David Mungello, *Curious Land : Jesuit Accommodation and the Origins of Sinology*, Stuttgart, Franz Steiner, 1985.

23. Cf. Michael Lackner, « A Figurist at Work. The Vestigia of Joseph de Prémare S.J », in Catherine Jami et Hubert Delahaye (éd.), *L'Europe en Chine, Interactions scientifiques, religieuses et cultu-*

relles aux XVIIe et XVIIIe siècles, Paris, Collège de France/IHEC, 1993.

24. Pierre Ryckmans (trad. et commentaire), Shitao. *Les Propos sur la peinture du moine Citrouille-amère*, Paris, Hermann, 1984, chap. XVII, note du traducteur, p. 128.

25. Cf. Viviane Alleton, *Paroles à dire, paroles à écrire. Inde, Chine, Japon, op. cit.*

26. Jacques Gernet écrit dans *Le Monde chinois* (Paris, Armand Colin, 1983, p. 40) : « D'un usage courant pour noter sur le vif les entretiens, les discussions politiques, les procès judiciaires, [...] l'écriture chinoise a permis très tôt et très largement ce à quoi les écritures à alphabet parvenaient moins facilement : la notation immédiate de la parole. »

CHAPITRE X

IDENTITÉ DE LA LANGUE,
IDENTITÉ DE LA CHINE

1. Je remercie Anne Cheng, Viviane Alleton et Karine Chemla, ainsi que Denis Forest et Sophie Durant-Delacre pour leurs multiples lectures critiques de ce texte dont j'assume cependant seul l'entière responsabilité.

2. Voir à ce propos l'article de Viviane Alleton dans le présent volume.

3. Lu Fayan, Préface au *Qieyun*, in *Zhongguo gudai yuyanxue wenxuan* (*Œuvres choisies de linguistique chinoise*), Shanghai, Shanghai guji chubanshe, 1988, p. 45.

4. Feng Guifen, « Zhi yangqi yi » (Projet de fabrication d'instruments occidentaux), in Zheng Zhengdu (éd.), *Wan Qing wenxuan* (*Anthologie de la fin des Qing*), Beijing, Zhongguo shehui kexue chubanshe, 2002, p. 144.

5. Cité dans Li Qing, *Riben hanxue shi* (*Histoire de la sinologie japonaise*), t. 1, Shanghai, Shanghai waijiao she, 2002, p. 106.

6. Lu Zhuangzhuang, « Biantong tuiyuan » (Les principes de la réforme), *in* Li Tiangang (éd.), *Wanguo gongbao wenxuan* (*Sélections de Globe Magazine*), Shanghai, Shanghai sanlian shudian, 1998, p. 569.

7. Zhang Heling, « Wenbi pian » (Des tares de l'écriture), in *Anthologie de la fin des Qing* (cf. note 4), p. 129-30.

8. Arthur H. Smith, *Chinese Characteristics*, trad. en chinois

Zhongguoren de suzhi, Shanghai, Shanghai xuelin chubanshe, 2001, p. 71-2.

9. *Lu Xun quanji* (*Œuvres complètes de Lu Xun*), t. IV, Beijing, Renmin wenxue chubanshe, 1991, p. 382.

10. Qu Qiubai, «Luomazi de xinzhongguowen haishi roumazi de xinzhongguowen?» (Chinois romanisé ou chinois malade?), in Ni Haichu (éd.), *Zhongguo yuwen de xinsheng* (*La Nouvelle Vie de la langue chinoise*), Shanghai, Shanghai shidai chubanshe, 1949, p. 32.

11. Théorie linguistique proposée par le linguiste et archéologue soviétique Nikolaj Jakovlevič Marr dans les années 1920. Le marrisme est fondé sur le principe selon lequel la langue est un phénomène de la superstructure sociale et les évolutions linguistiques sont analysées comme étant déterminées par les rapports économiques.

12. «Zhongguo xinwenzi shisan yuanze» (Les treize principes de la nouvelle écriture chinoise), in *Zhongguo yuwen de xinsheng*, *op. cit.*, p. 54.

13. Nie Gannu, *Yuyan, wenzi, sixiang* (*Langue, écriture, pensée*), Shanghai, Dafeng shudian, 1937, p. 115.

14. Wang Li, *Hanyu shigao* (*Esquisse d'une histoire de la langue chinoise*), Beijing, Zhonghua shudian, 1958, nouvelle éd. 1980, p. 602.

CHAPITRE XI

LA «SINITÉ»: L'IDENTITÉ CHINOISE
EN QUESTION

1. Sur la réappropriation des théories post-coloniales, nous nous permettons de renvoyer à notre étude : Yinde Zhang, «Des théories post-coloniales à la sinité», in *Le Monde romanesque chinois au XXe siècle. Modernités et identités*, Honoré Champion, 2003, p. 69-86.

2. Zhang Fa (né en 1954, professeur de philosophie à l'université du Peuple de Chine), Wang Yichuan (né en 1959, professeur de littérature chinoise à l'École normale supérieure de Pékin) et Zhang Yiwu (né en 1962, professeur de littérature chinoise à l'université de Pékin), «Cong xiandaixing dao zhonghuaxing» (De la modernité à la sinité), *Wenyi zhengming* (*Débats littéraires et artistiques*), n° 2, 1994, p. 10-20.

3. Anne Cheng, «Confucianisme, postmodernisme et valeurs

asiatiques », in Yves Michaud (dir.), *Qu'est-ce que la culture ?*, Éditions Odile Jacob, 2001, p. 80-90.

4. Chen Xiaoming, *Fangzhen de niandai (Époque d'un réalisme de pacotille)*, Taiyuan, Shanxi jiaoyu chubanshe, 1999, p. 130.

5. Wang Yuechuan, *Faxian dongfang – xifang zhongxinzhuyi zouxiang zhongjie he Zhongguo xingxiang de wenhua chongjian (Découvrir l'Orient : vers la fin de l'eurocentrisme et la reconstruction culturelle de l'image de la Chine)*, Beijing, Beijing tushuguan chubanshe, 2003.

6. *Ibid.*

7. *Ibid.*

8. Xuanzang (602-664), moine bouddhiste parti pour l'Inde en 629 et revenu en 645 avec un lot considérable de manuscrits en sanscrit dont il traduisit un grand nombre ; Jian Zhen (688-763), moine arrivé au Japon en 754 pour y fonder l'école bouddhique de la Discipline (*Vinaya*).

9. Le programme relève du 9ᵉ plan quinquennal, aboutissant à la publication, fin 2000, de *La Chronologie des Xia, Shang et Zhou*, qui vise à conférer à l'histoire de la Chine une ancienneté comparable à celle de l'Égypte, Wang Yuechuan, *Découvrir l'Orient...*, *op. cit.*, p. 52.

10. Financé par le ministère de l'Éducation chinois et soutenu par 17 universités chinoises, le projet est mis en application à partir de 2004 avec l'objectif de créer avant 2010 cent instituts dans le monde, mission qui sera en toute vraisemblance accomplie dès la fin de 2006. Ces derniers seront consacrés à la découverte de la culture chinoise (langue et civilisation). Ouverts à tout public, ils dispenseront des formations non diplômantes et prépareront aux tests de connaissance de la langue chinoise (HSK) qu'ils se proposent d'organiser. L'Institut Confucius de Paris, par exemple, est placé sous l'égide de l'université Paris 7-Denis Diderot (Service de la formation continue) et de l'université de Wuhan.

11. Lors de sa 172ᵉ session à Paris, le Conseil exécutif de l'UNESCO a officiellement approuvé la création du Prix Confucius UNESCO d'alphabétisation pour récompenser les grands personnages politiques et experts du monde ayant apporté une contribution remarquable à l'éducation et à la culture. Le prix qui sera décerné à partir de 2006, lors de la journée internationale d'alphabétisation qui tombe le 8 septembre, sera financé par la province du Shandong et la ville de Jining, pays natal de Confucius, à raison de 150 000 dollars par an.

12. Naoki Sakai, « Modernity and its Critique : The Problem of Universalism and Particularism », in Masao Miyoshi et Harry

D. Harootunian (éd.), *Postmodernism and Japan*, Durham et Londres, Duke University Press, 1989.

13. Rey Chow (Zhou Lei), *Xie zai jiaguo yiwai* (*Écrire hors du pays d'origine*), Hong-Kong, Niujin daxue chubanshe, 1995, p. 20 et 36. Sur la pluralité des « sinités », perçue par des écrivains et artistes sinophones, cf. « Sinitudes », *Missives*, numéro spécial, 2003.

14. Cf. Xu Ben, « "From Modernity to Chineseness" : The Rise of Nativist Cultural Theory in Post-1989 China », *Positions. East Asian Cultures Critique*, printemps 1998, vol. 4, n° 1, p. 203-237.

15. Han Yuhai, « "Zhongguo" : yige bei chanshi zhe de "xifang" — "kuayuji shijian" yu dangqian wenhua yanjiu fangfalun wenti » (« La Chine » : un « Occident » interprété — « la pratique translinguistique » et les problèmes méthodologiques dans les études culturelles actuelles), *Shanghai wenxue* (*Littérature de Shanghai*), n° 3, 1996, p. 62.

16. Zhang Fa, « Zhonghuaxing : Zhongguo xiandaixing licheng de wenhua jieshi » (La Sinité : explication culturelle du parcours de la modernité chinoise...), http://www.culstudies.com, 3 juin 2003.

17. *Ibid.*, p. 8.

18. Wang Hui, « Dangdai Zhongguo de sixiang zhuangkuang yu xiandaixing wenti » (La Pensée chinoise contemporaine et la question de la modernité), *Tianya*, n° 5, 1997, p. 133-150. [Trad. en anglais : « Contemporary Chinese Thought and the Question of Modernity », in Zhang Xudong (éd.), *Whither China ? Intellectual Politics in Contemporary China*, Durham et Londres, Duke University Press, 2001, p. 161-198.]

19. *Di san zhi yanjing kan Zhongguo* (*Regarder la Chine avec le troisième œil*), Taiyuan, Shanxi renmin chubanshe, 1994, p. 214. L'ouvrage est attribué à un sinologue allemand nommé Luoyininggeer (Leuninger en allemand ?) et traduit par Wang Shan, qui s'avère être l'auteur. Cf. Chen Yan, *L'Éveil de la Chine*, La-Tour-d'Aigues, Éditions de l'Aube, 2002, p. 181.

20. Arif Dirlik, « Deux Révolutions culturelles dans l'optique du capitalisme mondial », trad. par Lin Liwei, *Huaxia wenzhai* (*Chinese News Digest*), n° 356, le 6 oct. 2003, www.cnd.org/HXWZ/ZK03/zk356.gb.html [1re publication : *Ershiyi shiji* (*Twenty-first Century*), n° 37, oct. 1996].

21. Cui Zhiyuan, « Mao Zedong wenge lilun de deshi yu xiandaixing de chongjian » (Points positifs et négatifs de la théorie de Mao sur la Révolution culturelle et la reconstruction de la modernité), *Chinese News Digest*, supplément du n° 117, www.cnd.org/HXWZ/ZK03/zk356.gb.html, 12 avril 1997.

22. Gan Yang, «Xiangtu Zhongguo chongjian yu Zhongguo wenhua qianjing» (La Reconstruction de la Chine rurale et les perspectives de la culture chinoise), *Ershiyi shiji* (*Twenty-first Century*), n° 4, 1993, p. 5.

23. Gan Yang, *Jiangcuo jiucuo* (*À toute erreur quelque chose est bon*), Hong-Kong, Oxford University Press, 2000, p. 190.

24. Rebecca Karl, *Staging the World : Chinese Nationalism at the Turn of the Twentieth Century*, Durham et Londres, Duke University Press, 2002.

25. Kang Youwei (1858-1927), lettré réformiste de la fin des Qing, initiateur d'un projet avorté de réforme de la monarchie constitutionnelle ; Chen Yinke (1890-1969), historien et philologue.

26. Wang Hui, *Xiandai Zhongguo sixiang de xingqi* (*L'Origine de la pensée chinoise moderne*), Beijing, Sanlian chubanshe, 2004, p. 20-23. Cf. les chap. 7 et 9.

27. Sur le rejet de l'imaginaire occidental de l'Asie au XIXe siècle et la nécessité pour les Asiatiques de réinventer l'Asie, voir Wang Hui, «Les Asiatiques réinventent l'Asie», *Le Monde diplomatique*, n° spécial «Jusqu'où ira la Chine?», février-mars, 2006, p. 12-17.

28. Wang Hui, *L'Origine de la pensée chinoise moderne, op. cit.*, p. 23.

29. Owen Lattimore, *Inner Asian Frontiers of China*, New York, American Geographical Society, 1940.

30. Sur ces problèmes complexes, cf. Joël Thoraval, «Ethnies et nation en Chine», in Yves Michaud (dir.), *La Chine aujourd'hui, op. cit.*, p. 47-63 ; «L'usage de la notion d'ethnicité appliquée à l'univers culturel chinois», *Perspectives chinoises*, n° 54, juillet-août, 1999, p. 44-59.

31. Cf. Wang Hui, *L'Origine de la pensée chinoise moderne, op. cit.*, chap. 3 et 5.

32. Wang Yichuan, «Zhongguoren xiangxiang zhi Zhongguo — Ershi shiji wenxue zhong de Zhongguo xingxiang» (La Chine imaginée par les Chinois — L'image de la Chine dans la littérature chinoise du XXe siècle), *Dongfang congkan* (*L'Orient*), 1997, n° 1-2, p. 17-19. Pour le rappel historique de ces discussions, voir Anne Cheng, «Modernité et invention de la tradition chez les intellectuels chinois du XXe siècle», in Yves Michaud (dir.), *La Chine aujourd'hui, op. cit.*, p. 179-196.

33. Certains proposent, en littérature comparée, de créer une «école chinoise», qui succéderait aux écoles française et américaine, en lui attribuant, par exemple, l'exclusivité des études interculturelles. Voir Cao Shunqing, «Bijiao wenxue Zhongguo xuepai

jiben lilun tezheng jiqi fangfa lun tixi chutan» («L'École chinoise en littérature comparée : caractéristiques théoriques et système méthodologique»), *Zhongguo bijiao wenxue* (*Comparative Literature in China*), n° 1, 1995, p. 18-40.

34. Zhang Xudong, «Women jintian zenyang zuo Zhongguo ren — quanqiuhua shidai de wenhua fansi» (Comment être Chinois aujourd'hui ? Réflexions culturelles sur l'époque de la mondialisation), «Préface» à *Quanqiuhua shidai de wenhua rentong – xifang pubianzhuyi huayu de lishi pipan* (*L'Identité culturelle à l'époque de la mondialisation : critique historique du discours universaliste occidental*), Beijing, Beijing daxue chubanshe, 2005, p. 4.

35. Zhang Xudong, «The Making of the Post-Tiananmen Intellectual Field : a Critical Overview», in Zhang Xudong (éd.), *Whither China ? op. cit.*, p. 67.

36. Zhang Xudong, «Comment être Chinois aujourd'hui?», *op. cit.*, p. 2.

37. Gan Yang, «Zouxiang zhengzhi minzu» (Vers la «nation politique»), in Luo Gang (éd.), *Sixiang wenxuan 2004* (*Recueil d'articles critiques, 2004*), Guilin, Guangxi shifan daxue chubanshe, 2004, p. 141-147.

38. «Nous succombons déjà trop souvent à la tentation de faire cortège au vainqueur de la lutte pour le pouvoir économique en oubliant que la puissance économique et la vocation à diriger politiquement la nation ne coïncident pas toujours. [...] Nous nous demandons s'ils ont l'intelligence et éventuellement la capacité de mettre au-dessus de toute autre considération les intérêts de la nation en matière de pouvoir économique et politique», Max Weber, «L'État national et la politique de l'économie politique» (Leçon inaugurale à l'université de Fribourg, 1895), in *Œuvres politiques*, trad. de l'allemand par Elisabeth Kauffmann *et al.*, Albin Michel, 2004, p. 130.

39. Cui Zhiyuan, «Ziyou shehui zhuyi yu Zhongguo de weilai : xiaozichanjieji xuanyan» (Le socialisme libéral et l'avenir de la Chine : le manifeste de la petite-bourgeoisie), in Luo Gang (éd.), *Recueil d'articles critiques, op. cit.*, p. 29-54.

40. Gan Yang, «Vers la "nation politique"», in Luo Gang (éd.), *Recueil d'articles critiques, op. cit.*, p. 146-147.

CHAPITRE XII

OÙ EN EST LA PENSÉE TAIWANAISE?
UNE HISTOIRE EN CONSTANTE RÉÉCRITURE

1. Sur la perception de Taiwan par l'Empire chinois, cf. Emma Jinhua Teng, *Taiwan's Imagined Geography. Chinese Colonial Travel Writing and Pictures, 1683-1895*, Cambridge, Harvard University Press, 2004.
2. Françoise Mengin, *Trajectoires chinoises*, Taiwan, Hong-Kong et Pékin, Paris, Karthala, 1998, p. 17.
3. Les dialectes des Min du Sud (*minnanyu*) et le hakka (*kejiahua*) sont respectivement parlés aujourd'hui par 73 % et 12 % de la population.
4. D'où la difficulté de déterminer exactement à quel moment Taiwan est entrée dans l'ère post-coloniale, cf. Emma Jinhua Teng, *op. cit.*, p. 250.
5. Le 28 février 1947, à la suite d'une grave querelle entre un soldat du Guomindang et une femme faisant de la contrebande de cigarettes, la population locale se rebella violemment. Les combats firent des milliers de morts aussi bien parmi les autochtones que dans le camp nationaliste.
6. Aujourd'hui encore, une confusion demeure à propos de la rétrocession de 1945, les Japonais n'ayant pas, au lendemain de la guerre, clairement stipulé à qui ils restituaient leur colonie (aux Alliés? à la République de Chine?). Toutefois, il serait erroné de penser que l'ancienne Formose a fait partie de la République populaire de Chine, puisque cette dernière ne vit le jour que plus tard, en 1949.
7. Ce qui n'est pas sans rappeler l'exemple de Singapour et de la politique de Lee Kuan-yew ou de la «construction morale» (*daode jianshe*) préconisée sur le Continent par les technocrates «néo-autoritaristes» (Wang Huning, Wu Jiaxiang...) et par le néoconservateur Jiang Qing à partir des années 1980.
8. Bo Yang passera douze ans de sa vie dans les geôles du pouvoir. Cf. Bo Yang, *Choulou de Zhongguoren* (*Abjects Chinois. Pamphlets et libelles*), Taipei, Xinguang chubanshe, 1996.
9. Pour la première fois depuis l'arrivée du Guomindang à Taiwan, un candidat indépendant, Xu Xinliang, remporte les élections de chef de district à Taoyuan.
10. Le terme a quelque chose d'assez ironique. Il désigne l'en-

semble des mouvements d'opposition au Guomindang, lequel est jusqu'en 1987 le seul parti politique autorisé à Taiwan.

11. Wang Xiaobo enseigne aujourd'hui à Taiwan, au département de philosophie de l'université Taida. Parmi ses ouvrages historiques les plus importants, nous en retiendrons deux : *Taiwan shi yu Taiwanren* (*Les Taiwanais et leur histoire*), Taipei, Dongda tushu gongsi, 1988 ; *Taiwan shilun ji* (*Essais historiques sur Taiwan*), Taipei, Zhongguo youyi chuban gongsi, 1992.

12. Né en Chine continentale, Wang Xiaobo y a vécu jusqu'à l'âge de cinq ans. À son arrivée à Taiwan, sa mère, accusée d'être une espionne à la solde des communistes, fut exécutée par le Guomindang. Dès lors, on comprend aisément l'ambiguïté des rapports qu'il entretient avec la Chine, rappel de la figure maternelle perdue dès le plus jeune âge…

13. Sur les relations Chine-Taiwan, cf. Jean-Pierre Cabestan et Benoît Vermander, *La Chine en quête de ses frontières. La confrontation Chine-Taiwan*, Paris, Presses de Sciences-Po, 2005.

14. Parmi la population autochtone, en plus des Han et des Hakkas, on compte en principe douze tribus aborigènes à Taiwan. Mais ce chiffre est contesté par certains ethnologues.

15. L'expression est tirée de l'ouvrage de Françoise Mengin, *op. cit.*, p. 15.

16. Li Xiaofeng est aujourd'hui professeur à Taiwan, au département des sciences politiques de l'université Dongwu, et président de la fondation Wu Sanlian sur le document historique. Parmi ses nombreux travaux, nous pouvons retenir : *Taiwan shi yibaijian da shi* (*Cent événements majeurs de l'histoire taiwanaise*), Taipei, Yushan she, 1999.

17. Sur ces deux écoles d'études historiques, cf. Wang Qingjia, *Taiwan shixue 1950-2000* (*L'Historiographie taiwanaise, 1950-2000*), Taipei, Maitian chubanshe, 2002.

18. Encouragé par le succès en Chine des campagnes de fouilles de l'Academia Sinica sur les sites Shang (entre 1927 et 1936), Fu Sinian est convaincu que la connaissance scientifique en histoire repose avant tout sur le travail archéologique et sur une heuristique méticuleuse.

19. Cf. Wang Qingjia, *op. cit.*, p. 36-37.

20. Yu Yingshi, *Lishi yu sixiang* (*Histoire et pensée*), Taipei, Lianjing, 1976, p. 4.

21. Zhang Pengyuan, « Hunan sheng difang chuantong zhong de jige fangmian » (Quelques aspects des traditions locales du Hunan), in *Guoli Taiwan shifan daxue lishixue bao* (*Journal d'historiographie de l'Université normale de Taiwan*), n° 10, juin 1982.

22. Cf. Wang Qingjia, *op. cit.*, p. 48-49 et p. 76-77.

23. *Ibid.*, p. 76-77.

24. Sur l'influence du fonctionnalisme américain à Taiwan, cf. Peng Huai'en, *Taiwan zhengzhi fazhan* (*L'Évolution politique à Taiwan*), Taipei, Fengyun luntan, 2003, p. 8-14 et p. 186-191. En Chine continentale, la médiation anglo-saxonne n'est pas non plus négligeable dans l'introduction de l'école fonctionnaliste, principalement grâce au travail du sociologue Fei Xiaotong, formé à Londres auprès de Malinowski.

25. L'épistémologie cybernétique de Bateson conçoit l'esprit comme immanent au vaste système biologique que constitue l'écosystème. N'étant plus seulement restreint à la question humaine, l'esprit, nous dit Bateson, est « immanent à l'ensemble de la structure évolutive ». Cf. Gregory Bateson, *Vers une écologie de l'esprit*, t. II, Paris, Seuil, 1980, p. 217.

26. Li Oufan, *Xiandaixing de zhuiqiu* (*La Quête de la modernité*), Beijing, Sanlian shudian, 2000, p. 3-4.

27. La démarche peut sembler paradoxale puisqu'il s'agit de contrer l'intrusion de concepts occidentaux par une notion issue de la sociologie occidentale. Mais Ye Qizheng estime que la pratique de l'idéal type est méthodologiquement universelle et peut, par conséquent, se transplanter d'une aire géoculturelle à l'autre. Celle-ci chercherait en effet à vider les concepts du contenu que le donné contextuel et factuel leur assigne pour réinjecter dans leur enveloppe formelle un champ du réel autre que celui à partir duquel ils ont été prélevés.

28. A-Chin Hsiau et John Makeham, *Cultural, Ethnic, and Political Nationalism in Contemporary Taiwan*, New York, Palgrave Macmillan, 2005; et Bi-Yu Chang, « De la taiwanisation à la dé-sinisation », in *Perspectives chinoises*, n° 85, septembre-octobre 2004, p. 38-49.

29. Maukuei Chang, « The Movement to Indigenize the Social Sciences in Taiwan : Origin and Predicaments », in John Makeham et A-Chin Hsiau, *op. cit.*, p. 222-223.

30. Yang Guoshu, Li Yiyuan, *Zhongguoren de xingge* (*Le Caractère national chinois*), Taipei, Guiguan tushu, 1988.

31. Sur la question de l'impérialisme (voire du colonialisme) mandchou à Taiwan, cf. Emma Jinhua Teng, *op. cit.*, p. 209-258.

32. Sur la politique du *neidihua*, cf. Li Guoqi, *Zhongguo jindaihua de quyu yanjiu. Min Zhe Tai diqu. 1860-1916* (*Études locales sur la modernisation chinoise. Les régions du Sud de la rivière Min, du Zhejiang et de Taiwan entre 1860 et 1916*), Taipei, Zhongyanyuan jinshi suo, 1982.

33. Chen Qinan, *Taiwan de chuantong Zhongguo shehui* (*La Société chinoise traditionnelle à Taiwan*), Taipei, Yunnong, 1987, p. 91-180.

34. Jean-Pierre Cabestan et Benoît Vermander, *op. cit.*, p. 97.

35. Zheng Qinren, «Taiwan shi yanjiu yu lishi yishi de jiantao» (Recherches sur l'histoire taiwanaise et examen de la conscience historique), in *Taiwan wenyi* (*Arts et lettres de Taiwan*), n° 84, septembre 1983, p. 7-17.

36. Cf. Stéphane Corcuff, «Identité, démocratie et nationalisme à Taiwan : convergence, concurrences, connivences», in *Monde chinois*, automne 2004, p. 13.

Épilogue : Dépasser l'altérité

1. Cet article a été rédigé alors que je bénéficiais d'un statut de *Felllow* au Dibner Institute. Je tiens à remercier cette institution pour les conditions de travail exceptionnelles qu'elle m'a octroyées. Les commentaires d'Anne Cheng, Viviane Alleton, Bruno Belhoste et Ramon Guardans m'ont été précieux et je les en remercie vivement.

2. Marcel Granet, «Quelques particularités de la langue et de la pensée chinoises», *Revue philosophique de la France et de l'étranger*, LXXXIX (1920), p. 189-190.

3. Sur ce concept, ainsi que sur l'histoire des discussions qui l'ont entouré en Chine, je renvoie au chapitre de Chu Xiaoquan dans ce volume.

4. Christoph Harbsmeier, *Language and Logic*, in Joseph Needham, *Science and Civilization in China*, vol. 7, I (vol. édité par Kenneth Robinson), Cambridge University Press, 1998, p. 23-24. Rappelons que l'éditeur Joseph Needham avait assigné au volume 7 de l'ouvrage aux dimensions encyclopédiques publié sous sa direction le rôle de dénoncer, sur les bases érudites inattaquables, l'ensemble des opinions préconçues qui tiennent des facteurs sociaux ou intellectuels pour responsables de l'incapacité des «Chinois» à avoir développé la science moderne. L'article de Granet sur lequel je me concentre ici a fait l'objet d'une analyse plus focalisée sur les conceptions de la logique qu'il trahit dans Claude Rosental, «Quelle logique pour quelle rationalité ? Représentations et usages de la logique en sciences sociales», *Enquête* 2, 2002.

5. Harbsmeier, *Language and Logic, op. cit.*, p. 22, 24.

6. Pour une esquisse des discussions sur l'écriture et la langue

chinoises hier et aujourd'hui, le lecteur peut se reporter aux chapitres de V. Alleton et Chu Xiaoquan dans ce volume.

7. Voir Granet, «Quelques particularités de la langue et de la pensée chinoises», *op. cit.*, p. 102, p. 103 note 1; p. 122-123. Dans ces dernières pages, Granet argumente sur la manière dont l'«*immobilité phonétique*» a bloqué «tout développement de la langue obtenu par la création de formes grammaticales et par l'usage des dérivations. *Ce développement devint impossible quand les monosyllabes pittoresques furent associés à des idéogrammes indéformables.* Cette jonction de monosyllabes invariables à des idéogrammes a arrêté tout progrès grammatical ou syntaxique...» (c'est Granet qui souligne). Nous retrouverons plus loin cette idée que la langue chinoise compose des «tableaux», plus qu'elle n'analyse. Relevons ici la valorisation dont fait l'objet un certain type de morphologie de la langue (formes grammaticales, dérivations), qui est interprétée, dans une tradition de pensée à laquelle Granet souscrit et que personnifie Humboldt, comme un «progrès». Granet se sépare cependant de Humboldt lorsqu'il impute à l'écriture cette «stagnation» de la langue. Cf. note 13.

8. *Ibid.*, p. 194-195.

9. *Ibid.*, p. 127, 183, 194, où l'on retrouvera quelques exemples de ce fait.

10. *Ibid.*, p. 103-104, 107. Il insère ici une note pour reconnaître tout ce que son travail doit aux analyses de M. Lévy-Bruhl.

11. Il en est néanmoins question par exemple p. 188 : «il ne saurait être question de concepts véritables, nettement délimités et définis».

12. Soulignons qu'ici Granet se démarque de la thèse que formule Humboldt dans sa *Lettre à Abel-Rémusat sur la nature des formes grammaticales en général et sur le génie de la langue chinoise en particulier*, publiée dans le *Journal asiatique* avec la date du 7 mars 1826. On consultera avec profit l'édition critique de cet écrit, incluant les modifications apportées par Abel-Rémusat au texte original de Humboldt, *in* Jacques Rousseau et Denis Thouard, *Lettres édifiantes et curieuses sur la langue chinoise*, 1999. Pour Humboldt, un jugement a la forme d'une équation mathématique et, à la différence d'autres langues, le chinois lui conserve cet aspect.

13. C'est moi qui souligne. Granet rend l'écriture responsable du fait que la langue chinoise soit restée «essentiellement un simple moyen d'expression pittoresque» : «l'écriture figurative, déclare-t-il, s'est d'abord opposée à l'emploi de toute espèce de formes grammaticales et de dérivations, qui a presque réduit la syntaxe au seul emploi du rythme» (p. 190). D'où son verdict :

«Tant qu'il s'écrira en caractères, le chinois restera une langue toute concrète et une langue morte» (p. 190). Verdict qu'il transforme, non sans hésitation, en recommandation : «Le problème qui se pose aux Chinois me paraît revenir à ceci : travailler tout de suite de manière à transformer la langue parlée en la rendant susceptible de supporter une transcription phonétique, et en faisant d'elle une langue neuve, qui échappe à l'influence de la langue écrite, [...] et où l'usage de la dérivation et des formes grammaticales puisse arriver à s'installer» (p. 191). *Sic*!

14. Granet argumente en faveur de l'idée que la Chine a développé une autre forme de raisonnement solidaire de «la *science pratique* des Chinois», qu'il contraste avec «notre science» (p. 181-182). Je ne peux, faute d'espace, entrer plus avant dans l'analyse de ces considérations. Pour une analyse de la question d'une supposée différence de logique, voir le chapitre 4 de Geoffrey Lloyd, *Ancient Worlds, Modern Reflections. Philosophical Perspectives on Greek and Chinese Science and Culture*, Oxford, 2004. L'auteur examine d'autres questions essentielles que je rencontrerai plus loin : le chapitre 2 est consacré à ce qu'il faut entendre par le vocable «science» quand on en fait l'histoire, et le chapitre 9 à l'usage de l'exemple.

15. Il est un aspect de la position de Granet qui mériterait qu'on s'y arrête, mais, dans le contexte du présent chapitre, je n'en dirai qu'un mot : même si les quelques passages cités montrent à l'évidence que sa position fluctue sur ce point, Granet ne parle pas d'un «esprit chinois» qui serait éternellement handicapé pour la pratique de la science, mais de l'effet de la «langue» sur les Chinois. À ses yeux, un Chinois concret pourrait parfaitement s'appliquer à la science en une langue autre que la sienne (p. 190). Le problème qui l'habite ne se pose qu'au niveau de la société, si on se préoccupe, par exemple, de la «diffusion de l'esprit positif». Pour le sociologue qu'il est, la langue est une institution et elle est à ce titre susceptible d'être amendée. C'est elle qui aurait bloqué le développement de la pensée en Chine, mais il a foi dans sa capacité à être métamorphosée.

16. Notons que, étant donné la manière dont nous avons procédé, nous n'avons rencontré que des arguments à caractère général. Dans le contexte de chaque discipline, ils ont pu donner naissance à des formes plus spécialisées. Ainsi, en mathématiques, la prétendue inaptitude à s'élever au-dessus du concret et à se détacher du particulier s'est traduite par l'idée qu'il n'y avait en Chine que des mathématiques utilitaires, essentiellement orientées vers la résolution des problèmes pratiques. De même, on a

nié à l'Empire du milieu la capacité à tout développement mathématique à caractère théorique, comme celui qu'atteste en particulier l'exercice de la démonstration. Nous y reviendrons plus loin.

17. On retrouve le même mode d'argumentation, aboutissant à des affirmations comparables, dans Derk Bodde, *Chinese Thought, Society, and Science : the Intellectual and Social Background of Science and Technology in Pre-Modern China*, Honolulu, 1991. L'auteur explicite lui aussi (p. 9) les raisons qui le conduisent à penser qu'il est loisible de tirer, d'un examen de la langue dans laquelle s'expriment des penseurs de l'Antiquité dans des textes devenus des «classiques», des conclusions sur le possible frein qu'a représenté la langue pour le développement de la science en Chine. Rappelons, comme l'auteur l'explique en introduction, que cet ouvrage aurait constitué le volume 7, II de *Science and Civilisation in China*, si des désaccords d'ordre intellectuel ne s'étaient pas développés entre J. Needham et D. Bodde.

18. Harbsmeier, *Language and Logic, op. cit.*, p. 23-24, 54 *sq.*, 143 *sq.*, 212 *sq.*

19. Voir entre autres Richard Yeo, «Scientific Method and the Image of Science : 1831-1890», in *The Parliament of Science*, sous la dir. de Roy Macleod et Peter Collins, Northwood, 1981.

20. C'est l'un des objectifs que visait Joseph Needham pour le volume 7. En témoigne la conclusion de sa préface au volume 7, I de *Science and Civilisation in China*, dans laquelle il annonce le volume 7, II alors en préparation : « In the pages which follow the reader will find many common preconceptions challenged. [...] Literary Chinese was no vague and poetic language unsuitable for science, provided it was used by a competent scientific thinker. [...] Many readers will be anxious to know how Chinese compares for clarity with, say, classical Greek, and will turn to Section (c, 6) on "Complexity", where translations from Plato's works into Literary Chinese by skilled translators are compared. [...] Granted that Literary Chinese was capable of expressing scientific ideas, what actually happened when it was so used ? This, as the Americans would say, is a whole new ball-game for which the reader will have to await a subsequent volume. » (Foreword, *in* Harbsmeier, *Language and Logic, op. cit.*, p. XVIII-XIX). Voir également Karine Chemla, «Artificial Languages in the Mathematics of Ancient China», *Journal of Indian Philosophy* 34 (2006a). J'y argumente en faveur de la thèse selon laquelle c'est dans un language artificiel qu'un auteur du XIIIe siècle énonce plusieurs centaines de formules mathématiques sans ambiguïté. Ce

cas illustre la formation d'une langue technique, élaborée sur base de la langue usuelle, en vue d'une meilleure pratique des mathématiques.

21. C'est la question clef que pose, de différentes manières, Lloyd, *Ancien Worlds, Modern Reflections. Philosophical Perspectives on Greek and Chinese Science and Culture*.

22. J'opte pour ma part pour la seconde datation. Cet ouvrage ainsi que les commentaires qui furent sélectionnés en Chine pour en accompagner la diffusion — j'y viens ci-dessous — sont traduits en français dans Karine Chemla et Shuchun Guo, *Les Neuf Chapitres. Le Classique mathématique de la Chine ancienne et ses commentaires*, Paris, 2004. J'en abrège ci-dessous le titre en *Les Neuf Chapitres*. Dans cet ouvrage, je repérerai un problème donné par un couple de deux nombres : le premier indique le chapitre dans lequel il se présente et le second l'ordre d'apparition des énoncés dans le chapitre. On renverra à un algorithme par le couple de nombres désignant le problème le précédant immédiatement. Le lecteur trouvera dans l'ouvrage cité les analyses détaillées qui permettent de parvenir aux conclusions que je propose ici.

23. Le lecteur peut se reporter à l'édition critique qu'en offre 彭浩 Peng-Hao, *Commentaires sur le Livre de procédures mathématiques, ouvrage sur lattes de bambou datant des Han découvert à Zhangjiashan*, Pékin, 2001. Deux publications en fournissent une traduction en anglais : Christopher Cullen, *The Suan shu shu* 筭數書 *« Writings on Reckoning ». A Translation of a Chinese Mathematical Collection of Second Century BC, with Explanatory Commentary*, dans la collection éditée par Christopher Cullen, Needham Research Institute Working Paper, numéro 1, Cambridge, 2004. Joseph Dauben, « 筭數書. Suan Shu Shu (A Book on Numbers and Computations). English Translation with Commentary», *Archive for History of Exact Sciences* (à paraître).

24. Cette structuration de l'espace de l'écrit constitue l'un des éléments propres à l'histoire chinoise, même si l'opposition entre classiques et textes autres se rencontre dans divers contextes. Insistons sur le fait que les commentaires ne montrent pas de révérence telle pour le texte du Classique qu'elle les empêcherait de mettre en évidence ses erreurs (voir le commentaire au problème 4.24) ou ses limites (nous en rencontrerons un exemple ci-dessous).

25. Il s'agit du problème 6.18. Les traductions marqueront systématiquement l'opposition entre le Classique et ses commentaires par le recours aux capitales pour le premier et aux minuscules pour les seconds.

26. La découverte du *Livre de procédures mathématiques* a fourni un document des plus précieux pour observer la pratique de l'abstraction en Chine ancienne. La comparaison entre ses procédures et celles des *Neuf Chapitres* révèle le recours à plusieurs formes d'abstraction. Sur ce sujet, voir Karine Chemla, « Documenting a process of abstraction in the mathematics of ancient China », in *Studies in Chinese Language and Culture — Festschrift in Honor of Christophe Harbsmeier on the Occasion of his 60th Birthday*, sous la dir. de Christoph Anderl et Halvor Eifring, Oslo, 2006b.

27. Je n'entrerai pas plus avant dans les détails ici. Le lecteur peut se reporter à Chemla et Guo, *Les Neuf Chapitres. Le Classique mathématique de la Chine ancienne et ses commentaires*, *op. cit.*, p. 526-529.

28. Il serait significatif d'opposer cette formulation à celle qui lui correspond dans les *Éléments d'Euclide*, mais nous ne pouvons nous arrêter sur ce point. Retenons simplement que ce qui nous apparaît sous les espèces du même se présente sous des dehors très différents dans ces deux textes anciens. Il en résulte de fait des énoncés aux sens profondément distincts.

29. Ce qui suit repose sur une argumentation particulièrement longue et complexe que je ne reproduis pas. Voir mon introduction au chapitre 9 dans Chemla et Guo, *Les Neuf Chapitres. Le Classique mathématique de la Chine ancienne et ses commentaires*, *op. cit.*, p. 673-684. Le lecteur intéressé peut également se reporter à Karine Chemla, « Geometrical Figures and Generality in Ancient China and beyond. Liu Hui and Zhao Shuang, Plato and Thabit ibn Qurra », *Science in Context*, n° 18, 2005. Il y trouvera une traduction de textes clefs relatifs à ce sujet ainsi qu'une bibliographie. Par souci de brièveté, je simplifie ici au risque de l'inexactitude, mais ces deux publications permettront au lecteur de rectifier, s'il le souhaite.

30. Granet (*op. cit.*, p. 106) touche du doigt l'idée que le particulier puisse dire le général. Mais les « mots répondant à des concepts de classe » restent, pour lui, « chargés de déterminations très spéciales ».

31. J'ai publié ma première analyse critique de ce que sont les problèmes des *Neuf Chapitres* dans Karine Chemla, *La Valeur de l'exemple : perspectives chinoises*, Extrême-Orient, Extrême-Occident ; 19, Saint-Denis, 1997, p. 89-124. J'y discute le sens que prend le terme de *lei*, « catégorie », lorsque les commentaires l'emploient relativement à des problèmes.

32. Je développe cette thèse plus avant dans Chemla, « Geometrical Figures and Generality in Ancient China and Beyond. Liu

Hui and Zhao Shuang, Plato and Thabit ibn Qurra », *op. cit.* Les principes généraux ainsi mis au jour débordent régulièrement le simple cadre des mathématiques. Cela n'a rien d'étonnant pour une recherche sur la généralité. Il est par suite peu surprenant que Granet ait eu, là encore, l'intuition de l'emprise de cette valeur épistémologique, comme lorsqu'il écrit : « De même que nos lois s'organisent hiérarchiquement selon un ordre de généralité plus ou moins grande, de même il y a pour les Chinois une hiérarchie entre les différents principes d'action : seulement cette hiérarchie est établie d'après un sentiment de *l'efficacité particulière* à chacun de ces principes » (p. 182, c'est lui qui souligne).

INDEX DES NOMS ET ŒUVRES

ABEL-RÉMUSAT, Jean-Pierre : 433 n. 12.
ÅGREN, Hans
  « Chinese Traditional Medicine : Temporal Order and Synchronous Events » : 418 n. 38.
ALBERTINI MASON, Babetta von
  The Case for Liberal Democracy in China : Basic Human Rights, Confucianism and the Asian Values Debate : 399 n. 24, 400 n. 25.
ALLÈS, Élisabeth
  « À propos de l'Islam en Chine : provocations antireligieuses et attitudes anticléricales du XIXᵉ siècle à nos jours » : 198-199, 414 n. 17.
ALLETON, Viviane : 15-16, 398 n. 1, 423 n. 1 et 2, 432 n. 1, n. 6.
  Paroles à dire, paroles à écrire. Inde, Chine, Japon : 421 n. 9, 423 n. 25.
AMES, Roger T. : 110.
— et Hall, David L.
  « Confucian Democracy : A Contradiction in Terms ? » : 107, 402 n. 7.
  « Confucianism and Pragmatism » (« Confucianisme et pragmatisme ») : 106-109, 125, 402 n. 5 et 6.
  The Democracy of the Dead : Dewey, Confucius, and the Hope for Democracy in China : 402 n. 5 à 7.
  Focusing the familiar : 109, 402 n. 9, 403 n. 10, n. 12.
  Thinking through Confucius : 104, 402 n. 2, 412 n. 22.
« An Appeal to the Central Government of China on the Mine Incident » : 150, 409 n. 37.

ANDERL, Christoph et Eifring, Halvor (éd.)
Studies in Chinese Language and Culture — Festschrift in Honor of Christoph Harbsmeier on the Occasion of his 60th Birthday : 437 n. 26.

ANG LEE (réal.)
Tigre et dragon : 90.

Annales sur bambou : 48-49, 396 n. 1.

Annales des Printemps et Automnes (*Chronique de la principauté de Lou* [*Lu*] ; *Chunqiu*) : 50, 54, 55, 397 n. 13. Voir aussi Fan Ning ; Zuozhuan.

Annales des Printemps et Automnes de Lü : voir Lü Buwei.

Annales véridiques : 51.

ARISTOTE : 22, 26.

ARNOLD, David (dir.)
Colonizing the Body : State Medicine and Epidemic Disease in Nineteenth-Century India : 418 n. 43.
« Smallpox : The Body of the Godess » : 418 n. 43.

AUNG SANG Suu Kyi : 148.

AUGUSTIN, saint : 22.

BA JIN : 401 n. 37.

BABA, Homi : 301.

BACON, Francis, Lord Verulam : 253-254.

BALZAC, Honoré de
Louis Lambert : 422 n. 17.

BASTID-BRUGUIÈRE, Marianne
« La campagne antireligieuse de 1922 » : 413 n. 7.
« Liang Qichao et le problème de la religion » (« Liang Qichao yu zongjiao wenti ») : 413 n. 5.

BATESON, Gregory
Vers une écologie de l'esprit : 338-339, 340, 431 n. 25.

BAUBÉROT, Jean et Wieviorka, Michel
De la séparation des Églises et de l'État à l'avenir de la laïcité : 415 n. 29.

BAUER, Joanne R. et Bell, Daniel A.
The East Asian Challenge for Human Rights : 400 n. 32.

BAUER, Robert S. et Cheung Kwan-hin
« The Representation of Cantonese with Chinese characters » : 421 n. 10.

BEASLEY, William G. et Pulleyblank, Edwin G. (éd.)
Historians of China and Japan : 398 n. 17.

Index des noms et œuvres

BÉJA, Jean-Philippe : 14.
— , Bonnin, Michel et Peyraube, Alain *Le tremblement de terre de Pékin* : 407 n. 5.
— et Trolliet, Pierre *L'empire du milliard. Populations et société en Chine* : 408 n. 33, 409 n. 34.
— et Zafanolli, Wojtek (éd.) *La face cachée de la Chine* : 407 n. 4.
BELHOSTE, Bruno : 432 n. 1.
BELL, Daniel A.
« Democracy in Confucian Societies : The Challenge of Justification » : 86, 87, 400 n. 27, n. 30.
— et Bauer, Joanne R. *The East Asian Challenge for Human Rights* : 400 n. 32.
— *et al. Towards Illiberal Democracy* : 86, 400 n. 27.
BENEDICT, Ruth : 340.
BERLIN, Isaiah : 335, 408 n. 23.
BERTHRONG, John
Transformations of the Confucian Way : 399 n. 13.
BERTOLUCCI, Bernardo (réal.)
Le Dernier Empereur : 304.
BIGGERSTAFF, Knight : 338.
BILLIER, Cassien (éd.)
La philosophie est-elle occidentale ? : 411 n. 18.
BILLIOUD, Sébastien : 392 n. 6, 412 n. 26.
BLOCH, Marc : 337.
Bo Yang
Abjects Chinois. Pamphlets et libelles (Choulou de Zhongguoren) : 328, 429 n. 8.
BODDE, Derk : 410 n. 14.
Chinese Thought, Society, and Science : the Intellectual and Social Background of Science and Technology in Pre-modern China : 435 n. 17.
BODE, Maarten
Ayurvedic and Unani Health and Beauty Products : 420 n. 78.
BONNIN, Michel, Béja, Jean-Philippe et Peyraube, Alain
Le tremblement de terre de Pékin : 407 n. 5.
BOTTÉRO, Françoise
Sémantisme et classification dans l'écriture chinoise. Les systèmes de classement par clés du Shuowen jiezi *au* Kangxi zidian : 422 n. 20.
BOUDDHA : 163, 396 n. 77

BRAUDEL, Fernand : 337.
BRAY, Francesca
  Technology and Gender : Fabrics of Power in Late Imperial China : 416 n. 7.
BRESCIANI, Umberto
  Reinventing Confucianism. The New Confucian Movement : 405 n. 34, 411 n. 20.
BYNUM, William F. et Helen (dir.)
  Dictionary of Medical Biographies : 416 n. 6.

CABESTAN, Jean-Pierre et Vermander, Benoît
  La Chine en quête de ses frontières. La confrontation Chine-Taiwan 346, 430 n. 13, 432 n. 34.
CAI Yuanpei : 163, 167.
  « Dewey et la Chine » (« Du Wei yu Zhongguo ») : 113, 403 n. 18.
  Les Grandes Lignes de la philosophie : 163.
  Préface à Hu Shi, *Précis d'histoire de la philosophie chinoise* : 169.
Cangjie (scribe de l'Empereur Jaune) : 264.
Canon de poésie : voir *Livre des Odes*
Canon des catégories (*Leijing*) : 225.
Canon interne de l'Empereur jaune (*Huangdi neijing*) : 214, 224, 415 n. 3.
CAO Shunqing
  « L'École chinoise en littérature comparée : caractéristiques théoriques et système méthodologique » (« Bijiao wenxue Zhongguo xuepai jiben lilun tezheng jiqi fangfa lun tixi chutan ») : 427 n. 33.
CARNAP, Rudolf : 105.
CARTIER, Michel (dir.)
  La Chine entre amour et haine : 406 n. 47.
CHA, Louis : voir JIN Yong.
CHAN, Joseph
  « A Confucian Perspective on Human Rights for Contemporary China » : 400 n. 32.
CHAN, Sylvia
  « Li Zehou and New Confucianism » : 404 n. 27.
CHANDLER, Stuart
  Establishing a Pure Land on Earth : the Foguang Buddhist Perspective on Modernization and Globalization : 203, 414 n. 24.
CHANG Bi-Yu
  « De la taiwanisation à la dé-sinisation » : 341, 431 n. 28.

CHANG Maukuei
«The Movement to Indigenize the Social Sciences in Taiwan : Origin and Predicaments» : 343, 431 n. 29.
CHAVANNES, Édouard : 47.
CHEMLA, Karine : 17-18, 395 n. 50, 423 n. 1.
«Artificial Languages in the Mathematics of Ancient China» : 435 n. 20.
«Documenting a Process of Abstraction in the Mathematics of Ancient China» : 437 n. 26.
«Geometrical Figures and Generality in Ancient China and Beyond. Liu Hui and Zhao Shuang, Plato and Thabit ibn Qurra» : 437 n. 29, n. 32.
La Valeur de l'exemple : perspectives chinoises, Extrême-Orient, Extrême-Occident : 437 n. 31.
— et GUO Shuchun *Les Neuf Chapitres. Le Classique mathématique de la Chine ancienne et ses commentaires* : 395 n. 50, 436 n. 22, 437 n. 27, n. 29.
CHEN Duxiu : 167.
CHEN Hsi-yuan
Confucian Encounters with Religion, Rejection, Appropriation, and Transformations : 191, 413 n. 9.
«"Religion", un mot clé pour l'histoire culturelle de la Chine moderne» («"Zongjiao" – yige Zhongguo jindai wenhua shi shang de guanjian ci») : 413 n. 5.
CHEN Huanzhang : 410 n. 9.
De la Religion confucianiste (Kongjiao lun) : 82, 399 n. 19.
CHEN Lai
«Studying Chinese Philosophy : Turn-of-the-Century's Challenges» : 177-178, 412 n. 21 et 22.
CHEN Maiping et Liu Xiaobo
«Suffoquant dans la "boîte en fer" chinoise» : 154, 409 n. 41.
CHEN Ming
«Bianhou» («Postface») : 122-123, 405 n. 35.
— et Li Zehou *Propos d'une vie flottante (Fusheng lunxue)* : 405 n. 35.
CHEN, Nancy N.
Breathing Spaces : Qigong, Psychiatry, and Healing in China : 420 n. 74.
«Urban Spaces and Experiences of Qigong» : 233, 419 n. 63.
CHEN Qinan
La Société chinoise traditionnelle à Taiwan (Taiwan de chuantong Zhongguo shehui) : 345-346, 432 n. 33.

CHEN Qiukun : 345.
CHEN Shui-bian : 342.
CHEN Xiaoming
  Époque d'un réalisme de pacotille (*Fangzhen de niandai*) : 302, 425 n. 4.
CHEN Yan
  L'Éveil de la Chine : 426 n. 19.
CHEN Yingning : 199.
CHEN Yinke : 317, 427 n. 25.
Chen Yiyang : voir Wang Xizhe.
CHENG, Anne : 14, 392 n. 6, 398 n. 1, 423 n. 1, 432 n. 1.
  « Comment peut-on être un philosophe chinois ? » : 411 n. 18.
  « Confucianisme, postmodernisme et valeurs asiatiques » : 302, 424 n. 3.
  Histoire de la pensée chinoise : 21, 159, 393 n. 2, 399 n. 14, 401 n. 34, 409 n. 1.
  « Modernité et invention de la tradition chez les intellectuels chinois du XXe siècle » : 161-162, 410 n. 3, 427 n. 32.
CHEUNG Kwan-hin et Bauer, Robert S.
  « The Representation of Cantonese with Chinese Characters » : 421 n. 10.
CHIANG Kai-shek : 326, 333.
CHIOU-WIEST, Natalie
  « HK Protest Encourages Activists on Mainland » : 409 n. 38.
CHOW Rey (Zhou Lei)
  Écrire hors du pays d'origine (*Xie zai jiaguo yiwai*) : 426 n. 13.
Chunqiu : voir *Annales des Printemps et Automnes*
Chunqiu fanlu : voir Dong Zhongshu.
Chronique de la principauté de Lou [*Lu*] : voir *Annales des Printemps et Automnes.*
Chronologie des Xia, Shang et Zhou : 425 n. 9.
CHU Xiaoquan : 16, 249, 432 n. 3, 432 n. 6.
CLART, Philip
  « Confucius and the Mediums : Is There a "Popular Confucianism" ? » : 204, 414 n. 26.
  — et Jones, Charles B. (éd.) *Religion in Modern Taiwan. Tradition and Innovation in a Changing Society* : 414 n. 20.
Canon de poésie : voir *Livre des Odes*
Classiques : 22, 125, 165, 178, 182, 250, 373, 393 n. 5 et 6, 435 n. 17, 436 n. 24. Voir Confucius, *Annales des Printemps et Automnes* ; *Invariable milieu* ; *Livre des Documents* ; *Livre des Odes* ; *Livre des Mutations* ; *Livre des Rites.*

CLÉMENTIN-OJHA, Catherine (éd.)
Renouveau religieux en Asie : 414 n. 20.
CLOPTON, Robert W. et Ou Tsuin-chen
John Dewey, Lectures in China : 403 n. 17.
COHEN, Warren : 338.
COLINGWOOD, Robin G. : 335.
Collection complète en quatre recueils (Siku quanshu) : 68.
COLLINS, Peter et Macleod, Roy (éd.)
The Parliament of Science : 435 n. 19.
COMTE, Auguste : 162.
CONFUCIUS : 49, 51, 75-78, 79, 80, 81, 82, 87, 88, 97, 103, 113, 117, 119, 120, 124, 130, 133, 160, 163, 168, 171, 192, 328, 398 n. 3, 401 n. 35, 410 n. 12, 425 n. 11. Voir aussi Classiques ; Entretiens.
CORCUFF, Stéphane
« Identité, démocratie et nationalisme à Taiwan : convergence, concurrences, connivences » : 432 n. 36.
COUSIN, Victor : 164.
COUVREUR, Séraphin : 397 n. 3, n. 7, n. 9.
CROIZIER, Ralph C.
Traditional Medicine in Modern China : Science, Nationalism, and the Tensions of Cultural Change : 417 n. 20, n. 24, 419 n. 47.
CSORDAS, Thomas J. (dir.)
Embodiment and Experience : the Existential Ground of Culture and Self : 419 n. 63.
CUI Shu : 397 n. 3.
CUI Zhiyuan
« Points positifs et négatifs de la théorie de Mao sur la Révolution culturelle et la reconstruction de la modernité » (« Mao Zedong wenge lilun de deshi yu xiandaixing de chongjian ») : 314-315, 426 n. 21.
« Le Socialisme libéral et l'avenir de la Chine : le manifeste de la petite bourgeoisie » (« Ziyou shehui zhuyi yu Zhongguo de weilai : xiaozichanjieji xuanyan ») : 322, 428 N. 39.
CULLEN, Christopher
(éd.) *The Suan shu shu « Writings on reckoning ». A Translation of a Chinese Mathematical Collection of the Second Century BC, with Explanatory Commentary* : 436 n. 23.
— et Lo, Vivienne (dir.) *Medieval Chinese Medicine : the Dunhuang Medical Manuscripts* : 415 n. 2.

DAI Zhen : 248.
DARS, Jacques : 91.
DARWIN, Charles : 114, 403 n. 21.
DAUBEN, Joseph
   « Suan Shu Shu (A Book on Numbers and Computations). English Translation with Commentary » : 436 n. 23.
DAVIDSON, Donald : 105-106.
DAVIS, Deborah S.
   et al. (dir.) *Urban Spaces in Contemporary China. The Potential for Autonomy and Community in post-Mao China* : 419 n. 63.
DAVIS, Michael C. (éd.)
   Human Rights and Chinese Values : Legal, Philosophical, and Political Perspectives : 400 n. 28, n. 32, 401 n. 33.
DE BARY, William Theodore
   Asian Values and Human Rights. A Confucian Communitarian Perspective : 399 n. 15, n. 24, 401 n. 33.
DE VOS, George A. et Slote, Walter H. (éd.)
   Confucianism and the Family : 398 n. 1.
DELAHAYE, Hubert et Jami, Catherine (éd.)
   *L'Europe en Chine, Interactions scientifiques, religieuses et culturelles aux XVIIe et XVIIIe siècle*s : 422 n. 23
DEMIÉVILLE, Paul : 393 n. 11.
DENÈS, Hervé et Huang San
   La remontée vers le jour : 407 n. 3.
   Le retour du père : 407 n. 3.
DENG Xiaoping : 97, 143.
DESCARTES, René : 22.
DESPEUX, Catherine
   (dir.) *Médecine, religion et société dans la Chine médiévale. Les manuscrits médiévaux de Dunhuang* : 415 n. 2.
   « Le *qigong*, une expression de la modernité chinoise » : 419 n. 51 et 52, 420 n. 65.
DEVIENNE, Frédéric
   « Considérations théoriques sur l'écriture par deux lettrés chinois au début du 20e siècle – Analyse de l'œuvre linguistique de Zhang Binglin (1869-1936) et de son disciple Huang Kan (1886-1935) » : 421 n. 5.
DEWEY, John : 13, 103-104, 105, 106, 107, 109, 111-113, 114, 116, 117, 119, 128-129, 129-130, 131, 167, 168, 172, 403 n. 17, n. 21, 404 n. 26.
   « The Development of American Pragmatism » : 126, 405 n. 40.

The Later Works. 1925-1953 : 405 n. 40, 406 n. 46.
The Middle Works. 1899-1924 : 403 n. 14, 404 n. 22.
« The Need for a Recovery of Philosophy » : 404 n. 22.
« The Pragmatic Acquiescence » : 403 n. 11.
« The Problem of Logical Subject-Matter » : 406 n. 46.
« Transforming the Mind of China » : 112, 403 n. 14 et 15, 410 n. 10.
Dictionnaire chinois de matière médicale (*Zhongyao dacidian*) : 233.
DING Zilin : 150.
DIRLIK, Arif
« Deux Révolutions culturelles dans l'optique du capitalisme mondial » : 314, 426 n. 20.
DONG Zhongshu : 59, 397 n. 10.
Chunqiu fanlu : 55-58, 77, 94, 397 n. 6, 398 n. 8 et 9, 402 n. 43.
DU Daobin : 146, 151, 408 n. 27.
DU Gangjian et Song Gang
« Relating Human Rights to Chinese Culture » : 87-88, 401 n. 33 à 35.
DU Weiming : voir Tu Wei-ming.
DU Zhengsheng : 339.
DUARA, Prasenjit
Sovereignty and Authenticity. Manchukuo and the East Asian Modern : 203, 414 n. 25.
DUMAS, Alexandre
Les Trois Mousquetaires : 96.
DUPONCEAU, Peter S.
A Dissertation on the Nature and Character of the Chinese System of Writing : 253, 421 n. 11.
DURANT-DELACRE, Sophie : 423 n. 1.
DURKHEIM, Émile : 42, 394 n. 14.
DYCK, Anne-Lise
« La Chine hors de la philosophie » : 160, 409 n. 2.

EIFRING, Halvor et Anderl, Christoph (éd.)
Studies in Chinese Language and Culture — Festschrift in Honor of Christoph Harbsmeier on the Occasion of his 60th Birthday : 437 n. 26.
ELISSEEFF-POISLE, Danielle
Nicolas Fréret (1688-1749). Réflexions d'un humaniste du XVIIIe siècle sur la Chine : 254-255, 422 n. 14.
EMERSON, Ralph Waldo : 106.

Empereur Jaune (Huangdi) : 264. Voir aussi *Canon interne de l'Empereur Jaune*.

ENDO Ryukichi
Histoire de la philosophie chinoise (Shina tetsugaku shi) : 165.

Entretiens (Lunyu) : 22, 80-81, 276, 398 n. 4, n. 10 et 11, 399 n. 13, n. 17 et 18. Voir aussi Confucius.

ERBAUGH, Mary S. (éd.)
Difficult Characters, Interdisciplinary Study of Chinese and Japanese Writing : 421 n. 4.

EUCLIDE
Éléments : 437 n. 28.

FAN Ning
Guliang zhuan (Commentaire de Guliang sur les Printemps et Automnes) : 66, 397 n. 13.

FAN Wenlan : 71.

FARQUHAR, Judith
Knowing Practice : the Clinical Encounter of Chinese Medicine : 416 n. 9, 418 n. 31 et 32, n. 35.

FEBVRE, Lucien : 337.

FECHNER, Gustav Theodor : 131.

FEI Xiaotong : 431 n. 24.

FENG Guifen
« Projet de fabrication d'instruments occidentaux » (« Zhi yangqi yi ») : 280-281, 423 n. 4.

FENG Youlan (Fung Yu-lan) : 14, 122, 167-168, 169-170, 172, 182.
A Comparative Study of Life Ideals : 171, 410 n. 13.
Histoire de la philosophie chinoise (Zhongguo zhexue shi) : 171-174, 175, 410 n. 14, 411 n. 15 et 16, n. 18.
   [édition abrégée] *Précis d'histoire de la philosophie chinoise* : 411 n. 18.
Selected Writings : 410 n. 13.

FEUCHTWANG, Stephan
« Religion as Resistance » : 207, 415 n. 31.
— et Wang Mingming, *Grassroots Charisma. Four Local Leaders in China* : 209, 415 n. 33.

FEUERWERKER, Albert : 338.

FOREST, Denis : 423 n. 1.

FOUILLÉE, Alfred
Histoire de la philosophie : 164.

Index des noms et œuvres

FRANÇOIS-XAVIER (saint) : 250.
FRASER, J. T.
et al. (dir.) *Time, Science, and Society in China and the West* : 418 n. 38.
FRÉRET, Nicolas : 254-255.
Réflexions sur les principes généraux de l'art d'écrire, et en particulier sur les fondements de l'écriture chinoise : 255-256.
FU Sinian : 333, 334, 335, 410 n. 12, 430 n. 18.
FUNG Yu-lan : voir Feng Youlan.
FUKUZAWA Yukichi : 334.
FURTH, Charlotte
A Flourishing Yin : Gender in China's Medical History, 960-1665 : 416 n. 7.

GALILÉE (Galileo Galilei) : 27.
GAN Yang
À toute erreur quelque chose est bon (Jiangcuo jiucuo) : 315-316, 427 n. 23.
« La Reconstruction de la Chine rurale et les perspectives de la culture chinoise » (« Xiangtu Zhongguo chongjian yu Zhongguo wenhua qianjing ») : 314-315, 427 n. 22.
« Vers la "nation politique" » (« Zouxiang zhengzhi minzu ») : 322, 428 N. 37.
GAO Xin, Hou Dejian, Liu Xiaobo et Zhou Duo
« Manifeste de la grève de la faim du 2 juin » [1989] : 140-141, 407 n. 6 à 9, 408 n. 10 à 12.
GAO Yihong (éd.)
Collected Essays of Shen Xiaolong on Chinese Cultural Linguistics : 249, 421 n. 6.
GAUCHET, Marcel : 393 n. 4.
GE Zhaoguang
Histoire de la pensée chinoise : le monde du savoir, de la pensée et des croyances en Chine (Zhongguo sixiang shi : Zhongguo de zhishi, sixiang yu xinyang shijie) : 178-180, 412 n. 23 et 24.
GENG Yun Zhi
« L'Héritage du confucianisme et la modernisation chinoise » : 401 n. 35.
GERNET, Jacques : 398 n. 16.
« À propos des influences de la tradition confucéenne sur la société chinoise » : 76, 398 n. 5.
Chine et christianisme : 27, 33-34, 394 n. 14 et 15, n. 35, 395 n. 37.

Le Monde chinois : 423 n. 26.

La Raison des choses. Essai sur la philosophie de Wang Fuzhi (1619-1692) : 10, 13, 22, 24, 27, 28, 29-31, 32, 33, 34, 35, 36, 37, 38, 39, 40, 41, 42, 43, 44, 45, 392 n. 5, 393 n. 4, n. 10 et 11, 394 n. 14, n. 17 à 22, n. 24, n. 26 à 30, n. 32 à 34, 395 n. 38 et 39, n. 41 à 45, n. 47 à 49, n. 51, n. 53 et 54, n. 56, 396 n. 58 et 59, n. 61 à 64, n. 66 à 76, n. 79 à 81.

— et Kalinowski, Marc (dir.) *En suivant la Voie royale. Mélanges en hommage à Léon Vandermeersch* : 419 n. 51.

GOLDFUSS, Gabriele
Vers un bouddhisme du XXe siècle. Yang Wenhui (1837-1911), réformateur laïque et imprimeur : 414 n. 21.

GOODY, Jack
L'Orient en Occident : 10, 392 n. 4.

GOOSSAERT, Vincent : 14-15.
« 1898 : The Beginning of the End of Chinese Religion ? » : 190, 413 n. 8.

(éd.) « Anticléricalisme en Chine » : 413 n. 2.

« Le concept de religion en Chine et en Occident » : 188, 413 n. 3.

Dans les temples de la Chine. Histoire des cultes, vie des communautés : 412 n. 1.

« Le destin de la religion chinoise au XXe siècle » : 189, 413 n. 6.

« Les fausses séparations de l'État et de la religion en Chine, 1898-2004 » : 206, 415 n. 29.

« Une réinvention à l'occidentale des religions chinoises : les associations religieuses nationales créées en 1912 » : 196, 413 n. 15.

GRAHAM, Angus Charles
Disputers of the Tao : 403 n. 19.

Grand Commentaire des Mutations : 43. Voir aussi *Livre des Mutations*.

Grand dictionnaire des zi chinois (Hanyu da zidian) : 274.

GRANET, Marcel : 17-18, 63-65, 353-371, 374, 375.
La Pensée chinoise : 63-64, 397 n. 11.

« Quelques particularités de la langue et de la pensée chinoises » : 353, 357-365, 366, 381, 432 n. 2, n. 4, 433 n. 7 à 13, 434 n. 14 et 15, 437 n. 30, n. 32.

GRAY, John
« Historial Writing in Twentieth Century China. Notes on its Background and Development » : 394 n. 17.

Index des noms et œuvres

GRIEDER, Jerome B.
Hu Shih and the Chinese Renaissance. Liberalism in the Chinese Revolution : 404 n. 26, 410 n. 6.
GU Jiegang : 410 n. 12.
(éd.) *Discussions sur l'histoire de la Chine ancienne* : 70.
GUARDANS, Ramon : 432 n. 1.
GUO Moruo
Recherches sur la société chinoise ancienne : 70-71.
GUO Shuchun et Chemla, Karine
Les Neuf Chapitres. Le Classique mathématique de la Chine ancienne et ses commentaires : 395 n. 50, 436 n. 22, 437 n. 27, n. 29.
GUO Taomei
et al. «The Role of Phonological Activation in the Visual Semantic Retrieval of Chinese Characters» : 421 n. 4.
GUO Tingyi : 344-345.

HABERMAS, Jürgen : 339.
Hakka, peuple : 421 n. 10, 429 n. 3, 430 n. 14.
HALL, David L. et Ames, Roger T.
«Confucian Democracy : A Contradiction in Terms ?» : 107, 402 n. 7.
«Confucianism and Pragmatism» («Confucianisme et pragmatisme») : 106-109, 125, 402 n. 5 à 7.
The Democracy of the Dead : Dewey, Confucius, and the Hope for Democracy in China : 402 n. 5.
Focusing the familiar : 109, 402 n. 9, 403 n. 10, n. 12.
Thinking through Confucius : 104, 402 n. 2, 412 n. 22.
HAMM, John Christopher
Paper Swordsmen : Jin Yong and the Modern Chinese Martial Arts Novel : 401 n. 38.
Han, dynastie : 60, 61, 62, 63, 81, 124, 165, 170, 171, **214**, **224**, 263, 266, 277, 339, 405 n. 39.
Han occidentaux : 71-72.
Han orientaux : 72.
Han, peuple : 71, 121, 123, 345-346, 430 n. 14.
HAN Yuhai
«"La Chine" : un "Occident" interprété – "la pratique translinguistique" et les problèmes méthodologiques dans les études culturelles actuelles» («"Zhongguo" : yige bei chanshi zhe de "xifang" – "kuayuji shijian" yu dangqian wenhua yanjiu fangfalun wenti») · 306, 426 n. 15.

HAN Yu-Shan
Elements of Chinese Historiography : 397 n. 5.
HARBSMEIER, Christoph
Language and Logic : 355, 367, 432 n. 4 et 5, 435 n. 18, n. 20.
HARDACRE, Helen
Shintô and the state, 1868-1988 : 413 n. 4.
HAROOTUNIAN, Harry D. et Miyoshi Masao (éd.)
Postmodernism and Japan : 425 n. 12.
HARPER, Donald
Early Chinese Medical Literature : the Mawangdui Medical Manuscripts : 415 n. 2.
HAVEL, Vaclav : 141, 408 n. 14.
HAYEK, Friedrich : 334-335.
HEGEL, Georg Wilhelm Friedrich : 126, 129, 160, 161, 163, 318, 406 n. 47.
HEIDEMANN, Dietmar (dir.)
Warum Kant heute? : 406 n. 51.
HÉRAIL, Francine
« Lire et écrire dans le Japon ancien » : 421 n. 9.
HIRAYAMA Tsunogu : 58.
HITLER, Adolf : 147.
HOBSBAWM, Eric
— et Ranger, Terence (dir.), *The Invention of Tradition* : 417 n. 16.
« Introduction : Inventing Traditions » : 217, 218, 417 n. 16, n. 18.
HOLMES, Oliver Wendell : 105.
HOOD, Steven J.
« The Myth of Asian-Style Democracy » : 400 n. 27.
HOU Dejian : 346-347.
—, Gao Xin, Liu Xiaobo et Zhou Duo « Manifeste de la grève de la faim du 2 juin » [1989] : 140-141, 407 n. 6 à 9, 408 n. 10 à 12.
HOU Wailu : 71-72.
— (dir.) *Histoire générale de la pensée chinoise* : 174-175.
HSIAU A-Chin et Makeham, John
Cultural, Ethnic, and Political Contemporary Taiwan : 341, 431 n. 28 et 29.
HSU, Elisabeth : 15.
« Chunyu Yi » : 416 n. 6.
« The Cultural in the Biological : the Five Agents and the Body Ecologic in Chinese Medicine » : 418 n. 39.

«Five Phase Theory as a Construct of TCM Teachings» : 416 n. 13.
«Innovations in Acumoxa : Acupuncture Analgesia, Scalp Acupuncture and Ear Acupuncture in the PRC» : 417 n. 25.
(dir.) *Innovation in Chinese Medicine* : 417 n. 23.
«Reflections on the "Discovery" of the Antimalarial Qinghao» : 418 n. 31.
«Spirit (*shen*), Styles of Knowing, and Authority in Contemporary Chinese Medicine» : 416 n. 8.
The Transmission of Chinese Medicine : 233, 235, 416 n. 12, n. 14, 417 n. 22, 418 n. 40, 419 n. 50, n. 53, n. 58, n. 63, 420 n. 67 et 68, n. 71.

HU Shi : 14, 70, 72, 111, 116-117, 129, 167-168, 172, 175, 181, 182, 333, 334, 403 n. 20 et 21, 404 n. 30, 410 n. 6.
The Development of the Logical Method in Ancient China : 113-114, 168-169, 403 n. 19, 410 n. 8 et 9.
«Étudions davantage de problèmes et parlons moins de "ismes"» («Duo yanjiu xie wenti, shao tan xie zhuyi») : 115-116, 404 n. 24.
«L'Expérimentalisme» («Shiyanzhuyi») : 114-115, 403 n. 20, 404 n. 22 à 24.
«Explication sur les *ru*» («Shuo ru») : 120, 404 n. 30.
Précis d'histoire de la philosophie chinoise (*Zhongguo zhexueshi da gang*) : 166-167, 169-170, 171, 174, 410 n. 11 et 12.

HU Yaobang : 138, 139.
HU Kuo-chen, Peter : 393 n. 12.
HUANG, Julia Chien-yu
«Recapturing Charisma : Emotion and Rationalization in a Globalizing Buddhist Movement from Taiwan» : 202, 414 n. 23.
HUANG Junjie : 339.
HUANG San et DENÈS, Hervé
La remontée vers le jour : 407 n. 3.
Le retour du père : 407 n. 3.
HUANG Zongxi : 401 n. 33.
HUANG Zunxian : 162.
HUMBOLDT, Wilhelm von : 421 n. 11.
Lettre à Abel-Rémusat sur la nature des formes grammaticales en général et sur le génie de la langue chinoise en particulier : 356, 433 n. 7, n. 12.
HUMMEL, Arthur (éd.)
Eminent Chinese of the Ch'ing Period : 397 n. 4.

HUNG, Daisy L. et TZENG, Ovid J.L.
  « A Phantom of Linguistic Relativity ; Script, Speech and Thought » : 421 n. 4.
HUNTINGTON, Samuel Phillips : 9, 400 n. 26.

INOUE Enryô
  Conférences sur la démonologie : 163.
  L'Invariable milieu (Zhongyong) : 403 n. 9.
IWAO Seiichi : 334.

JAMES, William : 105, 114, 126, 131.
JAMESON, Fredric : 301.
JAMI, Catherine et Delahaye, Hubert (éd.)
  L'Europe en Chine, Interactions scientifiques, religieuses et culturelles aux XVIIe et XVIIIe siècles : 422 n. 23.
JARP, Muriel : 398 n. 1.
JEFFERY, Roger
  The Politics of Health in India : 418 n. 42.
JENSEN, Lionel M.
  Manufacturing Confucianism : Chinese Traditions and Universal Civilization : 398 n. 2, 404 n. 31.
JÉSUS-CHRIST : 82, 264-265.
JIAN Zhen : 305, 425 n. 8.
JIANG Qing : 429 n. 7.
JIANG Zemin : 97, 151.
Jin, dynastie : 63.
JIN Jingfang : 71-72.
JIN Yong (Louis Cha) : 89, 90-92, 94, 95, 96-97, 401 n. 37.
  La ballade des chevaliers : 92-93.
  Demi-dieux et semi-démons : 96.
  Gai et fier hors-la-loi : 92, 95, 96.
  La Légende du héros chasseur d'aigles : 96, 401 n. 36.
JIN Yuelin : 410 n. 12, 411 n. 17.
JONES, Charles B. et Clart, Philip (éd.)
  Religion in Modern Taiwan. Tradition and Innovation in a Changing Society : 414 n. 20.
JU Jueliang (réal.)
  Ombres mystérieuses et aiguilles magiques : 94-95.
JULLIEN, François : 65-66.
  La Propension des choses : 65-66, 67, 397 n. 12, n. 15.
  — et Marchaisse, Thierry *Penser d'un dehors (la Chine)* : 242, 420 n. 1.

KALINOWSKI, Marc (dir.)
Divination et société dans la Chine médiévale : étude des manuscrits de Dunhuang de la Bibliothèque nationale de France et de la British Library : 415 n. 2.
— et Gernet, Jacques (dir.) *En suivant la Voie royale. Mélanges en hommage à Léon Vandermeersch* : 419 n. 51

KAMENAROVIC, Ivan : 399 n. 12.

KANG Youwei : 69, 82, 119, 317, 410 n. 9, 427 n. 25.

KANT, Emmanuel : 14, 104, 117, 118, 126-127, 128, 130-132, 160, 163, 163-164, 406 n. 45.
L'Anthropologie d'un point de vue pragmatique : 132, 407 n. 52 et 53.
Réflexion n° 1482 : 132, 407 n. 54.
Critique de la faculté de juger : 131, 175.
Critique de la raison pratique : 131, 175.
Critique de la raison pure : 118, 131, 175.
Fondements de la Métaphysique des mœurs : 126, 405 n. 41.
Logique : 406 n. 51.

KARDINER, Abram : 340.

KARL, Rebecca
Staging the World : Chinese Nationalism at the Turn of the Twentieth Century : 316-317, 427 n. 24.

KATZ, Paul R.
« Religion and the State in Post-War Taiwan » : 208, 415 n. 32.

KAUFFMANN, Elisabeth : 428 N. 38.

KEEGAN, David J.
« The "Huang-ti Nei Ching" : the Structure of the Compilation ; The Significance of the Structure » : 415 n. 3.

KEENAN, Barry
The Dewey Experiment in China : 111, 403 n. 13.

KIRBY, William C. (éd.)
Realms of Freedom in Modern China : 415 n. 34.

KLÖTER, Henning
Written Taiwanese : 421 n. 10.

KNAUFT, Bruce
(dir.) *Critically Modern : Alternatives, Alterities, Anthropologies* : 238, 420 n. 79.
« Critically Modern : an Introduction » . 238, 420 n. 79

KUWABARA Jitsuzô : 69, 334.

LACH, Donald F. et Van Kley, Edwin I.
Asia in the Making of Europe. I. *The Century of Discovery* : 421 n. 7.

LACKNER, Michael
« A Figurist at work. The Vestigia of Joseph de Prémare S. J. » : 422 n. 23.

LAGERWEY, John
« À propos de la situation actuelle des pratiques religieuses traditionnelles en Chine » : 414 n. 20.

LAI Chi-tim
« Étude historique des Namo daoguan (Troupes taoïstes) de Canton à l'époque républicaine » (« Minguo shiqi Guangzhou shi "Namo daoguan" de lishi kaojiu ») : 193, 413 n. 12.

LAI Jiancheng : 337.

LANCASHIRE, Douglas : 393 n. 12.

LANGFORD, Jean
Fluent Bodies : Ayurvedic Remedies for Postcolonial Imbalance : 418 n. 44.

LESLIE, Charles
« The Ambiguities of Medical Revivalism in Modern India » : 418 n. 45.

LAO She : 401 n. 37.

LAO Sze-kwang (Lao Siguang)
Nouvelle histoire de la philosophie chinoise : 175.

LAOZI (LAO-TSEU) : 24, 30, 44, 410 n. 12.

LATTIMORE, Owen
Inner Asian Frontiers of China : 320, 427 n. 29.

LEE ANG : voir ANG LEE

LEE Kuan-yew : 429 n. 7.
« Culture Is Destiny — A Conversation with Lee Kuan Yew » : 87, 399 n. 23, 400 n. 29.

LEE Teng-hui : 329, 342, 347.

LEI Hsiang-lin
When Chinese Medicine Encountered the State : 419 n. 48.

LEI Xiang
« How did Chinese Medicine become Experiential ? The Political Epistemology of Jingyan » : 416 n. 10.

LEI Zhen : 336.

LEIBNIZ, Gottfried Wilhelm von : 160, 254.
Lettre à Monsieur de Rémond sur la philosophie chinoise : 34, 395 n. 37.

LÉNINE (Vladimir Ilitch Oulianov) : 318.

Index des noms et œuvres

LESLIE, Charles
«The Ambiguities of Medical Revivalism in Modern India»: 417 n. 30.
(dir.) *Asian Medical Systems*: 417 n. 30.
LÉVY, André : 398 n. 6.
LÉVY-BRUHL, Lucien : 433 n. 10.
LI Bai
Xia ke xing : 93, 94, 401 n. 40 et 41.
LI Chunfeng
Commentaire des Neuf Chapitres sur les procédures mathématiques : 373.
LI Donghua : 331.
LI Guoqi : 344-345, 346.
Études locales sur la modernisation chinoise. Les régions du Sud de la rivière Min, du Zhejiang et de Taiwan entre 1860 et 1916 (Zhongguo jindaihua de quyu yanjiu. Min Zhe Tai diqu. 1860-1916) : 431 n. 32.
LI Hongqi : 337.
LI Jinxi
Éléments d'une histoire du mouvement de la langue nationale : 290.
LI Oufan
La Quête de la modernité (Xiandaixing de zhuiqiu) : 339, 431 n. 26.
LI Qing
Histoire de la sinologie japonaise (Riben hanxue shi) : 281-282, 423 n. 5.
LI Tiangang (éd.)
Sélections de Globe Magazine *(Wanguo gongbao wenxuan)* : 423 n. 6.
LI Xiaofeng : 331-332, 430 n. 16.
Cent événements majeurs de l'histoire taiwanaise (Taiwan shi yibaijian da shi) : 430 n. 16.
LI Xueqin : 397 n. 18.
LI Yanong : 71.
LI Yiyuan : 339.
— et Yang Guoshu *Le Caractère national chinois (Zhongguoren de xingge)* : 343, 431 n. 30.
LI Yizhe : voir Wang Xizhe.
LI Zehou : 13-14, 104, 117-119, 123, 124-125, 126-127, 129-133, 134.
«Aperçu sur la théorie des structures profondes du confucia-

nisme » (« Chuni ruxue shenceng jiegou shuo ») : 121-122, 405 n. 33.

« Au sujet de la raison pragmatique » (« Guanyu shiyong lixing ») : 129-130, 406 n. 49.

Cinq essais de l'année 1999 (*Jimao wulun*) : 405 n. 32.

Critique de la philosophie critique : 118.

« Je vais mon chemin » (« Zou wo zijide lu ») : 404 n. 28.

Nouveaux rêves du siècle (*Shiji xinmeng*) : 405 n. 33.

Raison pragmatique et culture du contentement (*Shiyong lixing yu legan wenhua*) : 128-129, 131-132, 133, 406 n. 47 et 48, n. 50 et 51, n. 55 et 56.

« Sur la tradition chamanique » (« Shuo wushi chuantong ») : 120-121, 405 n. 32.

« Sur les quatre périodes du confucianisme » (« Shuo ruxue siqi ») : 125, 405 n. 39.

— et Chen Ming *Propos d'une vie flottante* (*Fusheng lunxue*) : 405 n. 35.

— et Liu Zaifu *L'Adieu à la Révolution* (*Gaobie geming*) : 143, 408 n. 17.

Li Zhentian : voir Wang Xizhe.

LIANG Qichao : 69, 70, 163, 167.

« La pensée de Kant, le plus grand philosophe moderne » : 163-164.

LIANG Qizi : 337.

LIANG Shuming : 112, 122, 175.

LIN Liwei : 426 n. 20.

LIN Manhong : 345.

Lin Pingzhi (personnage de Jin Yong, *Gai et fier hors-la-loi*) : 96.

LIN Yü-sheng : 129-130, 338.

Linghu Chong (personnage de Jin Yong, *Gai et fier hors-la-loi*) : 92, 95.

LINTON, Ralph : 340.

LIU Binyan

« Entre hommes et démons » : 137-138, 407 n. 4.

LIU Di : 146, 408 n. 27.

LIU Guizhen : 230-231.

LIU Huaqiu : 400 n. 28.

LIU Hui

Commentaire des Neuf Chapitres sur les procédures mathématiques : 373, 376-381.

LIU Mingchuan : 345.

Index des noms et œuvres

Liu Shipei : 248-249.
Liu Shuxian
  Continent et outremer (*Dalu yu haiwai*) : 405 n. 37.
Liu Xiang : 62.
Liu Xiaobo : 14, 135-155, 408 n. 14, n. 23, 409 n. 36.
  «La crise de gouvernance provoquée par la réforme» : 142-143, 408 n. 16, n. 18.
  «La littérature de la nouvelle période est confrontée à une crise» : 135, 407 n. 2.
  «La philosophie du porc» («Zhu de zhexue») : 144, 145, 152, 408 n. 20 à 22, n. 25.
  «Pauvreté de l'opposition populaire, non étatique» («Minjian fandui pai de pinkun») : 145, 148, 408 n. 24, n. 31 et 32.
  «Réhabilitation! La pire tragédie de la Chine moderne» : 139, 407 n. 5.
  «Renverser un système fondé sur le mensonge avec la vérité» : 135, 407 n. 1.
  «The Role of the Civil Society» : 408 n. 30.
  «Un souvenir éternellement précieux dans mon cœur» : 142, 143-144, 145-146, 408 n. 13, n. 15, n. 19, n. 26.
  — et Chen Maiping «Suffoquant dans la "boîte en fer" chinoise» : 154, 409 n. 41.
  —, Gao Xin, Hou Dejian et Zhou Duo «Manifeste de la grève de la faim du 2 juin» [1989] : 407 n. 6 à 9, 408 n. 10 à 12.
Liu Xin : 62.
Liu Xun
  «In Search of Immortality : Daoist Inner Alchemy in Early Twentieth-Century China» : 414 n. 19.
Liu Zaifu et Li Zehou
  L'Adieu à la Révolution (*Gaobie geming*) : 143, 408 n. 17.
Liu Zhiji : 68.
  Livre des Documents (*Shujing*) : 276.
  Livre des Mutations (*Yijing*) : 38-40, 57, 67, 394 n. 20, 395 n. 52 et 53, n. 56, 396 n. 57.Voir aussi *Grand Commentaire des Mutations*, Wang Fuzhi.
  Livre des Odes (*Shijing*) : 56, 58, 367, 370
  Livre de procédures mathématiques (*Suan shu shu*) : 373, 437 n. 26.
  Livre des Rites (*Liji*) : 58, 67, 94, 397 n. 9, n. 14, 402, n. 43.
Lloyd, Geoffrey
  Ancient Worlds, Modern Reflections. Philosophical Perspectives on Greek and Chinese Science and Culture : 434 n. 14, 436 n. 21.

Préface à Chemla et Guo, *Les Neuf Chapitres. Le Classique mathématique de la Chine ancienne et ses commentaires* : 37, 395 n. 50.
Lo, Vivienne et Cullen, Christopher (dir.)
Medieval Chinese Medicine : the Dunhuang Medical Manuscripts : 415 n. 2.
Lock, Margaret M.
East Asian Medicine in Urban Japan : 418 n. 46.
Loewe, Michael (dir.)
Early Chinese Texts : a Bibliographical Guide : 415 n. 3.
Longobardo, Niccolò
Traité sur quelques points de la religion des Chinois : 33-34.
Löwenthal, Rudolf
The Religious Periodical Press in China : 197, 414 n. 16.
Lü Buwei
Annales des Printemps et Automnes de Lü (*Lüshi Chunqiu*) : 399 n. 12.
Lu Fayan
Rimes classées (*Qieyun*) : 279, 423 n. 3.
Lu Gwei-djen et Needham, Joseph
Celestial Lancets : a History and Rationale of Acupuncture and Moxa : 416 n. 4.
Lu Xun : 90-92, 401 n. 37.
Œuvres complètes (*Lu Xun quanji*) : 285-286, 293, 424 n. 9.
Lu Zhuangzhuang
« Les principes de la réforme » (« Biantong tuiyuan ») : 283, 423 n. 6.
Luo Gang (éd.)
Recueil d'articles critiques, 2004 (*Sixiang wenxuan 2004*) : 428 N. 37, n. 39 et 40.
Luo Guan-Zhong et Shi Nai-an
Au bord de l'eau (*Shuihuzhuan*) : 91, 401 n. 42.

Ma Boying
et al. *Histoire de la communication médicale interculturelle entre la Chine et les pays étrangers* (*Zhongwai yixue wenhua jiaoliushi*) : 417 n. 28.
Histoire de la médecine dans la culture chinoise (*Zhongguo yixue wenhua shi*) : 416 n. 4.
Macaulay, Thomas Babington : 226.
Macleod, Roy et Collins, Peter (éd.)
The Parliament of Science : 435 n. 19.

MAEGIMA Hisoka
«Proposition pour l'élimination des caractères chinois» : 281-282, 283.
MAHATIR Bin Mohamad : 399 n. 23.
MAILLA, Joseph de : 60.
MAKEHAM, John : 329.
The New Confucianism : 404 n. 27.
«The Retrospective Creation of New Confucianism» : 405 n. 34.
— et Hsiau A-Chin *Cultural, Ethnic, and Political Contemporary Taiwan* : 341, 431 n. 28 et 29.
MALINOWSKI, Bronislaw : 431 n. 24.
Manuel des médecins aux pieds nus (A Barefoot Doctor's Manual) : 232-233, 419 n. 61.
Manuscrit brut de l'histoire des Qing : 68-69.
MAO Zedong : 89, 136, 154, 216-217, 219, 229, 233, 311, 317-318, 404 n. 26, 417 n. 23.
Œuvres choisies : 118.
MARCHAISSE, Thierry et Jullien, François
Penser d'un dehors (la Chine) : 242, 420 n. 1
MARIN, Louis
Études sémiologiques – Écritures Peintures : 259, 422 n. 18.
MARR, Nikolaj Jakovlevic : 288-289, 424 n. 11.
MARTZLOFF, Jean-Claude
Histoire des mathématiques chinoises : 395 n. 49.
MARX, Karl : 117, 128, 129, 130, 312, 318.
MASPERO, Henri
La Chine antique : 397 n. 8.
MASSON, Michel : 412 n. 21.
Philosophy and Tradition. The Interpretation of China's Philosophical Past : Fung Yu-lan 1939-1949 : 410 n. 14.
MEAD, Margaret : 338-339.
Meiji, ère : 162, 227-228, 281-282, 310.
MENAND, Louis
The Metaphysical Club, A Story of Ideas in America : 402 n. 3.
MENCIUS : 22, 59, 78, 98, 124, 133, 397 n. 10.
Mengzi : 77, 398 n. 6 et 7.
MENGIN, Françoise
Trajectoires chinoises : 325-326, 331, 429 n. 2, 430 n. 15.
MERLEAU-PONTY, Maurice
«L'Orient et la philosophie» : 411 n. 18.
(sd) *Les philosophes célèbres* : 411 n. 18.

MICHAUD, Yves (dir.)
La Chine aujourd'hui : 405 n. 36, 410 n. 3, 427 n. 30, n. 32.
Qu'est-ce que la culture ? : 424 n. 3.

MICOLLIER, Evelyne
« Control and Release of Emotions in Qigong Health Practices » : 235, 420 n. 70.

Min, peuple : 421 n. 10, 429 n. 3.

Ming, dynastie : 22-23, 51-52, 109-110, 122, 124, 125, 165, 170, 172-173, 225, 319.
   Ming du Sud : 22, 23.

MIYOSHI Masao et HAROOTUNIAN, Harry D. (éd.)
Postmodernism and Japan : 425 n. 12.

MIZOGUCHI Yuzô
« Confucianisme et Sociétés asiatiques » : 399 n. 21.
— et Vandermeersch, Léon (éd.) *Confucianisme et Sociétés asiatiques* : 398 n. 5, 399 n. 21, 401 n. 35.

MO (annaliste du pays de Lu) : 56, 58.

MONTAGUE, William Pepperell : 172.

MORIER-GENOUD, Damien : 17.

MOU Zongsan : 104, 122, 124, 126, 175-176, 182.
   Gouvernement et gouvernance (*Zhengdao yu zhidao*) : 403 n. 16.
   L'idéalisme moral (*Daode de lixiangzhuyi*) : 127, 406 n. 43.
   Phénomène et chose en soi (*Xianxiang yu wuzishen*) : 127, 406 n. 44.
   Spécificités de la philosophie chinoise : 406 n. 45, 411 n. 20.
   Traité sur le bien parfait (*Yuanshanlun*) : 134, 407 n. 57.

MOZI (MO Di) : 403 n. 19, 410 n. 12.

MUNGELLO, David
Curious Land : Jesuit Accommodation and the Origins of Sinology : 422 n. 22.

MURAKAMI Naojirô : 334.

Mutations : voir *Livre des Mutations*.

NAKA Michiyo : 69, 334.

NAKAE Chômin : 163-164.
   Un an et demi (*Ichinen yuhan*) : 166.

NAKAMURA Masano : 164-165.

NEDOSTUP, Rebecca Allyn
« Religion, Superstition, and Governing Society in Nationalist China » : 192, 413 n. 5, 413 n. 11.

NEEDHAM, Joseph
(éd.) *Science and Civilisation in China* : 355, 356, 367, 432 n. 4, 435 n. 17, n. 20.
— et Lu Gwei-djen *Celestial Lancets : a History and Rationale of Acupuncture and Moxa* : 416 n. 4.
Les Neuf Chapitres sur les procédures mathématiques : 372-383, 436 n. 24 et 25, 437 n. 26, n. 31. Voir aussi Chemla.

NG, Margaret
« Are Rights Culture-Bound? » : 400 n. 32.

NI Haichu (éd.)
La nouvelle vie de la langue chinoise (*Zhongguo yuwen de xinsheng*) : 424 n. 10, n. 12.

NICHTER, Mark
« Health and Social Science Research on the Study of Diarrheal Disease : A Focus on Dysentry » : 222, 418 n. 34.
— et Nichter, Mimi (dir.) *Anthropology and International Health : Asian Case Studies* : 418 n. 34.

NIE Gannu
Langue, écriture, pensée (*Yuyan, wenzi, sixiang*) : 290-291, 424 n. 13.

NISHI Amane : 162.

Noé : 264.

OBERLÄNDER, Christian
Zwischen Tradition und Moderne. Die Bewegung für den Fortbestand der Kanpô-Medizin in Japan : 418 n. 46.
Œuvres choisies de linguistique chinoise (*Zhongguo gudai yuyanxue wenxuan*) : 423 n. 3.

OHNUKI-TIERNEY, Emiko
Illness and Culture in Contemporary Japan. An Anthropological View : 418 n. 46.

OTS, Thomas
« The Silenced Body — the Expressive Leib : on the Dialectics of Mind and Life in Chinese Cathartic Healing » : 233, 235, 419 n. 63, 420 n. 69.

OU Tsuin-chen et Clopton, Robert W.
John Dewey, Lectures in China : 403 n. 17

OVERMYER, Daniel (éd.)
Religion in China today : 413 n. 14, 414 n. 20, 415 n. 32.

PALMER, David
« Doctrines hérétiques, sociétés secrètes réactionnaires, sectes

pernicieuses : paradigmes occidentaux et groupes religieux stigmatisés en Chine moderne» : 192, 206-207, 413 n. 10, 415 n. 30.
La fièvre du qigong. Guérison, religion et politique en Chine, 1949-1999 : 205, 220, 232, 234, 235, 415 n. 27, 417 n. 27, 419 n. 54 à 57, n. 59, 420 n. 64, n. 66, n. 72 et 73, n. 76.

PAPER, Jordan D.
«Mediums and Modernity : the Institutionalization of Ecstatic Religious Functionaries in Taiwan» : 201-202, 414 n. 22.

PARKIN, David et Ulijaszek, S. (dir.)
Holistic Anthropology : Emergences and Divergences : 418 n. 39.

PARSONS, Talcott : 338.

PEIRCE, Charles Sanders : 105, 114, 126.
«What Pragmatism is» : 406 n. 42.

PENG Ganzi
«Les origines de la pensée pédagogique du jeune Mao Zedong» («Mao Zedong zaoqi jiaoyu sixiang suyuan») : 404 n. 26.

PENG Hao
Commentaires sur le Livre de procédures mathématiques, ouvrage sur lattes de bambou datant des Han découvert à Zhangjiashan : 436 n. 23.

PENG Huai'en
L'évolution politique à Taiwan (Taiwan zhengzhi fazhan) : 431 n. 24.

PERRY, Elizabeth J. et Selden, Mark (éd.)
Chinese Society. Change, Conflict and Resistance : 415 n. 31.

PERRY, Ralph Barton : 172.

PEYRAUBE, Alain, Béja, Jean-Philippe et Bonnin, Michel
Le tremblement de terre de Pékin : 407 n. 5.

PITKIN, Walter Burton : 172.

PITTMAN, Don A.
Toward a Modern Chinese Buddhism. Taixu's Reforms : 414 n. 18.

PLATON : 22, 173, 435 n. 20.

PORKERT, Manfred
The Theoretical Foundations of Chinese Medicine : Systems of Correspondence : 418 n. 41.

PORPHYRE : 26.

POTTER, Pitman B.
«Belief in Control : Regulation of Religion in China» : 413 n. 14.
Pragmatism and the Philosophy of technology in the 21st Century : 404 n. 25.

Index des noms et œuvres

PRICE, Lucien
  Dialogues of Alfred North Whitehead : 103, 402 n. 1.
Principes de la médecine chinoise traditionnelle (Zhongyi gailun) : 218.
PULLEYBLANK, Edwin G. et Beasley, William G. (éd.)
  Historians of China and Japan : 398 n. 17.
PUSEY, James R.
  China and Charles Darwin : 403 n. 21.
PUTNAM, Hilary : 105-106.
PYTHAGORE : 376, 383.

QIAN Mu : 72-73, 112, 336, 337.
QIAN Zhongshu : 401 n. 37.
QIANLONG (empereur) : 68.
Qin, dynastie : 22, 62, 71, 303.
Qin shi huangdi : 62,275, 292.
Qing, dynastie : 63, 98, 170, 171, 172-173, 189, 283, 311, 318, 320, 337, 405 n. 39, 427 n. 25.
Qiu (guérisseur) : 235.
QU Qiubai
  « Chinois romanisé ou chinois malade ? » (« Luomazi de xinzhongguowen haishi roumazi de xinzhongguowen ? ») : 288-289, 293, 424 n. 10.

RACHMAN, John et West, Cornel (dir.)
  Post-analytic Philosophy : 402 n. 4.
RANGER, Terence et Hobsbawm, Eric (dir.)
  The Invention of Tradition : 417 n. 16.
RANKE, Leopold von : 334, 335.
« Regarder la réalité à travers les apparences : l'analyse du discours sur les "intellectuels publics" » [*Jiefang ribao*] : 153, 409 n. 39 et 40.
« Règles déterminant le maintien ou la destruction des temples » (1928) : 192.
REN Jiyu (dir.)
  Histoire de la philosophie chinoise : 174-175.
RENAN, Ernest
  De l'origine du langage : 10-11.
RICCI, Matteo : 25-26, 33.
  Le Vrai Sens du Maître du Ciel (*The True Meaning of the Lord of Heaven*; *T'ien-chu Shih-i*) : 26-27, 393 n. 12.
RIESS, Ludwig : 334.

ROBINSON, Kenneth (dir.)
Science and Civilisation in China : 432 n. 4.
RORTY, Richard : 14, 105, 109, 134.
« Dewey between Hegel and Darwin » : 403 n. 21.
« Feminism and pragmatism », in *Truth and Progress* : 403 n. 11.
Objectivity, Relativism and Truth : 402 n. 8.
« Science as solidarity » : 108, 402 n. 8.
Truth and Progress : 403 n. 11, n. 21.
ROSENTAL, Claude
« Quelle logique pour quelle rationalité ? Représentations et usages de la logique en sciences sociales » : 432 n. 4.
ROUSSEAU, Jacques et Thouard, Denis
Lettres édifiantes et curieuses sur la langue chinoise : 433 n. 12.
ROUSSEAU, Jean-Jacques
Du contrat social ou Principes du droit politique : 166.
ROY, Olivier
Leibniz et la Chine : 255, 422 n. 13.
RUHLMANN, Robert
« Traditional Heroes in Chinese Popular Fiction » : 401 n. 42.
RUSSELL, Bertrand : 167, 175.
RYCKMANS, Pierre : 81, 398 n. 10 et 11, 399 n. 18, 423 n. 24.

SAID, Edward W. : 301.
L'Orientalisme. L'Orient créé par l'Occident, Postface : 8-9, 9-10, 392 n. 2 et 3.
SAKAI Naoki
« Modernity and its Critique : The Problem of Universalism and Particularism » : 306, 425 n. 12.
SCHEID, Volker
Chinese Medicine in Contemporary China : Plurality and Synthesis : 417 n. 29, 418 n. 36, 420 n. 77.
SELDEN, Mark et Perry, Elizabeth J. (éd.)
Chinese Society. Change, Conflict and Resistance : 415 n. 31.
Shang, dynastie : 48, 56, 62, 120, 260-261, 262-263, 305, 425 n. 9, 430 n. 18.
SHI Nai-an et Luo Guan-Zhong
Au bord de l'eau : 91, 401 n. 42.
Shi Potian (personnage de Jin Yong, *La ballade des chevaliers*) : 92-93, 94.
SHI Tao : 154.
SHINJÔ, Shinzô : 58.

Index des noms et œuvres

SHITAO
  Les propos sur la peinture du moine Citrouille-amère : 266, 423 n. 24.
Shun (empereur) : 56.
SIMA Guang : 52, 63, 68.
SIMA Qian : 55.
  Mémoires historiques (Shiji) : 47, 50-51, 69, 260-261.
  Relations remarquables (Liezhuan) : 54-55.
SIVIN, Nathan
  « Huang-ti Nei Ching » : 415 n. 3.
  Traditional Medicine in Contemporary China : 418 n. 37.
SLOTE, Walter H. et De Vos, George A. (éd.)
  Confucianism and the Family : 398 n. 1.
SMITH, Adam : 318.
SMITH, Arthur H.
  Chinese Characteristics (Zhongguoren de suzhi) : 284-285, 423 n. 8.
Socrate : 163, 173.
Song, dynastie : 23, 52, 81, 109-110, 122, 124, 125, 165, 170, 172-173, 214, 225, 230, 259-260, 268, 401 n. 42, 405 n. 39.
SONG Gang et Du Gangjian
  « Relating Human Rights to Chinese Culture » : 87-88, 401 n. 33 à 35.
SONG Zelai : 340.
SPENCER, Herbert
  Principes de sociologie : 396 n. 68.
STANDAERT, Nicolas
  « The Discovery of the Center Through the Periphery : a Preliminary Study of Feng Youlan's *History of Chinese Philosophy* (New Version) » : 411 n. 19.
STURMA, Dieter
  « Was ist der Mensch ? » : 406 n. 51.
Sui, dynastie : 51.
SUN Benwen : 343.
SUN Dawu : 146, 408 n. 28.
SUN Yat-sen : 228, 317-318, 348.

TAIXU : 199, 414 n. 18.
TAKASE Takejirô
  Histoire de la philosophie chinoise (Shina tetsugaku shi) : 165.
Tang, dynastie : 51, 165, 225, 230.
TANG Junyi : 122, 175.

TAYLOR, Kim
«A New, Scientific, and Unified Medicine : Civil War in China and the New Acumoxa, 1945-1949» : 417 n. 23, 419 n. 49.
Chinese Medicine in Early Communist China, 1945-1963. A Medicine of Revolution : 216-217, 217-218, 219-220, 416 n. 15, 417 n. 17, n. 21, n. 23 et 24, n. 26.
The History of the Barefoot Doctors : 419 n. 62.

TENG, Emma Jinhua
Taiwan's Imagined Geography. Chinese Colonial Travel Writing and Pictures, 1683-1895 : 429 n. 1, n. 4, 431 n. 31.

TER HAAR, Barend
«*Falun Gong* : Evaluation and Further References» : 420 n. 75.

THORAVAL, Joël : 13, 410 n. 7, n. 10.
«De la magie à la raison, Hegel et la religion chinoise» : 406 n. 47.
«Ethnies et nation en Chine» : 405 n. 36, 427 n. 30.
«Idéal du sage, stratégie du philosophe» (Introduction à MOU Zongsan, *Spécificités de la philosophie chinoise*) : 406 n. 45, 411 n. 20.
«Pourquoi les "religions chinoises" ne peuvent-elles apparaître dans les statistiques occidentales ?» : 194, 413 n. 13.
«L'usage de la notion d'ethnicité appliquée à l'univers culturel chinois» : 427 n. 30.

THOUARD, Denis et Rousseau, Jacques
Lettres édifiantes et curieuses sur la langue chinoise : 433 n. 12.

TING Pang-hsin : 258, 422 n. 15.

TOCQUEVILLE, Alexis de : 396 n. 68.

TODOROV, Tzvetan
Nous et les autres. La réflexion française sur la diversité humaine : 8, 392 n. 1.

Tokugawa, dynastie : 84.

TOKUGAWA Yoshinobu : 281-282.

Traité des désordres causés par le froid (Shanghan lun) : 224.

«Les treize principes de la nouvelle écriture chinoise» («Zhongguo xinwenzi shisan yuanze») : 289, 424 n. 12.

TROLLIET, Pierre et Béja, Jean-Philippe
L'empire du milliard. Populations et société en Chine : 408 n. 33, 409 n. 34.

TU Wei-ming (Du Weiming) : 122, 304.
«Confucius and Confucianism» : 76, 398 n. 1.
Perspective du développement de la troisième époque du confucianisme (Ruxue disanqi fazhan de qianjing wenti) : 124, 405 n. 38.

Index des noms et œuvres

TZENG, Ovid J.L. et Hung, Daisy L.
«A Phantom of Linguistic Relativity; Script, Speech and Thought» : 247, 421 n. 4.

UKITA Kazuhiro : 334.
ULIJASZEK, S. et Parkin, David (dir.)
Holistic Anthropology : Emergences and Divergences : 418 n. 39.
UNSCHULD, Paul U.
Medicine in China : a History of Ideas : 214, 415 n. 1.

VAN DER VEER, Peter
Imperial Encounters. Religion and Modernity in India and Britain : 205-206, 415 n. 28.
VAN KLEY, Edwin I. et Lach, Donald F.
Asia in the Making of Europe I. *The Century of Discovery* : 421 n. 7.
VANDERMEERSCH, Léon : 13.
«La lettre qui révèle et la lettre révélée (La glose confucianiste aux antipodes de l'herméneutique biblique)» : 49, 397 n. 2.
«Une tradition réfractaire à la théologie : la tradition confucianiste» : 164, 410 n. 4.
— et Mizoguchi, Yuzô (éd.) *Confucianisme et Sociétés asiatiques* : 398 n. 5, 399 n. 21, 401 n. 35.
VENTURE, Olivier
«L'écriture et la communication avec les esprits en Chine ancienne» : 263, 422 n. 19.
VERMANDER, Benoît et Cabestan, Jean-Pierre
La Chine en quête de ses frontières. La confrontation Chine-Taiwan : 346, 430 n. 13, 432 n. 34.
VOLTAIRE (François-Marie Arouet) : 160.

WADA Keijuro : 228.
WANG Bi : 34.
WANG Bo
«What Did the Ancient Chinese Philosophers Discuss? Zhuangzi as an example» : 183, 412 n. 28.
WANG Fuzhi : 13, 22-24, 25, 28-32, 33, 34, 35-38, 40-41, 42, 43, 44-46, 63, 68, 393 n. 3, n. 13, 394 n. 17 à 22, n. 24, n. 26 à 30, n. 32 et 33, 395 n. 38 et 39, n. 41 à 45, n. 47 et 48, n. 54, 396 n. 64, n. 66 et 67, n. 69 à 76, n. 79 à 81, 398 n. 16.
WANG Guowei : 167.
Clarifications philosophiques (Zhexue bianhuo) : 164.

Wang Hui : 16-17, 310-313, 316-321.
«Les Asiatiques réinventent l'Asie» : 427 n. 27.
L'Origine de la pensée chinoise moderne (*Xiandai Zhongguo sixiang de xingqi*) : 317, 318-320, 427 n. 26, n. 28, n. 31.
«La Pensée chinoise contemporaine et la question de la modernité» («Dangdai Zhongguo de sixiang zhuangkuang yu xiandaixing wenti»; «Contemporary Chinese Thought and the Question of Modernity») : 310, 426 n. 18.
Wang Huning : 429 n. 7.
Wang Li
Esquisse d'une histoire de la langue chinoise (*Hanyu shigao*) : 293, 424 n. 14.
Wang Mingming et Feuchtwang, Stephan
Grassroots Charisma. Four local leaders in China : 209, 415 n. 33.
Wang Qingjia
L'historiographie taiwanaise, 1950-2000 (*Taiwan shixue 1950-2000*) : 430 n. 17, n. 19, 431 n. 22 et 23.
Wang Rongzu : 337.
Wang Shan
(sous le pseudonyme de Luoyininggeer) *Regarder la Chine avec le troisième œil* (*Di san zhi yanjing kan Zhongguo*) : 313, 426 n. 19.
Wang Tingxiang : 23-24, 393 n. 9.
Wang, William S.-Y.
«The Chinese language» : 258, 422 n. 16.
Wang Xiaobo : 330-331, 332, 430 n. 11 et 12.
Essais historiques sur Taiwan (*Taiwan shilun ji*) : 430 n. 11.
Les Taiwanais et leur histoire (*Taiwan shi yu Taiwanren*) : 430 n. 11.
Wang Xizhe (sous le pseudonyme de LI Yizhe [Li Zhentian, Chen Yiyang et Wang Xizhe])
«De la légalité et de la démocratie sous le socialisme» (*Chinois, si vous saviez*) : 150, 409 n. 35.
Wang Yangming : 165.
Wang Yichuan
«La Chine imaginée par les Chinois – L'image de la Chine dans la littérature chinoise du xxe siècle» («Zhongguoren xiangxiang zhi Zhongguo – Ershi shiji wenxue zhong de Zhongguo xingxiang») : 320-321, 427 n. 32.
—, Zhang Yiwu et Zhang Fa «De la modernité à la sinité» («Cong xiandaixing dao zhonghuaxing») : 302, 424 n. 2.

Index des noms et œuvres

WANG Yuechuan
Découvrir l'Orient : vers la fin de l'eurocentrisme et la reconstruction culturelle de l'image de la Chine (*Faxian dongfang – xifang zhongxinzhuyi zouxiang zhongjie he Zhongguo xingxiang de wenhua chongjian*) : 303-304, 425 n. 5 à 7, n. 9.

WEATHERLEY, Robert
The Discourse of Human Rights in China : Historical and Ideological Perspectives : 87, 400 n. 31.

WEBB, John
A Historical Essay Endeavouring Probability that the Language of the Empire of China is the Primitive Language : 422 n. 21.

WEBER, Max : 73, 84, 302, 319, 339,
« L'État national et la politique de l'économie politique » : 322, 428 N. 38.

Wei du Nord, royaume des : 63.

WELCH, Holmes
The Buddhist Revival in China : 414 n. 18.

WELLER, Robert P.
« Worship, Teachings, and State Power in China and Taiwan » : 210, 415 n. 34.

WEN Chongyi : 339.

WEST, Cornel
« The Politics of American Neo-Pragmatism » : 402 n. 4.
— et Rachman, John (dir.) *Post-analytic Philosophy* : 402 n. 4.

WHITEHEAD, Alfred North : 103, 175, 402 n. 1, 402 n. 9.

WIEVIORKA, Michel et Baubérot, Jean
De la séparation des Églises et de l'État à l'avenir de la laïcité : 415 n. 29.

WILENSKI, Peter
The Delivery of Health Services in the People's Republic of China : 419 n. 60.

WILKINS, John
An Essay towards a real character and a philosophical language : 254, 422 n. 12.

WITTGENSTEIN, Ludwig : 175.

WRIGHT, Arthur F. (éd.)
The Confucan Persuasion : 401 n. 42.

WRIGHT, Mary : 338.

WU Jiaxiang : 429 n. 7.

WUNDT, Wilhelm : 131.

Xi (duc) : 397 n. 13.
Xia, dynastie : 56, 62, 305, 425 n. 9.
XIA Bojia : 337.
XIA Zengyou : 69.
XIANG (seigneur de Song) : 66-67.
XIE Wuliang
  Histoire de la philosophie chinoise (*Zhonguo zhexue shi*) : 166-167.
XIONG Shili : 175.
XU Ben
  «"From Modernity to Chineseness" : The Rise of Nativist Cultural Theory in Post-1989 China» : 426 n. 14.
XU Fuguan : 175.
XU Shen
  Dictionnaire des caractères (*Shuowen jiezi*) : 248, 264.
XU Xinliang : 328, 429 n. 9.
XUANZANG : 305, 425 n. 8.
XUNZI
  Xunzi : 78, 399 n. 12.

YAMADA Keiji
  The Origins of Acupuncture, Moxibustion, and Decoction : 416 n. 5.
YAN Binggang
  Introduction au nouveau confucianisme contemporain (*Dangdai xin ruxue yinlun*) : 83, 399 n. 20.
YAN Xin : 230-231.
YANG Chen-te
  «Turning to the Self : the Interpretation of Pragmatism made by Hu Shih» : 404 n. 25.
YANG, Ching Kun : 338.
YANG Guoshu et Li Yiyuan
  Le Caractère national chinois (*Zhongguoren de xingge*) : 343, 431 n. 30.
YANG Guoshu : 339.
YAO Souchou
  Confucian Capitalism : Discourse, Practice and the Myth of Chinese Enterprise : 399 n. 22.
YE Qizheng : 339, 431 n. 27.
YEO, Richard
  «Scientific Method and the Image of Science : 1831-1890» : 435 n. 19.
YI Baisha : 80, 399 n. 16.

YIN Haiguang : 334-335, 336.
You (roi) : 58.
YU Jie : 153-154.
YU Yingshi : 73, 338.
  Histoire et pensée (*Lishi yu sixiang*) : 335, 430 n. 20.
Yuan, dynastie : 63, 165, 170.
YUAN Gang (dir.)
  Recueil de conférences de Dewey en Chine (*Du Wei zai Hua jiangyanji*) : 403 n. 17 et 18.
YUAN Shu : 52.

ZAFANOLLI, Wojtek et Béja, Jean-Philippe (éd.)
  La face cachée de la Chine : 407 n. 4.
ZAMMITO, John
  Kant, Herder, The Birth of Anthropology : 407 n. 53.
ZHAN Mei
  «The Worlding of Traditional Chinese Medicine : A Translocal Study of Knowledge, Identity, and Cultural Politics in China and the United States » : 417 n. 19.
ZHANG Binglin : 248-249.
ZHANG Bojun : 152.
ZHANG Fa
  «La Sinité : explication culturelle du parcours de la modernité chinoise» («Zhonghuaxing : Zhongguo xiandaixing licheng de wenhua jieshi») : 306-307, 308, 310, 426 n. 16 et 17.
  —, Wang Yichuan et Zhang Yiwu «De la modernité à la sinité» («Cong xiandaixing dao zhonghuaxing») : 302, 424 n. 2.
ZHANG Guangzhi : 345.
ZHANG Heling
  «Des tares de l'écriture» («Wenbi pian») : 283-284, 423 n.7.
Zhang Hongbao : 230-231.
ZHANG Pengyuan
  «Quelques aspects des traditions locales du Hunan» («Hunan sheng difang chuantong zhong de jige fangmian») : 337, 430 n. 21.
ZHANG Taiyan
  Critique de la culture traditionnelle (*Guogu lunheng*) : 404 n. 29.
  «L'Origine des *ru*» («Yuan ru») : 119-120, 404 n. 29.
ZHANG Xudong
  «Comment être Chinois aujourd'hui ? Réflexions culturelles sur l'époque de la mondialisation» («Women jintian zenyang zuo

Zhongguo ren – quanqiuhua shidai de wenhua fansi») : 321, 322, 428 N. 34, n. 36.

L'Identité culturelle à l'époque de la mondialisation : critique historique du discours universaliste occidental (*Quanqiuhua shidai de wenhua rentong – xifang pubianzhuyi huayu de lishi pipan*) : 428 N. 34.

«The Making of the Post-Tiananmen Intellectual Field : a Critical Overview» : 322, 428 N. 35.

(éd.) *Whither China ? Intellectual Politics in Contemporary China* : 426 n. 18, 428 N. 35.

ZHANG Xuecheng : 68.

ZHANG Yihe
Le passé n'est pas comme la fumée : 152.

ZHANG Yimou (réal.)
Épouses et concubines : 303-304.
Hero : 303, 401 n. 39.
Le Secret des poignards volants : 90.
Le Sorgho rouge : 303-304.

ZHANG Yinde : 16, 17.
«Des théories postcoloniales à la sinité» : 301, 424 n. 1.
Le Monde romanesque chinois au XXᵉ siècle. Modernités et identités : 424 n. 1.

ZHANG Yiwu, Zhang Fa et Wang Yichuan
«De la modernité à la sinité» («Cong xiandaixing dao zhonghuaxing») : 302, 424 n. 2.

ZHANG Zai : 22, 24, 33, 38, 39-40, 394 n. 34.

ZHANG Zuhua : 153-154.

Zhao (duc) : 397 n. 7.

ZHAO Hongjun
Histoire de la polémique entre médecine chinoise et médecine occidentale dans les temps modernes (*Jindai zhongxiyi lunzheng shi*) : 417 n. 28.

Zheng : 66-67.

ZHENG Chenggong : 326.

ZHENG Jiadong
«De l'écriture d'une "histoire de la philosophie chinoise". La pensée classique à l'épreuve de la modernité» : 181-183, 392 n. 6, 412 n. 26 et 27.
Exposé critique sur le néo-confucianisme contemporain (*Dangdai xin ruxue lunzheng*) : 405 n. 34.
«La question de la "légitimité" de la "philosophie chinoise"»

Index des noms et œuvres

(«"Zhongguo zhexue" de "hefaxing" wenti») : 180-181, 412 n. 25.
ZHENG Qiao : 52.
ZHENG Qinren
«Recherches sur l'histoire taiwanaise et examen de la conscience historique» («Taiwan shi yanjiu yu lishi yishi de jiantao») : 346-347, 432 n. 35.
ZHENG Zhengdu (éd.)
Anthologie de la fin des Qing (*Wan Qing wenxuan*) : 423 n. 4, n. 7.
Zhou, dynastie : 49, 53, 56, 58, 62, 120, 262-263, 305, 425 n. 9.
  Zhou occidentaux : 71, 76.
  Zhou orientaux : 58.
ZHOU Duo, Gao Xin, Hou Dejian et Liu Xiaobo
«Manifeste de la grève de la faim du 2 juin» [1989] : 140-141, 407 n. 6 à 9, 408 n. 10 à 12.
ZHOU Enlai : 294.
ZHOU Gucheng : 72.
ZHOU Liangkai : 337.
ZHU Xi : 22, 63, 127.
Schèmes et détails du miroir général [de l'histoire pour aider à la bonne gouvernance] (*Tongjian gangmu*) : 60.
Zhuang (duc de Qi) : 397 n. 3.
ZHUANG Tinglong : 51-52.
ZHUANGZI : 22, 24, 44.
ZUFFEREY, Christine : 398 n. 1.
ZUFFEREY, Nicolas : 13, 410 n. 9.
«Outlaws and Vengeance in Martial Arts Novels. Modern Law and Popular Values in Contemporary China» : 402 n. 43.
To the Origins of Confucianism. The Ru in pre-Qin Times and during the early Han Dynasty : 398 n. 3, 404 n. 31.
Zuozhuan (Commentaire de Zuo sur les *Annales des Printemps et Automnes*) : 397 n. 3, n. 7.

Introduction : Pour en finir avec le mythe de l'altérité
(Anne CHENG)   7

PREMIÈRE PARTIE
Dynamiques de la modernité

1. Modernité de Wang Fuzhi (1619-1692)
(Jacques GERNET)   21

2. La conception chinoise de l'histoire
(Léon VANDERMEERSCH)   47

3. De Confucius au romancier Jin Yong
(Nicolas ZUFFEREY)   75

4. La tentation pragmatiste dans la Chine contemporaine (Joël THORAVAL)   103

5. Liu Xiaobo : le retour de la morale
(Jean-Philippe BÉJA)   135

DEUXIÈME PARTIE
*L'invention des catégories modernes :
philosophie, religion, médecine*

6. Les tribulations de la «philosophie chinoise» en Chine (Anne CHENG)   159

7. L'invention des «religions» en Chine moderne
   (Vincent Goossaert) 185
8. La médecine chinoise traditionnelle en République populaire de Chine : d'une «tradition inventée» à une «modernité alternative»
   (Elisabeth Hsu) 214

TROISIÈME PARTIE
Questions d'identité : l'écriture et la langue

9. L'écriture chinoise : mise au point
   (Viviane Alleton) 241
10. Identité de la langue, identité de la Chine
    (Chu Xiaoquan) 270
11. La «sinité» : l'identité chinoise en question
    (Zhang Yinde) 300
12. Où en est la pensée taiwanaise ? Une histoire en constante réécriture
    (Damien Morier-Genoud) 323

ÉPILOGUE
Dépasser l'altérité

Penser sur la science avec les mathématiques de la Chine ancienne (Karine Chemla) 353

APPENDICES

Remerciements 389
Liste des contributeurs 390
Notes 392
Index des noms et œuvres 439

Composition Interligne.
Impression CPI Bussière
à Saint-Amand (Cher), le 17 décembre 2008.
Dépôt légal : décembre 2008.
1ᵉʳ dépôt légal dans la collection : avril 2007.
Numéro d'imprimeur : 083932/1.
ISBN 978-2-07-033650-0./Imprimé en France.

166322